HYPÉRIDE

DISCOURS

COLLECTION DES UNIVERSITÉS DE FRANCE
publiée sous le patronage de l'ASSOCIATION GUILLAUME BUDÉ

HYPÉRIDE

DISCOURS

TEXTE ÉTABLI ET PUBLIÉ

PAR

GASTON COLIN

Correspondant de l'Institut
Professeur honoraire de l'Université de Nancy

Deuxième tirage

PARIS
LES BELLES LETTRES
2003

Conformément aux statuts de l'Association Guillaume Budé, ce volume a été soumis à l'approbation de la commission technique, qui a chargé M. Georges Mathieu d'en faire la révision et d'en surveiller la correction en collaboration avec M. Gaston Colin.

95 boulevard Raspail, 75006 Paris
www.lesbelleslettres.com

Première édition 1946

ISBN : 2-251-00169-7
ISSN : 0184-7155

INTRODUCTION.

I

BIOGRAPHIE D'HYPÉRIDE.

Hypéride avait déjà été l'objet de travaux assez nombreux dans l'antiquité. Dès le IIIe siècle av. J.-C., le grammairien Hermippos de Smyrne lui faisait une place dans son ouvrage *Sur les élèves d'Isocrate*[1]. Puis, au temps d'Auguste, à la suite sans doute des savants de l'école de Pergame, Denys d'Halicarnasse le comprenait parmi les six orateurs qu'il voulait donner comme modèles de l'éloquence attique[2]; et, vers le même moment ou peu après, Cécilius de Calé-Acté lui consacrait à son tour un chapitre du traité où il s'efforçait de marquer les traits distinctifs des grands orateurs athéniens (Περὶ τοῦ χαρακτῆρος τῶν δέκα ῥητόρων).

Tout cela est perdu pour nous; pourtant l'essentiel au moins de la biographie d'Hypéride a dû passer dans le chap. IX des *Vies des X Orateurs* insérées parmi les ouvrages de Plutarque. Deux courtes notices, dans la

1. Athén., VIII, 342 c : ἐν τρίτῳ Περὶ τῶν Ἰσοκράτους μαθητῶν.
2. Il figurait, entre Démosthène et Eschine, dans la seconde partie de ses *Commentaires sur les anciens orateurs* (Περὶ τῶν ἀρχαίων ῥητόρων ὑπομνηματισμοί), un des plus anciens écrits de Denys, à ce qu'il semble. La première partie seule, consacrée à Lysias, Isocrate et Isée, est parvenue jusqu'à nous.

Bibliothèque de Photius et dans le *Lexique* de Suidas, représentant les derniers vestiges de l'érudition grecque au IXe ou au Xe siècle, n'ajoutent rien d'intéressant. Mais quelques inscriptions, quelques passages d'auteurs divers, quelques lignes parfois d'Hypéride lui-même nous fournissent çà et là des détails complémentaires, et surtout nous permettent de situer à leur date la plupart des faits que la *Vie* présente avec un dédain vraiment excessif de la chronologie[1].

Le nom complet de notre orateur est Ὑπερείδης Γλαυκίππου Κολλυτεύς ; la *Vie* le donne fort correctement ; car son témoignage est confirmé par plusieurs textes épigraphiques, p. ex., *IG.*, II, 808 *c*, 103 et 809 *d*, 272 (comptes de la marine) ou *IG*, IV², 834 *b*, col. II, 41 (fermages de terres sacrées à Éleusis). Peu importe donc qu'on lui ait parfois attribué pour père Pythoclès[2], ou qu'il soit appelé Ὑπερίδης Κλεάνδρου Σφήττιος dans un des documents apocryphes cités à propos du procès de la Couronne[3]. Son dème de Collytos est un des dèmes urbains de la tribu Égéide, où Platon avait vu le jour une quarantaine d'années plus tôt. Son grand-père se nommait Dionysios.

La date de sa naissance a été longtemps discutée. Les uns (Mahaffy) voulaient la faire descendre jusqu'en 366;

1. Bien entendu, ces données ont été utilisées depuis longtemps, p. ex., dans la *Prosopographie attique* de Kirchner, dans l'*Encyclopédie de Pauly-Wissowa* (notice de Thalheim), dans l'*Histoire de l'éloquence attique* de Blass, etc. Je me borne à en rassembler ici l'essentiel, sans m'astreindre à reproduire toutes les références, qu'il sera aisé, en cas de besoin, de compléter à l'aide des ouvrages indiqués ci-dessus. Comme étude générale, on pourra se reporter aussi à l'article de J. Girard, *Hypéride, sa vie et ses discours* (dans ses *Études sur l'éloquence attique*).

2. Tradition rapportée par Suidas.

3. Dém., *Cour.*, 187. L'orthographe Ὑπερίδης est une forme postérieure résultant de l'iotacisme.

mais d'autres (J. Girard), observant qu'en 349, au moment où Athènes se décide à raffermir sa situation en Eubée, Hypéride a déjà un fils d'au moins dix-huit ans, puisque ce dernier peut offrir avec lui une trirème à l'État[1], concluaient de là qu'il fallait lui attribuer alors au moins une quarantaine d'années : calcul forcément approximatif, sans compter que nous connaissons ensuite une seconde expédition d'Eubée en 340. Le problème est aujourd'hui résolu de façon définitive depuis que Th. Reinach (*Rev. des Études grecques*, V, 1892, p. 250) a relevé le nom d'Hypéride sur un catalogue des diétètes de la tribu Égéide pour l'archontat d'Aristophon (330/29)[2]. Comme, au témoignage d'Aristote ('Αθ. πολ., 53, 4), le corps des arbitres publics est constitué par les citoyens atteignant leur soixantième année, il en résulte qu'Hypéride est né en 390/89. Il était donc de cinq à six ans l'aîné de Démosthène (né en 384), et à peu près le contemporain d'Eschine et de Lycurgue (nés tous deux vers 390).

Ses parents devaient appartenir à la bourgeoisie aisée d'Athènes ; car ils possédaient une maison en ville (πατρῴα οἰκία ἐν ἄστει)[3] et un tombeau de famille devant la porte des Cavaliers (πρὸ τῶν Ἱππάδων πυλῶν)[4]. On attribuait encore à Hypéride une seconde maison au Pirée[5], et, à Éleusis, des propriétés (ἴδια κτήματα)[6], auxquelles il joignait le fermage de terrains situés dans la plaine sacrée de Raria, terrains sans doute assez étendus, puisque la redevance en était, par an, de

1. *Vie*, § 24, p. 849 f.
2. *IG.*, II, 941.
3. Athénée, XIII, 590 *c*.
4. *Vie*, § 14, p. 849 *c*.
5. Athénée, *loc. laud.*
6. *Vie*, § 18, p. 849 *d*.

619 médimnes d'orge[1]. Nous ignorons, il est vrai, si les biens hors d'Athènes représentent, ou non, des acquisitions postérieures et personnelles d'Hypéride.

Quoi qu'il en soit, il reçut une éducation en rapport avec sa situation de fortune : il aurait été, nous dit-on, élève d'Isocrate et de Platon[2]. Sans doute, la même tradition se répète à propos de Démosthène ou de Lycurgue, ce qui risque de la faire suspecter. Ici cependant elle se couvre d'autorités assez anciennes, remontant jusqu'au IIIe siècle av. J.-C., Hermippos à propos d'Isocrate[3], Chaméléon et Polémon à propos de Platon[4]. Admettons-la donc telle quelle. D'ailleurs, pour ce qui est au moins d'Isocrate, les traits ne manquent pas où l'on peut reconnaître son influence sur notre orateur : Hypéride certes n'est pas homme à passer, comme lui, des années à polir et à repolir un ouvrage, ni même, une phrase une fois écrite, à la remettre plusieurs fois sur le métier ; mais nous croyons volontiers qu'il a pris à son école l'habitude d'une certaine surabondance d'expression, avec le goût des termes poétiques et des groupes de mots qui se répondent symétriquement ou qui produisent entre eux des assonances. Par contre, s'il a suivi l'enseignement de Platon, ce dut être de sa part affaire de mode plus que d'affinité intellectuelle. Assurément, il a lu l'*Apologie de Socrate* : il l'utilise, avec d'autres souvenirs littéraires, vers la fin de son *Oraison funèbre* ; mais, quand il y parle de l'immortalité de l'âme, c'est en quelques mots fort brefs, comme d'une hypothèse qu'il met juste sur le même pied que celle du retour au

1. *IG.*, IV², 834 *b*, col. II, 41 : comptes de l'Ol. 112 (332-329) ; cf. Foucart, dans *BCH.*, 1884, p. 198.

2. *Vie*, § 3, p. 848 *d* ; même indication dans Suidas.

3. Les rapports d'Hypéride avec Isocrate semblent avoir été admis couramment par les anciens.

4. Diogène Laërce, *Vies des philosophes*, III (Platon), 46.

néant; et, nulle part ailleurs, dans ce que nous connaissons de son œuvre, on ne sent le disciple de Platon.

Au reste, à toutes sortes d'égards, son genre de vie n'avait rien de la sévérité philosophique. Stobée rapporte de lui cette maxime, qu'il ne concevait pas la possibilité de bien vivre sans avoir appris ce qu'il y a de bon dans la vie (μὴ δύνασθαι καλῶς ζῆν, μὴ μαθὼν τὰ καλὰ τὰ ἐν τῷ βίῳ)[1]. Il devait aimer le vin; car il raille Démosthène de prendre un air chagrin à la vue d'un homme qui boit avec quelque intempérance, ou d'accabler des jeunes gens de reproches injurieux, en les qualifiant de « grandes coupes à vin pur » (ἀκρατοκώθωνες)[2]. Pour son compte, il avait une réputation bien établie de gourmandise : d'après Hermippos, tous les matins on le voyait faire son tour sur le marché aux poissons[3]. C'était là un thème courant de plaisanteries pour les comiques; et, vers la fin de sa vie, il avait sans doute gardé la même habitude; car, au temps de l'affaire d'Harpale, quand on le soupçonne d'avoir reçu de l'argent avec beaucoup d'autres, « celui-là, dit le poète Timoclès en parlant de lui, va nous enrichir nos poissonniers; il est si friand de leur marchandise qu'auprès de lui les mouettes ont l'air de Syriens »[4]. Un autre auteur de la comédie moyenne, Philétaire, ajoute qu'avec la bonne chère il aimait aussi les dés : πρὸς τῷ ὀψοφαγεῖν καὶ κυβεύειν αὐτόν φησι[5].

D'autre part, il est souvent question de son goût pour les femmes. Selon Idoménée de Lampsaque, qui passe,

1. Fragm. 207, Jens.

2. Fragm. conservés l'un par Athénée, l'autre par Priscien, comme provenant du discours *C. Démosthène*, et que j'y rapporte à la col. XIX *bis*.

3. Athénée, VIII, 342 *c*; cf. *Vie*, § 19, p. 849 *e*.

4. Timoclès, *Délos*, dans Athénée, VIII, 341 *f*; (les Syriens passaient pour s'abstenir, par scrupule religieux, de manger du poisson).

5. Philétaire, *Asclépios*, dans Athénée, VIII, 342 *a*.

il est vrai, pour avoir accueilli volontiers les commérages et les anecdotes scandaleuses, il aurait aimé une des hétaïres les plus dispendieuses d'Athènes, Myrrhina, τὴν πολυτελεστάτην ἑταίραν ; et, pour l'installer dans sa demeure familiale, il en aurait chassé son fils Glaucippos ; dans le même temps, il aurait eu une seconde maîtresse, Aristagora, dans sa maison du Pirée, et une troisième dans sa propriété d'Éleusis, la Thébaine Phila, dont il aurait fait son intendante, après avoir payé fort cher son affranchissement[1]. Phila ayant été vendue comme esclave lors de la destruction de sa patrie par Alexandre, en 335, Hypéride, à cette date, avait cinquante-cinq ans.

Une douzaine d'années auparavant, on connaît assez sa liaison avec une autre hétaïre, Phryné de Thespies. Celle-ci, en dépit de son nom d'origine, Mnésarété, « celle qui se souvient de la vertu », avait eu nombre d'aventures. Un jour, un de ses amants, Euthias, s'étant brouillé avec elle, lui intenta, par vengeance, une accusation d'impiété : il lui reprochait de s'être livrée à des débauches impudentes dans un lieu sacré, d'avoir introduit à Athènes sans autorisation une divinité nouvelle assez mal famée, Isodaïtès, et d'avoir, sous son patronage, fondé des thiases ouverts aux deux sexes, où se célébraient, la nuit, des cérémonies suspectes. Placée ainsi sur le terrain religieux, l'inculpation était grave, et pouvait entraîner la peine de mort, comme on l'avait vu, par exemple, à propos de Ninos et de Théoris[2]. Hypéride, qui aimait aussi Phryné, vint prendre sa défense à ce titre, et prononça en sa faveur un discours

1. Athénée, XIII, 590 c; cf. *Vie*, § 18, p. 849 d.

2. Sur ce procès, cf. P. Foucart : *l'Accusation contre Phryné* (dans *Rev. d. Philologie,* XXVI, 1902, p. 216 sqq.); P. Girard, lecture à la *Séance publique des cinq Académies,* 26 oct. 1910; (d'après lui, le procès se placerait aux environs de l'année 347).

dont nous n'avons plus que des bribes insignifiantes, mais dont les anciens vantaient l'agrément et l'habileté, en le rapprochant du discours *Contre Athénogène*. Néanmoins l'éloquence de l'avocat, paraît-il, ne gagnait rien sur les héliastes, et on sentait la condamnation imminente, quand Hypéride, amenant sa cliente bien en vue et déchirant brusquement sa robe, mit à nu sa poitrine, et tira du spectacle de sa beauté l'effet le plus pathétique de sa péroraison ; les juges, pris d'une sorte de scrupule, n'osèrent pas faire périr « la prêtresse, la servante d'Aphrodite » ; mais, là-dessus, un décret fut rendu qui, pour éviter à l'avenir des surprises du même genre, interdisait de laisser un accusé devant ses juges au moment du vote.

C'est ainsi que les choses sont présentées dans Athénée ou dans la *Vie*[1], et la tradition s'en est perpétuée jusqu'à nos jours, où les artistes, sculpteurs ou peintres, ont reproduit plus d'une fois, en l'aggravant volontiers, le geste d'Hypéride : belle occasion pour eux de ressusciter dans le marbre ou sur la toile les charmes de la femme qui passe pour avoir inspiré à Praxitèle son *Aphrodite de Cnide* et à Apelle son *Aphrodite anadyomène*. Nous avons pourtant de sérieuses raisons de mettre en doute cette tradition ; car, outre qu'on peut se demander jusqu'à quel point Phryné elle-même se serait prêtée au geste audacieux de son avocat, de plus, si le fait était vrai, la comédie l'aurait su, et n'aurait pas manqué de s'en inspirer. Or, nous ne trouvons chez elle rien de semblable ; au contraire, elle nous offre une explication beaucoup plus simple. D'après Posidippe, Phryné se serait bornée, comme il arrivait couramment aux plaideurs avant l'audience, à guetter l'arrivée des juges, et, toute en pleurs,

1. Athénée, XIII, 590 *e* ; *Vie*, § 20, p. 849 *e*.

à leur prendre les mains en les priant de l'épargner; grâce à de telles démarches, elle aurait sauvé sa vie, non sans peine[1]. Admettons encore, si l'on veut, (car toute légende doit recéler au moins une parcelle de vérité), qu'elle ait renouvelé ses supplications au dernier moment, et que, dans son émoi, pendant qu'elle s'inclinait devant ceux dont dépendait son sort, sa tunique, s'écartant, ait laissé plus ou moins apparaître sa gorge, circonstance fortuite dont son avocat aurait tiré parti. Mais l'initiative prêtée à Hypéride paraît une invention postérieure de beaucoup à l'événement; et, si populaire que le souvenir en soit devenu par la suite, il sera prudent pour nous d'y voir simplement un témoignage, s'ajoutant à d'autres, de la réputation qu'avait Hypéride d'avoir été fort mêlé au monde de la galanterie, et, d'une façon générale, de s'être assez peu embarrassé de scrupules d'aucune sorte quand ses passions étaient en jeu.

De telles habitudes de légèreté et de luxe entraînaient forcément de grosses dépenses. Mais d'abord, on l'a vu, il avait trouvé dans sa famille une fortune déjà considérable. Et puis il était à la fois homme politique et avocat, double source de beaux revenus, à Athènes, pour qui avait du talent; et Hypéride n'en manquait pas. Il avait commencé sa carrière en plaidant pour un salaire des causes privées[2]. Beaucoup d'orateurs attiques ont agi de même à leurs débuts; pour Hypéride, il dut continuer jusqu'à la fin de sa vie à faire commerce de semblables plaidoyers; car le discours *Contre Athénogène*, (où il s'agit d'obtenir l'annulation d'un contrat entaché de

1. Posidippe, *l'Ephésienne*, dans Athénée, XIII, 591 *e*; (Posidippe écrivait dans la première moitié du IIIe siècle av. J.-C.; à cette date, plus de cinquante ans après l'événement, la version romanesque du procès de Phryné n'était pas encore constituée).

2. *Vie*, § 5, p. 848 *e* : τὸ δὲ πρῶτον μισθοῦ δίκας ἔλεγε.

fraude), est postérieur à 330. Les anciens en avaient conservé un certain nombre, et Blass peut citer les titres d'une quinzaine d'entre eux : ils concernent des procès pour coups et blessures, pour une liturgie dont un citoyen prétend se faire décharger sur un autre plus riche, contre un affranchi oublieux de ses devoirs envers son patron, ou encore des chicanes à propos d'une tutelle, d'une succession, d'un trésor, d'une maison, d'une conduite d'eau ou de limites de propriétés[1]. Les comiques insinuent qu'Hypéride y voyait avant tout le moyen de se procurer une vie large, et qu'il ne se montrait pas très difficile dans le choix des causes dont il se chargeait, double reproche formulé, par exemple, sous le couvert d'une image hardie dans ce passage de Timoclès : « Traverse le fleuve Hypéride au cours poissonneux, qui, en sons mélodieux, tout bouillonnant de la pompe d'une éloquence avisée, descend doucement où l'on veut..., et, contre rémunération, arrose les plaines de celui qui l'a payé[2]. » Le discours *Contre Athénogène,* le seul de ce groupe qui nous soit parvenu, ne contredit pas le jugement du poète ; car, si le client d'Hypéride a été sans aucun doute victime de deux fripons, il ne nous inspire pas pour cela une sympathie sans réserve.

En dehors de ses plaidoyers civils, Hypéride avait souvent aussi pris la parole dans des affaires touchant à la vie publique, soit devant l'Assemblée du peuple, soit devant les tribunaux. Là, il est beaucoup plus difficile pour nous d'apprécier dans quelle mesure il en a tiré des bénéfices personnels. A la Pnyx, en principe, c'est le citoyen qui s'adresse aux autres citoyens, et qui, fort de son expérience et de son autorité, leur recommande les

1. Blass, *Att. Bereds.*, III², p. 21-22.
2. Timoclès, *les Icariens,* dans Athénée, VIII, 341 *f* ; (deux vers malheureusement sont altérés).

mesures jugées par lui les plus conformes au bien de l'État. Mais, dans la pratique, qu'il le veuille ou non, un jour, telle de ses propositions favorise des intérêts privés ; une autre fois, il fait voter une distinction honorifique dont le bénéficiaire lui témoigne sa reconnaissance ; le cercle de ses obligés peut même s'étendre aux étrangers, particuliers, villes, voire princes du Nord ou de l'Orient qui attendent d'Athènes quelque service, et qui, pour l'obtenir, sont prêts à payer d'un bon prix l'intervention d'un orateur influent. Hypéride accuse ainsi Démosthène et Démade d'avoir gagné, rien qu'avec les proxénies et les décrets votés sur leur initiative, plus de soixante talents chacun[1]. Nous ne le calomnierons sans doute pas en supposant qu'à l'occasion il a agi comme eux, et n'a pas dédaigné des profits dont l'usage était courant[2].

De même, devant les tribunaux, nous croyons volontiers qu'il traduit en toute sincérité ses sentiments personnels en attaquant Philippide, Aristogiton ou Démade pour avoir présenté des motions illégales, Démosthène pour avoir détenu entre ses mains une part de l'argent d'Harpale, Autoclès ou Philocrate pour avoir indûment trahi les devoirs de leur charge, ou encore en protestant contre les honneurs qu'on veut rendre à Eubule après sa mort. Pourtant nous connaissons de lui deux discours répondant à des accusations lancées par voie d'eisangélie, c'est-à-dire à des causes capitales : dans l'un (*Pour Euxénippe*), il prend la parole en personne ; mais, dans l'autre (*Pour Lycophron*), il joue simplement le rôle d'un logographe. Alors, quand nous voyons certains de ses plai-

1. *C. Démosthène*, col. XXV.

2. D'après la *Vie*, § 5, p. 848 *e*, il passait pour avoir eu aussi sa part des subsides de la Perse, au temps de la mission d'Éphialte, en 341 (δόξας κεκοινωνηκέναι τῶν Περσικῶν χρημάτων Ἐφιάλτῃ).

doyers politiques traiter de fournitures de poisson salé (ὑπὲρ Χαιρεφίλου περὶ τοῦ ταρίχους) ou de la répartition des versements entre les membres d'une symmorie (κατὰ Πολυεύκτου περὶ τοῦ διαγράμματος), comment ne pas nous demander si, sur de tels sujets, l'intérêt de l'État était vraiment seul en jeu ? Et, plus encore, que devons-nous penser du procès d'Aristagora ? Cette femme semble bien être une des maîtresses qu'Idoménée attribue à Hypéride ; comme Phryné a été poursuivie par Euthias sous prétexte d'impiété, à Aristagora on s'avisa un jour de reprocher de n'avoir pas rempli les conditions imposées par la loi aux étrangers domiciliés (γραφὴ ἀπροστασίου) ; or, Hypéride a composé deux discours pour soutenir l'accusation. Est-il venu charger lui-même Aristagora devant le tribunal ? s'est-il contenté de servir pour de l'argent le dépit de quelque autre amant ? De toute façon, il y avait abus à faire intervenir la justice criminelle dans cette querelle ; et, pour ce qui est d'Hypéride en particulier, nous comprenons mal qu'il n'ait pas cru devoir s'abstenir en la circonstance [1].

1. On voit avec quelle prudence il convient d'accueillir certaines déclarations d'Hypéride. « Pour mon compte, dit-il, jamais de ma vie je n'ai cité en justice aucune personne privée » (*P. Eux.*, § 28 : οὐδ' αὐτὸς ἰδιώτην οὐδένα πώποτε ἐν τῷ βίῳ ἔκρινα). Comme il écrit cette phrase dans une cause où ses adversaires prétendent appliquer la procédure de l'eisangélie d'une façon tout arbitraire, il faut entendre sans doute que, dans ce cas particulier, il n'approuve pas un tel genre d'action contre des citoyens restés étrangers à la vie publique. Mais son affirmation, présentée de façon générale, aurait de quoi nous tromper. — De même, pour se disculper un jour de certains emportements de langage, il aurait répondu fièrement : « Ne regardez pas si je suis violent, mais si ma violence est désintéressée » (Fr. 212 Jens. : ἠξίου σκοπεῖν Ἀθηναίους μὴ μόνον εἰ πικρός ἐστιν, ἀλλ' εἰ προῖκα πικρός). A-t-il, en toute occasion, justifié cette belle déclaration ? (quand, par exemple, pour perdre Démosthène au moment de l'affaire d'Harpale, il fait preuve à son égard d'une partialité manifeste, et, par jalousie ou par ambition, en vient, tout en étant à la

Sans nous attarder davantage à ces petits côtés de la vie et du caractère de notre orateur, il est plus intéressant pour nous de chercher à reconstituer, autant que possible, son rôle dans la vie publique d'Athènes. A notre connaissance, il débute dans la politique en 362, en attaquant Aristophon d'Azénia[1]. C'est le moment où apparaissent des symptômes de mécontentement et de désagrégation dans la Seconde Ligue maritime, rétablie par Athènes depuis 378, sous l'archontat de Nausinicos. En 363, à l'instigation des Thébains, qui commencent alors à étendre leur activité du côté de la mer, des troubles sanglants avaient éclaté dans l'île de Céos, toute voisine de l'Attique. Aristophon, envoyé comme stratège pour y mettre fin, était parvenu à rétablir l'ordre ; et nous avons encore, à ce propos, le texte de la convention qu'il avait imposée à la ville d'Ioulis (*IG.*, IV², 54ᵇ). Seulement, il s'était montré fort dur pour les habitants, et, de plus, semblait s'être compromis dans d'assez louches questions d'argent : double maladresse, dont Hypéride profita pour lui intenter un procès[2]. Quelques échos seulement nous sont parvenus de son discours (fr. 40-44 Jens.) ; mais nous y constatons déjà son habileté

tête des patriotes les plus exaltés, à conclure une sorte de cartel avec les partisans avérés de la Macédoine ? cf. ci-dessous, p. 43-45).

1. Sur Aristophon, cf., entre autre travaux, la monographie de P. Girard dans l'*Ann. de l'Assoc. p. l'encouragement des études grecques*, 1883, p. 179-221.

2. On admet généralement que l'action intentée par Hypéride était une action d'illégalité. Cette opinion s'appuie sur une scolie à Eschine, I, 64 : Ἀριστοφῶν, στρατηγήσας ἐν Κέῳ, διὰ φιλοχρηματίαν πολλὰ κακὰ ἐργασάμενος τοὺς ἐνοικοῦντας, ἐφ' ᾧ γραφεὶς ὑπὸ Ὑπερείδου παρανόμων ἑάλω. Je songerais plutôt à une γραφὴ περὶ τῶν εὐθυνῶν ; du reste, dans le texte du scoliaste, divers éditeurs ont proposé soit de supprimer παρανόμων (Meier), soit d'y substituer παρὰ ὀλίγον (Hunziker). Le scoliaste a pu écrire ici παρανόμων parce qu'il vient de rappeler qu'Aristophon, au cours de sa longue vie, a échappé à soixante-quinze procès de ce genre.

à manier l'ironie, quand il rappelle malicieusement le surnom d'*Ardettos* donné à Aristophon, allusion évidente à la facilité avec laquelle il prodiguait les promesses et les serments, ou quand il utilise d'adroites oppositions de mots pour tracer en deux ou trois lignes un portrait piquant de son adversaire : « Tu t'efforces de donner le change aux autres ; mais l'illusion est pour toi seul. Car tu ne convaincs personne, si au lieu d'astucieux tu te dis sage, au lieu d'impudent courageux, au lieu d'avaricieux soigneux de ton patrimoine, au lieu de malveillant sévère ; il n'est pas de vice dont tu ne saches te glorifier en le parant du nom d'une vertu. » En tout cas, il faillit, à deux voix près, faire condamner Aristophon ; c'était un beau succès pour un jeune orateur de vingt-huit ans, et il reste très fier, plus de trente ans après, d'en évoquer le souvenir[1].

L'année suivante, en 361, il intervient encore dans le procès d'un autre stratège, Autoclès, inculpé de trahison pour n'avoir pas su profiter des querelles des princes thraces afin de raffermir la domination d'Athènes sur la Chersonèse ; mais là il est possible qu'il ait simplement assisté, à titre de logographe ou de synégore, Apollodore, fils de Pasion, dont le nom revient souvent dans les plaidoyers civils de Démosthène[2].

Après ces deux discours où il semblait vouloir se mettre en évidence[3], Hypéride rentre brusquement dans l'ombre ; il nous faut attendre jusqu'en 343 pour retrouver

1. *P. Eux.*, 28 : καὶ οὗτος ἐν τούτῳ τῷ δικαστηρίῳ παρὰ δύο ψήφους ἀπέφυγε.

2. Hyp., Κατ' Αὐτοκλέους προδοσίας (fr. 55-65 Jens.) ; cf. Dém., *Exception pour Phormion*, 53.

3. Il est assez curieux de constater qu'au début du discours *P. Euxén.*, quand il veut opposer les grands procès d'autrefois aux chicanes misérables de son temps, il en donne cinq exemples, tous pris dans les années 362 ou 361. Il a dû y avoir là pour lui une date qui marquait dans sa carrière.

une trace certaine de son activité politique. Pourtant les occasions ne manquaient pas alors, pour un orateur, de formuler des critiques ou de donner des conseils sur la direction des affaires publiques. Par exemple, les fautes dont nous parlions à propos d'Aristophon se multiplient, et finissent par aboutir à la Guerre Sociale (357-355), où Athènes voit se détacher d'elle une bonne partie de sa ligue maritime. A ce moment, Eubule prend en mains le pouvoir : habile financier, il arrive à redresser momentanément sa patrie ; mais son pacifisme systématique se révèle vite dangereux pour l'avenir ; et, s'il trouve en général un appui dans la classe aisée, désireuse de ne pas compromettre son bien-être, ou dans la multitude, de plus en plus rebelle aux obligations du service militaire, par contre il soulève contre lui les patriotes, qui souhaitent qu'Athènes se souvienne de sa gloire passée, qu'elle ne se laisse pas isoler, et, qu'attentive aux événements du dehors, elle reprenne son rôle traditionnel de champion de l'indépendance hellénique.

Depuis 355, le porte-parole du parti de l'action est évidemment Démosthène. Soit devant les tribunaux, soit devant l'Assemblée, il n'est pas de question importante dont il se désintéresse. En politique intérieure, il demande qu'Athènes ne s'enlève pas, sous prétexte d'économies insignifiantes, le droit de récompenser les hommes qui lui font honneur (*Contre la loi de Leptine*, 355), ou qu'elle s'attache à améliorer l'administration de sa marine (*Sur les symmories*, 354). Mais les problèmes extérieurs le préoccupent plus encore. Faut-il, au bruit des armements ordonnés par Artaxerxès III Ochos, se lancer dans une guerre contre la Perse (même discours *Sur les symmories*)? convient-il d'intervenir entre Sparte et les Péloponnésiens (*Pour les Mégalopolitains*, 353)? est-il sage de laisser Charidème, dans la Chersonèse de Thrace, agir à son gré et dans l'intérêt de son beau-père, le roi Kersoblepte (*Contre Aristocrate,* 352)? vaut-il mieux, quand les Rhodiens sont menacés par les dynastes de Carie, se porter à leur secours ou céder aux rancunes laissées par la Guerre Sociale (*Pour la liberté des Rhodiens,* 350)? Sur toutes ces difficultés Démosthène tient à donner son avis.

Surtout, à partir de 351, c'est du côté de la Macédoine qu'il ne cesse de tourner ses regards. En effet, Philippe, monté sur le trône en 359 au milieu de graves embarras, est parvenu en quelques années à réaliser des progrès inquiétants. Non seulement il a étendu les frontières de son royaume vers l'Ouest et vers le Nord, en refoulant les Illyriens et les Péoniens ; mais, chose plus sensible aux Athéniens, il a mis la main sur Amphipolis, à la perte de laquelle ils n'avaient jamais pu se résigner (357) ; il a su conclure une alliance avec Olynthe en lui abandonnant provisoirement Anthémonte et Potidée (356) ; sur le golfe Thermaïque, après avoir par ruse recouvré Pydna, il s'est emparé de Méthone (353) ; puis, à la faveur des luttes intestines de la Thessalie, il est entré à Phères et à Pagases ; il a même failli franchir les Thermopyles afin d'intervenir en Phocide ; là, les Athéniens sont arrivés à temps pour l'arrêter (352) ; mais, satisfaits de ce succès, ils sont retombés bien vite dans leur apathie habituelle. Démosthène donc s'emploie à les tenir en éveil et à leur montrer la nécessité d'avoir toujours, en dehors de leurs mercenaires, un corps de citoyens prêts à se porter sur les points menacés, et des fonds pour faire face aux dépenses de telles expéditions (*1re Philippique,* 351). Seulement Philippe part guerroyer en Thrace ; on répand même le bruit de sa mort ; les Athéniens jugent inutile de s'imposer des efforts dont ils ne sentent plus la nécessité immédiate.

Démosthène cependant ne se décourage pas. Pour suivre en détail son activité, il faudrait reprendre toute l'histoire de son temps. Notons du moins que, sans perdre jamais de vue les progrès de Philippe, il ne se borne pas à répéter invariablement les mêmes objurgations; il se rend compte des possibilités de l'heure, et tâche d'adapter sa politique aux circonstances. Ainsi, en 349, Philippe, après avoir paru pendant un moment favoriser la confédération chalcidienne, décide d'en finir avec elle et de se l'annexer tout entière; Démosthène estime qu'Athènes a le devoir d'intervenir (*les trois Olynthiennes*); on l'écoute mal; les secours sont insuffisants ou trop tardifs; Olynthe succombe (348). Après cette catastrophe, Athènes essaie de former autour d'elle une coalition des principales cités grecques pour résister aux empiétements perpétuels de la Macédoine; elle n'y réussit pas. Alors, comme d'autre part on sent peser une menace nouvelle dans cette Guerre Sacrée qui, commencée en 356 par une querelle de partis en Phocide, n'est pas encore terminée et prend une extension de plus en plus dangereuse, Démosthène admet que le mieux est d'arriver, si l'on peut, à un accord avec Philippe; il accepte pour cela de se rapprocher du parti d'Eubule, et se prête d'abord aux négociations qui aboutissent à la paix de 346. Nouvelle déception : Athènes avait espéré, sur la foi de vagues promesses, que Philippe, pour lui témoigner sa bonne volonté, trouverait des avantages à lui assurer, et se préoccuperait aussi de ménager la Phocide; au lieu de cela, il laisse écraser cette dernière sans merci, se fait l'allié de Thèbes contre Athènes, et exige par surcroît sa reconnaissance officielle comme membre et président de l'Amphictyonie delphique. A Athènes, quelques exaltés parlent de résister, coûte que coûte ; Démosthène comprend que la sagesse est de s'incliner, du moins pour l'instant; et, au risque de paraître renier tout son passé, il a le courage de soutenir cette opinion devant le peuple (*Sur la paix,* fin 346). Mais, dès l'année suivante, quand Philippe, encouragé par ses succès dans la Grèce centrale, se met à intriguer aussi dans le Péloponnèse, Démosthène reprend ses avertissements, et, devant ses compatriotes comme devant les Messéniens, il insiste sur la nécessité de se tenir en garde contre les artifices et les fausses promesses du roi (*2e Philippique,* 344).

Ainsi, de 355 à 343, toujours attentif aux événements, et en opposition souvent avec le parti au pouvoir, Démosthène ne cesse pas de faire entendre la voix de son patriotisme. Hypéride, dans la plupart des cas, devait partager ses sentiments; nous avons tout lieu de le croire d'après son attitude dans les années suivantes[1]. Mais, jusqu'en 343, la seule trace que nous trouvions de son activité politique est la mention d'un procès intenté par lui à Diopithe de Sphettos. Ce personnage manque de notoriété : incidemment, nous le trouvons cité chez Démosthène (*Cour.*, 70), comme un des orateurs qui, à côté d'Eubule et d'Aristophon, proposaient des décrets dans les premiers temps de la lutte contre Philippe; et, par hasard (*IG.*, IV^2, 802^b), nous savons qu'il a été triérarque en 349/8. Peut-être, en cette qualité, aura-t-il été rendu responsable de quelque échec dans les hostilités menées alors devant Olynthe ou en Eubée, d'où une inculpation de trahison, comme jadis contre Autoclès. Mais rien ne

1. Dans un discours de la collection démosthénienne, souvent attribué à Dinarque, et qui daterait des environs de 339 (*Contre Théocrine,* 35), l'auteur réunit les noms d'Hypéride et de Démosthène, comme ceux de deux citoyens considérables auxquels le sycophante Théocrine ose intenter des procès d'illégalité pour les obliger à composer avec lui. Mais de ce rapprochement peut-on conclure qu'ils sont regardés couramment comme deux représentants de la même politique?

nous est parvenu du discours d'Hypéride contre Diopithe, et nous ne le connaissons que par son propre témoignage (*P. Euxén.*, 29).

Au même endroit du discours *Pour Euxénippe* (§ 29-30), Hypéride rappelle aussi son intervention contre Philocrate. Cette fois, nous sommes sur un terrain plus solide : il s'agit de l'eisangélie engagée par lui, au début de l'année 343, peu avant le procès qui allait mettre aux prises Démosthène et Eschine *Sur les prévarications de l'Ambassade.* Il y accusait Philocrate d'avoir, à cinq ou six reprises, après s'être laissé corrompre, proposé des résolutions désastreuses pour Athènes. Il ne les précise pas autrement ; mais nous pouvons sans peine nous en faire au moins une idée.

Philocrate est l'homme dont le nom reste attaché à la paix de 346, qui, nous l'avons vu, met fin de façon assez humiliante pour Athènes à la Guerre Sacrée. Au début, son attitude peut se défendre. Ainsi, en 348, avant même la prise d'Olynthe, quand Philippe laisse entendre par voie indirecte aux Athéniens les bonnes dispositions où il est à leur égard, Philocrate est d'avis qu'il y aurait lieu de l'écouter. Il fait donc rapporter un ancien décret interdisant toute relation officielle avec la Macédoine ; les intransigeants l'accusent d'illégalité ; Démosthène prend sa défense (347). Au début de 346, il décide les Athéniens à envoyer les premiers une ambassade au roi, pour connaître ses intentions. Démosthène accepte encore d'y participer. Mais, au mois d'Avril, quand les pourparlers proprement dits s'engagent à Athènes avec les plénipotentiaires macédoniens Antipater et Parménion, ils sont loin de répondre aux espoirs qu'on avait conçus ; car Philippe entend négocier sur la base du *statu quo* (ἔχειν ἑκατέρους ἃ ἔχουσιν), qui lui laisse ses conquêtes antérieures ; et il se garde de prendre aucun engagement ferme au sujet d'Halos et de la Phocide, dont le sort tient à cœur aux Athéniens. Néanmoins, le texte du traité est rédigé par Philocrate conformément à ces exigences, et accepté tel quel par le peuple malgré une vive opposition. Là-dessus, une seconde ambassade se rend en Macédoine pour recevoir les serments de Philippe et de ses alliés; au lieu de se hâter, elle perd en route près de deux mois, et Philippe en profite pour achever la conquête de la Chersonèse. Aussi le Sénat reproche-t-il à ses ambassadeurs, à leur retour, de n'avoir pas suivi leurs instructions ; et il leur refuse les honneurs habituels. Mais, à l'Assemblée, le peuple se laisse prendre à de vagues annonces de compensations futures dont les Thessaliens et les Thébains feront les frais; il ratifie donc la paix définitivement ; et, allant plus loin, toujours sur l'initiative de Philocrate, il vote un nouveau décret félicitant Philippe de ses belles résolutions, et étendant à ses successeurs le pacte d'alliance si heureusement conclu avec lui (Juil. 346). Quelques jours après, Phalæcos, le dernier chef phocidien, se sentant abandonné, capitule ; et Philippe, qui a les mains libres, règle à son profit tout le statut de la Grèce centrale, sans se soucier de démentir à si bref délai les promesses que des intermédiaires trop crédules ont multipliées en son nom.

Sans doute, de tant de déceptions Philocrate n'est pas seul responsable; Eubule et Eschine l'ont à diverses reprises appuyé de leur autorité et de leur parole. Mais son rôle sûrement reste considérable : il a proposé, conclu, renforcé par tous les moyens en son pouvoir cette paix funeste de 346 ; et, en admettant même que, pendant un moment, son amour-propre se fût laissé prendre aux témoignages intéressés d'amitié qu'on lui prodiguait en Macédoine, il lui était difficile de soutenir que les présents du roi n'avaient pas constitué pour lui les arguments les plus décisifs[1]. Les éléments ne manquaient donc pas à Hypéride pour étayer, comme il le dit, sur cinq ou six points positifs son acte d'accusation. Au dernier moment, Philocrate prit peur, et aima mieux se condamner lui-même à l'exil qu'affronter les débats[2]. Sa fuite n'en représentait pas moins pour Hypéride un incontestable succès, et ce fut sans doute la raison pour laquelle nous le voyons, à peu de temps de là, chargé officiellement de défendre les droits d'Athènes sur l'administration du sanctuaire d'Apollon à Délos.

La cause ne laissait pas d'être grave ; car, sous le couvert de prérogatives religieuses, c'était, en réalité, leur indépendance que réclamaient les Déliens ; et, en portant leurs revendications devant l'Amphictyonie de Delphes, ils devaient nourrir l'espoir que celle-ci, dominée maintenant par Philippe, craindrait de lui déplaire en se prononçant pour Athènes ; de plus, ils avaient pris soin de confier leur défense à un partisan avéré du roi, Euthycrate, le traître d'Olynthe. A Athènes, peut-être par suite de préoccupations analogues, le peuple avait d'abord désigné comme son avocat Eschine, dont on connaissait la faveur auprès de la cour de Pella. Mais l'Aréopage, qui semble, vers cette époque, avoir recouvré une certaine initiative en matière politique, invalida l'élection.

1. Au dire de Démosthène (*Amb.*, 114 et 145), Philocrate ne s'en cachait même pas : on le voyait posséder dans des pays soumis par Philippe des domaines dont le revenu atteignait un talent, construire une maison, importer des bois venant de Macédoine, et changer ouvertement de la monnaie d'or chez les banquiers.

2. Cf. Esch., *Amb.*, 6. Dans ces conditions, on peut se demander si Hypéride, en rappelant ce procès, fait allusion à un grand discours qu'il aurait composé par avance en vue du tribunal, sans avoir ensuite à le prononcer (comme le cas s'était produit, quelques années auparavant, pour la *Midienne* de Démosthène), ou simplement à celui par lequel il présentait au peuple sa demande de poursuites. Quoi qu'il en soit, rien ne nous en est parvenu.

On rappela que, tout récemment, un métèque nommé Antiphon ayant formé le projet de mettre le feu aux arsenaux du Pirée, Eschine était intervenu en sa faveur, et, malgré la dénonciation précise de Démosthène, avait failli le sauver. Après un tel exemple, on pouvait estimer imprudent de confier les intérêts d'Athènes au défenseur d'Antiphon. L'Aréopage reprit donc l'affaire en main; et, par un vote solennel rendu à l'unanimité, à Eschine il substitua Hypéride[1]. Celui-ci d'ailleurs répondit pleinement à la confiance qu'on mettait en lui : les privilèges d'Athènes à Délos furent maintenus par les Amphictyons[2].

Désormais, Hypéride ne va plus cesser d'être mêlé à la vie publique de son temps : il est, sinon un des chefs, du moins un des membres actifs du parti national. Ainsi, au printemps de 341, Démosthène, sentant combien est peu sûr l'état de paix nominale où l'on vit avec Philippe, demande une fois de plus non seulement qu'Athènes se constitue une armée et une flotte permanentes, mais aussi

1. *Vie*, § 25, p. 850 *a*; Dém., *Cour.*, 132-135.

2. La date exacte de l'affaire est discutée. Je la placerais volontiers vers la fin de 343 : la désignation d'Hypéride aurait été ainsi une suite logique de son triomphe sur Philocrate. Au reste, si elle était antérieure au procès de l'Ambassade, Démosthène, comme le remarque Blass, n'aurait pas dû manquer d'insister sur l'humiliation imposée à Eschine par l'Aréopage. On a bien invoqué dans ce sens le § 209 du discours de Démosthène *Sur l'Ambassade*, où il s'agit d'une dispute survenue récemment au Pirée, et dont le résultat a été d'empêcher Eschine de partir pour quelque mission; mais l'allusion est si brève et si vague qu'il paraît difficile de la rapporter au différend soulevé par les Déliens. — D'après les indications que le hasard nous a conservées sur le Δηλιακός d'Hypéride (fr. 71-75 Jens.), l'orateur y faisait une large place aux souvenirs légendaires : il remontait jusqu'à l'accouchement de Latone, partie du cap Zoster sous la protection d'Athéna Pronaia, et parlait aussi d'une ancienne querelle entre Délos et Rhénée. Évidemment, il avait dû ajouter d'autres arguments pour établir es droits d'Athènes à Délos; mais nous ne les connaissons pas.

qu'elle s'efforce de former autour d'elle une vaste coalition pour la défense de la liberté, et que, dans ce but, « elle députe des ambassadeurs dans le Péloponnèse, à Chios, à Rhodes, et même auprès du Grand Roi » (*3e Philippique*, 71). Lui-même se charge de faire la tournée des détroits ; il visite la Chersonèse, et parvient à dissiper les défiances de Byzance et d'Abydos. Pendant ce temps, Éphialte tente le voyage de Suse. Hypéride, lui, se rend à Chios et à Rhodes[1] ; et, s'il ne réussit pas à engager d'emblée ces deux villes dans une alliance formelle, il modifie du moins assez leurs dispositions pour que, l'année suivante, elles consentent à se porter, de concert avec Athènes, au secours de Byzance. C'est sans doute aussi le moment où il intervient auprès des Thasiens en vue de leur faire accepter un arbitrage avec les gens de Maronée pour la possession de Strymé[2].

Il ne se contente pas d'ailleurs de mettre sa parole au service de son pays ; il paie aussi de sa fortune. Ainsi, en 340, quand Athènes envoie de nouveau Phocion en Eubée pour y contrecarrer les menées de Philippe, Hypéride s'emploie à rassembler des contributions volontaires afin d'équiper une flotte de quarante navires ; et lui-même, donnant l'exemple, offre à l'État deux trirèmes, l'une en son propre nom et l'autre au nom de son fils[3]. Vient ensuite le siège de Byzance, entrepris par

1. Discours Χιακός et Ῥοδιακός (dont nous n'avons plus que les titres). La *Vie*, § 26, p. 850 *a*, relate la mission d'Hypéride à Rhodes ; mais sa réplique aux envoyés d'Antipater : « Nous savons que votre prince est un bon maître ; mais nous, fût-il bon, nous ne demandons pas un maître » doit se rapporter à des événements postérieurs.

2. Il est fait état de cette mission, dès 339, dans la *Lettre de Philippe* jointe aux Harangues de Démosthène (XII, 17). On a supposé avec vraisemblance qu'il fallait lui rapporter le discours d'Hypéride πρὸς Θασίους ; mais il ne nous en reste rien non plus.

3. *Vie*, § 24. p. 849 *f*. Nous connaissons, il est vrai, deux expéditions d'Eubée, également commandées par Phocion, l'une en 349 et

Philippe en 340-339 ; Athènes comprend la nécessité pour elle de ne pas laisser tomber au pouvoir de la Macédoine la ville qui commande le Bosphore ; Hypéride est triérarque dans l'escadre levée à cet effet ; et, bien qu'il ait, de ce fait, le droit de refuser toute autre liturgie, il accepte de se charger encore d'une chorégie à son retour[1].

Là-dessus, une nouvelle Guerre Sacrée donne à Philippe l'occasion d'intervenir au cœur de la Grèce ; et, grâce à un brusque revirement de sa politique envers la Phocide, il réussit contre toute attente à s'emparer d'Élatée (automne 339). Dans ces graves conjonctures, c'est Démosthène encore qui prend les initiatives décisives : il obtient l'alliance de Thèbes, et, à Thèbes comme à Athènes, déjoue toute tentative de compromis qui n'aboutirait qu'à retarder un instant une lutte désormais inévitable. Hypéride, à ce qu'il semble, ne joue pas, comme lui, un rôle capital[2]. Mais du moins il approuve son attitude ; car lorsque, au printemps de 338, à la suite de succès remportés pendant l'hiver, Démomélès propose au peuple de profiter des Dionysies pour voter une couronne d'or à Démosthène, Hypéride appuie cette motion ; et, prenant la parole contre un ami d'Eschine, Diondas, qui la combat sous prétexte d'illégalité, il empêche l'opposition d'obtenir même le cinquième des suffrages[3].

l'autre en 340. La *Vie* ne précise pas à laquelle se rapporte la générosité d'Hypéride ; mais celui-ci, nous l'avons vu, semble, en 349, se tenir à l'écart de la vie politique.

1. *Vie*, § 5, p. 848 [e]. On retrouve dans les inventaires de la marine (*IG*. II. 808 [c], 103 et 809 [d], 242) la mention de la trirème d'Hypéride, 'Ανδρεία, 'Αλκαίου ἔργον. Elle avait dû subir des avaries ; longtemps après, jusqu'en 326, on en réclame, au moins en partie, les frais de réparation à Hypéride.

2. Son discours κατὰ Πασικλέους (fr. 134-136 Jens.) paraît s'être rapporté à la réforme introduite par Démosthène, en 340, dans l'organisation de la triérarchie.

3. *Vie*, § 6, p. 848 [b]. Les anciens connaissaient un discours d'Hy-

Hypéride, — comme Lycurgue d'ailleurs, et pour la même raison —, n'assiste pas à la bataille de Chéronée (Août ou Sept. 338), parce qu'ils sont alors membres du Sénat[1], et que les sénateurs sont légalement dispensés du service militaire pendant la durée de leurs fonctions. Mais, à la nouvelle du désastre, il est un des organisateurs de la résistance. Comme au temps de la Guerre du Péloponnèse, on décide de ramener à l'intérieur des murs la population de la campagne avec ses biens les plus précieux ; le Sénat doit descendre en armes au Pirée, et veiller à l'exécution de toutes les mesures qui pourront être votées ; les citoyens de cinquante à soixante ans sont mobilisés pour la défense des remparts ; quiconque essaie de quitter la ville est déclaré traître ; on décrète le rappel des bannis, la réintégration dans leurs droits civiques de ceux qui les avaient perdus ; on va même jusqu'à offrir le titre de citoyens aux métèques et la liberté aux esclaves qui voudront s'enrôler ; on espère recruter de la sorte une armée de plus de 150 000 hommes[2]. Parmi ces innovations, plusieurs, on le devine, n'allaient pas sans heurter des répugnances traditionnelles ou des préoccupations égoïstes ; et Hypéride sans doute passait pour avoir pris

péride πρὸς Διώνδαν ; mais nous n'avons aucune indication précise sur son contenu. Démosthène (*Cour.*, 216) fait allusion à deux engagements, la « bataille près du fleuve » et la « bataille d'hiver », où les troupes athéniennes s'étaient brillamment comportées, et, un peu plus loin (222-223) à l'action intentée par Diondas contre Démomélès et Hypéride.

1. Lucien, *Parasite*, 42.

2. Allusions nombreuses dans le discours de Lycurgue *C. Léocrate* ; Hyp. fr. 29 Jens. (*C. Aristogiton*). — En même temps, Athènes sollicite des secours pour sa défense auprès des îles ou des villes du voisinage. Lycurgue (*loc. laud.*, 42) nomme, parmi elles, Andros, Céos, Trézène et Épidaure. Hypéride dut se charger d'une ambassade de ce genre auprès de Cythnos, petite île au sud de Céos ; car on citait de lui un discours intitulé Κυθνιακός, qu'on rapporterait volontiers à ce moment.

l'initiative des plus hardies d'entre elles ; car nous le voyons, peu après, accusé à leur propos d'illégalité par Aristogiton[1]. Nous n'avons plus que des bribes du discours qu'il prononça pour sa défense ; mais l'écho de quelques-unes de ses répliques s'était conservé chez les rhéteurs grecs et latins : « A quoi bon ces interrogations plusieurs fois répétées au sujet de mon rôle ? As-tu proposé de donner la liberté aux esclaves ? — Oui, pour que les hommes libres n'aient pas à connaître l'esclavage. — As-tu proposé de rendre le droit de cité à ceux qui l'avaient perdu ? — Oui, pour que tous les Athéniens, d'un seul cœur, combattent pour leur patrie. — As-tu proposé le rappel des exilés ? — Oui, pour que personne n'ait à souffrir de l'exil. — Tu ne lisais donc pas les lois qui s'opposaient à tes propositions ? — Je ne le pouvais pas ; car les armes des Macédoniens, se dressant devant elles, me les cachaient de leur ombre. » Et encore : « Ce n'est pas moi qui ai rédigé ce décret, c'est la bataille de Chéronée »[2]. Il y avait là non seulement un beau mouvement oratoire, mais aussi, et c'est ce qui nous touche le plus, une noble affirmation de patriotisme et d'énergie. Hypéride fut acquitté.

En réalité, les mesures ainsi envisagées n'eurent pas de suite. Car, au bout de peu de jours et contre toute attente, Philippe prit l'initiative d'un rapprochement avec Athènes : il lui rendait ses prisonniers sans rançon, lui renvoyait les cendres de ses morts, et se déclarait prêt à conclure avec elle une paix honorable. Celle-ci, négociée par Démade, fut bientôt ratifiée par le peuple à une importante majorité ; car, si elle laissait au roi la plupart des avantages qu'il s'était acquis, elle évitait du moins aux Athéniens l'invasion de leur territoire, les horreurs

1. *Vie*, § 8, p. 849 a.
2. Hyp., *C. Aristogiton*, fr. 27-28 Jens.

d'un siège, et l'humiliation d'avoir, comme les Thébains, à recevoir chez eux une garnison étrangère. Il est vrai qu'ils étaient réduits au rang d'alliés de Philippe, et, qu'au lieu de grouper autour d'eux les peuples soucieux de sauvegarder leur indépendance, ils allaient être obligés bientôt (dès le début de 337) d'entrer dans la ligue panhellénique de Corinthe, sous l'hégémonie de la Macédoine.

Une telle paix renforçait évidemment dans Athènes le prestige de la faction promacédonienne ; mais le parti national ne renonçait pas pour cela à toute activité ; il se préoccupait à la fois de tenir tête à ses adversaires et de ménager à la république la possibilité d'un redressement, si les circonstances le permettaient un jour. Ainsi, Lycurgue s'emploie à restaurer les finances publiques, et poursuit impitoyablement les hommes qui lui semblent avoir été coupables de lâcheté ou d'incapacité. Démosthène, tout en se défendant contre les attaques incessantes dont il est l'objet, se consacre à la remise en état des arsenaux et des fortifications. Pour Hypéride, il guette les imprudences de ses adversaires pour les traduire devant les tribunaux. Par exemple, depuis la conclusion de la paix, les décrets honorifiques se sont multipliés à Athènes en faveur des Macédoniens et de leurs partisans ; il n'était pas toujours facile de s'y opposer. Mais, quand Démade ose demander la proxénie pour un personnage comme Euthycrate d'Olynthe, dont manifestement Athènes n'a jamais eu qu'à se plaindre, Hypéride proteste de toute son énergie. Son discours *Contre Démade pour illégalité* était plein d'une violence qui effrayait la modération de Plutarque[1] ; mais Didyme l'avait jugé digne d'un commentaire spécial ; et le souvenir était resté, dans les

1. Plutarque, *Præcepta gerendæ reipublicæ*, p. 810^{c}.

écoles de rhétorique, du passage où l'orateur, avec une ironie cinglante, résumait en quelques lignes la carrière d'Euthycrate : « Les motifs, disait-il, introduits par Démade dans sa proposition, ne contiennent pas les raisons véritables de cette proxénie ; mais, s'il faut absolument qu'Euthycrate la reçoive de vous, j'ai rédigé, moi, les considérants propres à la lui faire obtenir ; je vous les apporte. Il a été décidé qu'Euthycrate serait notre proxène parce que l'intérêt de Philippe règle constamment ses paroles comme ses actes ; parce que, étant hipparque, il a livré à Philippe la cavalerie des Olynthiens ; parce que de la sorte il a causé la ruine totale des quarante villes de la Chalcidique ; parce que, après la prise d'Olynthe, il s'est chargé de fixer le prix des captifs ; parce qu'il a été l'adversaire de notre cité dans l'affaire du sanctuaire de Délos ; parce que, après la défaite d'Athènes à Chéronée, il n'a ni enseveli aucun des morts ni racheté aucun des prisonniers »[1].

Peu de temps après[2], le discours *Contre Philippide*, dont on a retrouvé la fin avec quelques débris du début (cf. ci-dessous, disc. I), s'inspire de sentiments analogues. Des proèdres ont profité du jour où ils avaient la présidence de l'Assemblée pour faire voter en bloc un certain nombre de récompenses à des Macédoniens ou amis de la Macédoine. Comme apparemment ils se sont, eux aussi, laissé emporter à un excès de zèle, un certain Phi-

1. Hyp., *C. Démade*, fr. 76 Jens. — Hypéride s'en était pris aussi à Déméas, le fils de Démade (fr. 87-93 Jens.) ; mais nous ne savons ni à quelle date ni à quelle occasion.

2. Le procès *Contre Démade* à propos d'Euthycrate avait été plaidé du vivant encore de Philippe. Celui-ci est assassiné au début d'Août 336. Le discours *Contre Philippide* a dû être prononcé dans l'hiver 336/5 ; à ce moment, Alexandre a déjà montré la vigueur et la décision dont il est capable ; mais le parti national n'en reste pas moins en effervescence.

lippide, afin de les couvrir, essaie de leur obtenir du peuple une couronne, qui constituerait pour eux une attestation officielle de la correction et de la régularité de leurs actes. Hypéride, avec d'autres citoyens, s'efforce de déjouer cette manœuvre en accusant Philippide d'avoir fondé sa demande sur des considérations mensongères. En réalité, l'attaque dépasse de beaucoup la personne de Philippide ; elle s'en prend à l'ensemble de son groupe politique. Il y est question de gens qui, à Thèbes, à Tanagra, à Éleuthères, sont des traîtres travaillant pour la Macédoine (fr. 15 *a*) ; ils appellent de leurs vœux un bouleversement général en Grèce, et prélèvent pour leur compte des prémices sur la ruine de leurs cités (fr. 15 *b*) ; grâce à eux, s'indigne l'orateur, il nous faut témoigner de la reconnaissance à Alexandre pour nos morts tombés sous ses coups (fr. 8, fin) ; de tels hommes se sont conduits de tout temps en courtisans des puissants du jour (§ 1) ; maintenant ils mettent leur confiance dans l'étoile d'un prince étranger, mais, de gaîté de cœur, condamnent leur patrie à mort (§ 8) ; et, foulant aux pieds le peuple dans son infortune, ils méritent bien plus encore la haine des bons citoyens ; car, de même que nos corps demandent à être entourés de soins surtout dans leurs maladies, de même les États n'ont jamais tant besoin d'égards que dans leurs malheurs (fr. 10).

On voit le ton. Hypéride nous apparaît donc alors comme un des porte-parole du parti national ; peut-être pourtant serait-il imprudent de nous exagérer l'importance de la place qu'il tient parmi eux. En effet, lorsqu'il s'agit, vers la fin de l'automne 338, de désigner l'orateur qui prononcera l'oraison funèbre des morts de Chéronée, c'est Démosthène qui est choisi pour ce rôle ; le nom d'Hypéride ne semble même pas avoir été prononcé en la circonstance[1]. De même, dans la série des procès politiques soulevés à chaque instant par l'opposition promacédonienne, c'est à Démosthène qu'on s'en prend de préférence : le sycophante Aristogiton, à lui seul, l'accuse sept fois[2], sans compter « le dément Sosiclès, le scélérat Philocrate, le furieux Diondas, et Mélante », qui, à l'envi, s'acharnent contre lui[3]. Un peu plus tard, en 336-335, quand la Perse, inquiète des préparatifs militaires de la Macédoine et de la menace que font peser sur elle les troupes déjà débarquées en Asie Mineure, envoie en Grèce des subsides considérables pour y ranimer l'agitation, soixante-dix talents, nous dit-on, sont confiés à Démosthène, avec mission de les employer au mieux des intérêts communs[4] ; nous n'entendons parler d'aucune offre semblable faite à Hypéride ; la cour de Suse n'attribue donc pas une influence égale à l'un et à l'autre. Et encore, après le soulèvement et la destruction de Thèbes, en automne 335, Alexandre somme d'abord les Athéniens de lui livrer les orateurs et les généraux qui, depuis la mort de son père, n'ont pas cessé d'agir contre lui ; Démosthène et Lycurgue sont certainement du nombre ; il est beaucoup moins sûr que l'extradition d'Hypéride ait été demandée avec la leur[5].

1. Démosthène (*Cour.*, 285) cite seulement, comme autres noms mis alors en avant, Eschine, Démade et Hégémon.

2. Dém., *C. Aristogiton*, I, 37.

3. Dém., *Cour.*, 249.

4. Bien entendu, nous ne sommes pas obligés de prendre à la lettre les allégations de ses ennemis sur la façon malhonnête dont il aurait gardé pour lui une partie importante de cet argent, au lieu de l'employer, par exemple, à payer les secours qui pouvaient sauver Thèbes (Esch., *C. Ctés.*, 240 ; Hyp , *C. Dém.*, col. XVII, 12 ; Din., *C. Dém.*, 18-20) ; mais il est difficile de ne pas croire qu'il en ait eu réellement entre les mains.

5. Dès l'antiquité, les historiens ne s'accordaient pas sur ce point. Plusieurs, comme Idoménée et Douris, citaient dix ou neuf noms,

Quoi qu'il en soit, depuis Chéronée jusqu'à la fin de sa vie, Hypéride a dû compter parmi les adversaires les plus résolus de la Macédoine. Ainsi, pour nous en tenir aux renseignements assez dispersés et évidemment incomplets parvenus jusqu'à nous, en automne 335, au moment où l'on discute dans l'Assemblée sur la réponse à faire aux injonctions d'Alexandre dont nous parlions à l'instant, il s'emploie à détourner les Athéniens d'abandonner leurs chefs[1]. L'année suivante, quand le roi, au début de sa campagne d'Asie, en vertu des pouvoirs qu'il tient de la diète de Corinthe, réclame le concours de toutes les marines helléniques, si Athènes lui fournit vingt vaisseaux, c'est contre le gré d'Hypéride[2]. Peu après, vraisemblablement en 332, notre orateur conseille de ne pas dissoudre le corps de mercenaires stationné au Ténare sous le commandement de Charès : il agissait de la sorte, nous dit-on, par amitié pour ce général ; mais sans doute avait-il aussi l'arrière-pensée de garder sous sa main une troupe aguerrie, que sa patrie pourrait utiliser à la première occasion[3]. Vers le même temps, Olympias,

où Hypéride était compris. Plutarque (*Phocion*, 17) en rappelle seulement quatre, Démosthène, Lycurgue, Hypéride et Charidème ; mais ailleurs (*Démosthène*, 23), en invoquant expressément l'autorité des auteurs les plus nombreux et les plus estimables (πλεῖστοι καὶ δοκιμώτατοι τῶν συγγραφέων), il n'en donne que huit, et Hypéride n'y figure pas. Or, comme le remarque Schäfer, on comprend bien qu'à une liste primitive de huit noms on en ait un jour ajouté deux autres, qu'on trouvait aussi célèbres, et dont l'omission était jugée surprenante ; il était moins naturel d'en supprimer deux sur dix, après coup et sans explication.

1. *Vie*, § 4, p. 848e.

2. *Ibid.* ; cf. Plut., *Phocion*, 21 ; Diod., XVII, 22.

3. *Ibid.* La *Vie* n'indique jamais la date des événements qu'elle rapporte. Il semble s'agir ici de la campagne menée, en 332, par les amiraux d'Alexandre, Hégélochos et Amphotéros, pour soumettre les îles de la mer Égée. Charès, qui défendait Mytilène, ayant été autorisé à se retirer avec ses troupes, les a transportées au Ténare, qui

la mère d'Alexandre, s'avise de faire aux Athéniens des représentations sur la liberté qu'ils ont prise de réparer, à Dodone, une statue de Dioné; Hypéride ne manque pas l'occasion de protester contre cette prétention d'une princesse macédonienne : à deux reprises, il intervient contre ses envoyés devant le peuple ; et, malgré l'importance minime de la question, il reste fier, quelques années plus tard, d'en évoquer le souvenir[1]. Ou encore, toujours par hostilité contre le parti de la paix, à la mort d'Eubule, l'ami d'Eschine, il cherche à faire rapporter les honneurs qui lui avaient été accordés de son vivant, et qui devaient se transmettre à ses descendants[2].

En somme, nous entrevoyons là une série de circonstances où se manifeste volontiers, dès qu'il en trouve l'occasion, le nationalisme combatif d'Hypéride; mais, avec le progrès de la puissance macédonienne, l'opposition est de plus en plus réduite au silence. Aussi Hypéride, ne trouvant pas de ce côté un emploi suffisant de son activité, continue-t-il, bien qu'il touche alors à la soixantaine, à exercer sa profession d'avocat judiciaire : plusieurs des discours que le hasard nous a conservés de lui datent précisément de cette époque. En 333, il défend un officier de cavalerie, Lycophron, dans un procès où Lycurgue, avec son tour d'esprit particulier, veut voir un

apparaît dès ce moment comme une sorte de dépôt pour mercenaires sans emploi. (A vrai dire, un discours d'Hypéride Ὑπὲρ Χάρητος περὶ τοῦ ἐν Ταινάρῳ ξενικοῦ n'est cité dans aucun auteur ; mais il en est de même pour le *P. Euxénippe*, dont le texte a été retrouvé.)

1. Disc. III, *P. Euxénippe*, § 24 sqq. Ce discours semble avoir été prononcé peu après 330 ; quant aux répliques faites par Hypéride devant l'Assemblée aux réclamations d'Olympias, nous ne les connaissons que par son propre témoignage.

2. Περὶ τῶν Εὐβούλου δωρεῶν (fr. 104-106 Jens.). Eubule avait cessé de jouer un rôle politique dans la dernière partie de sa vie. Il doit être mort depuis peu de temps au moment du procès de la Couronne (cf. Dém., *Cour.*, 162).

crime digne de la procédure extraordinaire de l'eisangélie, mais qui, en réalité, semble se ramener à une accusation d'adultère lancée tardivement par des héritiers déçus dans leurs espérances[1]. Vers 330, il prend en main la cause d'un certain Euxénippe à qui on reproche d'avoir inexactement rapporté une consultation dont il avait été chargé au sanctuaire d'Amphiaraos, à propos d'un partage de terres à Oropos[2]; ici encore, sans l'intervention de Lycurgue, on ne soupçonnerait pas qu'il y avait matière à une eisangélie. Peu d'années après, il prononce contre Athénogène un discours fort admiré déjà des anciens pour la légèreté de main qu'il y déploie : question d'escroquerie, simple plaidoyer civil[3].

D'autres affaires, il est vrai, touchent un peu plus aux intérêts de l'État. En 332, un athlète athénien nommé Callippos remporte, aux Jeux Olympiques, la victoire du pentathle en corrompant ses concurrents à prix d'argent. La fraude ayant été découverte, Callippos est frappé d'une forte amende par les hellanodices ; Athènes alors se substitue à son champion, et envoie Hypéride demander aux Éléens de rapporter leur sentence ; apparemment, elle escomptait de sa part le même succès qu'il avait remporté jadis, dans l'affaire de Délos, auprès de l'amphictyonie delphique : cette fois son éloquence échoua ; la cause était par trop mauvaise[4]. Notons enfin, en 324,

1. Disc. II Ἀπολογία ὑπὲρ Λυκόφρονος.

2. Disc. III : Ὑπὲρ Εὐξενίππου εἰσαγγελίας ἀπολογία πρὸς Πολύευκτον. C'est seulement de façon incidente qu'Hypéride y fait allusion à ses discussions avec les envoyés d'Olympias.

3. Disc. IV, Κατ' Ἀθηνογένους α'.

4. Ὑπὲρ Καλλίππου πρὸς Ἠλείους, fr. 111-112 Jens. — La *Vie*, § 28, p. 850[b], prétend qu'Hypéride réussit dans sa mission ; mais le récit très précis de Pausanias (V, 21, 5-8) ne nous permet guère d'y croire. En réalité, les Éléens maintinrent leur sentence ; et les Athéniens, après avoir d'abord voulu résister, furent obligés de céder, quand l'oracle de Delphes les eut menacés de ne plus leur

une autre intervention de lui dans les affaires publiques. A cette date, la Grèce est menacée de disette ; les récoltes ont été mauvaises pendant plusieurs années ; plus que jamais Athènes a besoin d'importations ; or, à l'Est, les blés du Pont-Euxin sont réquisitionnés pour les armées d'Alexandre, et, à l'Ouest, le commerce est gêné par la piraterie. On en revient donc à l'idée de fonder, à l'entrée de l'Adriatique, une station navale qui contiendrait les corsaires étrusques et assurerait le passage des convois de ravitaillement. Hypéride prend la parole pour appuyer ce projet[1]. Par là, il se mêle bien à la politique économique et extérieure de son pays ; mais le sujet ne semble toujours guère s'être prêté à l'expression de son hostilité à l'égard de la Macédoine.

Par contre, dans cette même année 324, l'arrivée en Attique d'Harpale, le trésorier infidèle d'Alexandre, va lui permettre de laisser éclater ses sentiments, et l'amènera même à entrer avec Démosthène dans un conflit violent qui nous étonne, mais qui sans doute, au moins dans l'esprit d'Hypéride, se préparait déjà depuis un certain temps. Une anecdote, rapportée dans la *Vie*[2], semble en être l'indice. Un jour, nous dit-on, comme Hypéride était retenu chez lui par une indisposition, Démosthène vient lui rendre visite ; il le trouve tenant à la main un libelle dirigé contre lui ; devant son indignation assez naturelle, Hypéride lui répond : « Tant que tu es mon ami, cet écrit ne te causera nul ennui ; mais, si

rendre aucun oracle tant qu'ils ne se seraient pas acquittés envers le dieu d'Olympie. Finalement ils payèrent l'amende de Callippos ; elle servit à ériger à Olympie, au-dessous de la terrasse des Trésors, six statues de Zeus (des *Zanes*), dont Pausanias relate même les inscriptions.

1. Περὶ τῆς φυλακῆς τῶν Τυρρηνῶν, fr. 166-167 Jens. Cf. *IG*. II², 809ᵃ, l. 217 sqq.

2. *Vie*, § 21, p. 849 *e-f*.

tu deviens mon ennemi, il t'empêchera d'agir contre moi. » Cette rupture, ainsi envisagée à l'avance, s'explique, je crois, par la différence de caractère qui existait entre eux, et surtout par la conception opposée qu'ils sont arrivés à se faire de leurs devoirs de citoyen. A priori, nous ne nous attendons pas à rencontrer dans Hypéride, homme de plaisir, esprit d'ailleurs fin et délicat, une âme de fanatique; mais, nature passionnée, impulsive, cédant aisément à l'obsession d'une idée fixe, il en vient à pousser le patriotisme jusqu'à l'intransigeance aveugle, et rejette de parti pris tout essai de compromis avec la Macédoine. Démosthène, plus circonspect, plus réfléchi, plus politique, pèse mieux les conséquences de ses actes, et se résout, quand il le faut, à se plier aux circonstances. Il reste l'homme qui, en 346, tout en déplorant plus que personne les résultats fâcheux des négociations menées par Philocrate et par Eschine, croyait devoir, par raison, par prudence, prononcer le discours *Sur la Paix*. Avec lui, il importe de distinguer, suivant les périodes, des attitudes différentes; et c'est cet opportunisme qu'Hypéride ne lui pardonne pas.

Ainsi, au lendemain de Chéronée, en 338-337, l'accord est parfait entre les deux amis : pendant qu'Hypéride prend l'initiative des mesures exceptionnelles dont nous avons parlé plus haut, Démosthène participe à l'administration financière, et s'emploie à assurer la défense de la ville et de ses ports. A la mort de Philippe (automne 336), on connaît assez son attitude : bien qu'il ait perdu depuis peu sa fille unique, il se montre en habits de fête, et, une couronne sur la tête, court annoncer au Sénat la nouvelle dont il a été informé un des premiers. Quand Alexandre monte sur le trône, il affecte de ne voir en lui qu'un petit jeune homme, incapable de recueillir la succession de son père; il l'appelle dédaigneusement le

Margitès de Pella. Lors de la révolte de Thèbes, en 335, s'il ne va pas jusqu'à engager Athènes dans la lutte, il fournit des armes aux insurgés, et travaille à empêcher le Péloponnèse d'envoyer des secours aux Macédoniens; aussi est-il l'un de ceux dont Alexandre songe d'abord à demander la livraison. Une fois encore, à la veille d'Issus (Nov. 333), quand le bruit court que le roi est cerné en Cilicie et sur le point d'être écrasé par des forces supérieures, il laisse apparaître son espoir secret en un retour de la fortune: il colporte des lettres où est vivement dépeinte la situation désespérée d'Alexandre, et il raille la terreur et le désespoir qui s'emparent déjà de ses partisans; tel est du moins le récit d'Eschine (*C. Ctés.*, 163-164), qui ne doit pas avoir été imaginé de toutes pièces. Néanmoins, il se garde bien de pousser Athènes à joindre sa flotte à celle des Perses; dès ce moment peut-être commence son désaccord avec Hypéride.

Par la suite, les occasions ne vont pas lui manquer de s'envenimer. En 331, Agis III, le roi de Sparte, soulève sa patrie, et cherche à se procurer des alliés dans toute la Grèce. La cause des insurgés trouve des sympathies à Athènes; on parle même d'y ouvrir une souscription nationale; Hypéride, n'en doutons pas, pousse à la guerre. Mais Démade, par des arguments mi-sérieux mi-plaisants, démontre à ses compatriotes l'intérêt qu'ils ont à rester en paix; et, pour Démosthène, s'il ne tient pas alors les propos assez extravagants que lui prête Eschine (*C. Ctés.*, 166), il se range sûrement à l'avis de Démade: Athènes est absente à la bataille de Mégalopolis. Vers le même temps (automne 331), Alexandre remporte la victoire d'Arbèles; l'année suivante, Darius est assassiné (Juil. 330); c'en est fait décidément de son empire. Plus que jamais, Démosthène est convaincu de la nécessité de s'abstenir de toute aventure, et il persistera dans cette attitude jusqu'à la mort d'Alexandre. Sans doute, il ne renie pas son passé : on sait sur quel ton, en cette même année 330, quand se plaide enfin le procès *de la Couronne,* il revendique la responsabilité de la politique qui a abouti au désastre de Chéronée ; et, au fond de lui-même, je le crois volontiers, il ne cesse pas de songer au jour où Athènes pourra recouvrer son indépendance et son rang dans la Grèce. Mais, pour l'instant, il estime que l'essentiel est de durer, de se plier à l'inévitable, de se garder des imprudences vouées d'avance à l'échec. Lycurgue lui-même doit partager cette façon de voir, puisque, en 330 justement, il accepte de figurer avec Démade parmi les hiéropes envoyés à Delphes pour l'inauguration du nouveau temple [1], et que nous les retrouvons encore ensemble, en 329, dans le groupe des commissaires chargés de présider les fêtes de l'Amphiaraon d'Oropos [2]. Démosthène s'accommode de cette sorte de trêve des passions politiques ; mais Hypéride ne s'y résigne pas.

Nous sommes assez mal renseignés sur les événements des années 330 à 325 ; pourtant nous soupçonnons entre nos deux orateurs des heurts de plus en plus graves. Ils en arrivent à un conflit ouvert à l'occasion de l'affaire d'Harpale [3]. Celui-ci, on le sait assez, fuyant, après de multiples malversations, la colère bien légitime de son roi, vient, au début de 324, chercher un refuge à Athènes.

1. *Fouilles de Delphes,* t. III (Épigraphie), fasc. I, 3, n° 58.

2. Ditt., *Syll.*³, n° 298, l. 23-24.

3. Sur l'ensemble de cette affaire, qui conserve toujours des côtés obscurs, je me suis expliqué jadis dans un assez long article de la *Revue des Ét. gr.* (1925, p. 306-349 et 1926, p. 31-89). Les grandes lignes de mon exposé me semblent pouvoir être conservées, sous réserve toutefois des corrections indiquées dans la *Notice* mise ci-dessous en tête de notre disc. V. On trouvera dans cette notice un tableau chronologique des principaux faits de l'année 324-323, tels que je me les représente.

Il a avec lui une grosse somme d'argent ; il dispose aussi d'une armée de mercenaires ; à l'en croire, Alexandre est perdu dans un empire en pleine révolte, et un soulèvement de la Grèce aurait des chances d'être soutenu par plus d'un satrape de l'Asie Mineure. Hypéride serait tout disposé à s'entendre avec le traître et à commencer sans retard la lutte contre la Macédoine. Démosthène, au contraire, comme Phocion, est d'avis de ne pas précipiter Athènes dans une guerre dont le succès lui paraît assez douteux et le principe assez peu honorable. Une première fois, vers la fin de Février, il refuse à Harpale l'entrée du Pirée ; puis, quelques mois plus tard, quand le fugitif a obtenu l'autorisation de débarquer, il fait ordonner par le peuple son internement et la mise sous séquestre de son or au Parthénon. On devine la colère d'Hypéride devant de telles mesures qui ruinent toutes ses espérances.

Or, Démosthène va justement alors se trouver entraîné par les circonstances dans une série d'imprudences ou de fautes, par où il ne donnera que trop prise contre lui. Ainsi, il a prétendu mettre à l'abri le trésor d'Harpale ; dans l'espace d'une nuit, il en disparaît la moitié. Harpale a été arrêté ; mais il trouve bientôt le moyen de s'évader. Il était facile là-dessus de taxer de complicité et de corruption le chef du gouvernement. Chose plus grave : Démosthène, pour sortir de cette situation, propose de charger l'Aréopage d'une enquête générale, en spécifiant qu'il accepte pour son compte la peine de mort, s'il est reconnu coupable ; or, après six mois de recherches, le rapport de cette haute cour conclut que Démosthène a eu entre les mains vingt talents de l'argent d'Harpale. Les a-t-il reçus directement ? Ou les a-t-il, à un moment donné, suivant la version mise en avant par ses amis, prélevés, à titre d'emprunt, comme fonds secrets indispensables aux besoins de l'État ? L'Aréopage n'en dit rien ; mais l'opposition a beau jeu pour interpréter le fait de la façon la plus défavorable.

Ce n'est pas tout. Alexandre, dès son retour à Suse après sa campagne de l'Inde (Févr. 324), avait résolu d'obliger tous ses sujets, Grecs ou Asiatiques sans distinction, à l'adorer comme dieu. Lycurgue crie au sacrilège ; et Démosthène lui-même commence par déclarer qu'un tel privilège est réservé par les lois aux seules divinités nationales ; mais, à la réflexion, il finit par admettre avec Démade qu'il est sans doute prudent de sacrifier le ciel pour conserver la terre ; Hypéride devait être disposé à moins de souplesse. Puis, nouvelle exigence du roi : sans se préoccuper de l'indépendance garantie aux membres de la Ligue de Corinthe dans leurs affaires intérieures, il décide de contraindre toutes les cités du monde hellénique à rappeler leurs bannis en les réintégrant dans leur situation antérieure ; un envoyé spécial, Nicanor de Stagire, reçoit la mission de venir, aux Jeux Olympiques de la même année (Sept. 324), proclamer solennellement cette volonté. Grande agitation dans toute la Grèce, surtout à Athènes, qui entrevoit la perspective pour elle d'avoir à déposséder ses clérouques de Samos au profit de la population indigène précédemment expulsée. Voilà encore pour Hypéride une belle occasion de se poser en champion de la liberté et du droit méconnus. Pour Démosthène, il se fait désigner comme archithéore à Olympie, dans la crainte qu'un autre, à sa place, ne commette quelque imprudence irréparable. Mais là, si, d'une part, il s'élève avec force contre le sophiste Lamachos, quand celui-ci, pour faire l'éloge de Philippe et d'Alexandre, se lance dans une diatribe violente contre Olynthe et contre Thèbes, d'autre part, en face de Nicanor, il engage des négociations en vue d'obtenir au moins un sursis aux mesures de rigueur annoncées en cas de résistance. Il cède sur les honneurs divins, et accepte l'idée d'une ambassade qui se rendra à Babylone pour plaider sa cause devant Alexandre. De retour à Athènes, il peut encore faire ratifier par le peuple les engagements qu'il a pris ; mais il sent la défiance grandir à son égard.

En effet, il a contre lui non seulement les pro-macédoniens, désireux de venger la défaite qu'ils ont subie, six ans plus tôt, lors du procès *de la Couronne*, mais aussi les patriotes exaltés qu'exaspère la réserve, excessive et funeste à leur gré, où il se tient depuis des années, pour aboutir maintenant à une attitude humiliante. A cette coalition déjà redoutable des partis extrêmes ajoutons les citoyens qu'épouvantent, pour leur vie ou pour leur fortune, les rumeurs belliqueuses venant des officiers d'Alexandre ou du roi lui-même. Quant à Hypéride, en particulier, il rentre évidemment dans le groupe des nationalistes farouches ; et, de plus, on peut soupçonner chez lui l'ambition, en se débarrassant d'un rival, d'arriver enfin au premier rang dans l'État.

Quoi qu'il en soit, vers le mois de Janvier 323, tous les hommes dénoncés par l'Aréopage sont mis en jugement ; Démosthène est cité le premier. Dix orateurs sont désignés par le peuple pour soutenir l'accusation ; Hypéride accepte d'être l'un d'entre eux ; et de fragments nombreux que nous avons de son discours[1], il ressort assez qu'il ne garde nul ménagement vis-à-vis de son ancien ami. Bien entendu, il rejette sur lui la responsabilité de leur rupture (col. XX, l. 25). Mais surtout, sans aborder jamais le fond de la cause, en se retranchant systématiquement derrière la déclaration de l'Aréopage, bien que celle-ci ne soit appuyée d'aucune preuve, il

1. C'est notre disc. V (Κατὰ Δημοσθένους ὑπὲρ τῶν Ἁρπαλείων).

affecte de considérer comme un fait acquis que Démosthène a reçu vingt talents d'Harpale (col. II, l. 12; col. VII, l. 23; etc.). Il le met sur le même rang que Démade : l'un et l'autre, avec les décrets et les proxénies qu'ils ont fait voter, ont touché, dit-il, plus de soixante talents chacun, sans compter les sommes venues de la Perse ou de la Macédoine (col. XXV, l. 12); il va même jusqu'à soutenir que, tout en prétendant parler dans l'intérêt du peuple, Démosthène, en réalité, sert les intérêts d'Alexandre (col. XVII, l. 1). D'ailleurs, observe-t-il, l'accusé a varié dans ses explications sur la manière dont il a utilisé l'argent d'Harpale (col. XII, l. 20), comme, à propos des honneurs divins réclamés par Alexandre, on a vu son attitude changer suivant les fluctuations de l'enquête de l'Aréopage (col. XXXI, l. 3). Bref, l'absoudre, ce serait mettre en péril la république pour couvrir les fautes et les profits honteux d'un citoyen malhonnête (col. XXXIV, l. 15; col. XXXV, l. 20).

Étant données la surexcitation des esprits et la façon dont le procès s'engageait, il était impossible pour Démosthène d'espérer son acquittement. En fait, il fut condamné, nous ignorons à quelle majorité. Toutefois, le tribunal ne prononça pas contre lui, comme il en avait le droit, la peine de mort; l'amende dont il le frappa ne fut pas non plus celle du décuple de la somme incriminée, c'est-à-dire, en l'espèce, de deux cents talents, mais de cinquante; et quand, faute de la payer, il eut été mis en prison, il ne tarda pas à s'évader, avec la complicité d'une partie au moins de ses gardiens. Peut-être cette solution mitigée, hésitante, ne répondait-elle qu'à demi aux désirs d'Hypéride. En tout cas, son attitude en la circonstance était déjà jugée sévèrement dans l'antiquité[1];

1. Dans l'*Éloge de Démosthène* attribué à Lucien, § 31, Hypéride est qualifié d' « homme sans foi, traître à l'amitié, flatteur du peuple,

et, à nos yeux aussi, elle reste comme un des souvenirs qui pèsent le plus sur sa mémoire. Nous estimons fort déplaisant de sa part cette attaque passionnée, dépourvue de preuves, contre un homme dont il avait été longtemps le collaborateur et l'ami; et nous trouvons fâcheux à tous égards qu'il ait, pour en assurer le succès, provoqué ou accepté une entente immorale et maladroite avec ses adversaires politiques les plus avérés.

Au reste, la condamnation de Démosthène une fois obtenue, on semble mettre beaucoup moins d'âpreté à poursuivre les autres accusés: le méprisable Aristogiton est acquitté; Polyeucte de Sphettos aussi (puisque, à peu de temps de là, nous le voyons chargé d'une mission officielle dans le Péloponnèse); et, sans doute encore Philoclès, (car on ne conçoit guère qu'il ait pu être couronné par les éphèbes, à la fin d'Août 323, s'il n'a pas repris assez vite ses fonctions de cosmète dont il avait été destitué par suite de sa mise en jugement). Quant à Démade, une amende, il est vrai, lui est infligée; mais elle ne l'empêche pas de rester à Athènes (où il se trouve au moment de la mort d'Alexandre).

Bien mieux, l'étrange coalition formée contre Démosthène ne tarde pas à se disloquer. L'un de ses accusateurs, Pythéas, est frappé d'une amende, et va se réfugier auprès d'Antipater, dont il soutiendra bientôt les intérêts dans le Péloponnèse. Un autre, Ménésaichmos, revenant à sa politique d'hostilité contre le parti national, veut poursuivre la mémoire de l'orateur Lycurgue jusque dans ses enfants, et les fait jeter en prison comme responsables d'un déficit du Trésor, dû, selon lui, à l'administration de leur père. Cette fois, Hypéride se dresse contre son allié de la veille. C'est un mouvement dont nous lui savons

qui n'a éprouvé nulle honte, par adulation pour la multitude, à se conduire en sycophante vis-à-vis de Démosthène ».

gré ; et du discours qu'il prononça alors (Ὑπὲρ τῶν Λυκούργου παίδων) le souvenir s'est conservé au moins d'un passage où éclate son indignation de voir méconnue à ce point l'œuvre d'un bon citoyen : « Que diront, s'écrie-t-il, les passants devant son tombeau ? Cet homme a mené une vie de sagesse ; préposé à la direction des finances, il a trouvé des ressources ; il a bâti le théâtre, l'Odéon, les arsenaux de la marine ; il a construit des trirèmes, des ports ; en retour, notre cité l'a noté d'infamie, et a jeté ses enfants dans les fers[1]. » Son intervention, jointe à celle d'un certain Démoclès, disciple de Théophraste, fut couronnée de succès ; et le peuple revint sur son injuste sentence[2].

D'une façon générale, maintenant que Lycurgue est mort, Démosthène en exil, Eschine retiré d'Athènes sans esprit de retour, et Démade écarté par sa condamnation, Hypéride n'a plus en face de lui, comme adversaire important, que Phocion, dont les conseils de prudence ne trouvent guère d'écho à la tribune. C'est donc le parti national qui redevient maître du pouvoir, et même la fraction la plus intransigeante de ce parti. Hypéride est naturellement un de ses porte-parole, en collaboration avec Léosthène, à la fois bon général et bon orateur[3] ; sous leur double impulsion, on entreprend sans tarder des préparatifs militaires. Ici encore, les indications précises nous manquent sur les mesures adoptées dans les

1. Fr. 118 Jens.

2. Démosthène aussi, nous dit-on (ps. Plut., *Vie de Lycurgue*, p. 842 *d*) adressa de son exil aux Athéniens une lettre où il leur faisait honte de mettre ainsi en cause les enfants d'un honnête homme ; (ce serait la 3e dans le recueil des lettres conservées sous son nom).

3. Sur l'importance du rôle joué alors par Léosthène et sur les principaux événements de la Guerre Lamiaque, cf. la Notice en tête de notre disc. VI (*Oraison funèbre*).

premiers mois de 323; pourtant, ce que nous en devinons ne laisse pas de sembler assez singulier. Officiellement, Athènes est en état de paix avec la Macédoine; elle a même en ce moment, comme beaucoup d'autres cités, une ambassade partie pour Babylone, où elle cherche à obtenir d'Alexandre des accommodements sur la question brûlante de la réintégration des bannis. Néanmoins, sans attendre la réponse qui lui sera faite, elle arme sa flotte, organise la mobilisation de ses citoyens, et se préoccupe d'avoir à sa disposition un fort contingent de mercenaires. Autant que nous pouvons en juger, Léosthène, qui avait fait un séjour prolongé en Asie, devait être en relations, depuis un certain temps déjà, avec les soldats qui, engagés d'abord au service des satrapes, avaient été licenciés par ordre du roi, et étaient venus, en attendant un emploi, se réfugier au cap Ténare. Rentré à Athènes, où il est stratège (du territoire) en 324/3, il ne perd pas le contact avec eux; il s'abouche de même avec les troupes inutilisées d'Harpale. Puis, chose plus surprenante encore, quand il a été élu stratège (des hoplites, cette fois, c'est-à-dire commandant éventuel des opérations au dehors) pour l'année 323/2, il ne craint pas de faire passer, avec l'approbation secrète du Sénat[1], de l'argent et des armes à tous ces hommes qui sont prêts à le prendre pour chef; et, sans doute encore dans le même temps, il engage des négociations avec les Étoliens qui, eux aussi, sentent leurs intérêts gravement menacés par le rescrit d'Alexandre.

Au milieu de cette situation déjà si tendue, survient à Babylone la mort imprévue d'Alexandre, à moins de trente-trois ans (13 Juin 323); on l'apprend à Athènes dans le courant du mois de Juillet. Alors, pour Hypéride

1. Diod., XVII, 111, 3.

et son parti, il ne s'agit plus seulement de résister, le cas échéant, à l'intervention de la Macédoine dans les affaires intérieures de la cité. Leur programme s'élargit: ils envisagent désormais une guerre de libération de la Grèce entière sous la conduite d'Athènes, et envoient de tous côtés des délégués pour provoquer un soulèvement général du pays. Phocion, toujours défiant à l'égard des enthousiasmes populaires, continue, suivant son habitude, à recommander l'abstention. Par contre, Démosthène, maintenant que la Macédoine a perdu le chef qui lui paraissait invincible, estime qu'il n'y a plus lieu de temporiser; l'occasion lui semble venue, ou jamais, de reprendre la lutte pour la liberté; et, dans cet esprit, de son propre mouvement, il part rejoindre en Arcadie les ambassadeurs d'Athènes, et met à leur service toute son éloquence. Il se réconcilie de la sorte avec Hypéride; et bientôt le peuple lui rouvre les portes de l'Attique, où on lui fait un accueil triomphal, rappelant le retour d'Alcibiade. Néanmoins, il ne joue plus un rôle important dans la suite des événements : c'est Hypéride et Léosthène qui font voter la guerre; et quand, dans l'hiver de 323/2, il s'agit de prononcer l'oraison funèbre des morts de la première campagne, c'est Hypéride qui en est chargé[1].

A cette date, il croit encore au succès final, malgré la mort de Léosthène. Mais Athènes se laisse enlever la maîtrise de la mer qu'elle possédait au début de la guerre. Antipater peut recevoir de nouveaux renforts; et, avec eux, il remporte à Crannon (Sept. 322) une victoire qui, sans être ni très meurtrière ni vraiment décisive, suffit cependant à marquer le terme de l'indépendance hellénique. En effet, la coalition qui, dès l'hiver, donnait déjà

1. Disc. VI, Ἐπιτάφιος.

des signes de lassitude, se désagrège aussitôt : chaque peuple, en vue d'assurer son propre salut, s'empresse de conclure sa paix séparée avec la Macédoine ; et Athènes même ne retrouve plus le beau sursaut de patriotisme qui l'avait galvanisée après Chéronée. Pour éviter l'invasion de son territoire, elle accepte, elle aussi, toutes les conditions d'Antipater. En premier lieu, il exige la livraison des principaux chefs du parti national ; à peine ont-ils eu le temps de prendre la fuite, que le peuple, sur la proposition de Démade, les condamne à mort par contumace. Antipater n'a plus qu'à lancer sur leurs traces un limier de sa police, Archias, « le traqueur de bannis » ὁ φυγαδοθήρας, avec un peloton de soldats thraces ; il n'y aura pour eux nul asile : Démosthène et Hypéride, à quelques jours de distance, vont connaître le même sort. Démosthène, cerné dans le temple de Poseidon à Calaurie, a le temps de s'empoisonner, de façon à ne pas tomber vivant entre les mains d'Archias. Moins heureux, Hypéride est arrêté dans le sanctuaire d'Éaque, à Égine, avec Aristonicos de Marathon et Himéraios, le frère de Démétrius de Phalère ; on le conduit à Cléones devant Antipater, qui, après l'avoir mis à la torture, le fait exécuter, et le laisse même d'abord sans sépulture (Nov. 322)[1]. Cependant Alphinous, son petit-fils ou son neveu,

1. Sur la fin d'Hypéride, les sources anciennes hésitent entre plusieurs traditions. Ainsi, la *Vie*, qui s'étend assez longuement sur ce sujet (§§ 11-16, p. 849 *a-d*) en rapporte plusieurs ; encore ne les donne-t-elle pas toutes, et n'est-elle pas exempte d'erreurs (par exemple, quand elle parle d'un temple de Poseidon à Égine, par confusion sans doute avec la mort de Démosthène à Calaurie). Pour nous en tenir à Hypéride, le lieu de son arrestation est placé tantôt dans le sanctuaire d'Éaque à Égine, tantôt dans celui de Déméter à Hermione. Il aurait été ensuite conduit devant Antipater, soit à Corinthe, soit à Cléones, soit en Macédoine. Et, pendant qu'on le soumettait à la torture, ou bien il se serait lui-même coupé la langue

avec l'aide d'un médecin nommé Philopeithès, réussit à se saisir du cadavre, à le brûler, à en rapporter les cendres à Athènes, et à les déposer secrètement, en dépit de l'interdiction formelle de l'ensevelir en terre attique, dans le tombeau de sa famille, devant la porte des Cavaliers.

Telle est, dans ses grands traits, la biographie d'Hypéride. Nous en gardons, en somme, une impression assez mêlée ; et les anciens déjà devaient éprouver à son sujet des sentiments analogues. Chacun rendait hommage chez lui au talent de l'orateur ; et sa fin malheureuse, au service d'une noble cause, inspirait le respect. Mais sa vie privée ne donnait que trop prise à la critique ; et surtout son attitude vis-à-vis de Démosthène dans l'affaire d'Harpale, si on pouvait, à défaut d'excuses, lui trouver des explications, n'en laissait pas moins un souvenir pénible dans l'esprit de bien des gens. Sans doute il a eu, au témoignage de Photius, certains admirateurs passionnés, allant jusqu'à lui appliquer, au prix d'une légère altération, l'épigramme composée pour Démosthène : « si la force d'Hypéride avait égalé la vigueur de sa pensée, jamais l'épée de la Macédoine n'aurait commandé à la Grèce[1]. » Pourtant, nous n'entendons parler ni d'aucune couronne qui lui aurait été décernée de son vivant, ni d'aucune statue, d'aucun tableau consacrés à sa mémoire par décret du peuple après sa mort. Apparemment, même en matière de politique, en dépit du zèle ardent dont il avait fait preuve plus d'une fois, il ne passait pas pour avoir jamais tenu entre ses mains les destinées d'Athènes ;

avec ses dents pour ne pas se laisser arracher de révélations, ou bien ce seraient ses bourreaux qui l'auraient mutilé de la sorte.

1. Εἴπερ ἴσην γνώμῃ ῥώμην Ὑπερείδης εἶχεν,
οὔποτ' ἂν Ἑλλήνων ἦρξεν Ἄρης Μακεδών.

Le premier vers, dans sa forme primitive, se terminait mieux par ῥώμην, Δημόσθενες, εἶχες.

ou bien, tout compte fait, on n'estimait pas ses services à l'égal de ceux d'un Lycurgue, d'un Démosthène ou d'un Léosthène.

II

CE QUI SUBSISTE DE L'ŒUVRE D'HYPÉRIDE.

Les anciens lisaient, sous le nom d'Hypéride, 77 discours, dont 52 étaient considérés comme authentiques [1]. Blass, en utilisant toutes les indications que nous possédons à leur sujet, a pu reconstituer une liste de 71 d'entre eux, et tenter de les classer d'après leur nature [2]. Un seul appartient au genre épidictique, l'*Oraison funèbre*. Une douzaine se compose de discours délibératifs, prononcés soit à Athènes devant le peuple [3] (pour ne pas dissoudre un corps de mercenaires amené par Charès au Ténare; pour organiser, au débouché de l'Adriatique, une protection contre les pirateries des Étrusques), soit surtout dans des cités étrangères où Hypéride venait en ambassadeur soutenir les intérêts de sa patrie (harangues à Chios, à Rhodes, à Cythnos pour solliciter des alliances; devant l'Amphictyonie de Delphes pour sauvegarder les droits d'Athènes à Délos; à Élis pour faire rapporter la condamnation prononcée contre l'athlète Callippos). Tous les autres semblent avoir été des plaidoyers judiciaires, touchant parfois de façon manifeste à la vie politique contemporaine (*C. Démosthène, à propos de l'argent*

1. Ce sont du moins les chiffres donnés par la *Vie*, § 17, p. 849 *d*.

2. *Att. Bereds.*, III, 2, p. 19-22. Dans ce nombre de 71, Blass en signale 7 comme apocryphes ou contestables; plusieurs, ajoute-t-il, ne nous sont connus que par la *Vie* ou par des allusions fortuites d'Hypéride lui-même, sans se trouver jamais cités par les grammairiens ou critiques anciens; quelques-uns enfin peuvent, sous des titres différents, désigner en réalité un même discours.

3. Je prends mes exemples parmi les discours dont nous avons eu l'occasion de parler ci-dessus dans la *Biographie* d'Hypéride.

d'Harpale), ou s'y rattachant indirectement s'ils répondent à des procès d'eisangélie (*C. Philocrate, P. Lycophron, P. Euxénippe*), d'illégalité (*C. Aristogiton, C. Démade, C. Philippide*), d'impiété (*P. Phryné*), etc., mais souvent aussi se rapportant à des affaires purement civiles (*C. Athénogène*), et témoignant de l'activité d'Hypéride comme logographe.

De cette œuvre considérable, par une fatalité dont Hypéride seul a souffert parmi les dix orateurs attiques, aucun manuscrit sur parchemin n'est parvenu jusqu'à nous [1]. Il en existait encore un, paraît-il, au xvie siècle, assez complet et avec d'abondantes scolies, dans la bibliothèque de Mathias Corvin, roi de Hongrie ; malheureusement, avant d'avoir été publié, il dut disparaître lors de la prise de Buda par les Turcs, en 1526. Peut-être quelques feuillets en subsistaient-ils un peu plus tard entre les mains de Paul Bornemiza, évêque de Karlsburg (Alba Julia), en Transylvanie. Quoi qu'il en soit, tout cela est perdu pour nous ; et, jusqu'au milieu du siècle dernier, notre connaissance d'Hypéride se limitait à une série de fragments, très courts en général, et cités le plus souvent non pour leur intérêt littéraire, mais à propos de quelque particularité d'institutions ou de linguistique.

Aujourd'hui, six discours d'Hypéride nous ont été rendus. Un seul, à vrai dire (*P. Euxénippe*), est à peu près complet ; tels quels pourtant, ils nous permettent de nous faire une idée personnelle du talent de notre orateur. Nous les devons à quatre papyrus exhumés des tombeaux de la Haute-Egypte [2]. La première trouvaille

1. Le hasard seul doit en être cause ; car, du fait qu'on a retrouvé d'Hypéride six discours sur papyrus, nous pouvons conclure qu'on le lisait volontiers en Égypte. Apparemment il en était de même dans les autres provinces de l'hellénisme.

2. Pour la description de chacun de ces papyrus, et spécialement

remonte à 1847. Vers le printemps de cette année, un Anglais d'Alexandrie, A.-C. Harris, de passage à Thèbes, acheta d'un Italien qui y résidait et s'y livrait au commerce des antiquités, un rouleau en assez mauvais état comprenant trente-deux fragments de diverses tailles. Sans avoir su reconnaître la place de chacun d'eux, il en publia du moins, dès 1848, une reproduction lithographique, qui fut immédiatement étudiée, en Allemagne par Sauppe et Boeckh (1848), en Angleterre par Samuel Sharpe (1849) et Churchill Babington (1850). On avait là des restes importants du discours *C. Démosthène* et le début, très mutilé, du discours *P. Lycophron*.

En réalité, Harris n'avait acquis qu'une partie des textes découverts par les Arabes de l'endroit. Ceux-ci avaient gardé par devers eux la portion la mieux conservée du rouleau ; et, quand un autre Anglais, Joseph Arden, vint à son tour à Thèbes dans le courant de la même année 1847, ils la lui proposèrent directement, pour en tirer un meilleur prix, sans passer par l'intermédiaire de l'Italien. Cette fois, le papyrus put être déroulé méthodiquement; et, en 1853, Arden en donna une excellente reproduction accompagnée d'un commentaire abondant de Babington. Il contenait la fin du discours *P. Lycophron* et le discours *P. Euxénippe* entier, qui, eux aussi, provoquèrent tout de suite les travaux de divers savants, Schneidewin et Cobet (1853), Linder (1856), Cæsar (1857), Comparetti (1861), etc.

Il était déjà curieux de voir se compléter l'un par l'autre les deux papyrus d'Harris et d'Arden[1] ; mais, si

pour leurs particularités orthographiques, on voudra bien se reporter aux préfaces des éditions de Blass et de Jensen. Je me borne ici à en résumer l'essentiel.

1. Ces deux papyrus restèrent d'abord chez ceux qui les avaient rapportés, leur vie durant. Après leur mort, ils sont entrés au Musée Britannique, où ils sont catalogués sous les n°s 108 et 115.

bien des morceaux y manquaient, surtout dans le premier, tous n'étaient pas perdus sans remède, comme on pouvait le craindre. D'une part, dans les papiers d'Arden, Babington retrouva après coup six petits débris provenant du discours *C. Démosthène* (insérés par Blass dans sa première édition générale d'Hypéride, 1869); puis, une révision du dossier d'Harris livra de même les restes d'un feuillet où étaient inscrits les titres des trois discours du rouleau (publié par Blass dans *Hermès*, X, 1875, p. 24)[1]. D'autre part, il restait toujours entre les mains des Arabes de menus fragments, tombés sans doute au moment où le rouleau avait été brisé, et qu'ils revendirent peu à peu. Treize sont venus ainsi à Paris entre les mains de Michel Chasles (publiés par Egger, *Mémoire sur quelques nouveaux fragments inédits de l'orateur Hypéride*, 1868). Plus tard, un Anglais, C. C. Tancock, en rapporta encore six d'un voyage en Égypte (édités par Kenyon, *Classical Review*, 1892, p. 288, 429); et quatre autres, acquis par O. C. Raphael, furent identifiés par Kenyon au milieu d'un ensemble artificiel, et ajoutés par Blass à sa troisième édition (1894).

L'histoire de ce papyrus, on le voit, ne laisse pas d'être compliquée ; et elle ne s'arrête pas là. Récemment, alors que tout espoir de récupération nouvelle semblait devoir être écarté, un texte des *Papyri Jandanæ* (fasc. V, *Literarische Stücke und Verwandtes*), publié par J. Sprey sous le n° 80 (1931), paraît, lui aussi, provenir du papyrus Harris. Il avait été acheté en 1926 à des marchands de Madinet-el-Fayoum, et se trouve aujourd'hui à l'Université de Giessen. Son identification, proposée d'abord par Kalbfleisch, est admise également par Kenyon. Une

1. Οἵδ' ἔνεισι λόγοι· Κατὰ Δημοσθένους ὑπὲρ τῶν Ἁρπαλείων, Ἀπολογία ὑπὲρ Λυκόφρονος, Ὑπὲρ Εὐξενίππου εἰσαγγελίας ἀπολογία πρὸς Πολύευκτον.

seule objection risque d'être soulevée par la présence, au verso, de comptes dont on ne voit pas la suite sur les morceaux déjà connus ; mais l'écriture, nous affirme-t-on, est la même à tous égards, et la dimension des marges concorde aussi parfaitement. Si on admet le rapprochement, il n'est guère douteux, d'après les mots conservés, que le fragment en question provient non du discours *P. Lycophron*, mais du discours *C. Démosthène* ; je propose alors de l'intercaler entre les fragm. VIII et IX de Jensen (cf. ci-dessous, p. 266, sq.).

Dans l'ensemble, abstraction faite de ses trop nombreuses lacunes, ce rouleau représente, à coup sûr, une acquisition de valeur [1]. Le texte qu'il nous fournit semble répondre à une bonne tradition ; et, bien que des fautes y subsistent, il a été révisé par un correcteur attentif. Sa forme même est soignée ; l'écriture est fine, facile à lire, avec des marges assez grandes au-dessus, au-dessous et dans l'intervalle des colonnes. Celles-ci ont environ 16 cent. de haut et 5 cent. de large ; elles comprennent de 27 à 30 lignes suivant les pages ; et les lignes (où les mots ne sont pas séparés) comptent de 13 à 18 lettres.

Pour sa date, une certaine hésitation subsiste chez les savants qui l'ont étudié ; car elle ne peut être fixée que par comparaison avec d'autres papyrus d'époque mieux déterminée. Sauppe avait estimé d'abord qu'il ne devait pas être postérieur au milieu du IIe siècle av. J.-C.. Blass, au contraire, en se basant sur l'emploi de la cursive dans le feuillet de titre, ne croyait pas pouvoir remonter plus haut que l'époque des Antonins ; mais Thompson objecte que le titre, dont l'écriture diffère de celle des discours, a fort bien pu être ajouté après coup. En dernier lieu,

1. A elle seule, la partie rapportée par Arden représente le plus long papyrus grec connu : elle mesure près de 3m et demi.

Kenyon, dont l'autorité est considérable en la matière, songe, sans être trop affirmatif, à la fin du Ier siècle ap. J.-C.

La deuxième trouvaille suivit d'assez près la première. En 1856, un Anglais encore, H. Stobart, rapporta d'un voyage en Égypte un papyrus acheté également à Thèbes, et, semble-t-il, au même Italien qui avait déjà procuré le sien à Harris. Le nouveau rouleau était brisé en quinze fragments ; Ch. Babington, à qui ils furent confiés, eut le mérite de les regrouper de façon à n'en avoir plus que cinq, et de reconnaître leur place respective[1]. Il en publia le texte, avec un fac-simile complet, dès 1858 ; et, comme les discours précédents, celui-ci aussi fut étudié sur le champ de divers côtés (Kayser, Cobet, Dehèque, 1858 ; Babington, 2e édit., 1859 ; Sauppe, 1860 ; Tell, Fritsche, 1861 ; Caffiaux, 1858, 1861, 1866 ; Comparetti, 1864 ; etc.). Il s'agissait là, en effet, d'une des œuvres les plus célèbres d'Hypéride, l'*Oraison funèbre* des morts de la première année de la Guerre Lamiaque ; et le hasard ne l'avait pas trop maltraitée. Elle comporte, il est vrai, des lacunes (au début, en particulier ; puis, la col. XI, sur toute sa hauteur, n'a gardé que les premières lettres de ses lignes ; et, après la col. XIII, la fin manque). Mais, dans les passages mutilés, le sens général au moins se laisse deviner ; et une page disparue de la péroraison se retrouve dans une citation de Stobée.

Au point de vue de l'exécution matérielle, le papyrus de Stobart est loin d'égaler celui d'Harris-Arden. D'abord, il est formé de deux feuilles réunies sans beaucoup de soin ; car l'une d'elles avait déjà servi d'un côté quand

1. Un seul restait inemployé, mais minuscule, et ne contenant que douze lettres réparties sur trois lignes. Plus tard, Blass reconnut que les fragm. I et II se raccordaient et appartenaient à la col. I. — Le papyrus est conservé au Musée Britannique, sous le n° 98.

on y a transcrit l'*Oraison funèbre*; et, en les rapprochant, on ne s'est pas embarrassé davantage de l'orientation toute différente de leurs fibres. Ensuite, l'écriture est épaisse, serrée, inélégante, et laisse peu d'espace libre entre les colonnes, surtout vers la fin, comme si le scribe avait alors éprouvé la crainte de manquer de place. D'ailleurs le nombre des lignes varie sensiblement d'une colonne à l'autre (on en trouve 34 dans la première, 33 dans les deux suivantes, puis 38, 40, 39, et jusqu'à 44 dans les deux dernières) ; leur longueur aussi est fort inégale (dans une même colonne, elles peuvent compter de 14 à 24 lettres, et il en est même qui en ont 31, comme la l. 34 de la col. IX). Chose plus grave, le papyrus n'a pas été révisé, et le scribe, pour son compte, s'était rarement corrigé. Or, les fautes de toutes sortes abondent dans son travail[1], au point qu'on s'est demandé si nous n'avions pas affaire ici non pas même à un Égyptien sachant mal le grec, mais à un écolier écrivant sous

1. On peut en voir un relevé détaillé dans les préfaces de Blass et de Jensen. Je me borne ici à en citer quelques-unes, à titre d'exemples : mots coupés de façon anormale en passant d'une ligne à l'autre (πρώτου|ς, col. V, l. 4 ; ἡγεμόν|α, XII, 12 ; γέγον|εν, X, 11) ; lettres redoublées à tort (ἐλλάττω, I, 23 ; γεγεννημένων, I, 25, faute répétée d'ailleurs à plusieurs reprises) ; substitution du τ au δ, résultat peut-être d'une prononciation locale (πατρίτι pour πατρίδι, IV, 33 ; ἐν "Ατου pour ἐν "Αδου, XIII, 28 ; τε pour δέ, VII, 11) ; lettres omises dans le corps ou à la fin des mots (Λεωσθέ⟨ν⟩η, XIII, 25 ; ἐχθ⟨ρ⟩ούς, XIII, 14 ; τοῖ⟨ς⟩ μάρτυσι, I, 34 ; τοὺ⟨ς⟩ λόγου⟨ς⟩ ποιούμενος, IV, 8) ; confusion de préfixes, pouvant aboutir à de véritables barbarismes (προδοκώμενα pour προσδοκώμενα, VIII, 30 ; προσείλοντο pour προείλοντο, XIII, 39 ; ὑπερμεμνηκέναι pour ὑπομεμενηκέναι, IX, 7) ; fausses désinences entraînées par celle d'un mot voisin (τῷ τούτῳ τρόπῳ pour τῷ τούτου τρόπῳ, VIII, 6 ; ἄλλους τινούς, III, 32 ; οὐθένους οἰκειοτέρους, XIII, 22) ; syllabes ou mots entiers répétés par inattention (συνσυνεληλυθότες, IV, 2 ; μνημονονευτούς, X, 28 ; πᾶσανπᾶσαν τὴν οἰκουμένην, II, 33) ; une fois même, sur trois lignes de suite, assemblage de syllabes où le sens est tout à fait perdu (XII, 17-19).

la dictée d'un maître, avec un manque flagrant d'attention, un texte qui l'intéressait fort peu. Quoi qu'il en soit, on admettra sans peine qu'un tel volume n'était guère propre à être mis en vente chez un libraire, mais représente plutôt une copie entreprise par un particulier pour son usage personnel.

Si défectueux qu'il soit, nous ne saurions cependant, pour cette seule raison, l'attribuer à une basse époque. Mais une indication précieuse nous est fournie du fait qu'une des deux feuilles dont notre scribe s'est servi est, comme nous le disions, opisthographe : elle porte, sur la face opposée à l'*Oraison funèbre*, un horoscope mentionnant la position de diverses planètes dans le ciel. D'après les calculs des astronomes consultés à ce sujet, deux années seulement, pour la période à laquelle fait songer l'aspect général de l'écriture, peuvent être considérées comme répondant à peu près à ces données : 95 ou 155 ap. J.-C., et de préférence, 95. Blass et Kenyon s'accordent pour en conclure que l'horoscope d'abord, et l'*Oraison funèbre* ensuite, ont dû être écrits au cours du IIe siècle ap. J.-C.

En plus de ces quatre premiers discours, deux autres encore devaient reparaître de la même façon imprévue, et presque coup sur coup, mais après un intervalle de trente-trois ou de trente-quatre ans. En 1891, Kenyon publia un papyrus de Londres [1] contenant, de deux mains différentes, le discours d'Hypéride *Contre Philip-*

1. Le papyrus est catalogué, au Musée Britannique, sous le nº 134 ; mais les conservateurs n'ont jamais voulu ou jamais pu dire comment il était venu en leur possession, ni en quel endroit il avait été découvert. — L'édition princeps en a été donnée par Kenyon dans les *Classical texts from Papyri in the British Museum*, p. 49, avec une planche reproduisant les deux dernières colonnes du discours *C. Philippide*. Le discours d'Hypéride a été repris ensuite par van Herwerden (1891), Weil (1892), Kenyon (2e éd. 1893), Blass (1894), etc.

pide et le commencement de la lettre III de Démosthène. Comme il n'existe ni souscription au bas du premier, ni titre en tête de la seconde, nous ignorons si d'autres textes figuraient également dans le même rouleau. En tout cas, il ne paraît guère probable qu'il ait répondu, comme le précédent, à quelque usage scolaire ; car, outre qu'on connaît d'assez nombreux manuscrits contenant ainsi des œuvres mêlées, notre papyrus n'a rien de la facture négligée de celui de Stobart. Non seulement on y a employé une feuille fine et d'excellente qualité ; mais, pour nous en tenir au texte d'Hypéride, le seul qui nous intéresse ici, l'écriture en est assez élégante, tracée avec soin, et sans fautes graves [1] : d'où Blass conclut avec vraisemblance qu'il est l'œuvre d'un copiste bien exercé et ne manquant même pas d'une certaine culture littéraire.

Du discours *Contre Philippide* il ne nous reste, disions-nous, que la partie finale, neuf colonnes (dont la dernière se réduit à six lignes), occupant sur le papyrus une longueur de 50 centimètres. Les colonnes ont de 4 à 5 cent. de large, avec un intervalle entre elles de 8 à 12 millim. ; elles comprennent de 26 à 28 lignes ; et les lignes ont de 16 à 20 lettres. La hauteur du papyrus est de 25 cent. ; mais on y a laissé d'assez grandes marges, 4 cent. dans le haut, 6 cent. dans le bas. — Ces neuf colonnes sont assez bien conservées ; malheureusement, elles ne représentent qu'une faible fraction du discours. A vrai dire, de nombreux fragments subsistent des colonnes précédentes, mais si petits qu'aucun d'entre eux ne présente une ligne complète. En les étudiant de près, Blass et Kenyon sont parvenus à en rapprocher plusieurs, et à

1. Des corrections, en petit nombre, paraissent avoir été faites après coup. Blass croyait pouvoir attribuer cette révision à la même main qui a écrit la lettre de Démosthène ; Jensen regarde la chose comme douteuse.

nous rendre de la sorte, non sans l'aide de restitutions toujours un peu hypothétiques, des phrases ou des lambeaux de phrases ; malgré leurs efforts, beaucoup demeurent inutilisables dans l'état actuel. Dans ces conditions, tout au plus entrevoit-on la matière de quelques développements ; le plan général de toute la partie perdue nous échappe.

Comme date, Blass, en se fondant sur la forme des lettres et sur certaines particularités d'orthographe (p. ex., ει employé généralement pour représenter un ῑ long), songeait, pour ce papyrus, au temps d'Auguste ou de Tibère ; Kenyon, en le comparant aux textes d'Herculanum, remonterait volontiers un peu plus haut, au Ier siècle av. J.-C.

Tous les papyrus dont nous avons parlé jusqu'ici sont à Londres ; le dernier se trouve à Paris (nos 9331 et 10.438 des papyrus du Louvre). Il y avait été apporté en 1888 par un Grec habitant aux environs de l'ancienne Panopolis (aujourd'hui Sohag), ville aussi de la Haute-Égypte, sur le Nil, mais à une certaine distance en aval de Thèbes. Eug. Revillout, à qui il fut offert, eut le mérite, tout en étant plutôt égyptologüe, d'en pressentir immédiatement l'intérêt, quoiqu'une faible partie en fût alors visible, et le fit acheter par le Louvre pour 1 500 francs. Il le développa lui-même de façon fort heureuse, en prenant soin de recueillir et de remettre à leur place, autant que possible, tous les débris qui s'en détachaient. Dès 1889, il en publiait d'abord deux colonnes (la troisième et la quatrième) ; puis, en 1892, après avoir tenu à s'assurer la collaboration de deux héllénistes allemands, H. Diels et Fr. Blass, il en donna une édition complète, accompagnée d'un commentaire et de la reproduction, cette fois, de toutes les colonnes et des fragments[1].

1. Comme les autres papyrus d'Hypéride, celui-ci n'a pas manqué non plus de susciter sans retard de nombreuses études : p. ex., de

Son papyrus nous livrait le *1er Discours contre Athénogène,* ou du moins une partie importante de ce discours. En effet, comme les autres, il est aujourd'hui mutilé : au début, deux ou trois colonnes manquent entièrement ; les dix-sept colonnes conservées devaient comprendre tout le reste du plaidoyer ; mais leur partie inférieure est souvent en mauvais état ; et, dans cinq d'entre elles, le nombre des lignes perdues peut aller de six jusqu'à seize. Dans son état actuel, le rouleau mesure environ 1^{m},73 de large sur 23 cent. de haut. Les colonnes entières ont 27 ou 28 lignes ; et elles offrent une largeur inaccoutumée de 9 cent., pouvant comprendre de 27 à 33 ou 34 lettres. L'intervalle laissé entre les colonnes est d' 1 cent., avec une marge de 2 cent. dans le haut ; dans le bas, la marge a le plus souvent disparu.

L'écriture est grande, très nette, sans aucune ligature. Des corrections semblent avoir été faites, en partie par le scribe lui-même, en partie par un réviseur ; elles laissent peu de fautes manifestes. Bref, ce papyrus peut être regardé comme le meilleur de ceux que nous possédons d'Hypéride ; il en est, en tout cas, le plus ancien. Ses éditeurs s'accordent à l'attribuer, d'après la forme des lettres, au IIe siècle av. J.-C. ; et cette date est confirmée par la présence, au dos, d'un texte en langue égyptienne qui dénote encore l'époque ptolémaïque.

Bref, en cinq fois, quatre rouleaux nous ont été rendus, dont le premier comprenait trois discours d'Hypéride, et les trois derniers chacun un. Pour résumer ce que nous venons d'en dire, le tableau ci-dessous rappelle, dans l'ordre où ils ont revu le jour, le nom de leur inventeur (quand on le connaît), la date de leur édition princeps,

H. Weil (1892), van Herwerden, Kenyon (1893), Blass, Vogt (1894), Wenger (1903, 1906), etc.

leur contenu respectif, et le lieu où ils sont conservés aujourd'hui.

Inventeur.	Édition princeps.	Contenu du papyrus.		Local actuel.
Harris	Harris, 1848	*C. Démosthène* *P. Lycophron (début)*	deux parties d'un même rouleau	Musée britannique.
Arden	Babington, 1853	*P. Lycophron (fin)* *P. Euxénippe*		—
Stobart	Babington, 1858	*Oraison funèbre*		—
	Kenyon, 1891	*C. Philippide*		—
	Revillout, 1892	*1er disc. C. Athénogène*		Louvre.

Pour désigner ces papyrus, Blass, en donnant la première édition générale des six discours d'Hypéride (1894), s'était servi des lettres :

A = *C. Démosthène, P. Lycophron, P. Euxénippe,*
A^1 = *C. Philippide,*
A^2 = *C. Athénogène,*
A^3 = *Oraison funèbre* :

appellation assez mal commode en elle-même, et, de plus, peu naturelle, puisque, d'une part, tous ces A semblent évoquer le souvenir d'Arden, lié pourtant à une seule des trouvailles, et que, d'autre part, A^3 avait été publié avant A^1 et A^2.

Kenyon, en éditant à son tour nos six discours (1906), a adopté une autre notation, acceptée ensuite par Jensen (1916) :

A (Ardenianus) = *C. Démosthène, P. Lycophron, P. Euxénippe,*
L (Londinensis) = *C. Philippide,*
P (Parisinus) = *C. Athénogène,*
S (Stobartianus) = *Oraison funèbre.*

On regrettera peut-être que l'initiale de Revillout n'ait pas été donnée au papyrus du Louvre. Toutefois, afin d'innover le moins possible, je conserve telles quelles les lettres utilisées par Kenyon et Jensen, avec une seule différence : je limite l'appellation A à la portion de rouleau due réellement à Arden, et je nomme H (Harrisianus) celle qu'Harris avait rapportée, et par laquelle il a eu le premier l'honneur de nous rendre un texte suivi d'Hypéride. Au reste, quand il s'agit de numéroter les colonnes du discours *P. Lycophron*, tous les éditeurs s'accordent pour les compter de XLI à XLVIII dans la partie due à Harris (I a XL répondant au discours *C. Démosthène*), puis de I à XVI pour le début du rouleau d'Arden (avant le discours *P. Euxénippe*). Il me paraît donc logique de distinguer nettement H et A.

En somme, pour reprendre nos divers papyrus dans l'ordre où ils ont été découverts, je les appellerai ici :

H (Harrisianus) = { *C. Démosthène*, *P. Lycophron* (début),
A (Ardenianus) = { *P. Lycophron* (fin), *P. Euxénippe*,
S (Stobartianus) = *Oraison funèbre*,
L (Londinensis) = *C. Philippide*,
P (Parisinus) = *1er disc. C. Athénogène*.

Les éditeurs ne s'accordent pas davantage sur la façon dont il convient le mieux de présenter le texte de nos six discours. Blass s'était contenté de les donner papyrus par papyrus, selon le classement qu'il en avait fait (A, A^1, A^2, A^3), et Jensen, sur ce point, n'a pas voulu s'écarter de lui. Par contre, Kenyon cherche à rétablir leur succession chronologique. Son point de vue me paraît bien préférable ; car, pour nous rendre compte aujourd'hui de la carrière ou du talent d'Hypéride, il nous importe assez peu de savoir si tel plaidoyer a été retrouvé avec ou avant tel autre. Cependant, comme la date de plusieurs d'entre eux reste sujette à discussion, il m'arrivera, tout en partant du même principe, de les ranger parfois d'une façon un peu différente. On trouvera plus loin, dans les notices qui leur seront consacrées, les raisons auxquelles j'ai cru devoir obéir ; mais j'indique dès maintenant l'ordre que j'adopterai, en rappelant d'ailleurs pour chaque discours le numéro qu'il porte dans les éditions précédentes.

Ordre suivi dans cette édition.	Date attribuée aux discours.	Papyrus.	Ordre suivi par Blass-Jensen.	Ordre suivi par Kenyon.
I	*C. Philippide* (hiver 336/5)	L	IV	II
II	*P. Lycophron* (333)	H-A	II	I
III	*P. Euxénippe* (peu après 330)	A	III	IV
IV	*C. Athénogène* (quelques années après 330).	P	V	III
V	*C. Démosthène* (Janv. 323).	H	I	V
VI	*Oraison funèbre* (début du printemps 322)	S	VI	VI

On remarquera que nos six discours appartiennent tous à la dernière partie — exactement aux quatorze dernières années — de la vie d'Hypéride : c'est un hasard. On ne verra rien non plus que de fortuit dans la façon dont s'est constituée la sélection dont nous disposons aujourd'hui ; car, même pour nous en tenir aux trois discours réunis sur le papyrus H-A, on a peine à discerner entre eux un lien intime, propre à expliquer leur rapprochement [1]. Évidemment, on peut toujours regretter que notre collec-

1. Dira-t-on qu'ils nous montrent tous trois Hypéride en lutte contre d'autres grands orateurs, Démosthène dans le premier, Lycurgue dans les deux autres ? Mais, si le premier constitue en effet une attaque directe contre Démosthène, dans les deux autres Lycurgue n'intervient qu'à titre de synégore ; et il faut beaucoup de parti-pris pour transformer en procès politiques l'affaire de Lycophron ou celle d'Euxénippe.

tion ne se soit pas constituée d'autre manière. Par exemple, il nous plairait de lire le discours *Contre Aristophon,* qui a dû ouvrir la carrière politique d'Hypéride, ou, plus tard, ses vives attaques contre Aristogiton ou contre Démade (cette dernière, en particulier, avait été jugée digne par Didyme d'un commentaire spécial) ; nous aimerions à le comparer à Isocrate, quand il soutient par des arguments empruntés à de lointaines traditions mythologiques les droits d'Athènes sur Délos, ou à Démosthène, quand il vient à Cythnos, à Chios, à Rhodes encourager les Grecs à s'unir pour sauvegarder leur indépendance nationale ; nous souhaiterions connaître, autrement que de réputation, sa célèbre défense de Phryné, dont l'orateur romain Messala avait tenu à donner une traduction complète ; et, à un autre point de vue, il serait piquant sans doute de le voir s'acharner contre Aristagora, ou de lire par quels arguments il s'efforçait de soutenir une mauvaise cause, comme celle de l'athlète Callippos devant les Éléens. Pourtant, convenons-en, le hasard (puisque le hasard seul est en jeu) pouvait nous servir plus mal ; car, si tel discours, comme le disc. *P. Euxénippe,* n'a pas été une seule fois cité par les anciens, nous en avons recouvré deux d'importance incontestable, le disc. *C. Démosthène* et l'*Oraison funèbre,* sans compter le disc. *C. Athénogène,* qui passait, aux yeux des connaisseurs, pour un de ceux où se révélaient le mieux les qualités les plus fines de son art.

III

NATURE ET BUT DE CETTE ÉDITION.

Reste à dire quelques mots sur la nature et le but de cette édition. Elle n'a nullement la prétention de se substituer à celles de Blass (Leipzig, Teubner, 3e éd., 1894).

de Kenyon (Oxford, Clarendon Press, 1906), ou de Jensen (Leipzig, Teubner, 1917), qui ont chacune leurs mérites. La dernière surtout représente — et sans doute continuera longtemps à représenter — l'édition savante d'Hypéride. Son auteur a collationné avec le plus grand soin tous les papyrus énumérés ci-dessus ; il les reproduit ligne par ligne, s'astreignant à mettre entre crochets les lettres disparues, même si leur restitution est évidente ([᾽Α]θηναῖοι, ε[ἶ]ναι, ὦ ἄν[δρες δικασ]ταί), notant d'un signe spécial celles qui, plus ou moins effacées ou incomplètes, peuvent prêter à confusion, spécifiant en note celles où il estime corriger avec certitude des leçons admises par ses devanciers, relevant jusqu'aux fantaisies orthographiques des copistes (οὕτωι, ἤδηι ; διατρείβων, ὑμεῖν, γείνεται à côté de μιραχίων, ὀφίλεσθαι), et s'abstenant de parti pris d'insérer dans son texte tout complément qui, fût-il limité à un simple membre de phrase, risquerait d'être tant soit peu hasardé. Il y a là un travail à la probité duquel on ne saurait trop rendre hommage ; et, à cet égard, il est difficile, je crois, d'espérer faire mieux après lui.

Aussi, n'ai-je pas voulu le tenter. J'ai porté ailleurs mon effort : j'ai cherché à donner ici une édition courante d'Hypéride, à l'usage surtout des personnes curieuses de littérature grecque sans être pour cela des érudits de profession. D'abord, je leur offre une traduction d'ensemble des six discours conservés. Il en existait déjà de partielles (*Or. funèbre* par Dehèque, 1858, par Caffiaux, 1860, par Hinstin dans ses *Chefs-d'œuvre des orateurs attiques,* 1888 ; *P. Euxénippe*, par Hinstin, *ibid.* ; *C. Athénogène*, par Weil dans ses *Études sur l'antiquité grecque,* 1900). Je les ai refaites de mon côté ; et j'y joins celles des discours *C. Philippide, P. Lycophron* et *C. Démosthène,* qui, à ma connaissance, sont données pour la première fois en français. Dans toutes j'ai visé plutôt à l'exactitude qu'à l'élégance; et j'ai essayé de conserver, autant qu'on peut y songer en passant d'une langue à une autre, le mouvement des phrases et quelque chose même des recherches de style de l'auteur.

Ensuite, toujours en me plaçant au point de vue de la majorité des lecteurs, il m'a semblé qu'on risquait de les décourager en les laissant sans secours en face des multiples lacunes qu'offrent aujourd'hui la plupart de nos discours (le discours *P. Euxénippe* étant seul à peu près intact). Sans doute, à vouloir combler tant de vides, on entre aisément dans le domaine de l'hypothèse; les erreurs y sont donc à craindre; je suis le premier à m'en rendre compte. Est-ce à dire pourtant, à condition de procéder avec prudence, qu'il n'y ait rien à essayer en ce sens? Dans le texte grec, sauf là où il manque seulement un petit nombre de mots, je m'abstiens, bien entendu, de prétendre reconstituer les phrases d'Hypéride. Mais, dans la traduction française, j'ai jugé qu'on me saurait gré d'indiquer comment je me représente, au moins de façon approximative, le contenu des morceaux disparus. J'avais déjà fait précédemment une tentative de ce genre à propos du discours *C. Démosthène*; et j'ai expliqué alors, avec des exemples à l'appui, sur quelles bases j'entendais m'appuyer pour fonder mes reconstitutions [1]. J'étends ici les mêmes procédés à plusieurs passages de l'*Oraison funèbre*, aux dernières colonnes du discours *C. Athénogène*, ou aux débris qui subsistent du début du discours *P. Lycophron*. Évidemment, avant tout, il importe de tenir compte du développement en cours à l'endroit où

1. Je renvoie donc à ce travail (*Annales de l'Est*, Mémoire n° 4, 1934) et, en particulier, à son chap. II (*État de mutilation du discours d'Hypéride ; méthode suivie pour tenter d'en combler les lacunes*, p. 37-51).

nous le perdons, comme de celui que nous retrouvons après un intervalle plus ou moins long, et de les réunir de la manière la plus logique possible, en proportionnant notre supplément à l'étendue du vide constaté sur le papyrus. Parfois, on utilisera l'annonce faite par l'orateur d'un point qu'il a l'intention de traiter, ou, au contraire, un renvoi à une chose qu'il a déjà dite, et que nous ne lisons pas dans les parties conservées. Ailleurs, on se laissera guider par le rythme d'une période commencée, par des antithèses ou des balancements de mots entrevus au cours d'une phrase, par le souvenir d'un morceau analogue rencontré chez un autre auteur ou chez Hypéride lui-même. Bref, j'ai été dans cette voie aussi loin que j'ai cru pouvoir le faire sans verser dans la fantaisie ; mais, en plus d'un endroit aussi, faute d'indices suffisants, j'ai renoncé à présenter aucune suggestion. En tout cas, partout j'ai pris soin de mettre mes conjectures entre crochets, et, dès qu'elles présentaient le moindre caractère d'incertitude, de les imprimer en italique ; on ne risquera jamais ainsi de les confondre avec la propre parole de notre orateur.

Ce n'est pas tout : pour être bien compris, nos discours ont besoin d'éclaircissements de diverses sortes. J'ai donc placé en tête de chacun d'eux une notice où j'expose les circonstances où il a été prononcé, la date à laquelle il est vraisemblable de le rapporter, et, si nous la connaissons (ce qui est rarement le cas), l'issue du procès. J'y joins toujours aussi une analyse assez développée du plan suivi par Hypéride. Cela fait, maints détails encore appellent des explications. La place naturelle de celles-ci serait sans doute au bas des pages ; et j'ai mis là en effet celles qui pouvaient tenir en quelques lignes, comme la définition d'un terme de droit, le sens attribué à une expression embarrassante, la justification de tel ou tel mode de traduction, etc. Mais, dans les usages de la présente collection, l'espace y est limité ; et, même en laissant complètement de côté les observations grammaticales, et en me bornant aux renseignements historiques que j'estimais nécessaires pour l'intelligence du texte, il m'a souvent paru impossible de m'en contenter. J'ai alors rejeté, soit dans les notices préliminaires des discours soit dans la biographie de l'auteur, un certain nombre d'indications dont on reconnaîtra, je pense, l'utilité. Par exemple, s'agit-il d'une action intentée contre des proèdres (*C. Philippide*), d'un emploi abusif de l'eisangélie (*P. Lycophron, P. Euxénippe*), d'accusations soulevées contre des citoyens ou des sociétés exploitant les mines du Laurion (*P. Euxénippe*), on trouvera dans mes notices l'essentiel de ce qu'il faut savoir sur les proèdres, sur la nature et les variations de l'eisangélie, sur le régime légal des mines en Attique. J'y introduis de même des notes biographiques sur les personnages cités au cours des plaidoyers ; ou encore, à propos du discours *C. Démosthène,* j'y dresse un tableau chronologique des principaux événements qui se rattachent à l'affaire d'Harpale, comme, à propos de l'*Oraison funèbre*, j'y rappelle les conditions spéciales faites à ce genre d'éloquence chez les Athéniens. D'autre part, quand Hypéride évoque le souvenir de causes célèbres où il a été mêlé précédemment (*P. Euxénippe*), quand nous le voyons s'engager avec une passion manifeste dans son attaque contre Démosthène, ou introduire dans son panégyrique des morts de la Guerre Lamiaque un accent inaccoutumé d'émotion personnelle, j'ai reporté dans sa biographie mes explications sur son attitude et sur son rôle politique à ces diverses époques de sa vie[1]. Enfin,

1. Des renvois placés en bas des pages permettront au lecteur de

pour les mieux conservés au moins de nos discours, j'ai cru bon d'ajouter à mes notices quelques remarques d'ordre littéraire visant à signaler, soit, pour le fond, la part de l'avocat chez Hypéride et même les sophismes de son argumentation, soit, pour la forme, à côté de certaines négligences et de l'emploi un peu trop fréquent des artifices de la rhétorique, les grands mérites aussi de son éloquence.

Voilà l'essentiel de mon apport dans ce livre. La présentation du texte est conçue dans le même esprit : je l'ai voulue, avant tout, pas trop compliquée et pas trop éloignée de nos habitudes modernes. Dans une édition savante, comme celle de Jensen, il était bien de conserver la séparation des lignes telle qu'elle existe dans les papyrus. Seulement, de la sorte, les divisions du discours apparaissent mal ; car la παράγραφος, ce petit trait horizontal placé par les copistes anciens vers la marge gauche, au-dessous de certaines lignes, n'indique que d'une façon imparfaite et d'ailleurs assez capricieuse où se terminent les phrases et les développements. J'ai donc préféré, traitant Hypéride comme nos autres auteurs, laisser ses lignes courir d'une façon continue sur toute la largeur de nos pages [1], et y découper des alinéas que le sens détermine. A l'intérieur de ces alinéas, je conserve, sauf de rares exceptions, la division traditionnelle en paragraphes [2]. Mais j'ai

trouver sans peine les passages voulus des notices ou de la biographie.

1. Cette méthode, j'en conviens, offre un inconvénient. Dans les notes critiques, à propos de tel ou tel mot, je renvoie forcément aux lignes de la présente édition ; mais, pour les passages fort mutilés, si je veux indiquer la longueur des lacunes, je ne puis le faire que par rapport aux lignes du papyrus. On voudra bien alors se rappeler que, dans mon Introduction, 2e partie, j'ai pris soin de noter, pour chaque papyrus, combien il compte de lignes par colonne et de lettres environ par ligne.

2. Dans le discours *C. Démosthène*, j'ai bien pu, comme dans les

toujours soin de rappeler en marge les numéros des colonnes correspondantes des papyrus.

Quant au texte lui-même, n'espérant guère, comme je l'ai dit, dans l'état actuel des choses[1], avoir chance de l'améliorer après les recensions si consciencieuses de Blass, de Kenyon et de Jensen, je n'ai pas cherché à revoir une fois de plus les papyrus. J'ai seulement bénéficié, pour le discours *C. Athénogène*, d'une collation nouvelle faite par mon ami P. Jouguet, dont je suis heureux de le remercier ici. Dans ces conditions, pour les passages bien conservés, je me borne, en général, à les reproduire tels qu'ils sont donnés par mes devanciers, par Jensen, en particulier. Mais, là où nous nous trouvons en présence de lacunes plus ou moins étendues, je choisis entre les restitutions déjà proposées ; j'en suggère parfois de nouvelles ; et, quand il s'agit de fragments qui ne se touchent pas, et dont l'écartement et l'ordre même demeurent incertains, comme c'est le cas dans le discours *C. Démosthène*, il m'arrive de ne pas adopter toujours l'arrangement préféré par le dernier éditeur.

Des notes critiques assez nombreuses permettent

autres, marquer des alinéas d'après le sens. Mais, vu la longueur des lacunes et l'hésitation même où nous sommes parfois sur la façon de raccorder entre eux les divers fragments, j'ai renoncé à diviser les alinéas en paragraphes. Le numérotage de ceux-ci eût été trop incertain.

1. J'entends par là : tant que nous en sommes réduits, pour chacun de nos discours, à une source unique. Mais je n'en conclus pas que nous possédons de la sorte le texte exact d'Hypéride. D'abord, nos papyrus sont de valeur fort inégale ; et puis, si nous pouvions les confronter avec une source manuscrite, on y découvrirait sans doute maintes lectures différentes de celles dont nous disposons aujourd'hui. On l'entrevoit quand le hasard nous fournit chez un grammairien un extrait d'une page que nous connaissons. C'est le cas, p. ex., dans le disc. *C. Démosthène*, col. III, pour une citation du rhéteur Alexandre ; bien qu'il ne s'agisse là que de quelques lignes, les manuscrits offrent, par rapport au papyrus, plusieurs variantes.

d'ailleurs au lecteur de se faire lui-même son opinion. Il ne pouvait s'agir ici, comme c'est le cas, en général, de réunir un choix plus ou moins abondant de variantes, puisque, pour chacun de nos discours, nous en sommes toujours réduits à un papyrus unique. Mais, ces papyrus offrent maintes lacunes ; je rappelle, parmi les suppléments tentés de divers côtés pour les combler, ceux qui m'ont semblé les plus intéressants ; à l'occasion, je donne les raisons qui m'ont fait accepter ou rejeter tel ou tel ; ou encore je signale les endroits où j'ai cru devoir modifier la ponctuation ; je reproduis des explications de lexicographes, des rapprochements avec d'autres orateurs, etc. [1].

Étant donnée la façon dont j'ai compris cette édition, on ne s'étonnera pas si je n'ajoute pas à nos six discours les fragments qui subsistent des autres. Beaucoup en effet se réduisent à des gloses de grammairiens visant à expliquer, parce qu'ils le trouvent chez Hypéride, un

1. Je relève aussi dans ces notes un certain nombre de corrections proposées par divers critiques, spécialement par Cobet, pour ramener la langue de nos discours aux formes pures du dialecte attique. Elles ont l'avantage d'attirer l'attention de ce côté ; mais, si nous lisons dans nos papyrus ἀνεβίωσε pour ἀνεβίω (I, 8), δειξάτωσαν pour δειξάντων (II, 15), γονεῖς pour γονέας (III, 6), καθέστακα pour κατέστησα (III, 28), ἠργάζετο pour εἰργάζετο (III, 35), διατέθεικας pour διατέθηκας (IV, 13), κλαιήσει pour κλαύσεται (V, col. 40), ἀπολαύσομεν pour ἀπολαυσόμεθα (VI, 30), ἀκουσόντων pour ἀκουσομένων (VI, 34), etc., je ne me crois pas obligé, pour mon compte, d'y voir autant de fautes imputables aux copistes ; elles seraient trop nombreuses ; j'aime mieux en conclure que la langue d'Hypéride n'est plus parfaitement pure, et annonce déjà la κοινή. Je garde donc telles quelles les formes données par les papyrus. — Par contre, j'attribue à l'usage de l'époque hellénistique ou romaine des particularités d'orthographe, qui d'ailleurs n'apparaissent que de façon irrégulière, comme ἀναγεινώσκειν, ἐνκαλεῖν, συνλέξειν, et je transcris, suivant nos habitudes courantes, ἀναγιγνώσκειν, ἐγκαλεῖν, συλλέξειν. — De même, je juge inutile de noter toutes les bévues manifestes des scribes, comme il y en a tant dans l'*Oraison funèbre*, en particulier ; je me borne à en signaler quelques-unes à titre d'exemples.

terme technique, un nom géographique, un point d'institutions, ou à faire remarquer chez lui l'emploi d'un mot à la place d'un autre qui serait plus usuel ou plus correct. Peu offrent un intérêt littéraire ; et de ceux-là d'ailleurs j'ai, quand l'occasion s'en présentait, cité les plus curieux (p. ex. fr. 27-28, *C. Aristogiton*, p. 29 ; fr. 44, *C. Aristophon*, p. 17 ; fr. 76 et 80, *C. Démade*, p. 31 et 184 n. ; fr. 118, *P. les enfants de Lycurgue*, p. 46). Pour leur ensemble, je me borne à renvoyer aux éditions de Blass, de Kenyon et de Jensen, ou, si l'on préfère, à la collection Didot (*Or. attici*, t. II, p. 372-433), où ils sont accompagnés d'une traduction latine.

Je n'essaie pas non plus de dresser un lexique de la langue d'Hypéride. Blass, pour sa 3e édition, en avait fait composer un par un de ses élèves, H. Reinhold ; il était fort complet, et il a été reproduit, après révision, par Jensen. Pour ne pas le répéter une troisième fois, je me contenterai de donner ici, dans un index assez bref, d'une part tous les noms propres figurant dans nos six discours (mais avec l'indication sommaire des circonstances où ils sont mentionnés), et d'autre part un nombre limité de termes intéressant l'histoire ou les institutions.

Je regrette davantage de n'avoir pas pu mettre à jour la bibliographie des travaux (livres, dissertations ou articles de revues) parus sur Hypéride depuis l'édition de Jensen. Mais, dans les circonstances présentes, loin des grandes bibliothèques, ce genre de recherches m'a été impossible. Au reste, bien des publications sont aujourd'hui suspendues ; celles de l'étranger sont inabordables ; tout au plus serais-je arrivé à réunir une liste incomplète d'ouvrages dont, en réalité, je n'ai pas eu connaissance. J'ai donc simplement mentionné, chemin faisant, ceux que j'ai vus et utilisés avant 1939.

A la suite de cette introduction, je reproduis, à

l'exemple de Blass et de Jensen, mais en en donnant une traduction, la *Vie d'Hypéride* du pseudo-Plutarque et quelques jugements des critiques anciens sur son éloquence[1].

Pour les signes critiques, je m'écarte le moins possible de ceux qui ont été employés par les éditeurs précédents.

Dans le texte grec, les crochets droits simples [—] indiquent les lacunes des papyrus, comblées soit avec certitude, soit au moins avec vraisemblance ;

les crochets droits doubles ⟦—⟧ encadrent des lettres ou des mots qui figurent sur les papyrus, mais semblent devoir être éliminés ;

les crochets brisés, au contraire, ⟨—⟩ des lettres qui manquent dans les papyrus, mais paraissent réclamées par le sens ;

les crochets arrondis (—) des lettres substituées à d'autres que je regarde comme une erreur manifeste des scribes ;

enfin les traits verticaux (|) marquent la séparation des colonnes des papyrus, chaque fois que, sur ceux-ci, il nous est possible de noter exactement le passage de l'une à l'autre.

Dans la traduction, je ne conserve que les crochets droits simples. Je ne crois pas nécessaire de signaler les restitutions qui sont à peu près sûres ; mais, comme je l'ai déjà dit, j'imprime en italique celles qui peuvent

1. Dans ces derniers, j'ai été plus d'une fois embarrassé pour déterminer le sens exact de certaines expressions. Car d'abord, si la page du pseudo-Longin nous offre, sous une forme manifestement très soignée, un jugement d'ensemble sur l'éloquence d'Hypéride comparée à celle de Démosthène, les autres citations ne sont guère que des appréciations sommaires, portées incidemment, en quelques lignes, sur Hypéride. En outre, les éloges peuvent y être suivis de restrictions qui les contredisent plus ou moins ; et, d'une façon

prêter plus ou moins à discussion, et, en particulier, les morceaux qui répondent à des vides considérables, et où j'essaie de marquer, au moins de façon approximative, comment je me représente la suite des idées.

Dans le texte comme dans la traduction, je rappelle toujours, en haut des pages, par une des lettres spécifiées p. 63-64, le papyrus dont il s'agit, et, en marge, la numérotation des colonnes de ce papyrus.

Riom, Décembre 1943.

générale, tel critique comme Hermogène semble porté à plus de sévérité que tel autre comme Denys. Enfin, dans tous ces morceaux, il y a des passages dont le texte paraît altéré, et où les éditeurs proposent des corrections fort différentes de l'un à l'autre.

DOCUMENTS ANCIENS SUR HYPÉRIDE.

[Ps.-Plutarque]

VIES DES DIX ORATEURS.

IX. Hypéride[1].

848 D 1 Hypéride avait pour père Glaucippos, fils de Dionysios ;
il était du dème de Collytos. 2 Il eut un fils nommé Glaucippos, comme son père à lui, orateur également, et qui a laissé des discours ; de celui-ci à son tour naquit Alphinous. 3 Après avoir été l'élève du philosophe Platon, en même temps que Lycurgue, et de l'orateur Isocrate, il commença
E à jouer un rôle politique à Athènes à l'époque où Alexandre intervenait dans les affaires de la Grèce. 4 Quand le roi demanda aux Athéniens de lui livrer leurs (chefs), Hypéride prit la parole pour s'y opposer ; de même, lors de la réquisitions des trirèmes. Il conseilla aussi de ne pas dissoudre le corps de mercenaires qui se trouvait au Ténare sous le commandement de Charès ; car il avait de la sympathie pour ce général. 5 Dans ses débuts, il plaidait des causes privées pour un salaire. Il passa pour avoir eu sa part, avec Éphialte, des subsides de la Perse. Désigné comme triérarque au temps où Philippe assiégeait Byzance, et envoyé au secours des Byzantins, il assuma de plus, dans la même année, la charge d'une chorégie, alors que les autres étaient exemptés de toute
F liturgie. 6 Il proposa des récompenses pour Démosthène ;

1. La plupart des faits rapportés dans cette *Vie* semblent empruntés à de bonnes sources, dont l'indication a été donnée plus haut ; mais, comme ils sont présentés sans aucun souci de chronologie, et souvent même sans un ordre méthodique quelconque, je renonce à y distinguer des alinéas. Les numéros des paragraphes sont ceux du Plutarque de la Collection Didot.

DE HYPERIDE
TESTIMONIA VETERUM

[Πλουτάρχου]

ΒΙΟΙ ΤΩΝ ΔΕΚΑ ΡΗΤΟΡΩΝ.

Θ'. Ὑπερείδης.

1 Ὑπερείδης Γλαυκίππου μὲν ἦν πατρὸς τοῦ Διονυσίου, τὸν δὲ δῆμον Κολλυτεύς. 2 Ἔσχε δ' υἱὸν ὁμώνυμον τῷ πατρὶ Γλαύκιππον, ῥήτορα καὶ λόγους συγγράψαντα, οὗ πάλιν Ἀλφίνους ἐγένετο. 3 Ἀκροατὴς δὲ Πλάτωνος γενόμενος τοῦ φιλοσόφου ἅμα Λυκούργῳ καὶ Ἰσοκράτους τοῦ ῥήτορος, ἐπολιτεύσατο Ἀθήνησιν καθ' ὃν χρόνον Ἀλέ- E
ξανδρος τῶν Ἑλληνικῶν ἥπτετο πραγμάτων. 4 Καὶ περὶ τῶν στρατηγῶν ὧν ᾔτει παρ' Ἀθηναίων ἀντεῖπε, καὶ περὶ τῶν τριήρων· συνεβούλευσε δὲ καὶ τὸ ἐπὶ Ταινάρῳ ξενικὸν μὴ διαλῦσαι, οὗ Χάρης ἡγεῖτο, εὐνόως πρὸς τὸν στρατηγὸν διακείμενος. 5 Τὸ δὲ πρῶτον μισθοῦ δίκας ἔλεγε. Ἔδοξε δὲ καὶ κεκοινωνηκέναι τῶν Περσικῶν χρημάτων Ἐφιάλτῃ· τριήραρχός τε αἱρεθείς, ὅτε Βυζάντιον ἐπολιόρκει Φίλιππος, βοηθὸς Βυζαντίοις ἐκπεμφθείς, κατὰ τὸν αὐτὸν ἐνιαυτὸν ὑπέστη χορηγῆσαι, τῶν ἄλλων λειτουργίας πάσης ἀφειμένων. 6 Ἔγραψε δὲ καὶ Δημοσθένει τιμάς, καί, F
τοῦ ψηφίσματος ὑπὸ Διώνδα παρανόμων γραφέντος, ἀπέ-

848 D (margin, at line 1)

1 1 Ὑπερείδης Γλαυκίππου Κολλυτεύς, sic nomen oratoris inscribitur titulis lapideis, ex. gr., *IG.*, II, 808 c 103 || 2 τὸν δὲ δῆμον : τῶν δὲ δήμων Westermann || 3 2 Λυκούργῳ Paris. E, Blum, Westermann : Λυκούργου || 4 2 Post περὶ τῶν στρατηγῶν exciderunt forte aliquot verba, velut καὶ τῶν ῥητόρων || 5 1 Ἔδοξε δὲ καὶ Reiske : δόξας δὲ || 4 κατὰ τὸν αὐτὸν ἐνιαυτὸν Bœckh : κατὰ τὸν ἐνιαυτὸν τοῦτον Sauppe || 6 1 Δημοσθένει Reiske cum Photio : Δημοσθένους.

et, son décret ayant été attaqué par Diondas pour cause
d'illégalité, il fut absous. **7** Ami de Démosthène, de Nau-
siclès, de Lycurgue et de leur groupe, il ne le demeura pas
jusqu'au bout ; mais quand, après la mort de Nausiclès et
de Lycurgue, Démosthène fut mis en jugement pour avoir
accepté de l'argent d'Harpale, Hypéride, spécialement désigné
entre tous les orateurs, (car il était resté le seul à échapper à
la corruption), se porta son accusateur. **8** Une autre fois,
poursuivi par Aristogiton pour illégalité parce qu'il avait
849 proposé, après Chéronée, d'accorder le droit de cité aux
métèques, la liberté aux esclaves, et de mettre en sûreté au
Pirée les objets du culte, les enfants et les femmes, il fut
acquitté. **9** Comme on lui reprochait d'avoir rédigé son
décret au mépris de plusieurs lois, « les armes des Macédo-
niens, dit-il, me les cachaient de leur ombre » ; et encore :
« ce n'est pas moi l'auteur du décret, c'est la bataille de
Chéronée ». **10** En tout cas, devant ces dispositions, Phi-
lippe, effrayé, autorisa les Athéniens à relever leurs morts,
chose qu'il avait refusée d'abord aux hérauts venus de Liva-
die. **11** Plus tard, après la défaite de Crannon, Antipater
réclama l'extradition d'Hypéride ; celui-ci, sur le point d'être
B livré par le peuple, s'enfuit d'Athènes à Égine, avec les
autres citoyens condamnés par décret. Là, il se rencontra
avec Démosthène, et se justifia auprès de lui de son attitude
dans leur différend ; puis, ayant quitté Égine, il tomba entre
les mains d'Archias de Thurii, surnommé « le traqueur de
bannis », ancien acteur, mais alors agent d'Antipater, qui
s'empara de lui par la force dans le temple de Poseidon, bien
qu'il s'attachât à la statue du dieu[1]. **12** Conduit devant
Antipater à Corinthe, puis mis à la torture, il avala sa
langue, de façon à ne pouvoir révéler aucun secret d'État ;
C c'est ainsi qu'il mourut, le 9 Pyanepsion. **13** Hermippos
raconte qu'on l'emmena en Macédoine, qu'on lui coupa la
langue, et qu'on jeta son cadavre sans sépulture, mais
qu'Alphinous, son neveu, ou, selon quelques-uns, le fils de
son fils Glaucippos, étant parvenu, avec l'aide d'un médecin

1. On ne voit pas bien où l'auteur de cette *Vie* place la mort d'Hypéride ; la mention du temple de Poseidon fait penser à l'île de Calaurie ; il doit y avoir quelque confusion dans son esprit avec la fin de Démosthène.

φυγε. 7 Φίλος δ' ὢν τοῖς περὶ Δημοσθένη καὶ Ναυσικλέα καὶ Λυκοῦργον, οὐκ ἐνέμεινε μέχρι τέλους, ἀλλ', ἐπεὶ Ναυσικλῆς μὲν καὶ Λυκοῦργος ἐτεθνήκεσαν, Δημοσθένης δὲ ὡς παρ' Ἀρπάλου δωροδοκήσας ἐκρίνετο, προχειρισθεὶς ἐξ ἁπάντων (μόνος γὰρ ἔμεινεν ἀδωροδόκητος) κατηγόρησεν αὐτοῦ. 8 Κριθεὶς δ' ὑπὸ τοῦ Ἀριστογείτονος παρανόμων
ἐπὶ τῷ γράψαι μετὰ Χαιρώνειαν τοὺς μετοίκους πολίτας 849
ποιήσασθαι, τοὺς δὲ δούλους ἐλευθέρους, ἱερὰ δὲ καὶ παῖδας καὶ γυναῖκας εἰς τὸν Πειραιᾶ ἀποθέσθαι, ἀπέφυγεν. 9 Αἰτιωμένων δέ τινων αὐτὸν ὡς παριδόντα πολλοὺς νόμους ἐν τῷ ψηφίσματι, « ἐπεσκότει, ἔφη, μοι τὰ Μακεδόνων ὅπλα », καὶ « οὐκ ἐγὼ τὸ ψήφισμα ἔγραψα, ἡ δ' ἐν Χαιρωνείᾳ μάχη ». 10 Μετὰ μέντοι τοῦτο νεκρῶν ἔδωκεν ἀναίρεσιν ὁ Φίλιππος φοβηθείς, πρότερον οὐ δοὺς τοῖς ἐλθοῦσιν ἐκ Λεβαδείας κήρυξιν. 11 Ὕστερον δέ, μετὰ τὰ περὶ Κραννῶνα συμβάντα, ἐξαιτηθεὶς ὑπ' Ἀντιπάτρου,
καὶ μέλλων ἐκδίδοσθαι ὑπὸ τοῦ δήμου, ἔφυγεν ἐκ τῆς B
πόλεως εἰς Αἴγιναν ἅμα τοῖς κατεψηφισμένοις· καί, συμβαλὼν Δημοσθένει καὶ περὶ τῆς διαφορᾶς ἀπολογησάμενος, ἀπαλλαγεὶς ἐκεῖθεν, ὑπ' Ἀρχίου τοῦ φυγαδοθήρου ἐπικληθέντος, Θουρίου μὲν τὸ γένος, ὑποκριτοῦ δὲ τὰ πρῶτα, τότε δὲ τῷ Ἀντιπάτρῳ βοηθοῦντος, ἐλήφθη πρὸς βίαν ἐν τῷ ἱερῷ τοῦ Πωσειδῶνος, ἐχόμενος ⟨τοῦ⟩ ἀγάλματος. 12 Καὶ ἀχθεὶς πρὸς Ἀντίπατρον εἰς Κόρινθον, ἔπειτα βασανιζόμενος, διέφαγε τὴν γλῶτταν, ὥστε μηδὲν ἐξειπεῖν τῶν τῆς πόλεως ἀπορρήτων δυνηθῆναι· καὶ οὕτως
ἐτελεύτησε, Πυανεψιῶνος ἐνάτῃ ἱσταμένου. 13 Ἕρμιπ- C
πος δέ φησιν αὐτὸν γλωττοτομηθῆναι, εἰς Μακεδονίαν ἐλθόντα, καὶ ῥιφῆναι ἄταφον, Ἀλφίνουν δέ, ἀνεψιὸν ὄντα αὐτῷ, ἤ, ὥς τινες, Γλαυκίππου υἱοῦ τὸν υἱόν, διὰ Φιλοπείθους τινὸς ἰατροῦ λαβόντα ἐξουσίαν τοῦ σώματος,

7 1 Ναυσικλέα Schaefer, coll. *Vit. X Or.*, *Dem.* 844 F (item Ναυσικλῆς infra) : Λυσικλέα || 9 3 καί· « Οὐκ ἐγώ Photius : « Οὐκ ἐγώ, (καὶ non anteposito) || 11 9 Ante ἀγάλματος Blass addit τοῦ. Ubi *Vitæ* auctor Hyperidem mortuum esse credat non liquet : Hyperidis et Demosthenis exitum admiscere videtur ; nam templum Neptuni in insula Calauria situm praesto venit in mentem || 13 4 Γλαυκίππου υἱοῦ τὸν υἱόν Westermann : Γλαυκίππου τῶν υἱῶν E Γλαύκιππον τὸν υἱόν Blass.

nommé Philopeithès, à s'emparer du corps, le brûla, et rap-
porta ses cendres à Athènes dans sa famille, en dépit des
décrets des Athéniens et des Macédoniens ; car on avait
proclamé, contre les hommes désignés par Antipater, non
seulement la peine de l'exil, mais encore la défense de les
ensevelir dans leur patrie. **14** D'aucuns prétendent qu'Hy-
péride mourut à Cléones, où il avait été emmené avec les
autres, et que c'est là qu'on lui coupa la langue et qu'il périt,
comme il a été dit plus haut ; ses parents auraient recueilli
ses cendres, et l'auraient enseveli avec ses ancêtres devant la
porte des Cavaliers ; c'est le récit d'Héliodore, au livre III de
D son ouvrage *Sur les monuments*. **15** Aujourd'hui, ce tom-
beau est détruit, et on n'en voit plus rien. **16** Entre tous
les orateurs politiques on accorde à Hypéride un rang émi-
nent, et quelques-uns le mettent avant Démosthène. **17** On
lui attribue soixante-dix-sept discours, dont cinquante-deux
sont authentiques. **18** Il fut très porté aux plaisirs de
l'amour, au point qu'il chassa son fils de chez lui pour y
introduire Myrrhiné, femme d'un entretien fort coûteux ; il
avait d'ailleurs au Pirée une autre maîtresse, Aristagora, et,
dans sa propriété d'Éleusis, la Thébaine Phila, qu'il avait
E rachetée moyennant vingt mines. **19** Chaque jour aussi,
il faisait sa promenade au marché aux poissons. **20** Par
suite de ses relations avec la courtisane Phryné, il se trouva
impliqué dans le procès d'impiété qui lui était intenté ; lui-
même l'indique au début de son discours. Comme Phryné
était sur le point d'être condamnée, il l'amena au milieu du
tribunal, et, déchirant sa robe, il mit à nu sa poitrine ; les
juges, en considération de sa beauté, l'acquittèrent. **21** Il
composait, sans en rien dire, des accusations contre Démos-
thène ; mais il fut pris sur le fait. Un jour qu'il était malade,
F Démosthène vint lui rendre visite ; il le trouva tenant à la
main le libelle dirigé contre lui ; devant son indignation,
Hypéride lui répondit : « Tant que tu es mon ami, ce papier
ne te causera aucune peine ; mais, si tu deviens mon ennemi,
il t'empêchera d'agir contre moi. » **22** Il proposa un
décret honorifique en l'honneur d'Iolas, qui passait pour
avoir empoisonné Alexandre. **23** Il fut, avec Léosthène,
l'animateur de la Guerre Lamiaque, et il prononça l'*Oraison
funèbre* des morts de cette campagne avec un talent merveil-

καῦσαι αὐτόν, καὶ τὰ ὀστᾶ κομίσαι εἰς Ἀθήνας τοῖς
προσήκουσι παρὰ τὰ Ἀθηναίων καὶ Μακεδόνων δόγματα·
οὐ μόνον γὰρ κελεῦσαι αὐτοὺς φυγεῖν, ἀλλὰ μηδ' ἐν τῇ
οἰκείᾳ ταφῆναι. **14** Οἱ δ' ἐν Κλεωναῖς ἀποθανεῖν αὐτὸν
λέγουσιν, ἀπαχθέντα μετὰ τῶν ἄλλων, ὅπου γλωττοτο-
μηθῆναι καὶ διαφθαρῆναι ὃν προείρηται τρόπον· τοὺς δ'
οἰκείους, τὰ ὀστᾶ λαβόντας, θάψαι ἅμα τοῖς γονεῦσι πρὸ
τῶν Ἱππάδων πυλῶν, ὥς φησιν Ἡλιόδωρος ἐν τῷ τρίτῳ
περὶ Μνημάτων. **15** Νυνὶ δὲ κατερήριπται τὸ μνῆμα καὶ D
ἔστιν ἄδηλον. **16** Πάντων δὲ κατὰ τὴν δημηγορίαν
διενεγκεῖν λέγεται· τέτακται δὲ ὑπ' ἐνίων πρὸ Δημοσ-
θένους. **17** Φέρονται δ' αὐτοῦ λόγοι ἑβδομήκοντα ἑπτά,
ὧν γνήσιοί εἰσι πεντήκοντα δύο. **18** Ἐγένετο δὲ καὶ
πρὸς τὰ ἀφροδίσια καταφερής, ὡς ἐκβαλεῖν μὲν τὸν υἱόν,
εἰσαγαγεῖν δὲ Μυρρίνην, τὴν πολυτελεστάτην ἑταίραν, ἐν
Πειραιεῖ δ' ἔχειν Ἀρισταγόραν, ἐν Ἐλευσῖνι δ' ἐν τοῖς
ἰδίοις κτήμασι Φίλαν τὴν Θηβαίαν, εἴκοσι μνῶν λυτρωσά-
μενος. **19** Ἐποιεῖτό τε τὸν περίπατον ἐν τῇ ἰχθυοπώλιδι E
ὁσημέραι. **20** Ὡμιληκὼς δὲ καὶ Φρύνῃ τῇ ἑταίρᾳ ἀσεβεῖν
κρινομένῃ συνεξητάσθη· αὐτὸς γὰρ τοῦτο ἐν ἀρχῇ τοῦ
λόγου δηλοῖ. Μελλούσης δ' αὐτῆς ἁλίσκεσθαι, παραγαγὼν
εἰς μέσον καὶ περιρρήξας τὴν ἐσθῆτα, ἐπέδειξε τὰ στέρνα
τῆς γυναικός· καί, τῶν δικαστῶν εἰς τὸ κάλλος ἀπιδόντων,
ἀφείθη. **21** Συνετίθει δ' ἡσυχῇ κατὰ τοῦ Δημοσθένους
ἐγκλήματα, ὡς καὶ φωραθῆναι· νοσοῦντος γὰρ τοῦ Ὑπε-
ρείδου, ἥκοντα εἰς τὴν οἰκίαν τὸν Δημοσθένη ὡς ἐπισκε- F
ψόμενον καταλαβεῖν κατέχοντα τὸ καθ' αὐτοῦ βιβλίον·
τούτου δ' ἀγανακτοῦντος, εἶπε· « φίλον μὲν ὄντα οὐδὲν
λυπήσει, ἐχθρὸν δε γενόμενον κωλύσει τι κατ' ἐμοῦ πρᾶξαι ».
22 Ἐψηφίσατο δὲ καὶ τιμὰς Ἰόλᾳ τῷ δοκοῦντι Ἀλε-
ξάνδρῳ τὸ φάρμακον δοῦναι. **23** Ἐκοινώνησε δὲ καὶ
Λεωσθένει τοῦ Λαμιακοῦ πολέμου, καὶ ἐπὶ τοῖς πεσοῦσιν

14 4 θάψαι ἅμα (post τὰ ὀστᾶ λαβόντας Franke indicat aut excidisse aliquid, e. g. κομίσαι εἰς Ἀθήνας, aut τε delendum esse ; hoc Sauppe præfert) : θάψαι τε ἅμα || 5 Ἡλιόδωρος libri : Διόδωρος Ruhnken || **18** 5 Φίλαν τὴν Keil. ex Athen., XIII, 590 D : φιλτην || **20** 1 Ὡμιληκὼς δὲ καὶ Φρύνῃ corr. Bücheler : ὡς εἰκὸς δὲ καὶ δίκῃ Φρύνῃ libri (ἑωθινός, cum præcedentibus junctum, conj. Westermann pro ὡς εἰκός, sec. Athenæum, deletque δίκῃ, ut glossema) || **21** 5 οὐδὲν Reiske : οὐδένα || **22** 1 : δοκοῦντι Reiske : δόντι. || **23** 2 Λεωσθένει Xyl. : Δημοσθένει.

leux. **24** Au temps où Philippe préparait contre l'Eubée
une expédition par mer qui provoquait les défiances des
Athéniens, Hypéride rassembla une flotte de quarante tri-
rèmes avec le produit de contributions volontaires, en faisant
don le premier de deux navires, en son nom et au nom de
850 son fils. **25** Dans la contestation qui s'éleva entre les
Athéniens et les Déliens pour savoir lequel des deux peuples
devait avoir la haute main sur le sanctuaire, Eschine avait
été élu pour soutenir les droits d'Athènes ; mais le vote de
l'Aréopage désigna Hypéride, et c'est ainsi qu'il écrivit le
discours intitulé *Déliaque*. **26** Il fut aussi envoyé en am-
bassade auprès des Rhodiens. Comme il était venu en même
temps des députés de la part d'Antipater, et que ceux-ci
vantaient les qualités de leur prince, il leur fit cette réplique :
« Je le sais, il est plein de qualités ; mais nous, fût-il plein
de qualités, nous ne demandons pas un maître. » **27** On
dit qu'il prononçait ses discours sans débit théâtral, et qu'il
B se contentait d'exposer les faits en évitant d'en importuner
les juges. **28** Il fut envoyé chez les Éléens pour y présenter
la défense de l'athlète Callippos, accusé d'avoir usé de cor-
ruption dans un concours ; mais il [n']obtint [pas] gain de
cause[1]. **29** De même, quand il s'en prit aux hommages
qu'on voulait rendre à Phocion sur la proposition de Midias,
fils de Midias, du dème d'Anagyronte, sous l'archontat
d'(Eu)xéni(ppos), le 24 Gamélion, il échoua[2].

1. Le texte de nos mss. dit le contraire ; mais le récit circonstancié de Pausanias ne laisse guère de doutes sur cette affaire ; cf. p. 36, n. 4.

2. Le dernier paragraphe suppose des confusions plus étranges encore. D'abord, l'archonte Xénias, cité par notre biographe, n'existe pas. Ensuite, s'il s'agit, comme il le semble, des hommages qu'Athènes veut rendre à Phocion un certain temps après sa mort (survenue en 318), l'intervention d'Hypéride y est manifestement impossible. L'hypothèse ingénieuse de Schaefer répond à toutes ces difficultés : sous l'archontat d'Euxénippos (en Janv. 304), Midias, (le fils de l'ancien adversaire de Démosthène), propose un décret en l'honneur de Phocion (comme Stratoclès l'avait fait pour Lycurgue, en 307) ; son adversaire est non pas Hypéride, mais son fils Glaucippos, dont Plutarque (*Phoc.*, 4) mentionne en effet un discours, où il avait rassemblé et débité contre Phocion toutes sortes de méchants propos.

εἶπε τὸν ἐπιτάφιον θαυμασίως. **24** Φιλίππου δὲ πλεῖν
ἐπ' Εὐβοίας παρεσκευασμένου καὶ τῶν Ἀθηναίων εὐλαβῶς
ἐχόντων, τεσσαράκοντα τριήρεις ἤθροισεν ἐξ ἐπιδόσεως,
καὶ πρῶτος ὑπὲρ αὐτοῦ καὶ τοῦ παιδὸς ἐπέδωκε δύο
τριήρεις. **25** Συστάντος δὲ πρὸς Δηλίους ἀμφισβητή- 850
ματος, ποτέρους δεῖ προΐστασθαι τοῦ ἱεροῦ, αἱρεθέντος
Αἰσχίνου συνειπεῖν, ἡ ἐξ Ἀρείου πάγου βουλὴ Ὑπερείδην
ἐχειροτόνησεν· καὶ ἔστιν ὁ λόγος Δηλιακὸς ἐπιγεγραμμένος.
26 Ἐπρέσβευσε δὲ καὶ πρὸς Ῥοδίους. Ἡκόντων δὲ καὶ
παρ' Ἀντιπάτρου πρέσβεων, ἐπαινούντων τὸν Ἀντίπατρον
ὡς χρηστόν, ἀπαντήσας αὐτοῖς εἶπεν· « Οἶδα μὲν ὅτι
χρηστὸς ὑπάρχει, ἀλλ' ἡμεῖς γ' οὐ δεόμεθα χρηστοῦ δεσπό-
του ». **27** Λέγεται δ' ἄνευ ὑποκρίσεως δημηγορῆσαι, καὶ
μόνον διηγεῖσθαι τὰ πραχθέντα, καὶ τούτοις οὐκ ἐνοχλεῖν B
τοὺς δικαστάς. **28** Ἐπέμφθη δὲ καὶ πρὸς Ἠλείους
ἀπολογησόμενος ὑπὲρ Καλλίππου τοῦ ἀθλητοῦ, ἔχοντος
αἰτίαν φθεῖραι τὸν ἀγῶνα, καὶ ⟨οὐκ⟩ ἐνίκησε. **29** Γραψά-
μενος δὲ καὶ τὴν Φωκίωνος δωρεάν, ἣν εἶπε Μειδίας
Μειδίου Ἀγαγυράσιος ἐπ' (Εὐ)ξενί(ππου) ἄρχοντος, Γαμη-
λιῶνος ἑβδόμῃ φθίνοντος, ἡττήθη.

24 2 ἐπ' Εὐβοίας : ἐπ' Εὔβοιαν mavult Westermann || **26** 3 Οἶδα μὲν : οἴδαμεν Xyl. ex Photio || **28** 3 καὶ ⟨οὐκ⟩ ἐνίκησε Meier : καὶ ἐνίκησε lib. καὶ νικῆσαι Kiessling καὶ ἐνικήθη Westermann (utique *Vitam* hic erravisse apparet e Paus. V, 21, 5-8) || **29** 3 ἐπ' Εὐξενίππου Schæfer : ἐπὶ Ξενίου lib. (archontem nullum nomine Xeniam novimus Athenis ; cum autem Εὐξένιππος a. 305/4 munere functus sit, orationem adversus Phocionem non ad Hyperidem, sed ad filium ejus Glaucippum referre necesse est ; cf. Plut. *Phoc.*, 4).

Jugements de critiques anciens sur l'éloquence d'Hypéride[1].

Denys d'Halicarnasse. *Jugement sur les anciens*, V, 6 (extrait de la seconde partie du *Traité de l'imitation*) :

Hypéride va droit au but et amplifie rarement. Pour l'art qu'il met à préparer son élocution, il a surpassé Lysias ; et, pour son adresse dans l'invention, il l'emporte sur tous les orateurs. De plus, il s'en tient toujours à la cause qu'il s'agit de juger ; il reste attaché aux points essentiels de l'affaire ; il en a une parfaite compréhension, et se montre plein d'agrément. Tout en ayant l'air simple, il ne manque pas pour cela de puissance. Chez lui, il faut prendre pour modèles surtout la finesse et l'heureuse proportion des narrations, et aussi les préparations dont il use pour aborder les faits.

Id., *Sur Dinarque*, 6 :

Hypéride, pour le choix des mots, ne vaut pas Lysias ; mais, sur le terrain de la discussion des faits, il lui est supérieur. Il a des narrations de diverses sortes, où tantôt il suit l'ordre naturel et tantôt remonte de la fin vers le commencement. Quant à ses preuves, il les établit non pas seulement par voie d'enthymème[2], mais aussi, d'une façon plus développée, par voie d'épichérème[3].

Id., *ibid.*, 7[4] :

De même, pour Hypéride. Si, (dans un discours dont l'attribution est incertaine), on trouve la force de l'expression,

1. La plupart de ces observations sont utilisées et illustrées d'exemples par Blass (*Att. Beredsamkeit*, III, 2, p. 26-61). Cf. aussi J. Girard (*Études sur l'éloquence attique*, p. 132-164).

2. Syllogisme abrégé, dans lequel on sous-entend une des prémisses. Aristote le regarde comme le syllogisme par excellence de l'orateur.

3. Syllogisme où chacune des deux prémisses est accompagnée de ses preuves.

4. Dans ce chapitre, Denys cherche à indiquer le moyen de reconnaître si certains discours, d'authenticité douteuse, doivent être attribués à Dinarque ou à un autre orateur.

De Hyperidis eloquentia judicia veterum.

Dionysius, Ἀρχαίων κρίσις, V, 6 (qui liber e Dionysii Περὶ μιμήσεως commentario secundo excerptus est) :

Ὁ δὲ Ὑπερείδης εὔστοχος μέν, σπάνιον δ' αὐξητικός· καὶ τῇ μὲν τῆς φράσεως κατασκευῇ Λυσίαν ὑπερηρκώς, τῇ δὲ τῆς εὑρέσεως πανουργίᾳ πάντας. Ἔτι δὲ τοῦ κρινομένου διὰ παντὸς ἔχεται, καὶ τοῖς ἀναγκαίοις τοῦ πράγματος προσπέφυκε, καὶ συνέσει πολλῇ κεχορήγηται, καὶ χάριτος μεστός ἐστι· καί, δοκῶν ἁπλοῦς, οὐκ ἀπήλλακται δεινότητος. Τούτου ζηλωτέον μάλιστα τῶν διηγήσεων τὸ λεπτὸν καὶ σύμμετρον, ἔτι δὲ καὶ τὰς ἐφόδους, ⟨αἷς⟩ ἐπὶ τὰ πράγματα βαδίζει.

Idem, περὶ Δεινάρχου, c. 6 :

Ὁ δ' Ὑπερείδης κατὰ μὲν τὴν ἐκλογὴν τῶν ὀνομάτων ἡττᾶται Λυσίου, κατὰ δὲ τὸν πραγματικὸν τόπον διαφέρει. Διηγεῖται δὲ πολλαχῶς, ποτὲ μὲν κατὰ φύσιν, ποτὲ δὲ ἀπὸ τοῦ τέλους ἐπὶ τὴν ἀρχὴν πορευόμενος· πιστοῦται δ' οὐ κατ' ἐνθύμημα μόνον, ἀλλὰ καὶ κατ' ἐπιχείρημα πλατύνων.

Dionys., *Vet. cens.* : 1 εὔστοχος : εὔτονος Monac. || 3 εὑρέσεως Usener e cod. Par. : lacuna in ceteris || 4 τοῖς ἀναγκαίοις Usener e cod. Par. : ταῖς ἀνάγκαις codd. || 8 αἷς add. Hœschel : ὡς add. Usener.

Id. *de Dinarcho*, 6 : 2 τόπον in margine cod. Bodl. : alii τρόπον.

la simplicité de la composition, l'heureux à propos dans la présentation des faits, et l'art de construire une argumentation sans allure tragique ni emphase, — car ce sont là les qualités essentielles de cet orateur, — qu'on dise : « il est d'Hypéride ».

Pseudo-Longin, Traité *du Sublime*, ch. xxxiv :

1 Si l'on voulait juger des qualités (d'un orateur) d'après leur nombre, non d'après leur importance, à ce compte Hypéride l'emporterait même dans l'ensemble sur Démosthène. En effet, il sait mieux prendre plusieurs tons, il a plus de mérites (différents), et on peut presque dire de lui qu'il approche partout de la perfection comme l'athlète capable de combattre aux cinq exercices ; dans chaque genre, il laisse le premier rang à ses rivaux, mais il l'emporte sur quiconque n'en fait pas sa spécialité. 2 Hypéride, non content d'imiter toutes les qualités de Démosthène, sauf dans la composition, s'est par surcroît approprié en bloc les mérites et les grâces de Lysias. Il cause avec simplicité là où il le faut, au lieu de garder d'un bout à l'autre, sur le même ton, le débit oratoire comme Démosthène. Il a le don de peindre les mœurs avec un charme délicieux, un charme obtenu sans apprêts. Il y a chez lui un nombre indicible de traits pleins d'urbanité, une malice où se sent la grande habitude du monde, des manières d'homme bien né, un art très souple dans le maniement de l'ironie, des plaisanteries, non pas dépourvues d'élégance ou péniblement amenées, à la façon de nos fameux atticistes, mais bien adaptées aux situations, l'art de ruiner adroitement les arguments de l'adversaire, souvent le trait comique et l'aiguillon qui atteint le but en se jouant, avec, dans tout cela, une grâce aimable qu'on peut dire inimitable. Très bien doué par la nature pour émouvoir la pitié, il possède encore l'abondance dans les récits mythologiques, et aussi la souplesse voulue pour poursuivre d'un souffle aisé un développement jusqu'au bout ; il y excelle. C'est ainsi vraiment qu'il a traité son morceau sur Latone avec une allure des plus poétiques, et son *Oraison funèbre* avec un éclat dont je ne sais si on trouverait l'équivalent chez aucun autre orateur.

3 Démosthène, au contraire, ne sait pas rendre les mœurs ; il est inhabile aux flots de paroles ; il a fort peu

Idem, *ibid.*, c. 7 :

Ὁμοίως καὶ ἐπὶ τῶν Ὑπερείδου· ἐὰν τῆς μὲν λέξεως τὸ ἰσχυρόν, τῆς δὲ συνθέσεως τὸ ἁπλοῦν, τῶν δὲ πραγμάτων τὸ εὔκαιρον, τῆς δὲ κατασκευῆς τὸ μὴ τραγικὸν μηδὲ ὀγκῶδες ἔχῃ, — ταῦτα γὰρ μέγιστα ἐκείνου τοῦ ἀνδρὸς ἴδιά ἐστιν —, Ὑπερείδου λεγέτω.

Longinus qui dicitur, Περὶ ὕψους, XXXIV :

1 Εἰ δ' ἀριθμῷ, μὴ τῷ μεγέθει κρίνοιτο τὰ κατορθώματα, οὕτως ἂν καὶ Ὑπερείδης τῷ παντὶ προέχοι Δημοσθένους. Ἔστιν γὰρ αὐτοῦ πολυφωνότερος καὶ πλείους ἀρετὰς ἔχων, καὶ σχεδὸν ὕπακρος ἐν πᾶσιν ὡς ὁ πένταθλος, ὥστε τῶν μὲν πρωτείων ἐν ἅπασι τῶν ἄλλων ἀγωνιστῶν λείπεσθαι, πρωτεύειν δὲ τῶν ἰδιωτῶν. 2 Ὁ μέν γε Ὑπερείδης, πρὸς τῷ πάντα ἔξω γε τῆς συνθέσεως μιμεῖσθαι τὰ Δημοσθένεια κατορθώματα, καὶ τὰς Λυσιακὰς ἐκ περιττοῦ περιείληφεν ἀρετάς τε καὶ χάριτας. Καὶ γὰρ λαλεῖ μετὰ ἀφελείας ἔνθα χρή, καὶ οὐ πάντα ἑξῆς καὶ μονοτόνως ὡς ὁ Δημοσθένης λέγει· τό τε ἠθικὸν ἔχει μετὰ γλυκύτητος ἡδύ, λιτῶς ἐφηδυνόμενον· ἄφατοί τε περὶ αὐτόν εἰσιν ἀστεϊσμοί, μυκτὴρ πολιτικώτατος, εὐγένεια, τὸ κατὰ τὰς εἰρωνείας εὐπάλαιστρον, σκώμματα οὐκ ἄμουσα οὐδ' ἀνάγωγα κατὰ τοὺς Ἀττικοὺς ἐκείνους ἀλλ' ἐπικείμενα, διασυρμός τε ἐπιδέξιος, καὶ πολὺ τὸ κωμικὸν καὶ μετὰ παιδιᾶς εὐστόχου κέντρον, ἀμίμητον δὲ εἰπεῖν τὸ ἐν πᾶσι τούτοις ἐπαφρόδιτον· οἰκτίσασθαί τε προσφυέστατος, ἔτι δὲ μυθολογῆσαι κεχυμένος καὶ ἐν ὑγρῷ πνεύματι διεξοδεῦσαι ἔτι

Ps. Longinus. 1 1 μεγέθει Pearce : ἀληθεῖ Par. || 2 4 λαλεῖ μετὰ Pearce : λαλεύματα Par. || 6 λέγει Manuce : λέγεται Par. || 7 ἡδύ, λιτῶς ἐφηδυνόμενον Par. : γλυκύτητος ἢ δριμύτητος conj. Lebègue || 8 εὐγένεια suspectum habet Blass || 9-10 οὐδ' ἀνάγωγα κατὰ τοὺς Ἀττικοὺς ἐκείνους ἀλλ' ἐπικείμενα, locus subobscurus, fortasse corruptus.

l'éloquence coulante ou l'éloquence d'apparat ; il est, dans une large mesure, dépourvu des qualités que je viens de dire. Prétend-il, malgré cela, se forcer à être plaisant et spirituel ? il provoque moins le rire qu'il ne prête lui-même à rire. Aime-t-il à se rapprocher de l'air gracieux ? il s'en écarte plus que jamais. S'il avait entrepris d'écrire le petit plaidoyer *Sur Phryné* ou *Sur Athénogène*, il aurait mieux encore fait ressortir le talent d'Hypéride. 4 Mais comme, à mon avis, les beautés de ce dernier, en dépit de leur nombre, manquent pourtant de grandeur, qu'elles ont, pour ainsi dire, le calme qu'on voit au cœur de l'homme de sang-froid et ne troublent pas la tranquillité de l'auditeur, — car personne, à coup sûr, n'éprouve d'effroi en lisant Hypéride, — tandis que l'autre, partant du point où en reste Hypéride, prend pour lui les qualités du génie le mieux doué en les portant au dernier degré de perfection, à savoir le ton du langage sublime, les élans de passion pleins de vie, la richesse (de pensée), la pénétration d'esprit, le mouvement rapide là où il est à sa place, et encore cette véhémence, cette puissance oratoire dont personne ne peut approcher ; comme donc, ces dons merveilleux, Démosthène les a accaparés et concentrés en lui en quelque sorte par un présent des dieux, — car il n'est pas permis de les appeler des dons humains, — pour cette raison, en usant des qualités qu'il possède et en s'élevant au-dessus de celles qu'il n'a pas, il triomphe toujours de n'importe quel rival. Si j'ose dire, il foudroie, il éblouit les orateurs de tous les temps ; on arriverait plutôt à tenir les yeux ouverts devant l'éclair sillonnant le ciel qu'à affronter du regard l'éclat continu de son pathétique.

Dion de Pruse, XVIII (*Sur la façon de se former à l'éloquence*), 11 :

D'ailleurs, je ne te conseillerais pas[1] de pratiquer, d'une façon générale, Lysias et Démosthène, mais plutôt Hypéride et Eschine : chez ces derniers, les qualités qui font leur force sont plus simples, leurs procédés d'argumentation sont plus faciles à saisir, et la beauté de leur vocabulaire ne le cède en rien à celle des deux premiers.

1. Dion s'adresse à un jeune homme qui se destine à la vie publique.

εὐκαμπὴς ἄκρως, ὥσπερ ἀμέλει τὰ μὲν περὶ τὴν Λητὼ ποιητικώτερα, τὸν δ' Ἐπιτάφιον ἐπιδεικτικῶς, ὡς οὐκ οἶδ' εἴ τις ἄλλος, διέθετο·

3 Ὁ δὲ Δημοσθένης ἀνηθοποίητος, ἀδιάχυτος, ἥκιστα ὑγρὸς ἢ ἐπιδεικτικός, ἁπάντων ἑξῆς τῶν προειρημένων κατὰ τὸ πλέον ἄμοιρος. Ἔνθα μέντοι γελοῖος εἶναι βιάζεται καὶ ἀστεῖος, οὐ γέλωτα κινεῖ μᾶλλον ἢ καταγελᾶται· ὅταν δὲ ἐγγίζειν θέλῃ τῷ ἐπίχαρις εἶναι, τότε πλέον ἀφίσταται· τό γέ τοι περὶ Φρύνης ἢ Ἀθηνογένους λογίδιον ἐπιχειρήσας γράφειν, ἔτι μᾶλλον ἂν Ὑπερείδην συνέστησεν.

4 Ἀλλ' ἐπειδήπερ, οἶμαι, τὰ μὲν θατέρου καλά, καὶ εἰ πολλά, ὅμως ἀμεγέθη, ⟨καὶ ὡς ἐν⟩ καρδίᾳ νήφοντος ἀργά, καὶ τὸν ἀκροατὴν ἠρεμεῖν ἐῶντα, — οὐδεὶς γοῦν Ὑπερείδην ἀναγιγνώσκων φοβεῖται, — ὁ δὲ ἔνθεν ἑλὼν τοῦ μεγαλοφυεστάτου καὶ ἐπ' ἄκρον ἀρετὰς συντετελεσμένας, ὑψηγορίας τόνον, ἔμψυχα πάθη, περιουσίαν, ἀγχίνοιαν, τάχος ἔνθα δὴ κύριον, τὴν ἅπασιν ἀπρόσιτον δεινότητα καὶ δύναμιν, ἐπειδὴ ταῦτα, φημί, ὡς θεόπεμπτα δεινὰ δωρήματα — οὐ γὰρ εἰπεῖν θεμιτὸν ἀνθρώπινα — ἀθρόα ἐς ἑαυτὸν ἔσπασεν, διὰ τοῦτο οἷς ἔχει καλοῖς ἅπαντας ἀεὶ νικᾷ καὶ ὑπὲρ ὧν οὐκ ἔχει, καὶ ὡσπερεὶ καταβροντᾷ καὶ καταφέγγει τοὺς ἀπ' αἰῶνος ῥήτορας· καὶ θᾶττον ἄν τις κεραυνοῖς φερομένοις ἀντανοῖξαι τὰ ὄμματα δύναιτο ἢ ἀντοφθαλμῆσαι τοῖς ἐπαλλήλοις ἐκείνου πάθεσιν.

Dio Chrysost., XVIII (Περὶ λόγου ἀσκήσεως), 11 :

Πλὴν οὐκ ἂν ἐγώ σοι συμβουλεύσαιμι τὰ πολλὰ τούτοις (Lysiæ et Demostheni) ἐντυγχάνειν, ἀλλ' Ὑπερείδῃ τε μᾶλλον καὶ Αἰσχίνῃ· τούτων γὰρ ἁπλούστεραί τε αἱ δυνάμεις, καὶ εὐληπτότεραι αἱ κατασκευαί, καὶ τὸ κάλλος τῶν ὀνομάτων οὐδὲν ἐκείνων λειπόμενον.

2 15 ἄκρως Manuce : ἄκρος Par. || **3** 6 Φρύνης Schwarzfleich : Φρυγίης Par. || **4** 2 ἀμεγέθη ⟨καὶ ὡς ἐν⟩ καρδίᾳ Jens. : ἀμεγέθη καὶ οἷα νήφοντος Blass ἀμεγέθει καρδίᾳ Lebègue || 4 ἔνθεν ἑλών suspicatur Blass. || 11 ὑπέρ Par. : ἄτερ Gemoll.

HERMOGÈNE, *Sur les diverses espèces de style*, liv. II, ch. 21 :

Hypéride n'est pas du tout un puriste, ce qui, dans une certaine mesure, le fait paraître moins puissant. Pourtant, il y a chez lui de la grandeur poussée à un haut degré, mais une grandeur raide, sans rien pour la tempérer, en sorte qu'elle ne se prête pas trop bien à l'observation des caractères et à la note juste. Le mouvement et la vivacité des figures sont chose fort rare chez lui. Comme tous les autres orateurs, il a, lui aussi, cette force qui résulte de l'art, sans qu'elle vaille toutefois celle que possèdent de la même façon Lysias, Isée, et leur maître à tous, je veux dire Démosthène. Pour Hypéride, on peut trouver chez lui à la fois l'extérieur et la réalité de la grande éloquence, et non pas seulement celle qui est un effet de l'art, mais rarement, ce qui d'ailleurs est le cas même chez Démosthène. Un trait encore particulier à Hypéride, c'est d'apporter assez peu de sévérité et de soin dans son vocabulaire, comme lorsqu'il dit μονώτατος (tout à fait seul), γαλεάγρα (piège à belettes, *en prenant le mot sans doute au sens figuré*), ἐκκοκκύζειν (faire le coq), ἐστηλοκόπηται (il a eu son nom gravé sur une stèle d'infamie), ἐπήβολος (qui parvient à une situation), et combien d'autres mots du même genre[1].

QUINTILIEN, *Institution oratoire*, X, 1, 77 :

Hypéride offre, en particulier, de l'agrément et de la finesse ; mais les petites causes sont, pour ne pas dire celles où il rend le plus de services, celles du moins qui sont le mieux à sa taille.

*
* *

Blass, dans son édition, à la suite de ces témoignages renvoie en outre, chez les auteurs latins (Cicéron, Quintilien, Tacite, Pline le Jeune, Pétrone), à un certain nombre de textes où il est question d'Hypéride, mais toujours en passant et de façon très brève.

1. Hermogène semble ici faire grief à Hypéride d'user indifféremment d'expressions poétiques, ou triviales, ou forgées par lui-même, au lieu de garder toujours le langage châtié que préconisent les maîtres de rhétorique.

HERMOGENES, Περὶ ἰδεῶν, B, c. 21 :

Ὁ δ' Ὑπερείδης τὸ μὲν ἐπιμελὲς ἥκιστα ἔχει· διὸ καὶ ἧττον δυνατὸς εἶναί πως δοκεῖ. Μέγεθος δὲ αὐτῷ ἐστιν ὑπέρογκον, σκληρὸν δὲ τοῦτο καὶ οὐ κεκραμένον, ὥστε μὴ σφόδρα εὖ τῷ ἠθικῷ καὶ καθαρῷ κεκρᾶσθαι. Κίνησις δὲ καὶ γοργότης σχημάτων πάνυ ὀλίγη παρὰ τούτῳ. Δεινότης δὲ ἡ κατὰ μέθοδον ἔστι μὲν καὶ παρὰ πᾶσι τοῖς ἄλλοις ῥήτορσι καὶ παρὰ τούτῳ, ἔλαττον δὲ ἢ κατὰ τὴν παρὰ τῷ Λυσίᾳ τε καὶ Ἰσαίῳ, καὶ ἔτι τῷ κορυφαίῳ αὐτῶν, λέγω τῷ Δημοσθένει. Παρὰ δὲ Ὑπερείδῃ κἀκείνην εὕροι τις ἂν τὴν δεινότητα, ἣ καὶ φαίνεται καὶ ἔστιν, οὐχὶ τὴν κατὰ μέθοδον μόνην, σπανίως μέντοι, ὅπου γε καὶ παρὰ τῷ Δημοσθένει σπάνιον τοῦτο. Ἴδιον δὲ Ὑπερείδου τὸ καὶ ταῖς λέξεσιν ἀφειδέστερόν πως καὶ ἀμελέστερον χρῆσθαι, ὥσπερ ὅταν μονώτατος λέγῃ, καὶ γαλεάγρα, καὶ ἐκκοκκύζειν, καὶ ἐστηλοκόπηται, καὶ ἐπήβολος, καὶ ὅσα τοιαῦτα.

QUINTIL., *Institut. Orat.*, X, I, 77 :

Dulcis in primis et acutus Hyperides, sed minoribus causis, ut non dixerim utilior, magis par.

*
* *

Præter testimonia illa, alia Blass laudat in sua editione, e scriptoribus romanis excerpta (Cicerone, Quintiliano, Tacito, Plinio Minore, Petronio), ubi de Hyperide, sed semper paucis verbis, agitur.

HERMOGENES : 3 ὥστε μή : ὥστε καί Spengel e cod. Monac.

I

CONTRE PHILIPPIDE.

(hiver 336/5)

NOTICE

Du discours *Contre Philippide* la fin seule nous est parvenue sous la forme d'un texte suivi : huit colonnes, où, dès la deuxième, apparaît déjà la péroraison. La partie perdue était sans aucun doute beaucoup plus considérable. On en a, il est vrai, recueilli des fragments en assez grand nombre ; mais la plupart sont trop petits pour être utilisés ; et, même pour ceux qui ont quelque étendue ou qu'on a pu rapprocher et compléter tant bien que mal à l'aide de restitutions plus ou moins hardies, peu nous fournissent des phrases ou des lambeaux de phrases de sens tout à fait sûr. Ajoutons qu'Hypéride intervient uniquement ici comme soutien de l'accusateur principal [1] : pour toutes ces raisons, maints détails de la cause ont chance de nous échapper [2].

Nous avons du moins cet avantage, qu'au début de sa péroraison (§ 4), Hypéride prend soin de résumer lui-même comment se présente la question : il s'agit d'une action publique d'illégalité (γραφὴ παρανόμων) intentée à Philippide pour avoir proposé, en se fondant sur des motifs inexacts, de décerner par décret une couronne à des proèdres. On sait ce que sont les proèdres : au temps d'Aristote (cf. 'Αθ.

1. Il a limité par avance la durée de son discours au temps, certainement assez court, que représente l'écoulement d'une amphore d'eau (§ 13).

2. Sur son objet et sur sa date, cf., outre les observations de Kenyon dès la première publication du discours (1891), les articles de Köhler (*die Zeit der Rede des Hyperides gegen Philippides*, dans les *Sitzungsber. der Akad. der Wissensch. zu Berlin*, 1891, p. 931-937), de Weil (*Du discours d'Hypéride Contre Philippidès*, dans *Rev. des Ét. grec.*, 1892, p. 1-7) et de Blass (*Att. Bereds.*, III², p. 76-81). Leurs conclusions, comme on peut s'y attendre en pareille matière, divergent sur plus d'un point.

πολ., XLIV, 2-3), et probablement depuis 378, l'Assemblée du peuple, à Athènes, n'est plus présidée par les membres de la tribu qui forme une sorte de commission permanente pendant un dixième de l'année (ἡ πρυτανεύουσα φυλή, οἱ πρυτάνεις); pour chaque séance, on désigne par le sort neuf citoyens, pris parmi les tribus autres que la πρυτανεύουσα, à raison d'un par tribu. Sous le nom de πρόεδροι, ils constituent désormais le bureau de l'Assemblée : ils donnent lecture de l'ordre du jour, mettent les questions aux voix, apprécient, s'il y a lieu, les votes à main levée ; bref, ils ont la direction de tous les débats de la journée.

Étant donnée la durée très brève de leur charge, on peut être surpris de voir surgir à leur sujet une demande de récompenses spéciales. La chose se comprend pour des sénateurs, restés en exercice pendant une année entière, ou même pour des prytanes, qui l'ont été pendant 36 ou 37 jours. En fait, nous ne connaissons auparavant aucun exemple analogue en faveur de proèdres. Il est pourtant probable qu'il y en avait eu ; car nulle part Hypéride ne parle d'une mesure inouïe, révolutionnaire, contre laquelle sans cela il n'eût pas manqué de s'indigner. Non ; ce qui provoque sa protestation, c'est l'idée d'accorder un témoignage officiel de satisfaction à des proèdres qui, selon lui, sont fort loin de l'avoir mérité. Toutefois, notons-le, il ne s'en prend pas à eux directement ; il aime mieux attaquer leur protecteur, Philippide, en se basant sur la fausseté des considérants invoqués par lui à l'appui de sa motion. « Les proèdres, déclarait Philippide, ont accompli en toute justice leurs devoirs envers le peuple, et se sont acquittés de leur présidence selon les lois » (§ 6) [1]. Mensonges, réplique Hypéride ; et, comme la loi défend d'introduire des mensonges dans un acte public, Philippide tombe sous le coup de l'action d'illégalité, et mérite, comme tel, d'être puni.

Que s'est-il donc passé au cours de la séance présidée par nos proèdres ? Évidemment on y a voté des honneurs exceptionnels pour les puissants du jour ; entendons les Macédo-

1. A vrai dire, les termes dont s'était servi Philippide pouvaient passer pour le formulaire banal des décrets de ce genre. Mais Hypéride ici affecte de les prendre à la lettre, et somme son adversaire d'en démontrer la vérité.

niens, et, en particulier, leur roi (§ 1)[1]. Sans doute eût-il été imprudent, voire impossible de s'y refuser ; Hypéride lui-même paraît l'admettre (§ 5 fin). Mais de semblables décisions n'en soulevaient pas moins des passions violentes dans l'Assemblée : les patriotes ne s'y résignaient qu'en frémissant. Le parti promacédonien n'a pas dû savoir garder la réserve qui eût été préférable en la circonstance ; et nos proèdres, soit qu'ils lui fussent acquis par avance, soit qu'ils aient été débordés par l'exaltation de la foule, ont oublié qu'ils avaient pour mission essentielle en ce jour d'être les gardiens de la légalité. Ont-ils mis aux voix, sans προβούλευμα régulier, les distinctions dont on nous parle ? en ont-ils, de leur plein gré ou non, laissé grossir le nombre au delà de ce qui avait été prévu d'abord ou de ce qui était indispensable ? nous l'ignorons. En tout cas, leur responsabilité est fâcheusement engagée ; leurs amis s'en rendent compte ; et, pour les mettre à l'abri de poursuites ultérieures, ils essaient de leur faire décerner au plus vite une couronne par le peuple. S'ils y réussissent, il deviendra par la suite fort difficile pour un tribunal de condamner des hommes dont les actes auront reçu auparavant une approbation publique ; le subterfuge est bien connu[2].

En somme, toutes proportions gardées, notre procès n'est pas sans analogie avec celui *De la Couronne*. D'un côté comme de l'autre, le point de droit mis en avant par l'accusation est secondaire ; en réalité, ce sont deux politiques qui s'affrontent. Il ne s'agit pas tant de savoir si Philippide ou Ctésiphon a contrevenu à telle prescription juridique ; leur personne est dépassée ; on veut amener le peuple à marquer s'il approuve, en un temps où Athènes est cruellement humiliée, ceux qui sont résolus à ne refuser nulle adulation à ses vainqueurs ou ceux, au contraire, qui s'efforcent de sauvegarder sa dignité.

Cette idée, autant que nous pouvons nous en rendre compte, apparaissait d'un bout à l'autre du discours. Plu-

1. Hypéride, vers la fin de son discours, semble vouloir éviter les désignations trop précises (τοὺς ἰσχύοντας ἀεὶ θεραπεύοντες, ἡ δύναμις εἰς τοῦτον μετέστη). Dans la première partie, il y mettait moins de réserve : il nommait expressément Alexandre (fr. 8, vers la fin), et sans doute aussi d'autres personnages (fr. 11 et 15 a).

2. Cf., p. ex., Eschine, *C. Ctés.*, 9-10.

sieurs fois, dans la partie conservée, Hypéride, en s'adressant à Philippide, passe du singulier au pluriel : « *Tu* t'imaginais qu'un homme serait immortel ; mais *vous* n'avez pas réfléchi, ... *vous* guettiez l'occasion » (§ 8) ; — « *Tu* as amené tes enfants avec toi pour exciter la pitié ; mais jadis *vous* n'aviez que des outrages pour nos malheurs » (§ 9) ; ou bien, à propos de Philippide, il s'en prend à l'ensemble des gens toujours prêts à flatter les maîtres du jour (§ 1). De même, dans le début, il est question, d'une façon générale, de ceux qui servent les intérêts des tyrans (fr. 1), qui n'éprouvent aucune pitié pour le peuple dans son infortune (fr. 10) ou qui s'accommodent fort bien de catastrophes dont ils tirent un bénéfice personnel (fr. 15 b). L'attaque vise moins Philippide lui-même que son parti tout entier.

La nature de la cause se trouvant ainsi suffisamment dégagée, il reste maintenant à en déterminer la date. A cet égard, le passage le plus caractéristique est celui où Hypéride dit à Philippide (§ 8) : « Tu as longtemps vécu dans cette idée qu'un individu serait immortel ; mais une ville illustre, comme la nôtre, tu l'avais condamnée à mort ». Au moment où il parle, cette belle assurance vient de recevoir un démenti éclatant : le prince sur qui Philippide et ses amis fondaient leurs espérances, et dont l'autorité leur semblait assurée à jamais, a disparu brusquement. A priori, on peut hésiter entre l'assassinat de Philippe, en 336, ou la mort inopinée d'Alexandre, en 323. Mais, comme Philippide, nous dit-on (§ 1), manifestait jadis auprès des Lacédémoniens le même zèle qu'il déploie aujourd'hui vis-à-vis des Macédoniens, et comme l'hégémonie de Sparte a pris fin avec la bataille de Leuctres, en 371, on estimera sans doute imprudent d'étendre jusqu'en 323 une carrière politique commencée avant 371, et on préférera conclure que notre discours se place peu après la mort de Philippe, non après celle d'Alexandre.

Ce premier résultat, je crois, est assez sûr ; au delà, il faut nous contenter de vraisemblances. Essayons cependant de situer de façon un peu plus précise les origines et le développement du procès. Pour cela, représentons-nous l'état d'esprit des Athéniens vers cette époque [1]. Déjà, après Ché-

1. Pour les références aux faits cités ici, cf., p. ex., Glotz, *Histoire grecque*, t. III, p. 365 et t. IV, p. 45.

ronée, on avait vu se manifester chez eux deux tendances contraires : d'une part, ils désignent Démosthène pour prononcer l'Oraison funèbre de leurs morts, et ils le laissent, avec Lycurgue, travailler à reconstituer leurs forces militaires et leurs finances ; mais, d'autre part, les attaques se multiplient contre les orateurs du parti national, et les honneurs officiels s'accumulent sur la tête des Macédoniens. A l'occasion de la paix de Démade, Philippe et Alexandre reçoivent le droit de cité ; leurs ambassadeurs ont la proxénie ; des décrets spéciaux récompensent tout service qu'on a pu rendre à des Athéniens en Macédoine ; et on ose même en étendre le bénéfice à des hommes manifestement tarés comme cet Euthycrate d'Olynthe qui, après avoir trahi sa patrie, a soulevé Délos contre Athènes [1]. Mieux encore : on érige à Philippe une statue sur l'agora ; et, au moment où il veut célébrer en grande pompe les noces de sa fille Cléopâtre, pendant lesquelles il doit être assassiné, Athènes lui vote une nouvelle couronne d'or, en spécifiant de plus que quiconque attenterait à ses jours serait livré aux Macédoniens s'il cherchait un refuge sur le territoire de la République.

Seulement, toutes ces décisions ne sont jamais l'œuvre que d'un parti, exploitant les circonstances pour agir dans le sens de ses préférences personnelles ; ses adversaires n'attendent que la première occasion pour en prendre le contrepied. Ainsi, à peine a-t-on reçu la nouvelle de la mort de Philippe, Démosthène, malgré un deuil tout récent, se montre en habits de fête ; bientôt le peuple décide d'offrir aux dieux un sacrifice d'actions de grâces ; de l'assassin du roi on fait un héros. Quant à l'héritier du trône, on affecte de ne voir en lui qu'un petit jeune homme insignifiant ; on le traite dédaigneusement de *Margitès*, comme nous dirions de Jocrisse ou de Maître-Sot ; sans entrer ouvertement en lutte contre lui, on évite de lui témoigner aucun des égards qu'on avait naguère pour son père. Afin de mettre un terme à cette situation irritante, Alexandre, dès la fin de l'été 336, descend

1. La proposition en faveur d'Euthycrate émanait de Démade ; Hypéride avait alors intenté à son auteur un procès d'illégalité basé, comme le nôtre, sur la fausseté de ses considérants. Les deux affaires sont du même ordre ; mais celle d'Euthycrate offrait à l'accusation des griefs très précis, et a dû rester plus strictement personnelle.

en Grèce avec une armée. Sans coup férir, par sa seule présence, il ramène à lui les Thessaliens, les Maliens, l'Amphictyonie des Thermopyles, et il vient s'établir en Béotie. Cette fois, la célérité, la décision dont il a su faire preuve donnent à réfléchir aux Athéniens ; et, tout en prenant quelques précautions d'ordre militaire, ils se décident à lui envoyer dans son camp une ambassade. Quelles instructions au juste celle-ci avait-elle reçues ? Aucun auteur ne nous le rapporte. Forcément, elle s'est excusée tout d'abord du retard de sa démarche ; puis elle a dû présenter au roi ses souhaits d'heureuse accession au trône, en les accompagnant de compliments empressés et de protestations chaleureuses de bon vouloir. Alexandre, qui ne tient pas à s'attarder en Grèce, lui fait une réponse bienveillante, à la seule condition que les Athéniens enverront des représentants à la diète de Corinthe, et le confirmeront dans son titre de généralissime des Hellènes. Après quoi sans doute, Athènes, trop heureuse d'en être quitte à ce prix, multiplie envers le roi les témoignages de sa reconnaissance, et lui décerne, nous dit Arrien, plus d'honneurs encore qu'elle n'en avait jamais accordés à Philippe.

Dans ces conditions, je ne vois guère que deux moments où placer la séance de l'Assemblée qui, sous la présidence de nos proèdres, a voté, d'une façon plus ou moins irrégulière, une série de mesures en faveur d'Alexandre et de son entourage : avant le départ de l'ambassade chargée d'apaiser le roi, ou aussitôt après son retour. Il est difficile de choisir entre les deux ; en tout cas, nous sommes alors au début de l'automne 336. A cette date, le parti national sent que des concessions sont inévitables, et il s'y résigne. Mais, ce qu'il ne peut admettre, c'est que les proèdres reçoivent un éloge public pour leur conduite en la circonstance. Aussi, quand Philippide propose son décret dans ce sens (et il a dû se hâter de le faire), tout de suite Hypéride introduit contre lui une action d'illégalité. L'affaire, j'imagine, sera venue devant le tribunal un peu plus tard, une fois l'armée macédonienne remontée vers le Nord, dans le courant de l'hiver 336/5 [1].

Sur la personne de Philippide, nous ne savons à peu près rien en dehors de ce qu'Hypéride nous en dit dans son discours. Athénée, il est vrai, parle de lui plusieurs fois, mais

1. C'est la date proposée par Köhler (*loc. laud.*).

uniquement au point de vue de son aspect extérieur. Il était d'une maigreur extraordinaire ; les comiques s'en amusaient souvent ; et c'est ainsi qu'Athénée rapporte à son sujet (VI, 230 c et 238 c ; XII, 552 d) des vers d'Alexis, d'Aristophon et de Ménandre. A ce que nous voyons, Philippide les fait penser à un parasite affamé et qui n'a rien à manger, à un cadavre, aux ombres qu'Hermès conduit dans les Enfers ; « plus sec, plus mince que Philippide » (ἰσχνότερος, λεπτότερος Φιλιππίδου) devient chez eux une locution courante ; ils forgent même sur son nom un mot nouveau : « se philippidiser » (φιλιππιδοῦσθαι), c'est avoir mauvaise mine, être réduit à rien, sembler quasi mort. Hypéride, paraît-il, n'avait pas oublié ces railleries faciles en traçant, dans sa première partie, un portrait de son adversaire ; car Athénée (XII, 552 d) cite de lui cette phrase : « physiquement, sa maigreur lui donnait un air misérable ». Nous nous le représentons un peu sous les dehors de notre don Quichotte.

Quoi qu'il en soit, il comptait parmi les hommes politiques, ou du moins parmi les politiciens d'Athènes (εἷς τῶν πολιτευομένων, Athénée, *ibid.*). Durant toute sa carrière, qui a été longue, il s'est constamment rangé du côté des ennemis de la démocratie (§ 7), et a préféré servir les intérêts des États autoritaires, Sparte d'abord, puis la Macédoine (§ 1)[1]. Deux fois déjà, il a été condamné pour propositions illégales (§ 11) ; mais cela ne l'empêche pas de s'exposer de nouveau au même risque. Relevons enfin la façon dont nous est peinte son attitude à la tribune, κορδακίζων καὶ γελωτοποιῶν (§ 7) : il s'y agite avec pétulance et aime à y lancer des plaisanteries. De celles-ci, aucune n'est parvenue jusqu'à nous. Mais qui se ressemble s'assemble, dit-on ; or il est assisté dans son procès par un certain Démocrate d'Aphidna, dont les bons mots étaient restés célèbres. P. ex., en voyant un voleur arrêté par les Onze : « Malheureux, lui criait-il, pourquoi t'en es-tu tenu à de menus vols ? Il fallait en commettre de graves ; c'est toi alors qui arrêterais les autres » (Stobée, XIII, 30). Une autre fois, il comparait les orateurs aux nourrices qui, avalant elles-mêmes les aliments qu'elles

1. Du moment où il jouait déjà un rôle au temps de l'hégémonie lacédémonienne, il ne doit plus être jeune en 336 ; il en va de même pour Démocrate d'Aphidna.

ont préparés, se contentent de frotter de leur salive les lèvres des enfants (Arist., *Rhét.*, III, 4, p. 1407 a 7); ou, en montant péniblement à la Pnyx, vers la fin de sa vie : « Je suis comme le peuple, disait-il, je souffle beaucoup, mais j'ai peu de force » (Plut., *Praec. ger. reip.*, VII, 6, p. 803 d); ou encore, après le désastre de Chéronée, il commençait ainsi un discours à l'Assemblée : « J'aurais souhaité ne pas voir notre cité tombée dans une infortune telle que vous en fussiez réduits à écouter même mes conseils » (Plut., *ibid.*). Plutarque s'indigne de tels propos, où il voit la marque d'un petit esprit ou d'un fou, mais pas du tout d'un homme d'État. C'est sans doute un excès de sévérité ; car de telles reflexions, à défaut de gravité, ne manquaient pas du moins de piquant, et étaient de nature à amuser la foule. Démade en avait de semblables, d'où il tirait grand succès ; Philippide a pu espérer, par des traits du même genre, faire rire et désarmer ses juges.

Pour en revenir à Démocrate, ce n'est pas sur ce point qu'Hypéride l'attaque ; il lui reproche quelque chose de plus grave, un manque de tact fort déplaisant en vérité, et de nature à le discréditer aux yeux du peuple. Descendant d'Harmodios ou d'Aristogiton, il n'a garde de renoncer aux privilèges dont sa famille jouit à perpétuité ; en particulier, il n'oublie pas de venir réclamer chaque soir son dîner au Prytanée ; mais cela ne l'empêche pas, tout le long du jour, de railler en pleine agora les malheurs de sa patrie, et de s'afficher dans la société des amis de la Macédoine (§ 2)[1]. — Ajoutons, comme renseignements sur son compte, qu'il était sénateur en 346, au moment des négociations qui précèdent la paix de Philocrate (Esch., *Amb.*, 17), et qu'il est déjà question de lui longtemps auparavant, en 365 ou 364 : à cette date, sa sœur épouse, dans des conditions assez étranges, un homme plutôt avancé en âge, Euctémon de Céphisia (Isée,

1. Ce n'est pas le seul cas où nous trouvions en mauvaise posture un descendant des tyrannoctones. Iphicrate, au moment où il était question de lui élever une statue en récompense de ses services (vers 371), avait vu la proposition combattue par un Harmodios sans aucun mérite personnel : « mes actes, lui disait-il avec fierté, s'apparentent mieux que les tiens à ceux de tes ancêtres » (Arist., *Rhét.*, II, 23, p. 1397 b 33 et 1398 a 21).

Hérit. de Philoctémon, 22) ; apparemment, ni elle ni son frère n'étaient plus alors eux-mêmes de tout jeunes gens.

Dans les conditions où le discours d'Hypéride nous est parvenu, il serait vain de vouloir en reconstituer le plan. Pour sa première partie (et sans doute celle-ci représente-t-elle les deux tiers ou les trois quarts de l'ensemble), nous en sommes réduits, on le sait, à de courts fragments dont l'ordre n'est même pas assuré ; tout au plus pouvons-nous donc y relever, sans prétendre en marquer l'enchaînement, l'indication d'un certain nombre de développements. Nous avons déjà signalé (p. 89-90) celui qui semble avoir dominé tous les autres : à propos du cas particulier de Philippide, notre orateur s'en prend, d'une façon générale, à son parti, où trop de gens, par intérêt personnel ou par haine de la démocratie, acceptent d'un cœur léger la domination de l'étranger. A cette attitude si funeste il opposait celle des bons citoyens d'autrefois, uniquement préoccupés de la grandeur de leur ville et de la Grèce, et méritant ainsi les récompenses qu'on leur décernait de toutes parts (fr. 6) ; on peut voir là le souvenir de Conon ou celui de son fils Timothée. Par contre, aujourd'hui, disait-il, Athènes est obligée de manifester sa reconnaissance à Alexandre, malgré tous les morts dont elle porte le deuil à cause de lui (fr. 8 fin)[1]. Et on ne s'en tient même pas là ! on prétend honorer des hommes qui, en toute occasion, n'ont pas craint de se faire, par leur parole ou par leur épée, les champions de la Macédoine. A ce propos (fr. 11), un nom propre devait être cité ; il est aujourd'hui perdu. En tout cas, Hypéride semble avoir désigné, de divers côtés, une série de personnages qu'il qualifie de traîtres (fr. 15 a) ; c'était peut-être comme un premier crayon de la fameuse liste noire que dressera bientôt Démosthène (*Cour.*, 295)[2]. Là se borne, je crois, tout ce

1. C'est là, je pense, une allusion au rôle joué par Alexandre dans la bataille de Chéronée, quand, à la tête de la cavalerie macédonienne, il est venu finalement écraser, en lui causant des pertes très sensibles, l'aile athénienne qui se croyait déjà victorieuse.

2. En pareil cas, la passion politique risque aisément de mener à des exagérations ou à des injustices ; cf., à propos de Démosthène, les protestations de Polybe (XVII, 14), qui ne semblent pas entièrement dénuées de fondement.

qu'il nous est permis de dire, dans l'état où elle est, de la partie mutilée de notre discours[1].

La fin, au contraire, étant bien conservée, se suit sans peine. Elle commence, pour nous, avec les dernières lignes d'un nouveau développement sur les citoyens toujours prêts à se rallier aux États autoritaires, par haine de la démocratie (§ 1).

Attaque incidente contre un ami de Philippide, Démocrate d'Aphidna, lui aussi adversaire du peuple, bien qu'il accepte ses bienfaits au titre de descendant d'Harmodios ou d'Aristogiton (§§ 2-4).

Péroraison. Hypéride rappelle aux juges la position de la question. Nécessité pour eux de ne pas se laisser entraîner par la défense à confondre deux choses distinctes, les honneurs votés aux Macédoniens et ceux que Philippide réclame pour les proèdres : les premiers pouvaient être difficiles à éviter, rien ne justifie les seconds (§§ 4-7).

Inutilité, devant le tribunal, des plaisanteries dont Philippide est coutumier. D'ailleurs il n'a jamais eu de sympathie pour Athènes ni de foi dans ses destinées ; il préférait croire à l'étoile d'un prince étranger (§§ 7-9).

Il n'existe aucune raison valable pour l'épargner. En ce moment, il tombe sous le coup de la loi ; il n'y a qu'à le punir (§§ 9-11).

Peu importe, qu'ayant déjà été convaincu deux fois de propositions illégales, il risque aujourd'hui par sa faute d'être frappé d'atimie, s'il est condamné de nouveau ; il faut au contraire saisir l'occasion de se débarrasser d'un récidiviste (§§ 11-13).

L'orateur s'était promis d'être bref ; il n'en dira pas davantage (§ 13).

Nous ne savons pas quelle a été l'issue du procès. A ce qu'il nous paraît, la plainte d'Hypéride était fondée en droit ; mais il ne s'ensuit pas pour cela qu'il ait forcément obtenu gain de cause. Au IVe siècle, l'indulgence était

1. Rappelons cependant qu'il s'y trouvait aussi, d'après le témoignage d'Athénée cité plus haut, un portrait de Philippide plus ou moins poussé à la charge, et où la maigreur squelettique du personnage n'était pas oubliée.

grande, à Athènes, pour toutes sortes de délits. Dans les cas mêmes de trahison, on sait ce qu'en dit Démosthène : « Quelqu'un a-t-il reçu de l'argent ? on l'envie ; avoue-t-il ? on rit ; est-il convaincu ? on pardonne ; la haine va à ceux qui le blâment » (*Phil.*, III, 39). Et, s'il s'agit simplement d'écarter de la tribune un orateur convaincu trois fois de propositions illégales, le relâchement des mœurs rend plus malaisé encore d'y parvenir. Un Aristogiton, sycophante avéré, trouve des sympathies auprès du peuple, et réussit à braver pendant longtemps les efforts déployés par les hommes les plus considérables pour mettre fin à son activité ; Philippide pouvait bien bénéficier ici d'un semblable état d'esprit. Au reste, si, comme nous l'avons supposé, son procès est, au fond, un procès politique, ce sont des considérations extra-juridiques qui ont dû décider avant tout de sa condamnation ou de son acquittement.

Au point de vue littéraire, nous sommes également embarrassés pour porter sur le discours d'Hypéride un jugement bien arrêté. Par exemple, à n'en considérer que la partie la mieux conservée, la péroraison, elle semble — et Blass l'a signalé avec raison — d'allure plutôt calme : l'orateur ne recherche pas les effets pathétiques ; tout en visant l'ensemble des amis de Philippide, il évite de citer aucun nom propre en dehors du sien ; et il termine, sans éclats de voix, en rappelant simplement le texte de son accusation et celui des lois dont il se réclame. Mais avait-il observé partout la même réserve ? on peut en douter. Aux §§ 2-4, l'apostrophe à Démocrate d'Aphidna ne manque pas de vivacité ; et, parmi les fragments du début, nous en avons relevé où il s'indigne contre un Grec qui n'a pas craint de faire campagne avec Philippe contre Athènes (fr. 11), ou en dénonce d'autres qui, de divers côtés, se sont avérés comme des traîtres (fr. 15 a). De même, il élève la voix pour flétrir les hommes qui souhaitent un bouleversement général en Grèce, et acceptent que leur patrie vive dans un état d'alerte perpétuelle, parce que, pour leur compte, ils prélèvent, dit-il, des prémices sur tant de ruines (fr. 15 b). Ailleurs, son ironie éclate, amère, en voyant Athènes contrainte de manifester sa reconnaissance à Alexandre pour tous les morts qu'elle lui doit (fr. 8), ou plaisante, quand il feint de chercher en vain les raisons à faire valoir en faveur de Philippide, et termine par un dilemme comique où il enferme les juges qui seraient tentés de l'acquitter (§ 10). Ou encore, sous une forme plus paisible, plus attendrie, mais non moins saisissante, il exprime cette idée qu'on devrait avoir, pour des cités dans le malheur, les mêmes ménagements qu'on a pour les corps dans leurs maladies (fr. 10). Au reste si, par l'effet du hasard, ce discours se trouve être le plus ancien que nous possédions de lui, n'oublions pas que son auteur a au moins cinquante-trois ans au moment où il l'écrit ; il est alors en pleine possession de son talent ; et celui-ci, les anciens l'avaient déjà remarqué, lui permet de réussir presque aussi bien dans tous les genres. Nous aurions seulement à noter ici, autant que nous pouvons nous en rendre compte, qu'il a juxtaposé dans une même harangue des morceaux de tons très différents.

Voilà pour le fond. Quant à la forme, le discours *Contre Philippide* prête peu, je crois, à des remarques particulières. On y retrouve, comme dans toute l'œuvre d'Hypéride, la même aisance d'élocution, aboutissant souvent à des formules heureuses (nous en avons relevé plus d'une en passant), mais aussi la même tendance à compter un peu trop sur ses dons naturels, et, chose plus grave, à sacrifier parfois la précision de la pensée aux petites habiletés de la rhétorique [1].

1. Pour plus de détails, on me permettra de renvoyer aux observations que j'ai déjà présentées ailleurs (*Rev. des Ét. gr.*, LI, 1938, p. 357 sqq.) à propos de l'*Oraison funèbre* ; j'emprunte cependant un exemple à notre discours, parce que, à divers points de vue, il me paraît confirmer assez bien les susdites observations. Je songe à notre § 8, où Hypéride reproche à Philippide d'avoir toujours manqué de sympathie pour la démocratie. Il commence par une phrase fort bien venue, la plus frappante peut-être de tout le discours : « Tu t'es longtemps imaginé qu'un individu serait immortel ; mais une ville illustre, comme la nôtre, tu l'avais condamnée à mort. » Rien de mieux ; seulement l'idée lui vient là-dessus d'un parallèle à établir entre le sort d'un tyran et celui d'un peuple libre, en cas de revers. « Jamais, dit-il, on n'a vu un tyran renaître après sa mort, tandis que souvent des villes fort éprouvées ont connu, par la suite, un regain de puissance. » Sous cette forme, on en conviendra, l'antithèse n'est guère satisfaisante. Sa première partie se réduit à un truisme banal ; il faut, pour lui donner un sens, lui substituer par la pensée quelque chose des réflexions exprimées par Isocrate dans sa *1re lettre à Philippe* (3-9), sur l'importance qu'a, dans une monar-

chie, la personne du souverain : s'adressant au roi de Macédoine, entre 342 et 340, Isocrate l'engage à se ménager dans ses combats contre les Barbares du Nord, parce que, s'il disparaissait, son œuvre risquerait de périr avec lui ; et il lui cite l'exemple de Xerxès et de Cyrus : l'un, ayant sauvé sa vie, a laissé un empire encore redoutable malgré des désastres inouïs ; l'autre, pour s'être exposé témérairement à Cunaxa, a causé l'échec de ses plans et la perte de ses amis. La seconde partie se comprend mieux ; encore lui préférera-t-on sans doute la formule moins absolue de Lycurgue, quand, dans son discours *Contre Léocrate* (60-62), il établit une distinction entre les États qui, ayant simplement subi des défaites plus ou moins graves, sont susceptibles de se relever, et ceux qui, entièrement détruits et dépeuplés, n'ont plus aucun espoir de résurrection. — Hypéride invoque ensuite, comme cas particulier à l'appui de sa thèse, le redressement d'Athènes au temps des Trente. Une fois de plus, nous constatons chez lui la façon un peu libre dont il en use volontiers avec les faits de l'histoire ; car d'abord, même après Ægos-Potamos, il est excessif de compter Athènes parmi les cités ruinées de fond en comble (ἄρδην ἀναιρεθεῖσαι) ; et puis, quand il nous la montre triomphant également de ses ennemis de l'intérieur et du dehors, si, d'un côté, nous nous représentons bien les succès remportés par Thrasybule sur les oligarques (occupation du Pirée, mort de Critias, rejet des Trente à Éleusis, lutte contre les Dix qui leur ont succédé à Athènes), de l'autre nous ne pouvons nous empêcher de songer que, sans l'intervention de Pausanias, il fût difficilement venu à bout des forces que Lysandre s'apprêtait à amener de concert avec son frère Libys. — Enfin, revenant assez brusquement à Philippide et à ses amis, il termine son paragraphe par un sorte de jeu de mots sur καιρός : « Vous allez réclamer pour vous en ce moment le bénéfice des *circonstances* atténuantes ; or, de tout temps, on vous a vus guetter les *circonstances* pour nuire à la République. » Hypéride aime beaucoup ce genre de figures, mises en honneur par la rhétorique, répétitions, oppositions, allitérations ; plus d'une fois, il en tire des effets heureux ; mais ici le rapprochement est plutôt forcé, et l'idée même manque de clarté.

I

[CONTRE PHILIPPIDE]

[ACTION D'ILLÉGALITÉ] [1]

Les nombreux fragments qui subsistent de la première partie de ce discours sont reproduits dans les éditions de Kenyon (en appendice) ou de Jensen. Je donne seulement ici les phrases ou membres de phrase où je crois entrevoir un sens, au moins approximatif. Encore convient-il de remarquer que leur ordre reste assez incertain et que la part des restitutions y est considérable.

Fragm. 1 [2].

..... *hommes qui, dans*] une cité libre, servaient par leurs actes les [*intérêts*] des tyrans, [*et la menaient elle-même*] à la servitude [.....

Fragm. 6.

..... *il a fait accomplir*] de beaux [*exploits et à*] notre cité et à la Grèce. Aussi [*a-t-il obtenu*], chez nous comme [*chez*] tous les autres peuples, [*les plus hautes*] récompenses ; c'était justice ; car [.....

1. Le titre manque dans nos fragments du début, il n'est pas répété, comme il arrive parfois à la fin du discours ; mais il se déduit avec certitude des §§ 4 et 6. Kenyon l'avait déjà bien reconnu dès sa première édition.

2. Pour l'interprétation de ces fragments, cf. la *Notice*, p. 95 et 97-98.

I

[ΚΑΤΑ ΦΙΛΙΠΠΙΔΟΥ]

[ΠΑΡΑΝΟΜΩΝ]

Prioris partis hujus orationis multa fragmenta supersunt, sed pleraque ita exigua aut mutila ut nihil utile nobis suppeditare videantur. Ex eis illas tantum sententias aut partes sententiarum hic retineo, quas quo pertineant conjectura saltem excogitari potest. Cetera apud Jensen aut Kenyon (in appendice) reperientur.

Fragm. 1.

....., ἐν] ἐλευθέρᾳ πό[λει τὰ τ]οῖς τυράννοις [συμφέρο]ντα πράττοντ[ες, καὶ αὐτὴ]ν εἰς δουλεία[ν ἐμβάλλοντες.....

Fragm. 6.

.....] καλῶ[ν πραγμάτων καὶ τῇ] πόλε[ι κ]αὶ τοῖς Ἕλλη-[σιν αἴτι]ος ἐγένετο. Τοι[γαροῦν] καὶ παρ' ἡμῖν κα[ὶ παρὰ] το[ῖς] ἄλλοις πᾶσιν [τῶν μεγίσ]των δωρεῶ[ν ἔτυχεν· καὶ δ]ικαίως [...............] γὰρ [..] ὑπὸ [.....

Fragm. 1 : restituit Sudhaus : ἐν ἐλευθέρᾳ πόλει τοῖς τυράννοις ἀεὶ πάντα πράττοντες Blass.

Fragm. 6 : fere omnia restituit Blass. 2 Τοιγαροῦν Jens. : τὸ παλαιόν Bl. || 3 τῶν μεγίστων Fuhr.

Fragm. 8, fin.

..... *grâce à eux,*] il nous faut [*témoigner*] de la reconnaissance à Alexandre pour nos morts [*tombés sous ses coups*] ; moi, au contraire, [*j'estime*.....

Fragm. 10.

.....] cet homme. Quant à [*eux*], là-dessus, ils foulent aux pieds le [*peuple*] dans son infortune ; et, par là, ils [*méritent*] bien plus encore notre haine. Car, de même que nos corps demandent à être entourés de soins [*surtout*] dans leurs maladies, de même les États n'ont jamais tant besoin d'égards que dans leurs malheurs. Mais, seuls, ces gens-là [.....

Fragm. 11.

..... *notre dé*]mocratie. [*Je laisserai de côté les*] autres reproches ; mais qu'il [*ait été régulièrement l'avocat de*] Philippe, [*et qu'il ait*] fait campagne [*avec lui contre*] notre pays, [*chose grave entre toutes,*] voilà ce que je [*montrerai. Car il a*] fait campagne [*avec*] Philippe contre [*nous et nos*] alliés ; [*vous le savez*] parfaitement [*tous*[1].....

Fragm. 15 a.

..... chacun d'eux est [*un traître*], l'un à Thèbes, l'autre à

1. De quel personnage était-il question ici ? Blass songe à Alcimachos ou à Antipater, parce qu'il les trouve mentionnés dans la harangue d'Hypéride *Contre Démade* (fr. 77 Jens.) ; mais pouvait-on vraiment faire grief à des Macédoniens d'avoir mis leurs talents au service de leur roi, même contre Athènes ? Je n'imagine pas non plus qu'il s'agisse ici de notre Philippide ; car alors il serait accusé de trahison, non d'illégalité. Je penserais plutôt à quelqu'un du genre d'Euthycrate d'Olynthe qui, né en pays grec, a oublié ses origines pour s'employer sans réserve en faveur de Philippe.

Fragm. 8 (sub finem).

..,..]δεῖ χάρι[ν ἡμᾶ]ς ἀ[ποδ]ιδόναι Ἀλεξ[άνδ]ρῳ [διὰ τού]ς τελευτή[σαντ]ας [ὑπ' αὐτοῦ·]ἐγὼ δὲ [οἶμ]αι.....

Fragm. 10.

.....]ἐκεῖνος. Ἐπειθ' [οὗτοι] ἐπεμβαίνουσιν τ[ῷ δή]μῳ ἐν ταῖς ἀτυχ[ίαις· διό]περ καὶ πολὺ μᾶ[λλον ἄξι]οί εἰσιν [μ]ισεῖσθ[αι. Ὥσ]περ γὰρ τὰ σώματ[α μεγίσ]της ἐπ[ιμ]ελείας ἐν [ταῖς] ἀρρωσ[τί]αις [δ]εῖται, οὕτως καὶ [αἱ] πόλεις πλείστης θερ[απ]είας ἐν ταῖς ἀτυχίαις δ[έο]ντ[αι.] Μόνοις δὲ τούτο[ις.....

Fragm. 11.

.....δη]μοκρ[ατία. Ἀφεὶς δὲ τὰ ἄλ]λα, περὶ [ὧν καὶ συνηγό]ρει Φιλί[ππῳ, καὶ ἐστρα]τεύσατ[ο μετ' ἐκείνου ἐπὶ] τὴν χώ[ραν, ὅπερ μέγιστον,] τοῦτο δ]ηλώσω. Μετὰ Φι]λίππο[υ γὰρ ἐστρατεύ]σατο ἐφ' [ἡμᾶς καὶ τοὺς συμ]μάχους [ἡμῶν, ὡς ἀκρι]βῶς γε ἅ[παντες ἴστε. .....

Fragm. 15 a.

.....προδί]δωσιν ἕκαστος αὐτῶν, ὁ μὲν ἐν Θήβαις, ὁ δ' ἐν

Fragm. 8. 1 δεῖ Jens. : ἔδει Ken., Bl. || 2 ὑπ' αὐτοῦ ego : ἡμῶν Ken.

Fragm. 10 non longo intervallo post fragm. 8 insecutum esse fibræ papyraceæ docent : illud Bl. e septem fragmentulis composuit, et pleraque restituit. 2 διόπερ Jens. : ἧπερ Bl. || 3 μεγίστης Bl. : πλείστης Ken.

Fragm. 11 : versuum initia tantum, litteræ quatuor vel sex, hoc loco supersunt ; cetera, quantum conjectura poterat, restituit Blass, quem fere sequor, paucis mutatis aut additis. 1 τὰ ἄλλα ego : τὰ πολλά Bl ἀλλὰ Jens. || 3 μετὰ Φιλίππου γὰρ ego || 5 post ἀκριβῶς γε, δ vel α Jens. : finis sententiæ valde incerta, ut liquet.

Fragm. 15 a : 1 προδίδωσιν ego : ...δί] δ[ω]σιν Jens. ....β....ν Ken.

Tanagra, un autre sur le [*territoire*] d'Éleuthères, [*toujours*] au service [*des Macédoniens*.....

Fragm. 15 b.

..... *tiennent-ils à voir vos malheurs définitivement*] écartés? ou n'appellent-ils pas encore de leurs vœux un bouleversement général en Grèce, eux qui prélèvent des prémices sur la ruine de vos cités? Ne veulent-ils pas que vous viviez toujours dans [*la terreur*] et dans les périls? [.....

Athénée, XII, 552 d.

Quelqu'un de maigre encore, c'était Philippide, contre qui nous avons un discours de l'orateur Hypéride, où il est présenté comme un des hommes politiques d'Athènes. « Physiquement, il manquait de prestance par suite de sa maigreur », suivant l'expression d'Hypéride.

L. Col. I

I .....] ils se livrent à leurs accusations. 1 Et ainsi ils montrent clairement qu'autrefois non plus ce n'était pas par amour des Lacédémoniens qu'ils les soutenaient dans leurs discours, mais par haine de votre cité, et par désir de courtiser le peuple fort du moment pour vous nuire. Aujourd'hui, la puissance des Lacédémoniens est passée à [*cet homme*][1] : les voici dès lors bien résolus à le flatter.

2 Quant à Démocrate d'Aphidna[2], toujours assidu auprès

1. Du moment où ce discours, comme il le semble, date de l'hiver 336/5, τοῦτον doit désigner Alexandre. L'hégémonie lacédémonienne, qui a pris fin avec la bataille de Leuctres, en 371, est déjà alors chose lointaine. Ensuite, c'est Thèbes qui a eu la suprématie en Grèce, de Leuctres à Mantinée (371-362); mais Hypéride ne veut pas, si peu de temps après Chéronée, évoquer le souvenir de l'ancienne rivalité entre sa patrie et Thèbes. Il passe également sous silence le règne de Philippe, dont Alexandre pourtant est bien l'héritier à tous égards : c'est sans doute qu'ici il cherche seulement à faire ressortir l'attitude toujours antipatriotique de ses adversaires en face d'ennemis différents.

2. Sur ce personnage, cf. la notice, p. 93 sqq.

Τανάγρᾳ, ὁ δ' ἐν τῇ 'Ελευθε[ρίδι, πάντ|α τὰ τῶν [Μακεδόνων πράτ]των. |.....

Fragm. 15 b.

..... ἀ]παλλαγέντα ; ἢ οὐκ εὔχεσθαι κα[ὶ τ|ἄλλα πάντα τὰ ἐν τῇ 'Ελλάδι ἀνατραπῆναι, οἵ γ' ἀπὸ τῶν ἀναιρουμένων πόλεων ἀπαρχὰς [λα]μ[βά]νουσιν ; καὶ ὑμ[ᾶς μὲν ἀ]εὶ βούλεσθαι ἐν φ|όβῳ καὶ] κινδύνοις εἶν[αι, ...

Athénée, XII, 552 d.

Λεπτὸς δ' ἦν καὶ Φιλιππίδης, καθ' οὗ λόγος ἐστὶν 'Υπερείδῃ τῷ ῥήτορι, λέγων αὐτὸν ἕνα τῶν πολιτευομένων εἶναι. Ἦν δ' « εὐτελὴς τὸ σῶμα διὰ λεπτότητα ». ὡς ὁ 'Υπερείδης ἔφη.

L. Col. I

.....| κατηγορίας ποιοῦνται. 1 Καὶ φανερὸν ποιοῦσιν I
ὅτι οὐδὲ τότε φίλοι ὄντες Λακεδαιμονίων ὑπὲρ ἐκείνων ἔλεγον, ἀλλὰ τὴν πόλιν μισοῦντες καὶ τοὺς ἰσχύοντας ἀ[εὶ] καθ' ὑμῶν θεραπεύοντες. Ἐπεὶ δὲ νῦν ἡ ἐκείνων δύναμις εἰς [τοῦτ]ον μετέστη, τότε [δ]ὴ [κο]λακεύειν προείλ[οντο].
2 Καὶ Δημοκράτη[ς αὐτ]οῖς ὁ 'Αφιδναῖος [ἀεὶ παρ]ακα-

2 ἐν τῇ 'Ελευθερίδι Ken., subaudito, ut opinor, verbo γῇ aut ἄκρᾳ : ἐν τῇ ἐλευθέρᾳ Bl., || τὰ τῶν Μακεδόνων πράττων Fuhr : βεβαιότατα τῶν 'Ελληνίδων πράττων Bl. || 3 post πράττων, spatium vacuum.

Fragm. 15 b pars est columnæ proxime connexæ ei quæ fragm. 15 a continet. 1 Ante ἢ οὐκ spat. vac. || 3 ante καὶ ὑμᾶς, iterum spat. vac. || ὑμᾶς μὲν ἀεί Jens. : ὑμᾶς δὲ ἀεί Bl. || 4 ἐν φόβῳ καὶ κινδύνοις Bl.

Col. I continuo excepisse frag. XV[b] putant Ken., Bl. ; negat Jens., notans hujus columnae chartam pallidiorem esse quam fragmenti. — 1 3 ἀεί : litteræ ει satis certæ Jens. || 5 εἰς τοῦτον μετέστη, τότε δή Jens. : εἰς μικρὸν μετέστη, τοῦτον Bl., Ken., confitentes tamen spatium pro τοῦτον paulo angustius esse ; vestigia litterarum cum hac lectione non congruere addit Jens. || προείλοντο Bl. || 2 1 Post Δημοκράτης, cum in fine versus vix duarum litterarum spatium sit, nihil desiderari credit Jens. : inserit νῦν Ken. ἐν Bl. || Post 'Αφιδναῖος, tres fere litteræ desunt ; inde ἀεί Jens. : ἐστί Bl.

d'eux et empressé à leur [*constituer un cortège*], il se livre à des plaisanteries sur les infortunes d'Athènes, et vous couvre d'insultes tout le long du jour à l'agora ; mais, vers le soir, pour avoir son dîner, il vient vous retrouver. Cependant, Démocrate, tu es le seul homme qui n'ait le droit de tenir aucun vilain propos sur le peuple. Pourquoi ? D'abord parce
II que tu n'as besoin de personne pour t'apprendre que le peuple paie ses dettes de reconnaissance envers ses bienfaiteurs ; ton propre exemple y suffit ; car tu dois aux services rendus par d'autres les honneurs que tu recueilles aujourd'hui. 3 Ensuite parce que le peuple a inscrit dans une loi la défense [pour qui que ce soit] de dire du mal d'Harmodios et d'Aristogiton ou de les chansonner malicieusement. Alors, c'est une chose étrange, quand le peuple n'a pas cru devoir permettre de mal parler de tes ancêtres, fût-on en état d'ivresse, que toi, de sang-froid, tu te répandes sur le peuple en paroles malveillantes.

4 Il me reste simplement quelques mots à vous dire, juges ; je vous résume mon raisonnement, et je descends. Une action publique pour illégalité, voilà l'affaire sur laquelle vous êtes appelés à voter ; le décret incriminé a pour
III objet un éloge accordé à des proèdres. Or, les proèdres ont le devoir de s'acquitter de leur présidence d'une manière conforme aux lois, et ceux-ci les ont violées dans leur façon de présider : c'est ce qui résulte des lois mêmes dont vous entendiez la lecture tout à l'heure. 5 La suite maintenant est entre vos mains ; vous montrerez si vous voulez punir les auteurs de propositions illégales, ou attribuer les honneurs spécifiés pour vos bienfaiteurs aux gens qui président (l'assemblée) en violation des lois, et cela quand vous avez prêté le serment de régler vos suffrages d'après les lois[1].

1. Ce serment est celui que prêtent, sur l'Ardettos, au début de chaque année, les citoyens désignés comme héliastes. Bien que les orateurs y fassent très souvent allusion, aucun ne nous en a conservé la formule entière ; mais on en connaît du moins les parties essentielles. Les héliastes s'engageaient à voter conformément aux lois et aux décrets du Sénat et du peuple, ou, à défaut de textes précis, en

θήμενος καὶ [χορ]ὸν ἱστάς, γελωτοπ[οιεῖ ἐ]πὶ τοῖς τῆς πόλεω[ς ἀ]τυχήμασιν, καὶ λοι[δορεῖ]θ' ὑμῖν μεθ' ἡμέρα[ν ἐν τ]ῇ ἀγορᾷ, εἰς ἑσπέρα[ν δὲ δε]ιπνήσων ὡς ὑμ[ᾶς ἔ]ρχεται. Καίτοι, ὦ Δημόκρατες, μόνῳ σοι οὐκ [ἔνι λέγ]ειν περὶ τοῦ δήμου [φλα]ῦρον οὐδέν. Διὰ τί; ὅτι πρῶτον μὲν οὐ
παρ' ἑ[τέρου σε δεῖ μαθεῖν ὅτι ὁ δῆμος χάριτας ἀποδίδωσιν II
τοῖς εὐεργέταις, ἀλλὰ παρὰ σαυτοῦ· αὐτὸς γὰρ ὑπὲρ ὧν ἕτεροι εὐεργέτησαν νῦν τὰς τιμὰς κομίζει. 3 Ἔπειθ' ὅτι ἐν νόμῳ γράψας ὁ δῆμος ἀπεῖπεν μήτε λέγειν ἐξεῖναι [μηδενὶ] κακῶς Ἁρμόδιον καὶ Ἀριστογείτονα μήτ' ᾄσα[ι ἐ]πὶ τὰ κακίονα· ᾗ καὶ δεινόν ἐστιν, [ε]ἰ τοὺς μὲν σοὺς προγόνους ὁ δῆμος οὐδὲ μεθυσθέντι ᾤετο δεῖν ἐξεῖναι κακῶς εἰπεῖν, σὺ δὲ νήφων τὸν δῆμον κακῶς λέγεις.

4 Βραχέα δ' ἔτι πρὸς ὑμᾶς εἰπών, ὦ ἄνδρες δικασταί, καὶ ἀναλογισάμενος, καταβήσομαι. Γραφὴ παρανόμων ἐστίν, ὑπὲρ ἧς τὴν ψῆφον μέλλετε [φέρ]ειν, τὸ δὲ ψήφισμα
| τὸ κρινόμενον ἔπαινος προέδρων. Ὅτι δὲ προσήκει τοὺς III
προέδρους κατὰ τοὺς νόμους προεδρεύειν, οὗτοι δὲ παρὰ τοὺς νόμους προηδρεύκασιν, αὐτῶν τῶν νόμων ἠκούετε ἀναγιγνωσκομένων. 5 Τὸ λοιπὸν ἤδη ἐστὶν παρ' ὑμῖν· δείξετε γὰρ πότερα τοὺς παράνομα γράφοντας τ[ιμ]ωρήσεσθε, ἢ τὰς τοῖς εὐεργέταις ἀποδεδειγμένας τιμάς, ταύτας δώσετε τοῖς ἐναντία τοῖς νόμοις προεδρεύουσιν, καὶ ταῦτα ὀμωμοκότες κατὰ τοὺς νόμους ψηφιεῖσθαι.

2 1 παρ]ακαθήμενος Jens. : συγκαθ- Kenyon || καὶ χόρον ἱστάς Blass dubitanter, quod tueor : NICTAC L (ante N neque A neque I legi posse asserit Blass, καὶ.... ον ἱστάς Jens. καὶ συναναστάς Kenyon καὶ σκοπὸν ἱστὰς Sudhaus || γελωτοπ[οιεῖ Kenyon, Jens. : -τοποιῶν Blass -τοποιεῖν Sudhaus || 3 λοιδορεῖθ' : -ρεῖσθ' Sudhaus || 4 ἑσπέραν δέ Ken. : ἑσπέραν Sudhaus || 5 ἔνι λέγειν Bl., addens etiam ἦν εἰπεῖν proponi posse || 6 φλαῦρον Crönert, Jens. : φαῦλον Ken., Bl. || 7 σε δεῖ Bl. : σ' ἔδει Ken., Jens. || **3** 3 ᾆσαι ἐπὶ Jebb, Sandys || 4 ἐστιν, εἰ Ken., Jens. : ἔστιν ὅτι Bl. || **4** 3 φέρειν Bl. ex or. *P. Eux.*, 40 : οἴσειν Ken. || 5 οὗτοι δὲ supra versum addita || 7 ἀναγιγνωσκομένων : αναγεινωσκομενων L || **5** 4 δώσετε : σωσετε L prima manu, posteaque recte correctum.

D'ailleurs, vous ne pouvez pas non plus être dupes de l'argumentation (de Philippide et de ses amis), s'ils viennent vous dire que le peuple était contraint de voter les [éloges] en question ; car ici, il s'agit des proèdres ; et, pour eux, on ne
IV saurait soutenir qu'il y ait eu aucune nécessité de leur décerner une couronne. 6 J'ajoute que cet homme lui-même vous a rendu facile de vous former une opinion en connaissance de cause ; car il a spécifié par écrit les motifs qui l'ont décidé à couronner les proèdres : « pour avoir accompli en toute justice leurs devoirs envers le peuple d'Athènes, et s'être acquittés selon les lois de leurs fonctions de présidents ». Eh bien ! voilà le point auquel vous devez le ramener pour vous présenter sa défense ; et toi, Philippide, quand tu auras prouvé la vérité de cette appréciation des proèdres, sur laquelle tu as fondé ton décret, emporte ainsi ton acquittement.

7 Mais si tu penses, avec les pitreries et les plaisanteries dont tu es coutumier, te tirer d'affaire devant les tribunaux, tu ne manques pas de naïveté. [*Prétends-tu*] rencontrer chez les citoyens ici présents quelque indulgence ou quelque [*pitié*] en dépit de la justice ? il s'en faut de
V beaucoup. En effet, où tu t'es ménagé des sympathies, [*ce n'est pas*] auprès du peuple, c'est de l'autre côté ; et, tes flatteries, tu ne jugeais pas nécessaire de les adresser à ceux qui seraient capables de te sauver (aujourd'hui) ; tu les réservais à ceux dont le peuple avait tout à craindre. 8 Tu as longtemps vécu dans cette idée qu'un individu serait immortel ; mais, une ville illustre (comme la nôtre), tu l'avais condamnée à mort [1], sans seulement te rendre compte, par une vue générale de l'histoire, que, de tous les tyrans, pas un n'est jamais encore revenu à la vie, après l'avoir perdue,

se réglant de leur mieux sur l'équité ; à ne connaître ni faveur ni haine ; à s'en tenir aux questions soumises au tribunal ; et à écouter avec la même attention l'accusation et la défense.

1. L'image est expressive ; Hypéride devait en être satisfait ; car il la reprend ailleurs (*C. Athén.*, 29, en opposant cette fois Trézène et Athènes). La fin du paragraphe est moins heureuse : on y sent trop les procédés courants de la rhétorique. Cf. la *Notice*, p. 98 sq., en note.

Ἀλλὰ μὴν οὐδ' ἐξαπατηθῆναι ὑμῖν ἔνεστιν ὑπὸ τοῦ
λόγου αὐτῶν, ἂν φῶσιν ἀναγκαῖα εἶναι τῷ δήμῳ τὰ περὶ
τῶν [ἐπαίν]ων ψηφίζεσθαι· τοὺς γὰρ προέδρους | οὐκ IV
ἔνεστιν εἰπεῖν ὡς ἀνάγκη τις ἦν στεφανῶσαι. 6 Πρὸς
δὲ τούτοις αὐτὸς ὑμῖν [οὗ]τος ῥᾳδίαν πεποίηκεν τὴν γνῶ-
σιν· ἔγραψεν γὰρ ὧν ἕνεκα ἐστεφάνωσεν τοὺς προέδρους,
« δικαιοσύνης τε τῆς εἰς τὸν δῆμον τὸν Ἀθηναίων, κα[ὶ
δι]ότι κατὰ τοὺς νόμους προηδρεύκασιν ». Ἐπὶ δ[ὴ τ]αῦτ'
ἄγετ' αὐτὸν ἀπολογησόμενον· καὶ σύ, ὦ Φιλιππίδη, δείξας
ἀληθῆ εἶναι τὰ περὶ τῶν προέδρων, ἃ ὑπέθου ἐν τῷ ψηφίσ-
ματι, ἀπόφευγε.

7 Εἰ δ' ο[ἴει], κορδακίζων καὶ γελωτοποιῶν, ὅπερ
ποιεῖν εἴωθας, ἐπὶ τῶν δικαστηρίων ἀποφεύξεσθαι,
ε[ὐήθ]ης εἶ. Ἢ παρὰ τούτοι[ς φὴ]ς συγγνώμην ἢ ἔ[λεόν]
τινα παρὰ τὸ δίκαι[ον ὑπ]άρχειν ; πολλοῦ γε δ[εῖ. Οὐ
γ]ὰρ| ἀπέθου σαυτῷ εὔνοιαν παρὰ τῷ δήμῳ, ἀλλ' ἑτέρωθι, V
οὐδὲ τοὺς σῶσαί σε δυναμένους ᾤου δεῖν κολακεύειν, ἀλλὰ
τοὺς τῷ δήμῳ φοβεροὺς ὄντας. 8 Καὶ ἓν μὲν σῶμα
ἀθάνατον ὑπ[είλη]φας ἔσεσθαι, πόλεως δὲ τηλικαύτης
θάνατον κατέγνως, οὐδ' ἐκεῖνο συνιδών, ὅτι τῶν μὲν τυράν-
νων οὐδεὶς πώποτε τελευτήσας ἀνεβίωσεν, πόλεις δὲ πολ-
λαί, ἄρδην ἀναιρεθεῖσαι, πάλιν ἴσχυσαν. Οὐδὲ τὰ ἐπὶ τῶν

5 8 ἐπαίνων Bl., quod recepit Kenyon, cum primum proposuisset τιμῶν || 6 2 ὑμῖν Koehler, Bl., Jens. : ἡμῖν L, Ken. || 5 ἐπὶ δὴ Bl. || 7 ἃ ὑπέθου : ἃ δ' ὑπέθου L ; sed supra litteram δ punctum additum esse videtur, ut deleretur || 7 2 interpunctionem post δικαστηρίων ponunt Bl., Herwerden, Jensen, post εἴωθας delent : aliter Ken. || 3 εὐήθης Ken. || post εἶ, spatium vacuum in L || τούτοις φής Bl. : post τουτοι, emendationes ambiguæ in L ; fortasse exstiterat primum τουτοισοις || ἔλεόν τινα Sandys : ἑτερά τινα Levi || 4 ὑπάρχειν Bl. : dubitat Ken., confirmat Jensen || πολλοῦ γε δεῖ· οὐ γὰρ Herwerden, Diels : πολλοῦ δεῖν γὰρ Bl. : Jens. notat chartam, in artius contractam, hoc loco lacunam quinque litterarum recipere || 8 2 ὑπείληφας, etsi verbum, prius prave scriptum, parum dilucide refectum est in L, de lectione tamen non dubitandum puto : correctionem ὑπειλήφεις tentaverat Weil, sed ipse reliquit || 4 ανεδιωσεν L : ἀνεβίω Herwerden.

tandis que beaucoup de cités, même détruites de fond en comble, ont connu une ère nouvelle de puissance. Vous n'avez pas réfléchi non plus, (toi et les gens de ton parti), à ce qui s'est passé au temps des Trente, à la façon dont (Athènes) a su venir à bout des troupes (étrangères) entrées en campagne contre elle, comme des ennemis de l'intérieur qui l'avaient attaquée en même temps[1]; mais, on l'a bien vu, vous guettiez l'occasion de nuire à notre ville, avec l'espoir qu'un jour le moyen vous serait donné de faire du mal au peuple par vos paroles ou par vos actions. Et là-dessus, dans
VI un moment, vous allez avoir l'audace d'invoquer pour vous l'excuse des circonstances, après avoir été, contre tous vos devoirs, à l'affût des circonstances fâcheuses pour notre cité !

9 Tu as pris aussi tes enfants avec toi pour venir au tribunal ; et, tout à l'heure, en les faisant monter à cette barre, tu croiras avoir droit à la pitié des juges ! Mais cela choque la justice ; car, au temps où Athènes excitait la compassion générale par ses malheurs, de vous autres alors elle n'obtenait que des outrages. Cependant, ces hommes que tu vois devant toi, pour avoir mis au-dessus de tout le salut de la Grèce, connaissaient des souffrances indignes de la noblesse de leurs sentiments ; eh bien, toi qui, au contraire, jetais notre cité au dernier degré d'un déshonneur immérité, aujourd'hui tu vas trouver le châtiment que tu as mérité.

10 Quelle raison en effet auriez-vous de l'épargner ?[2]. Est-ce pour son dévouement à la démocratie ? mais vous savez
VII bien qu'il avait décidé de se faire l'esclave des tyrans *, tandis

1. Il s'agit ici des luttes soutenues par les démocrates, en 403, quand Thrasybule s'est emparé du Pirée, et que Critias a péri en voulant l'en chasser. Leurs ennemis de l'intérieur sont les Trente, retirés à Éleusis, et les Dix, qui leur ont succédé à Athènes. Quant aux troupes étrangères, ce sont celles que Lysandre, avec l'aide de son frère Libys, voulait mettre au service des oligarques. Hypéride passe sous silence le rôle, pourtant capital, de conciliation, joué, dans ces circonstances, par le roi de Sparte, Pausanias.

2. Le § 9 s'adressait à Philippide et à ses amis ; l'orateur se tourne maintenant vers les juges.

Τριάκοντα ἐλογίσασθε, οὐδ' ὡς καὶ τῶν ἐπιστρατευσάντων καὶ τῶν ἔνδοθεν συνεπιθεμένων αὐτῇ περιεγένετο· ἀλλὰ φανεροὶ ἐγένεσθε καιροφυλακοῦντες τὴν πόλιν, εἴ ποτε δοθήσεται ἐξουσία λέγειν τι ἢ πράττειν κατὰ τοῦ δήμου. Εἶτα περὶ | καιρῶν αὐτίκα δὴ τολμήσετε λέγειν, τοὺς κατὰ VI
τῆς πόλεως καιροὺς παραφυλάξαντες;

9 Καὶ τὰ παιδία ἥκεις ἔχων εἰς τὸ δικαστήριον, καὶ ἀναβιβάσας αὐτίκα δὴ ἀξιώσεις ὑπὸ τούτων ἐλεεῖσθαι; Ἀλλ' οὐ δίκαιον· ὅτε γὰρ ἡ πόλις ὑπὸ τῶν ἄλλων ᾠκτίρετο διὰ τὰ συμβάντα, τόθ' ὑφ' ὑμῶν ἐξυβρίζετο. Καίτοι οὗτοι μέν, τὴν Ἑλλάδα σῴζειν προελόμενοι, ἀνάξια τῶν φρονημάτων ἔπασχον· σὺ δέ, τὴν πόλιν εἰς τὰς ἐσχάτας αἰσχύνας ἀδίκως καθιστάς, νυνὶ δικαίως τιμωρίας τεύξῃ. 10 Διὰ τί γὰρ ⟨ἂν⟩ τούτου φείσαισθε; Πότερα διότι δημοτικός ἐστιν; ἀλλὰ ἴστ' αὐτὸν τοῖς μὲν τυράννοις δουλεύειν προελόμενον, τῷ δὲ δήμῳ προστάττειν ἀξιοῦντα. | Ἀλλ' VII
ὅτι χρηστός; ἀλλὰ δὶς αὐτοῦ ἀ[δικί]αν κατέγνωτε. Ναί,

8 6 post οὐδ' ὡς supplere velit Herwerden ἡ πόλις, quocum verbo αὐτῇ (v. 7) certa ratione congruat || 8 καιροφυλακοῦντες τὴν πόλιν, corr. in L, ubi prima manu scriptum fuerat καιροφυλακουντες εν τῃ πολει (cf. Dem., *C. Aristocr.*, 173 : καιροφυλακεῖ τὴν πόλιν ἡμῶν) || 11 παραφυλάξαντες : ου φυλαξαντες L, litteris παρα supra versum scriptis (οὐ delet Koehler, cui Jensen assentitur, credens librarium ipsum has litteras delere voluisse οἱ φυλ- Weil ⟨ὡς⟩ οὐ φυλ- Kenyon dubitanter οὔ⟨πω⟩ παραφ- Thalheim). Utique sententia indignantis esse, et post παραφυλάξαντες desinere videtur || **9** 1 A verbis καὶ τὰ παιδία, non ab εἶτα περὶ καιρῶν oratorem ad sensum alium transiisse puto, alteram tamen sententiam, ut superiorem, indignantis voce pronuntiasse ; inde ἐλεεῖσθαι (v. 2), velut παραφυλάξαντες (8, 11), cum signo exclamationis scribo || 5-6 Hyperides hoc loco meminisse videtur epigrammatis cujusdam de Atheniensibus ad Chæroneam cæsis, non ejus quidem quod apud Demosthenem (*Pr. Cor.*, 289) legitur, sed alterius, cujus reliquias aliquot habet marmor Athenis repertum (IG., II, 1680), falsoque in *Anthol. Palat*, VII, 245, Gætulico adscripti, v. 2-3 : ἄγγελος ἡμετέρων πᾶσι γενοῦ παθέων, ὡς, ἱερὰν σῴζειν πειρώμενοι Ἑλλάδα χώραν, ... || **10** 2 ἂν inserit Herwerden, recte, ut opinor || 5 ἀδικίαν Ken., coll. Andoc., *de Myst.*, 3, καταγνόντες αὐτῶν ἀδικίαν.

qu'au peuple il prétendait donner des ordres. Est-ce donc pour son honorabilité ? mais, par deux fois, vous l'avez condamné pour avoir violé la justice. Soit, mais il y a son utilité ; alors, si vous voulez utiliser un citoyen pervers, que vous avez jugé tel d'un commun accord, vous aurez l'air ou d'être de mauvais juges ou d'avoir du goût pour les citoyens pervers. Ainsi, il ne vous convient pas d'endosser vous-mêmes la responsabilité de ses fautes, mais de [le punir], puisqu'il est en faute.

11 Peut-être viendra-t-on à cette barre dire que, précédemment, Philippide a été deux fois condamné pour propositions illégales, et soutenir que ce devrait être là un motif pour vous de l'acquitter ; faites tout le contraire, pour deux raisons. D'abord, c'est une bonne fortune qu'un homme coutumier, de l'avis unanime, de proposer des décrets contraires aux lois, se fasse prendre à passer ainsi une troisième fois en jugement ; car il n'y a pas lieu, comme s'il s'agissait d'un honnête citoyen, de l'épargner, mais de s'en
VIII débarrasser au plus vite, puisque, par deux fois déjà, il vous a permis de mettre à l'épreuve ses façons d'agir. **12** Ensuite, de même qu'aux gens deux fois convaincus de faux témoignage vous avez laissé la liberté de ne pas témoigner une troisième fois, fût-ce pour assister un ami, afin que, si un homme perd ses droits civiques, ce ne soit jamais par votre faute à vous, peuple, mais par la sienne propre, en ne voulant pas renoncer à attester des mensonges * : de même, les citoyens condamnés pour propositions illégales ont le droit de ne plus rédiger de décrets ; sinon, il est évident qu'ils poursuivent, en le faisant, je ne sais quel avantage personnel. Alors, dans ce cas, on ne mérite pas de pitié, on mérite d'être puni **.

13 Je m'étais proposé de ne pas dépasser, en parlant, une amphore d'eau *** ; je ne veux pas prolonger mon discours. Le greffier va vous lire à nouveau le texte de l'action inten-
IX tée ici. Vous, souvenez-vous des griefs développés dans l'accusation ; écoutez la lecture des lois ; et rendez une sentence conforme à la justice et à votre propre intérêt.

ἀλλὰ χρήσιμος· ἀλλ', εἰ χρήσεσθε τῷ ὑφ' ὑμῶν ὁμολογουμένως πονηρῷ κριθέντι, ἢ κρίνειν κακῶς δόξετε, ἢ πονηρῶν ἀνθρώπων ἐπιθυμεῖν. Οὐκοῦν οὐκ ἄξιον τὰ [τούτ]ου ἀδικήματα αὐτ[οὺς ἀν]αδέχεσθαι, ἀλλὰ [τιμ]ωρεῖ[σθαι] τὸν ἀδικοῦντα.

11 Καί, ἂν ἄρα λέγῃ τις ἀναβὰς ὡς δὶς ἥλωκεν πρότερον παρανόμων, καὶ διὰ τοῦτο φῇ δεῖν ὑμᾶς ἀποψηφίσασθαι, τοὐναντίον ποιεῖτε κατ' ἀμφότερα. Πρῶτον μέν, ὅ[τι
ε]ὐτύχημά ἐστιν τὸν ὁμολογουμένως τὰ παράνομα γράφοντα
τὸ τρίτον κρινόμενον λαβεῖν· οὐ γὰρ ὥσπερ ἀγαθοῦ τινος
φείδεσθαι προσήκει τούτου, ἀλλὰ τὴν ταχίστην ἀπηλλάχθαι,
ὅς γε τοῦ τρόπου δὶς ἤδη ἐν ὑμῖν | βάσανον δέδωκεν. 12 VIII
Ἔπειτα δέ, ὥσπερ τοῖς τῶν ψευδομαρτυριῶν δὶς ἡλωκόσιν δεδώκατε ὑμεῖς τὸ τρίτον μὴ μαρτυρεῖν, μηδ' οἷς ἂν παραγένωνται, ἵνα μηδενὶ τῶν πολιτῶν ᾖ τὸ ὑμέτερον πλῆθος αἴτιον τοῦ ἠτιμῶσθαι, ἀλλ' αὐ[τὸ]ς α[ὑ]τῷ, ἂν μὴ παύηται τὰ ψευδῆ μαρτυρῶν, οὕτω καὶ τοῖς ἡλωκόσι παρανόμων ἔξεστιν μηκέτι γράφειν· εἰ δὲ μή, δῆλόν ἐστιν ὅτι ἰδίου τινὸς ἕνεκα τοῦτο ποιοῦσιν· ὥστε οὐκ οἴκτου οἱ τοιοῦτοι ἄξιοί εἰσιν, ἀλλὰ τιμωρίας.

13 Ἵνα δὲ μή, προθέμενος πρὸς ἀμφορέα ὕδατος εἰπεῖν, μακρολογῶ, ὁ μὲν γραμματεὺς ὑμῖν ἀναγνώσεται τὴν γραφὴν πάλιν· ὑμεῖς δέ, τῶν τε κατηγορημένων | μεμνημένοι, IX
καὶ τῶν νόμων ἀκούσαντες ἀναγιγνωσκομένων, τά τε δίκαια καὶ τὰ συμφέροντα ὑμῖν αὐτοῖς ψηφίζεσθε.

10 9 αὐτοὺς Bl., secutus Din., *In Demosth.*, 106, τὴν πονηρίαν αὐτοὶ τὴν τούτων ἀναδέξεσθε || 11 1 Καὶ ἂν Jens. : Καὶ ἐὰν Ken., Bl. || 12 2 ψευδομαρτυριῶν : ψευδομαρτυρίων Ken., Bl., coll. Plat., *Theæt.*, 148 B : ἔνοχος τοῖς ψευδομαρτυρίοις || 5 ἂν μὴ : αμ μη L || 6 ψευδῆ Ken. : ψεύδη Bl., Jens. || 13 1 ειπειν scriptum supra δεησειεν L.

NOTES COMPLÉMENTAIRES

Page 106, ligne 27.

* Je ne crois pas, d'après le § 1, qu'il faille entendre par ces mots Philippe et Alexandre, mais plutôt les peuples à gouvernement autoritaire qui, à divers moments, ont été les ennemis d'Athènes, et, en particulier, de la démocratie athénienne, à savoir les Lacédémoniens, puis les Macédoniens. Nous devons alors interpréter de même le fragm. 1.

Page 107, ligne 26.

* Platon (*Lois*, XI, 937 B) spécifie bien qu'un homme, déjà condamné deux fois pour faux témoignage, ne peut, en aucun cas, être obligé de témoigner à nouveau. Mais, s'il encourt par sa faute une troisième condamnation, il perd le droit de témoigner désormais en justice ; c'est un des cas d'atimie partielle ; (cf. Andoc., *Myst.*, 74).

ligne 31.

** Même genre d'atimie à l'égard des citoyens convaincus d'avoir présenté trois fois des propositions illégales : il leur est interdit, au moins en principe, de prendre désormais la parole devant le peuple. Cf. Dém., *Sur la couronne triérarchique*, 12 ; Diod., XVIII, 18 (à propos de Démade) ; Athénée, X, 73, p. 451 a (citant un passage de la *Sapho* d'Antiphane).

ligne 33.

*** Cette quantité d'eau, versée dans la clepsydre, marquait évidemment une longueur de temps déterminée ; mais il est difficile aujourd'hui de nous en rendre compte. Keil, dans son *Anonymus argentinensis*, l'a au moins essayé : d'après lui, une amphore d'eau répondrait à une durée de 48 minutes environ.

II

POUR LYCOPHRON.

(333)

NOTICE

Le procès de Lycophron a dû constituer en son temps une « cause célèbre », puisque deux orateurs en renom, Lycurgue et Hypéride, ont consenti à s'en occuper. Mais nous ne le connaissons que de façon imparfaite ; car le dossier dont nous disposons aujourd'hui est très incomplet.

Ainsi, Lycurgue avait été, sinon le premier auteur, du moins le soutien capital de l'accusation ; il lui avait consacré deux discours [1], et il avait pris soin de les publier, signe de l'intérêt qu'il y attachait ; or, il en a juste survécu deux lambeaux de phrase, auxquels on joint à grand peine quelques allusions éparses chez les lexicographes. La défense est plus favorisée ; encore ne nous est-elle parvenue qu'en partie, et par suite de hasards plutôt singuliers. Le discours d'Hypéride, on se le rappelle, couvrait le milieu du papyrus vendu, en deux morceaux, à Harris et à Arden. Sur le premier, huit colonnes, en fort mauvais état, nous fournissent trois débris de l'exorde, et un seul se rapportant à la discussion des faits. Tout le milieu du plaidoyer est perdu ; la lacune est certainement considérable ; et, quand nous passons au *pap. Arden* (seize colonnes, mieux conservées), nous en sommes déjà à cette sorte de long épilogue, assez fréquent à Athènes, où, l'essentiel étant dit, l'orateur se lance dans des développements extérieurs, dans des lieux communs, et ne touche plus à la cause elle-même qu'au gré de sa fantaisie, fantaisie qui peut

1. L'affaire étant introduite par voie d'eisangélie, l'un des discours a sans doute été prononcé devant l'assemblée du peuple, pour la décider à y donner suite, et l'autre, plus tard, devant le jury à qui elle a été déférée. Daus les deux cas, Lycurgue aura tenu à appuyer Ariston, l'accusateur en titre, de son autorité personnelle.

dissimuler d'ailleurs une profonde habileté. Ce n'est pas tout : dans la collection des *Papyrus d'Oxyrhynchos*, Grenfell et Hunt ont publié en 1919 (part. XIII, n° 1607) les restes très mutilés d'un autre discours, se rapportant sûrement à la même affaire, et présentant aussi, mais cette fois à la 3e personne, la défense de Lycophron : j'y verrais volontiers la plaidoirie additionnelle de ce Théophile à qui l'accusé, en terminant (A. § 20), demande de venir ajouter son témoignage en sa faveur [1].

Est-il besoin de le dire ? Avec de tels éléments, bien des détails risquent de nous échapper ; mais il ne paraît pas impossible de nous représenter au moins l'allure générale des débats. En somme, Lycophron, personnage inconnu d'autre part, mais sans doute assez considérable jadis, puisqu'il est arrivé aux grades les plus élevés de la cavalerie athénienne (A. § 16-17), est inculpé d'adultère avec une citoyenne, sœur de l'athlète Dioxippe. Le délit n'offrait rien d'inouï, et devait aboutir normalement à un procès d'outrage (γραφὴ ὕβρεως) devant les thesmothètes. Au lieu de cela, l'accusation veut y voir une affaire menaçant la sûreté de l'État, un crime de haute trahison envers la démocratie, et recourt à une action extraordinaire, l'eisangélie, capable d'entraîner l'exil, ou même la mort, avec la privation du droit d'être enseveli en terre attique. C'est que la plainte, introduite pour la forme par un certain Ariston (H. col. XLVII, l. 8 ; cf. A. § 10), de notoriété fort médiocre, est, en réalité, prise en main par Lycurgue, homme d'État estimé de tous, mais moraliste intransigeant, et avocat d'une âpreté redoutable quand il croit parler au nom du droit et de la vertu.

Nous avons un exemple caractéristique de sa méthode d'argumentation dans la seule œuvre que nous possédions de lui, le discours *Contre Léocrate*. Ce Léocrate, après Chéronée, au moment où Athènes faisait appel non seulement à tous ses citoyens, mais aussi aux étrangers et aux esclaves, avait pris la fuite furtivement ; au bout de sept ans, il veut revenir. Lycurgue convient qu'il n'a aucune loi spéciale à

1. Théophile a donc prononcé personnellement son discours ; c'est un *synégore*. Au contraire, Hypéride s'est borné au rôle de *logographe* : il a rédigé la défense de Lycophron, mais en lui laissant le soin de la réciter lui-même devant les juges.

invoquer contre lui ; mais sa conduite, déclare-t-il, dépasse en scélératesse tous les actes visés par les lois. S'il n'a pas trahi Athènes, à proprement parler, il a, dans la mesure de ses moyens, travaillé à la détruire, en abandonnant les temples des dieux, les tombeaux des ancêtres, et en reniant ainsi tout un long passé de gloire. Pour opposer à sa lâcheté le patriotisme d'autrefois, il l'accable sous une foule de souvenirs, historiques ou légendaires, puis sous des citations, parfois fort longues, d'Euripide, d'Homère, de Tyrtée, sans compter les épitaphes des héros des Thermopyles ou de Marathon ; et il conclut qu'une sentence capitale est seule capable de venger une telle indignité.

N'en doutons pas, il a procédé de même à l'égard de Lycophron. « Pour moi, disait-il, j'admire que nous punissions de mort les voleurs d'esclaves, qui nous privent seulement de nos serviteurs, ... » La citation s'arrête là, mais la suite se devine : « et nous irions épargner ceux qui ne craignent pas de nous voler nos femmes ! » Voici d'ailleurs, avec les grands mots qu'il affectionne, l'expression même de sa pensée. « Ce serait pécher contre la religion, quand un homme transgresse les lois écrites qui sont la sauvegarde de la démocratie, et quand il introduit et érige en règle des mœurs nouvelles et perverses, de le renvoyer sans châtiment. » La mention d'Hipparque, le fils de Pisistrate, qui se lisait dans son plaidoyer, devait servir à évoquer le temps et les mœurs de la tyrannie ; et Lycurgue, semble-t-il, remontait encore plus haut, puisqu'il y parlait également des canéphores, du sanctuaire de Mélanippe, fils de Thésée, et des Hyacinthides, autre souvenir plus ou moins mythique.

A un réquisitoire ainsi mené, que va répliquer la défense ? Avant tout, elle commencera par protester contre l'illégalité flagrante qu'il y a à transformer un délit d'adultère en attentat contre la République. Hypéride n'y manque pas (H. fr. 3 *bis* = citation de Pollux, insérée avec vraisemblance par Blass aussitôt après l'exorde). Nous n'avons qu'une ligne de son développement sur ce sujet ; mais nous pouvons nous en représenter l'ensemble d'après un autre de ses discours, le disc. *Pour Euxénippe*, où, quelques années plus tard, il se retrouve en face de Lycurgue et de la même extension abusive du grief de haute trahison. Il a dû être plus bref dans le cas présent ; mais sûrement il faisait valoir, dès le début, les mêmes considérations ; et, comme il se sent là sur un terrain solide, il a soin d'y ramener l'attention des juges dans son épilogue (A. § 12).

Ce point une fois bien établi, on passe à la discussion des faits [1]. Lycurgue les a dramatisés à plaisir : il s'est donné en champion de la morale, en magistrat soucieux de ne pas tolérer dans une démocratie des allures dignes de la tyrannie ; Hypéride, à l'inverse, va s'efforcer de montrer que le procès, en réalité, répond à des préoccupations beaucoup moins nobles. Le milieu du discours, nous l'avons dit, étant perdu, nous ne prétendrons évidemment pas deviner tout ce qu'il contenait. Voici cependant, à peu près, je crois, comment notre avocat prétendait maintenant remettre les choses au point dans l'intérêt de son client (H. fr. 4, col. XLVI-XLVIII). Au temps où remonte l'adultère reproché à Lycophron, sa complice (nous ignorons son nom) avait un mari très gravement malade (cf. *Oxyrh.*, fr. 1, col. III) [2], et qui devait être en mauvais termes avec une partie au moins de sa famille. Il sait sa femme enceinte ; et, comme il n'a aucun soupçon sur sa fidélité, il laisse un testament où il prévoit que l'enfant sera son héritier, sous la tutelle d'un certain Euphèmos, sans doute un de ses amis [3]. Au cas où

1. Hypéride, dans ce discours, devait entremêler l'exposé et la discussion des faits : l'espace matériel manque, vers la fin de H. pour y supposer d'abord une narration proprement dite.

2. Le nom du mari ne nous est conservé nulle part en entier. C'est lui, je pense, qui était cité par Hypéride (H. fr. IV, col. XLVI, l. 19-20) : [ἐκ]εῖνος [. . . . .]ρος ὁ Φλυ[εύς], et dans *Oxyrh.* (fr. I, col. II, l. 55) : [οὐδέ] ποθ' ὁ Χρ. . . . τὴν] οἰκίαν ἀπ[εῖπεν]. La restitution Χρ[έμης], proposée par les éditeurs anglais, d'une façon d'ailleurs dubitative, paraît à éliminer. Si nous nous reportons à la liste des Φλυεῖς dressée par Kirchner à la fin de sa *Proposop. att.*, un seul nom commence par Χρ (Χρωμάδης), mais ne finit pas en ρος ; les noms en ρος, au contraire, sont nombreux (du type Ἀλέξανδρος ou Ἀπολλόδωρος) ; mais pas un ne commence par Χρ. Celui qui se rapproche le plus de notre double condition est Χαρίσανδρος. Mais la restitution [ἐκ]εῖνος [ὁ Χαρίσανδ]ρος ὁ Φλυ[εύς] est peut-être un peu longue pour la lacune du papyrus d'Hypéride, et elle nous oblige à supposer une erreur de lecture (A pour P) dans le *pap. d'Oxyrhynchos*.

3. Blass regarde Euphèmos comme le frère aîné de la femme. Je ne le crois pas ; car, au moment du remariage de celle-ci, c'est Dioxippe qui se tient à côté d'elle dans le cortège, et qui agit comme

l'enfant ne vivrait pas, la fortune reviendra à des parents par alliance ; de toute façon, les parents directs sont déshérités. Peu après, le mari meurt, l'enfant naît ; les parents les plus proches parlent d'attaquer le testament ; mais les parents éloignés, retenus par la perspective de leur héritage éventuel, refusent de se joindre à eux. Au bout de trois ans seulement[1], quand la constitution vigoureuse de l'enfant commence à rendre leurs espérances trop aléatoires, ils acceptent l'idée d'un procès ; mais on voit le mobile qui les détermine. En accusant Lycophron d'adultère, on vise à lui faire attribuer la paternité de l'enfant ; dans ce cas, la tutelle d'Euphèmos n'aura plus de raison d'être ; le testament sera cassé, et la fortune du défunt reviendra à sa famille. Nous sommes loin des préoccupations religieuses ou politiques de Lycurgue.

Hypéride devait sans doute produire un certain nombre d'arguments à l'appui de sa thèse ; il est fâcheux pour nous de ne pas les connaître. Il nous reste du moins à utiliser de notre mieux les indications qui se dégagent encore, dans un ordre d'ailleurs assez libre, de son épilogue. Un procédé courant chez les orateurs attiques est de chercher à discréditer leur adversaire dans l'esprit des juges. Ici, Hypéride se garde bien d'attaquer Lycurgue, dont la sincérité, en dépit de ses travers, s'impose au respect de tous, et qui d'ailleurs est son ami ; mais, à l'égard d'Ariston, qui a pris l'initiative de la plainte, il n'est pas tenu aux mêmes ménagements. En quelques lignes, il trace de lui un portrait aussi vivant que peu flatteur : c'est un sycophante besogneux, prêt à toutes les manœuvres dont il espère quelque profit. De plus, en parlant d'Ariston, il a l'art d'englober dans la même réprobation Théomneste[2], un des parents éloignés qui jugent bon maintenant de témoigner contre Lycophron (A. § 1-3).

son κύριος, en procédant à son nouvel établissement (A. § 5 : καὶ γὰρ οὗτος ἠκολούθει διὰ τὸ χήραν ἐγδίδοσθαι αὐτήν).

1. Ce délai doit être un minimum ; car Lycophron était encore à Athènes au temps du remariage de sa maîtresse (A. § 3), remariage qu'on ne peut guère placer moins d'un an après la mort du premier mari. Depuis, il est parti comme hipparque à Lemnos ; et il en est à la troisième année de son séjour dans cette île (A. § 17), quand il reçoit la nouvelle du procès dirigé contre lui.

2. Il est nommé avec deux autres, Anaschétos et Criton, comme κηδεσταί, dans *Oxyrh.*, fr. 5.

Hypéride, disons-nous, évite avec soin de heurter de front l'indignation vertueuse de Lycurgue ; mais l'austère réquisitoire a ses faiblesses. L'avocat de la défense les relève et les souligne comme en se jouant : s'il arrive à faire rire les juges, ce sera peut-être pour lui le meilleur moyen de les désarmer. D'abord, semble-t-il, Lycurgue n'a pas produit de preuves décisives de l'adultère reproché à Lycophron ; il a rédigé sa plainte sur la foi de propos qu'il prétend avoir entendu tenir à la famille (A. § 3 : Λυκοῦργος λέγει, φάσκων τῶν οἰκείων ἀκηκοέναι). Avec les on-dit, le terrain est peu sûr, et il est dangereux de vouloir trop prouver. Ainsi, d'après Lycurgue, Lycophron aurait continué ses relations avec sa maîtresse après la mort du mari, et même plus tard, quand elle s'est décidée à contracter une nouvelle union avec un certain Charippe. Admettons-le ; mais Lycurgue va plus loin : il affirme que, le jour du second mariage de la dame, Lycophron s'attachait à elle, et, en public, lui recommandait encore de se réserver pour lui seul. Hypéride n'a pas de peine à faire ressortir l'exagération évidente de ces racontars : il y a des choses qu'on ne peut se permettre devant une foule de témoins, et il ne faut pas non plus présenter le second mari comme un personnage par trop ridicule. C'est une des plus jolies pages de son discours (A. § 3-8).

De même, Lycurgue, avec son habitude de grossir les choses, a prétendu montrer en Lycophron un habitué de l'adultère, qui, par sa légèreté criminelle, réduit quantité de citoyennes à la misère ou à la honte. Ici encore, Hypéride trouve l'occasion de prêter à son client une réplique triomphante (A. § 12-14) : on se garde de nommer, observe-t-il, aucune des nombreuses femmes dont j'aurais fait le malheur ; et, pour celle qui est l'occasion de ce procès, elle a déjà sans peine formé une nouvelle union régulière. On ne pouvait guère tirer plus adroitement parti des généralisations imprudentes de l'accusation.

D'autres arguments d'Hypéride sentent un peu plus l'avocat. Par exemple, Lycophron, dit-il, a maintenant cinquante ans, et jamais il n'a été cité devant aucun tribunal ; ce n'est pas à son âge qu'on entre dans la mauvaise voie (A. § 14-16). On reconnaît là l'argument de moralité, auquel il est certes très naturel de recourir. Lycophron se défend comme Hippolyte chez Racine :

> Quelques crimes toujours précèdent les grands crimes ;
> . . . .
> Ainsi que la vertu, le crime a ses degrés.

Mais la sagesse des nations observe, d'autre part, qu'on commet des folies à tout âge.

Là-dessus, Hypéride s'emploie assez longuement (A. § 16-19) à rappeler les services militaires de Lycophron. S'intéressant de longue date à l'équitation, il a obtenu des récompenses honorifiques du corps des cavaliers et des officiers, ses collègues. De plus, il a été élu par le peuple successivement phylarque, puis hipparque. Avec ce dernier grade, il a séjourné trois ans à Lemnos ; et, au cours de sa mission, non seulement aucune plainte n'a été déposée contre lui, mais il s'est vu offrir, au contraire, trois couronnes par les clérouques d'Héphæstia, et d'autres par ceux de Myrina. Entouré ainsi de l'estime générale, comment, s'écrie-t-il, serais-je coupable du crime dont on m'accuse aujourd'hui ? Ici encore la conclusion de l'avocat ne s'impose pas de toute nécessité : on peut être excellent officier, excellent administrateur, et s'être laissé entraîner un jour à solliciter — ou à accepter — l'amour d'une femme mariée.

Je laisse de côté des développements sans intérêt particulier, par exemple, sur le privilège dont jouit l'accusation, parce qu'elle est la première à prendre la parole, de soulever à son gré toutes sortes de questions étrangères aux débats, mais auxquelles il sera également dangereux, pour la défense, de s'arrêter ou de ne pas répondre (A. § 8-10), ou encore sur le droit que celle-ci doit avoir de recourir, si elle le désire, suivant une tradition vraiment démocratique, à l'assistance de ses amis, et de présenter ses arguments dans l'ordre qui lui convient (A. § 10-12). Ce sont là, au fond, de purs lieux communs, applicables à toutes les causes.

Voici d'ailleurs, en suivant cette fois l'ordre adopté par Hypéride, l'analyse du discours qu'il prête à Lycophron.

Exorde (assez développé). — Mes adversaires ont recouru par deux fois à l'intervention d'un des citoyens les plus éminents d'Athènes. Moi, je mets simplement ma confiance dans nos dieux, dans nos lois, dans votre serment, qui vous prescrit d'écouter également l'accusation et la défense. Laissez-moi libre de régler mon discours comme je l'entends ;

et permettez-moi, si j'en éprouve le besoin, de demander l'appui de mes amis. Nouvelle invocation aux dieux, et nouvel appel à la bienveillance des juges (H. col. XLI à XLV, fr. 1, 2, 3).

Protestation contre l'emploi abusif de l'eisangélie (fr. 3 *bis*).

Exposé et discussion des faits. — Une partie de la famille, qui s'en prend à moi aujourd'hui, est restée plusieurs années sans vouloir m'intenter de procès ; elle ne me regardait donc pas alors comme coupable d'adultère, et tenait pour légale la tutelle d'Euphèmos. En réalité, tout se ramène à des questions d'intérêts privés : on veut faire casser un testament, dont on avait cru d'abord pouvoir tirer bénéfice (H. col. XLVI-XLVIII, fr. 4).

[La plus grande partie de cette discussion est perdue.]

Épilogue. — Attaque personnelle contre deux adversaires, Ariston, le sycophante qui a lancé l'accusation dans le simple désir d'en tirer un bénéfice pécuniaire, et Théomneste, un des parents éloignés, qui se livre avec lui à un trafic d'esclaves assez suspect (A. § 1-3).

Lycurgue, en s'appuyant sur des on-dit, a soutenu que, le jour même du second mariage de la femme incriminée ici avec moi, je la poursuivais encore de mes assiduités, et que, en public, je lui rappelais sa promesse de se refuser à son nouvel époux. Ridicule et invraisemblance d'un pareil récit (A. § 3-8).

Lieu commun sur les avantages dont l'accusateur, d'une façon générale, dispose vis-à-vis de l'accusé (A. § 8-10). Application particulière au cas d'Ariston : il prétend m'empêcher de recourir à des synégores, il veut m'imposer le plan qui lui convient, et se répand en grandes tirades emphatiques sur l'immoralité dont je donne le pernicieux exemple à Athènes ; en réalité, il est incapable de produire aucun fait précis à l'appui de ses dires ; et la femme, à propos de qui il a soulevé le présent procès, a déjà trouvé à se remarier avec un autre citoyen (A. § 10-14).

Qu'on examine mon passé : je suis arrivé à cinquante ans, sans avoir jamais été mis en jugement (A. § 14-16), et j'ai accompli une carrière fort honorable dans la cavalerie athénienne (A. § 16-19).

N'ayant pas l'habitude de la parole, je dois avoir le droit, dans une cause dont les conséquences sont redoutables pour moi, de me faire assister par mes amis ; Théophile va ajouter quelques mots en ma faveur (A. § 19-fin).

On voit le faible et le fort de cette plaidoirie. Hypéride a bien montré l'abus manifeste, en la circonstance, de la procédure exceptionnelle des crimes intéressant la sûreté de l'État ; et nous croyons volontiers avec lui, qu'au fond, la famille du mari trompé éprouve beaucoup moins le souci de venger son honneur que de s'assurer son héritage. Nous accorderons encore sans peine à notre avocat qu'il y a, dans la thèse de ses adversaires, des affirmations invraisemblables et des généralisations fort aventurées. Mais nous arrivons au bout de son discours avec l'impression qu'il a évité à dessein de discuter le point essentiel, l'innocence de son client dans le cas particulier qui l'amène devant le tribunal : il s'est efforcé surtout de lui gagner la sympathie des juges en faisant ressortir l'acharnement singulier de ses accusateurs, et en insistant, d'une façon générale, sur l'honorabilité de son passé.

Après ce discours prononcé par l'intéressé lui-même, un certain Théophile, nous l'avons vu, prend encore la parole en sa faveur. Va-t-il serrer la question de plus près ? Sans doute, nous connaissons très mal l'ensemble de son argumentation ; car, parmi les nombreux débris du *pap. d'Oxyrh.*, peu sont assez étendus pour nous permettre d'en dégager un sens suivi. Il en est un où il déclare nécessaire de discuter les témoignages des parents (fr. 5) ; rien de plus naturel. Dans un autre (fr. 13), il évoque les préliminaires du second mariage de la dame. Mais le plus long de tous, celui justement qui constituait son début (fr. 1, col. I, II, III), ne laisse pas de nous surprendre. Hypéride faisait au moins planer le doute sur la culpabilité de son client ; Théophile, au contraire, (et, pour cette raison, il me paraît impossible d'attribuer encore la rédaction de sa plaidoirie à Hypéride, comme on l'avait cru tout d'abord), Théophile, dis-je, ne nie pas le moins du monde les relations reprochées à Lycophron ; une seule chose lui importe, c'est qu'on ne puisse pas confondre son ami avec les perceurs de muraille. Il insiste longuement sur cette constatation qu'il n'avait nul besoin de recourir à de tels procédés : jamais le mari ne lui avait interdit sa maison ; la femme était dans les meilleures dispositions à son égard ; et les servantes du logis ne se seraient pas risquées à lui refuser leur concours ; donc, conclut-il, on ne saurait retenir un instant le délit de violation de domicile. Il y a là des détails piquants, qui rappellent le discours de Lysias *Sur le meurtre d'Ératosthène* ; mais nous restons quelque peu étonnés de voir la défense s'attarder sur ce terrain.

Quelle a été l'issue du procès ? nous l'ignorons. Les biographes de Lycurgue nous rapportent bien que cet orateur sévère a gagné la plupart des causes dont il s'était chargé ; et nous connaissons en effet plusieurs condamnations à mort emportées par lui. Pourtant, nous savons aussi que Léocrate a été acquitté (à une voix, il est vrai, de majorité) ; or, son cas, certainement, était plus grave que celui de Lycophron. Aujourd'hui, nous comprendrions mal une sentence capitale en pareille aventure ; et du discours de Théophile je tirerais volontiers cette conclusion qu'il en était de même à son époque. S'il tient tant à établir que Lycophron n'a pas commis d'effraction, c'est que là était, pour l'Athénien moyen, la distinction essentielle en l'espèce. En un temps où les murs des maisons particulières sont couramment construits en matériaux légers, les perceurs de murailles sont gens très redoutés, et traités, en conséquence, suivant toute la rigueur des lois : on voit en eux des malfaiteurs, des voleurs de profession ; il est dangereux d'emprunter leurs façons d'agir ; on risquerait de partager leur sort. Mais ici, admettons même comme probable l'adultère de Lycophron : la connivence de la femme n'est pas douteuse, les servantes ont facilité discrètement les entrevues, le mari n'a jamais rien soupçonné ; il n'y a donc eu nulle violence, nul scandale extérieur dont Lycurgue puisse faire état ; d'ailleurs les événements sont déjà bien anciens, et la famille a attendu trois ans au moins pour porter plainte ! Dans ces conditions, le jury, j'imagine, devait être disposé à l'indulgence, et j'ai peine à croire qu'il ait accordé à Lycurgue la sanction suprême qu'il réclamait, par une voie d'ailleurs anormale.

Une dernière question à nous poser, à propos de cette affaire, serait celle de sa date. En elle-même, elle est de peu d'importance, puisque, en dépit des déclarations solennelles de Lycurgue, au fond il ne s'agit ici que d'intérêts privés. Mais la diversité des méthodes employées pour chercher à résoudre ce problème est assez curieuse ; et, de plus, elle nous fournit un exemple nouveau du danger qu'il peut y avoir à prendre trop à la lettre les dires d'un orateur.

Hypéride, à deux reprises (A. § 8 et 12), remarque que, si ses adversaires ont préféré user d'une eisangélie, au lieu d'aller, comme ils l'auraient dû, devant les thesmothètes, c'est qu'ils y voyaient l'avantage de s'épargner toute espèce de risque. L'indication a été relevée dès l'antiquité; et Pollux, par exemple, en la rapprochant d'un passage du *Traité des lois* de Théophraste, en précise la portée [1]. Dans les autres genres de procès, si l'accusateur n'obtient pas le cinquième des voix, il doit payer une amende de mille drachmes, et encourt en outre une atimie partielle, qui peut lui enlever le droit d'intenter de nouvelles poursuites du même genre. Avec l'eisangélie, il n'y a rien à craindre de semblable, au temps de l'affaire de Lycophron ; mais ce privilège n'a pas toujours subsisté. A un moment donné, pour tâcher d'enrayer l'extension abusive de l'eisangélie, on décida à Athènes que l'orateur qui choisirait ce genre de procédure continuerait bien à échapper à l'atimie, mais serait passible désormais de l'amende des mille drachmes. Pollux ne nous dit pas à quelle date le changement a été introduit ; c'était chose faite, semble-t-il, en 338, puisque Démosthène, en rappelant dans son discours *sur la Couronne* les multiples attaques dirigées contre lui par cette voie après Chéronée, tient à noter que ses ennemis n'arrivaient même pas à réunir la fraction minimum de suffrages exigée par la loi [2]. Au

1. Pollux, VIII, 52-53 : Ὅτι ὁ εἰσαγγείλας καὶ οὐχ ἑλὼν ἀζήμιος ἦν, Ὑπερίδης ἐν τῷ ὑπὲρ Λυκόφρονός φησιν· καίτοι γε ὁ Θεόφραστος τοὺς μὲν ἄλλας γραφὰς γραψαμένους χιλίας τ' ὀφλισκάνειν, εἰ τοῦ πέμπτου τῶν ψήφων μὴ καταλάβοιεν, καὶ προσατιμοῦσθαι, τοὺς δ' εἰσαγγέλλοντας μὴ ἀτιμοῦσθαι μέν, ὀφλεῖν δὲ τὰς χιλίας. Ἔοικε δὲ τοῦτο διὰ τοὺς ῥᾳδίως εἰσαγγέλλοντας ὕστερον προσγεγράφθαι.

2. Dém., *Cour.*, 250 : Οὐκοῦν ἐν μὲν οἷς εἰσηγγελλόμην, ὅτ' ἀπεψηφίζεσθέ μου καὶ τὸ μέρος τῶν ψήφων τοῖς διώκουσιν οὐ μετεδίδοτε, τότ' ἐψηφίζεσθε τἄριστά με πράττειν. Démosthène avait déjà fait cette observation, spécialement à propos de Diondas, au § 222 : ὁ δὲ γραψάμενος Διώνδας τὸ μέρος τῶν ψήφων οὐκ ἔλαβεν. Des formules identiques reparaissent ailleurs dans son discours, mais sans nous intéresser ici ; car elles ne se rapportent plus à des eisangélies : au § 266, il s'agit du danger couru par Eschine dans l'affaire même de Ctésiphon, qui est un procès παρανόμων, et, au § 103, de l'hostilité

contraire, du moment où Ariston et Lycurgue, en recourant contre Lycophron à une eisangélie, donnent à penser qu'ils se préoccupent d'assurer ainsi leur sécurité personnelle, c'est qu'ils parlent avant 338.

Telle était l'argumentation, en elle-même fort logique, de Hager [1]. Partant de cette idée, il envisageait même pour notre discours une date un peu plus élevée : parce que Lycophron a été maintenu pendant trois ans comme hipparque à Lemnos (A. § 17), il voulait y voir l'indice d'une période de tension politique, provoquée par une raison particulière, qui eût été la prise d'Olynthe par Philippe (en 348). Et d'autres, comme Schaefer, seraient même volontiers remontés encore plus haut : parce que le rhéteur Ælius Théon signale, dans la *Midienne* (qui est du même temps), l'imitation très sensible de discours de Lysias, de Lycurgue et d'Isée relatifs à des affaires d'outrage [2], ils en concluaient à l'antériorité du procès de Lycophron sur celui de Midias. Mais on s'est aperçu assez vite, qu'au moins dans la seconde moitié du IVe siècle, Athènes entretient régulièrement à Lemnos un corps de cavaliers avec un hipparque [3], et que, d'autre part, les discours de Lycurgue *Contre Lycophron* ne sauraient passer pour une source de la *Midienne*, puisqu'ils ne se rapportent pas à une action d'outrage. Il restait donc simplement à retenir de l'indication puisée chez Démosthène que notre procès a dû se plaider avant 338 : Blass le situait dans la période où l'on devine imminente une seconde guerre entre Athènes et Philippe, vers 340.

Depuis, la discussion a été reprise par Körte, avec un point de départ tout différent [4]. Nous savions déjà, par Hypéride

violente soulevée par les propositions de Démosthène pour la réforme de la triérarchie, en 340, et se traduisant encore par une accusation d'illégalité.

1. H. Hager, *Quaest. hyperideae* (diss. Leipzig, 1870).

2. Théon, *Progymnasmata*, vers le début (dans les *Rhet. graec.* de Spengel, vol. II, p. 63) : καὶ Δημοσθένης εἰς τὸν κατὰ Μειδίου τά τε Λυσίου καὶ Λυκούργου ἐκ τῶν τῆς ὕβρεως λόγων (μετενήνοχε), καὶ τὰ Ἰσαίου ἐκ τῶν κατὰ Διοκλέους ὕβρεως.

3. Cf. p. ex. Aristote, Ἀθ. πολ. 61, 6 : χειροτονοῦσι δὲ καὶ εἰς Λῆμνον ἵππαρχον, ὃς ἐπιμελεῖται τῶν ἱππέων τῶν ἐν Λέμνῳ.

4. A. Körte, *die Zeitbestimmung von Hypereides' Rede für Lycophron* (dans *Hermes*, LVIII, 1923, p. 230 sqq.).

(A. § 5), que la femme, complice de Lycophron, était sœur de l'athlète Dioxippe. Celui-ci n'est pas pour nous un inconnu : après avoir remporté plusieurs couronnes dans les grands jeux de la Grèce, il s'engage dans l'expédition d'Alexandre, la suit jusqu'à l'Inde, et meurt en 326 de façon tragique. Défié, à la suite d'un banquet, par un Macédonien nommé Corrhagos, il accepte de se battre avec lui, en suivant l'usage des athlètes et sans autre défense qu'une massue, tandis que son adversaire serait armé de pied en cap. Il sort cependant vainqueur de cette épreuve, grâce à sa force naturelle et à son entraînement professionnel ; mais les Macédoniens, irrités de la défaite de leur champion, accusent Dioxippe d'avoir volé une coupe d'or ; et, comme il sent le roi mal disposé à son égard, il se suicide [1]. Maintenant, la découverte du papyrus d'Oxyrhynchos nous fournit à son sujet une donnée nouvelle : nous y lisons en effet (fr. 13) que Dioxippe, au moment où il était question du second mariage de sa sœur, partait justement pour Olympie, où il allait faire triompher le nom de sa patrie. Or, dès 1891, Förster, en dressant le catalogue des vainqueurs aux jeux olympiques [2], avait placé le succès de Dioxippe en 336. Si ses calculs sont exacts (et je le pense) [3], le procès de Lycophron, plaidé trois ans plus tard, doit être de 333.

Notons-le tout de suite, cette dernière date offre plusieurs avantages sur celle de 340. Ainsi, Lycurgue passait pour n'avoir publié aucun de ses discours avant l'époque où il joue un rôle politique considérable, c'est-à-dire avant 338 :

1. Diod., XVII. 100-101.
2. G.-H. Förster, *Olymp. Sieger* (Zwickau, 1891, nº 381).
3. Sans entrer dans une discussion détaillée, j'observe seulement que 336 est l'année des derniers jeux olympiques célébrés avant le départ de l'expédition d'Alexandre (334). Voudra-t-on faire remonter la victoire de Dioxippe à 340 ou 344 ? Il est déjà très remarquable qu'un athlète ait conservé toute sa vigueur et toute sa souplesse dix ans après ses triomphes sportifs ; il serait imprudent, sans raison majeure, de porter cet écart à quatorze ou à dix-huit ans. Supposera-t-on, au contraire, que Dioxippe n'a rejoint Alexandre qu'en cours de route, et qu'il a pu ainsi être présent à Olympie en 332 ? Mais alors le procès de Lycophron tombera en 329 ; c'est faire descendre trop bas le temps où l'auteur d'une eisangélie n'a pas encore à redouter l'amende des mille drachmes.

l'affaire de Lycophron cesse à présent d'infirmer cette remarque. De même, nous comprenons mieux la ressemblance frappante qui existe entre l'exorde d'Hypéride et ceux d'Eschine ou de Démosthène dans le procès *de la Couronne*, s'ils ne sont écrits qu'à trois ans de distance. Mais surtout nous avons de la sorte l'explication d'un fait qui, sans cela, ne laissait pas d'être surprenant : puisque Dioxippe, nous dit-on, se tenait auprès de sa sœur lors de son second mariage, comment ni Lycurgue ni Hypéride n'invoquent-ils son témoignage au sujet des propos si déplacés qu'on attribue alors à Lycophron ? La raison en devient claire : c'est que, à l'époque du procès, il se trouvait en Asie.

Reste toutefois à expliquer l'opposition qu'offre ce résultat avec la conclusion qu'Hager avait cru pouvoir tirer du passage de Démosthène relevé par lui. Voici sans doute d'où elle provient. Tenons pour exact qu'en 330, l'ancien privilège de l'eisangélie a disparu ; mais, en prenant la parole à cette date, Démosthène, consciemment ou non, a raisonné comme s'il en avait déjà été de même en 338, alors qu'en réalité la loi n'a dû être modifiée qu'entre 333 et 330. La chose, dans ce cas particulier, était sans grande conséquence. Mais ce n'est pas la seule circonstance où il lui soit arrivé d'en prendre ainsi à son aise avec des faits historiques pour les besoins de sa cause. J'en ai ailleurs, à propos d'Arthmios de Zélcia, signalé un exemple assez frappant [1] ; et je ne suis pas

1. *Rev. de Philologie*, 3e série, VII, 1933, p. 237-260 : *La déformation d'un document historique dans une argumentation d'orateur.* — Pour Lycurgue, je songe à la péroraison de son discours *Contre Léocrate*, où, après avoir d'abord déclaré aux juges que leur suffrage sera secret (§ 146), il leur peint ensuite (§ 149) les deux urnes placées devant eux comme étant « l'une celle de la trahison, l'autre celle du salut d'Athènes », c'est-à-dire qu'ils devront voter de telle sorte que le public sera libre de contrôler comment ils se décident. On a cherché à cette contradiction manifeste des explications compliquées ; à mon avis, Lycurgue a simplement confondu, d'une façon arbitraire, pour terminer sur une image plus impressionnante, deux modes de votation appartenant à des époques différentes. Au ve siècle (cf. Aristoph., *Guêpes*, v. 986 et sqq.), chaque juge disposait d'un bulletin unique, et, selon qu'il le jetait dans une urne ou dans l'autre, il votait acquittement ou condamnation. C'était le procédé naturellement cher aux gouvernements autoritaires, désireux de surveiller

convaincu qu'à l'occasion le grave Lycurgue lui-même ait reculé davantage devant de semblables libertés.

leurs tribunaux et de faire pression sur eux, aux démocrates affolés lors du procès des généraux des Arginuses (Xén., *Hellén.*, I, 7, 9), comme aux Trente lorsqu'ils instituent leur régime de terreur (Lysias, *Contre Agoratos*, 37). Au temps du procès de Léocrate, en 331, les choses ne se passent plus de la même manière (cf. Aristote, 'Αθ. πολ., 68, 2-4) : les juges reçoivent alors deux disques tout semblables d'aspect, mais l'un plein (pour acquitter), l'autre percé en son milieu (pour condamner). Ils se débarrassent de ces deux disques dans les deux urnes préparées à leur intention ; seulement de celles-ci, l'une (en bronze) est destinée aux bulletins qu'on veut faire compter, l'autre (en bois) à ceux qu'on annule ; et, pourvu que le juge tienne bien ses disques par leur centre entre deux doigts, nul ne peut savoir dans quel sens il s'est prononcé. Un tel dispositif, on le voit assez, ne s'accorde aucunement avec ce que dit Lycurgue dans son § 149.

II

[DÉFENSE POUR LYCOPHRON]

H. Col. XLI-XLIII

Fragm. 1[1].

[*Vous voyez, juges, quelle ardeur mes adversaires apportent dans ce procès, puisque, par deux fois, ils ont réclamé et obtenu l'intervention d'un des hommes les plus éminents de notre cité. Moi, je me présente devant vous, plein de confiance d'abord*
XLI *dans les dieux, à qui vous avez coutume de vous en remettre, soit pour vos affaires privées,*] chacun en particulier, soit pour celles de l'État, puis dans la loi et dans votre serment, qui vous prescrit d'écouter également accusateurs et défenseurs, et [*de ne laisser jamais prévaloir l'intrigue sur la vérité et sur la justice.....*

Fragm. 2[2].

XLIII [*De même que vous avez permis à mes adversaires*] de régler leur accusation [*à leur gré*], de même laissez-moi, à mon tour, présenter ma défense de la façon que j'ai choisie et du mieux que je pourrai. Que personne de vous ne m'objecte,

1. Les lignes conservées ne sont pas le début même du discours, mais semblent en avoir été assez près. Je me représente, avec Blass, le premier paragraphe de notre exorde sur le modèle de celui d'Eschine, *C. Ctésiphon*, 1.

2. Bien qu'il nous manque la fin de la col. XLI et toute la col. XLII, nous sommes encore ici dans l'exorde : l'orateur demande aux juges de ne pas gêner la défense. Même développement chez Démosthène, *Cour.*, 2.

II

[ΑΠΟΛΟΓΙΑ ΥΠΕΡ ΛΥΚΟΦΡΟΝΟΣ]

H. Col. XLI-XLIII

Fragm. 1.

. . . . καὶ ἰδίᾳ] ἕκαστος καὶ κοι[νῇ,] ἔπειτα τῷ XLI
νό[μῳ] καὶ τῷ ὅρκῳ, ὃς κε[λεύει] ὑμᾶς ὁμοίως [ἀκούειν] τῶν τε κατη[γορούντων καὶ τῶ]ν ἀπο[λογουμένων,] καὶ [. . . .

[*Desunt reliqua pars columnae XLI (vv. 21) columnaque XLII fere tota.*]

Fragm. 2.

. . . .] τῇ κατηγορίᾳ χρῆσθαι, οὕτω καὶ ἐμὲ ἐᾶτε XLIII
ὃν τρόπον προῄρημαι καὶ ὡς ἂν δύνωμαι ἀπολογεῖσθαι. Καὶ μηδεὶς ὑμῶν ἀπαντάτω μοι μεταξὺ λέγοντι· « τί

Titulus, hoc loco deperditus, in indice toti volumini præposito ita exstat, atque iterum in fine hujus orationis subscribitur.

Fragm. 1. — Præcedentia Blass ex Æsch. III, 1 ad hunc modum sibi effingit : ἐγὼ δὲ πεπιστευκὼς ἥκω πρῶτον μὲν τοῖς θεοῖς, οἷσπερ εἰώθατε καὶ ὑμεῖς πιστεύειν καὶ ἰδίᾳ... ; cætera rest. Ken. || 3 κατηγορούντων Ken. : κατηγόρων Fuhr, ut cum spatio melius conveniens. || 4 Sequentia ex eadem Æschinis sententia item excogitare licet.

Fragm. 2. — 1 Initio, sensum Sauppe sic explet : [ὥσπερ καὶ τοῖς ἀντιδίκοις ἐπετρέψατε ὡς ἐβούλοντο] τῇ κατηγορίᾳ χρῆσθαι.

au milieu de mon discours : « pourquoi nous dis-tu cela ?[1] » Ne prêtez, pour votre compte, aucune aide à l'accusation ; que ce soit plutôt à la défense. [. . .

Fragm. 3[2].

XLIV . . . *On ne saurait prétendre que*] la loi laisse la liberté au premier venu d'appuyer l'accusation contre les [*inculpés*], pour interdire cependant de s'associer à la défense. Mais, afin de ne pas me perdre en longs discours avant d'en venir aux faits, je passe à mon [*plaidoyer*] proprement dit. Je veux seulement auparavant prier les dieux de me venir en aide et de me sauver du procès actuel, et à vous, juges, vous adresser une demande : d'abord, [*si j'ai toujours cherché le bien de la république et de vous tous, accordez-moi aujourd'hui pareille bienveillance ; et puis, en prononçant votre sentence, gardez-vous d'oublier la sainteté de votre serment*].

Fragm. 3 *bis*[3].

XLV . . . . . *Une eisangélie régulière vise des cas bien déterminés,*] livraison d'arsenaux maritimes, incendie d'archives, occupation d'une forteresse (par l'ennemi), [. . .

Fragm. 4[4].

XLVI . . . . .] Euphèmos. [*Et*] d'abord [*donc*], à la mort de ce Ch[*arisand*]re (?) de Phlya, [*il s'agissait de régler la*

1. Sur ce genre d'interruption, cf. Hyp., *P. Euxén.*, 31.

2. Nous arrivons cette fois à la fin de l'exorde : Hypéride le termine solennellement par une nouvelle invocation aux dieux et par un dernier appel à la bienveillance des juges. Cf. Dém., *Cour.*, 8.

3. La col. XLV est perdue ; Blass propose avec vraisemblance de lui rapporter une citation de Pollux (IX, 156). Hypéride y aurait rappelé l'extension abusive donnée à la procédure de l'εἰσαγγελία, non en citant le texte même de la loi, comme dans le *disc. P. Euxénippe* (7-8), mais en le résumant librement, puisqu'on lui reproche (Phrynichos comme Pollux) d'avoir préféré le néologisme ἐμπυρισμός au mot classique ἐμπρησμός.

4. Ce fragm., le plus long de tous, mais aussi le plus obscur, comprend quelques bribes de lignes dans la seconde moitié de la col. XLVI, la col. XLVII à peu près entière, et enfin quelques

τοῦθ' ἡμῖν λέγεις; » μηδὲ προστίθετε τῇ κατηγορίᾳ παρ' ὑμῶν αὐτῶν μηδέν, ἀλλὰ μᾶλλον τῇ ἀπολογίᾳ. [. . . .

[*Desunt versus circiter quatuordecim.*]

Fragm. 3.

. . . . οὐδ]ὲ ὁ νόμος συγκα[τηγο]ρεῖ⟨ν⟩ μὲν τῷ βου[λομ]ένῳ κατὰ τῶν [κριν]ομένων ἐξου[σίαν] δίδωσι, συναπολογεῖσθαι δὲ κωλύει. Ἵνα δὲ μὴ πρὸ τοῦ πράγματος πολλοὺς λόγους ἀναλ[ώσω,] ἐπ' αὐτὴν τὴν [ἀπολογ]ίαν πορεύσομαι, τοῖς μὲν θεοῖς εὐξάμενος βοηθῆσαί μοι καὶ σῶσαι ἐκ τοῦ παρόντος ἀγῶνος, ὑμᾶς δέ, ὦ ἄνδρες δικασταί, ἐκεῖνο παραιτησάμενος, πρῶτον [. . . . XLIV

Fragm. 3 *bis*.

. . . . ἢ νεωρίων προδοσίαν, ἢ ἀρχείων ἐμπυρισμόν, ἢ κατάληψιν ἄκρας XLV

Fragm. 4.

[*Initium columnae (vv. quindecim) desideratur.*] XLVI

. . . .] ὁ Εὔ[φημος . . . . πρ]ῶτον [. . ., ἐπε]ιδὴ ἐτε[λεύτησεν ἐκ]εῖνος [ὁ Χαρίσανδ]ρος ὁ Φλυ[εύς, ...] ἐξ αὐτοῦ [. . . .

FRAGM. 3. — 1 συγκατηγορεῖν Sauppe : σ[υ]νκα[τηγο]ρει H || 2 κρινομένων Boeckh, Sauppe : δικαζομένων Bab. || 4 ἀναλώσω Bab. : ἀναλίσκω Boeckh., Sauppe. || ἀπολογίαν Boeckh., Sauppe. || 7 παραιτησάμενος : παραιτησόμενος H, α super ο superscripto || Exordium satis similiter perficere videtur Dem., XVIII, 8.

FRAGM. 3 *bis*, a Polluce (IX, 156) servatum, Blass ad col. XLV refert, de qua aliquot tantum litteræ supersunt.

FRAGM. 4. — In *col.* LXVI, nomen Χαρίσανδρος haud sine dubitatione tento ; cf. supra, p. 114.

tutelle de l'enfant] qu'il attendait ; [*mes adversaires actuels*] jugeaient à propos [*alors de ne pas intervenir de concert avec les parents*] les plus proches, [et *ne parlaient pas*] d'évincer [*Euphé-*
XLVII *mos. Ils admettaient qu'il n'y avait rien à dire sur la conduite*] de la femme, et que le défunt l'avait laissée [*enceinte*] de ses œuvres, tout cela n'offrant rien de contraire aux [*lois. Or, si la façon dont*] Ariston présente (aujourd'hui) les choses dans son eisangélie était celle dont ces gens-là les avaient envisagées (à l'origine), ils n'auraient pas dû apparemment empêcher [*les plus proches*] parents de [*dessaisir*] Euphèmos ; il fallait les laisser agir. Au lieu de cela, en se conduisant comme ils l'ont fait, ils ont en réalité attesté eux-mêmes la fausseté de l'accusation portée contre moi. En outre, comment ne pas trouver extraordinaire que, s'il était arrivé malheur à l'enfant, soit à sa naissance soit après, ils se prévaudraient de ce testament, où [*ils*
XLVIII *sont cités à titre d'héritiers éventuels, mais que, du moment où l'enfant vit, et où, par suite, ils n'espèrent plus rien pour eux-mêmes, ils veulent à tout prix faire casser ce même testament ?*

. . . .

. . .] il prétendait empêcher Euphèmos [. . . . . .], malgré les témoignages que celui-ci produisait [1], [. . . .

(Pollux, II, 152.)

Il est impossible de renier sa signature [2].

mots mutilés dans le bas de la col. XLVIII. — Sur ce que nous pouvons entrevoir des faits et des personnages qui y sont mentionnés, cf. la notice, p. 114 sq.

1. Le pap. **H** s'arrête là ; la suite se trouve sur le pap. **A** ; mais nous devons supposer entre les deux un intervalle considérable ; car le reste de la discussion des faits est perdu. Dans la lacune se plaçaient apparemment deux citations, assez insignifiantes pour nous, que Pollux donne comme provenant de notre discours.

2. Χείρ, au sens de χειρόγραφον, se trouve de même dans des inscriptions, mais d'époque assez tardive : p. ex. à Delphes, *BCH.*, 1898, p. 132 (1re moitié du Ier s. ap. J.-C.) ou à Tithora, *I. Gr. Sept.*, n° 193 (début du IIe s. ap. J.-C.). Dans les deux cas, il s'agit d'affranchissements d'esclaves ; le mot χείρ sert à mentionner l'apostille autographe du garant de ces actes.

[*Finis columnae (vv. septem) nihil nisi syllabas parum certas nobis suppeditat, inter quas tamen digoscere nobis videmur* : καὶ
ἠξί[ουν . . . . .]ες ἐγ[γυτάτω γένους . . . .]
σειν[. . . . . ἐ]ξελε[ῖν . . . . ατο . . .].

. . . .] ὅτι ἡ γυν[ὴ . . . τον καὶ το[. . .]το XLVII
ἐκεῖνος [κυοῦ]σαν τὴν γυνα[ῖκα ἐξ] αὐτοῦ καταλέ[λοιπε]ν,
οὐ παρὰ τοὺς ν[όμο]υς γενόμενον. [Εἰ δ', ὥσ]περ Ἀρίστων
ἐ[ν τῇ ε]ἰσαγγελίᾳ γρά[φει], οὕτως ὑπέλα[βον τ]ὰ περὶ
το[ύτων εἶν]αι, οὐκ ἔδει δήπ[ου αὐτ]οὺς κωλύειν [τοὺς
ἐγγυ]τάτω γένου[ς ἐξά]γειν τὸν Εὔφ[η]μον, ἀλλ' ἐᾶν. Νῦν
δὲ, τοῦτο ποιήσαντες, ἔργῳ μεμαρτυρήκασιν αὐτοὶ ὡς
ψευδής ἐστιν ἡ αἰτία κατ' ἐμοῦ. Πρὸς δὲ τούτοις, πῶς
οὐκ ἄτοπον, εἰ μέν τι ἔπαθεν τὸ παίδιον ἢ γιγνόμενον ἢ
καὶ ὕστερον, ταύταις ταῖς διαθήκαις ἰσχυρίζεσθαι ἂν
αὐτούς, ἐν αἷς [. . . .

Initio columnae XLVIII, desunt versus circiter viginti ; in parte inferiore vix haec verba occurrunt : . . . .] τὸν Εὔφη- XLVIII
[μον . . . . ἐ]κώλυε[. . . . παρέ]χοντα . .
. . . μαρ]τυρίας [. . . . .]

[*Hic desinit pap.* **H**. *Inde quid fuerit spatii usque ad locum ubi pap.* **A** *incipit, nescimus. In intervallum inserit Bl. fragmenta duo a Polluce, ut ex nostra oratione, laudata.*]

(Poll. II, 152.)

οὔτε γὰρ τὴν ἑαυτοῦ χεῖρα δυνατὸν ἀρνήσασθαι.

Fragm. 4. — *Col.* XLVII. 2 κυοῦσαν rest. Blass || 3 rest. Kenyon || 4 ὑπέλαβον Blass || τὰ περὶ τούτων εἶναι Jens. : τὰ περὶ τοῦ παιδίου εἶναι Blass || 5 τοὺς ἐγγυτάτω Boeckh || 6 ἐξάγειν Blass : ἀπάγειν Boeckh εἴργειν Sauppe.

Poll. II, 152 : Ὑπερίδης δὲ ἐν τῷ ὑπὲρ Λυκόφρονος καὶ τὸ ὑπὸ τῶν πολλῶν ὀνομαζόμενον χειρόγραφον χεῖρα ὠνόμασεν.

(Id., IX, 137.)

. . . se montrer indolent [1].

I [*La colonne I ne contient que des fragments de mots dont nous sommes incapables de tirer aucun sens.*]

II **1** . . . Dionysios (?) [2]] employait des esclaves d'Ariston à ses travaux : vous avez là-dessus son propre témoignage devant le tribunal, au temps du procès de cet homme avec Archestratidès [3]. **2** Voici en effet à quel genre de trafic se livre Ariston ici présent. Rôdant sans cesse à travers la ville, il lance des citations contre tout le monde ; ceux qui ne lui donnent pas d'argent, il les poursuit en justice et se fait leur accusateur ; ceux, au contraire, qui veulent bien le payer, il les laisse échapper, et verse l'argent à Théomneste [4]. Celui-ci le prend, s'en sert pour acheter des esclaves, assure à Ariston sa subsistance, comme cela se pratique avec les pirates, et lui
III verse en outre pour chaque esclave une obole par jour, afin de lui permettre de continuer éternellement son métier de sycophante [5].

3 Il vaut aussi la peine, juges, de reprendre avec soin l'examen de mon affaire depuis les premières imputations formulées brusquement devant le peuple par mes accusateurs. Pour moi, ce sont des parents qui, dans une lettre, m'ont avisé et de l'eisangélie et des griefs articulés contre moi dans

1. Νωθρεύεσθαι ne plaît qu'à demi à Pollux ; c'est sans doute encore un de ces néologismes acceptés volontiers par Hypéride, comme ἐμπυρισμός au fr. 3 *bis*.

2. Le nom de Dionysios paraît avoir figuré vers la fin de la col. I.

3. Hypéride avait écrit un discours κατ' Ἀρχεστρατίδου ; mais nous en ignorons le sujet.

4. Ariston, nous l'avons vu (cf. p. 112), a pris, au moins en apparence, l'initiative du procès actuel ; et Théomneste est un des parents éloignés qui appuient maintenant sa plainte.

5. Ce portrait d'Ariston, fort piquant malgré sa brièveté, a pu inspirer celui que Démosthène, avec plus d'ampleur, trace d'Aristogiton (XXV, 51-54) quelques années plus tard. Isocrate auparavant (*Antid.*, 312-320) avait déjà flétri les manœuvres des sycophantes, mais sur un ton plus général et plus froid.

(Id., IX, 137.)

νωθρεύεσθαι.

[*Columnae primae nihil praeter extremas versuum litteras superest, e quibus ne unum quidem minutius apparet membrum sententiae.*] I

1 . . . . Ἀρί]|στωνος δὲ ἀνδράποδα εἶχεν ἐν τοῖς ἔργοις· καὶ ταῦτα αὐτὸς ὑμῖν ἐμαρτύρησεν ἐπὶ τοῦ δικαστηρίου, ὅτ' ἦν τούτῳ ὁ ἀγὼν πρὸς Ἀ[ρχε]στρατίδην. 2 Τοιοῦτο γάρ ἐστι τὸ Ἀρίστ[ωνος] τουτουὶ πρᾶγμα· [οὗ]τος προσκαλεῖται μὲν περιϊὼν πάντας ἀνθρώπους· τῶν δ' ὅσοι μὲν ἂν μὴ διδῶσιν αὐτῷ ἀργύριον, κρίνει καὶ κατηγορεῖ, ὁπ[όσοι] δ' ἂν ἐθέλωσιν [ἀπο]τίνειν, ἀφίησιν, τὸ δ' ἀργύριον Θεο[μνή]στῳ δίδωσιν. Ἐκεῖνος δὲ λαμβάνων ἀνδράποδα ἀγοράζει, καὶ παρέχει ὥσπερ τοῖς λῃσταῖς ἐπισιτισμόν, καὶ δίδωσι τούτῳ ὑπὲρ ἑκάστου τοῦ ἀνδραπό|δου ὀβολὸν τῆς ἡμέρας, ὅπως ἂν ᾖ ἀθάνατος συκοφάντης. III

3 Ἄξιον δ' ἐστίν, ὦ ἄνδρες δικασταί, κἀκεῖθεν ἐξετάσαι τὸ πρᾶγμα, ἀφ' ὧν ἐν τῷ δήμῳ τὸ πρῶτον αὐτοὶ εὐθὺς ᾐτιάσαντο. Ἐμοὶ γὰρ οἰκεῖοι (ἐ)πέστειλαν γράψαντες τήν τε εἰσαγγελίαν καὶ τὰς αἰτίας, ἃς ἐν τῇ ἐκκλησίᾳ ᾐτιάσαντό με, ὅτε τὴν εἰσαγγελίαν ἐδίδοσαν, ἐν α[ἷς ἦ]ν

Poll. IX, 137 : παρ' Ὑπερίδῃ τὸ νωθρεύεσθαι ἐν τῷ ὑπὲρ Λυκόφρονος, ὅπερ ἔγωγε οὐ πάνυ ἐπαινῶ.

Pap. A. — E litteris υσιος (col. I, v. 24) servatis Bab. conjecit Dionysium quemdam Aristonis servis uti || **1** 1 Accusatoris nomen invenimus integrum fr. IV (H, col. XLVII, 8) || 3 τούτῳ Shilleto, Bl., Jens. : τούτων Schneidewin, Bab., Cæsar || Ἀρχεστρατίδην suppl. Bab. || **2** 1 Ἀρίστωνος edd. plerique : ἄριστον Bab. || 2 οὗτος Shilleto : αὐτός Schneidewin || περιων A (eodem modo scriptum pro περιϊών, *C. Dem.*, col. XIII, 6) || 4 ὁπόσοι, ἀποτίνειν rest. Bab. || 5 Θεομνήστῳ Schneidewin : Θεοκτίστῳ Bab. (Theomnestum nunc confirmat pap. Oxyrh., fr. 5) || **3** 3 οἰκεῖοι : Schneidewin proponere vult οἱ || ἐπέστειλαν corr. Blass : απεστειλαν A.

l'Assemblée, lors du dépôt de cette plainte. Il y était écrit que Lycurgue, sur la foi de propos qu'il prétendait avoir entendu tenir à la famille, affirmait que, le jour du mariage de Charippe, je m'attachais à sa femme, et lui recommandais de ne pas avoir de rapports avec Charippe, mais de se refuser à lui. **4** Eh bien, ce que, [à peine] revenu ici, je disais à
IV mes amis et à mes [parents], aujourd'hui encore je vous le répète à vous : si de telles assertions sont vraies, je me reconnais coupable également de tous les autres actes mentionnés dans l'eisangélie ; mais elles sont [fausses], et il est aisé, [je pense], pour chacun [de s'en rendre compte]. Car où est, dans Athènes, l'homme assez irréfléchi pour pouvoir ajouter foi à de pareils discours ?

5 De toute nécessité, juges, il y avait là d'abord un conducteur de mulets et un ordonnateur du cortège pour
V accompagner le char qui emmenait la mariée ; puis elle devait être accompagnée encore d'une escorte d'enfants et de Dioxippe, ce dernier se tenant auprès d'elle, parce que, sa sœur étant veuve, c'était lui qui avait qualité pour conclure son (nouveau) mariage. Alors, j'en suis venu à un tel point de déraison que, malgré le concours de tant de personnes, à commencer par Dioxippe et Euphraios, son entraîneur [1], les deux hommes universellement reconnus pour les plus forts de la Grèce, **6** je n'ai ni rougi de tenir, au sujet d'une femme libre, un pareil langage devant toutes ces oreilles, ni craint d'assurer ma perte immédiate [*en me faisant arrêter pour crime manifeste !*] Qui donc, en effet, eût supporté
VI d'entendre sur sa sœur des propos comme ceux que mes adversaires m'accusent d'avoir tenus, sans mettre leur auteur [*dans l'impossibilité de les continuer* [2] ?] **7** Mais le comble,

1. Notre mot « entraîneur » me paraît répondre assez bien à προγυμναστής : c'est l'homme qui, par des exercices appropriés, prépare un athlète au combat. Le terme se retrouve aussi dans la langue littéraire : les Προγυμνάσματα de Théon enseignent d'avance au futur orateur toutes les figures de rhétorique dont il aura à faire usage.

2. D'après le texte généralement adopté, Lycophron courait le

γεγραμμένον ὅτι Λυκοῦργος λέγει, φάσκω[ν τ]ῶν [ο]ἰκ[είω]ν
ἀκ[ηκ]οέναι, ὡς ἐγὼ παρακολουθῶν, ὅτε Χάριππος ἐγάμει
τὴν γυναῖκα, παρεκελευόμην αὐτῇ ὅπως μὴ πλησιάσει
Χαρίππῳ, ἀλλὰ διαφυλάξει αὐτήν. 4 Ἐγὼ δέ, ἃ καὶ
πρὸς τοὺς | ἐπιτηδείους καὶ πρὸς τοὺς ο[ἰκείους] τοὺς IV
ἐμαυτ[οῦ εὐθὺς] ἥκων ἔλεγ[ον, κ]αὶ νῦν πρὸς ὑμ[ᾶς λέ]γω,
ὅτι, εἰ ἔστιν ταῦτα ἀληθῆ, ὁμολογῶ καὶ τἆλλα πάντα
πεποιηκέναι τὰ [ἐν τῇ] εἰσαγγελίᾳ γε[γραμ]μένα· ὅτι δὲ
[ψευδῆ] ἐστιν, ῥᾴδιον [οἶμαι] εἶναι ἅπασι [γνῶναι]. Τίς γὰρ
οὕτω[ς ἐστὶ] τῶν ἐν τῇ π[όλει] ἀλόγιστος, ὅσ[τις ἂν]
πιστεύσαι τού[τοις τοῖς] λόγοις;

5 Ἀνάγ[κη γὰρ ἦν,] ὦ ἄνδρες δικ[ασταί,] πρῶτον μὲν
ὀρεωκόμον καὶ προηγητὴν ἀκολουθεῖν τῷ ζεύγει ὃ ἦγεν
τὴν γυναῖκα, | ἔπειτα δὲ παῖδας τοὺς προπέμποντας V
αὐτὴν ἀκολουθεῖν καὶ Διώξιππον· καὶ γὰρ οὗτος ἠκολούθει
διὰ τὸ χήραν ἐγδίδοσθαι αὐτήν. Εἶτ' ἐγὼ εἰς τοῦτο ἀπο-
νοίας ἦλθον, ὥστε, ἄλλων τε τοσούτων ἀνθρώπων συνακο-
λουθούντων καὶ Διωξίππου καὶ Εὐφραίου, τοῦ προγυμνα-
στοῦ αὐτοῦ, οἳ τῶν Ἑλλήνων ὁμολογουμένως ἰσχυρότατοί
εἰσιν, 6 οὔ[τ'] ᾐσχυνόμην τοιούτους λόγους λέγων περὶ
γυναικὸς ἐλευθέρας, πάντων ἀκουόντων, [οὔτ'] ἐδεδίειν μὴ

3 6 *οἰκείων* ἀκηκοέναι Bab. || 8 πλησιάσει Schneidewin, Kayser, Bl., Jens., recte, ut videtur : πλησιαση A, quod tuentur Boeckh, Lightfoot, Cæsar, Ken. || 9 post αὐτήν, Naber addere vult ἁγνήν || **4** 2 οἰκείους Bab. || 3 εὐθὺς Bl. Jens. : τότε Bab., Schneidewin, Ken. || λέγω Schneidewin : ἐρῶ Bab., Bl.; sed legit νω Jens. || 5 γεγραμ-μένα Bab. || 6 ψευδῆ Schneidewin, cum primum scripsisset ταῦτ' οὐχ : ψεύδη Jens. || οἶμαι Cæsar, Bl. : νομίζω Bab., Schneid. || γνῶναι Patakis : ἰδεῖν Cæsar, Bl. δηλῶσαι Bab., Schneid. || 7 ἐστί Bab. || 8 τούτοις τοῖς Bl. : τοιούτοις Bab. || **5** 1 Ἀνάγκη γὰρ ἦν Sauppe : ἦν omittit Bl. || 2 ος ηγεν A, incertum an ς postea deletum sit || Sub fine col. IV, scriba per errorem plura verba duplicavit || 5 εγδιδοναι A prima manu : εγδιδοσθαι corr. || 7 προγυμναστοῦ, Westermann, hominem significans, ut opinor, qui exercitamentis idoneis athletam comparat ad dimicandum : προσγυμναστοῦ A, quod verbum nusquam alibi reperitur. || **6** 1 et 2 *οὔτε... οὔτε* Sauppe : *οὐχ... οὐδέ* Bl.; sed in utroque loco litteræ T certum vestigium dispexit Jens. ||

plus fort [que tout ce que je viens déjà de dire], c'est le degré d'inconscience où Charippe, paraît-il, en est arrivé. D'abord, assure-t-on, la femme le prévenait qu'elle avait juré d'être à moi ; là-dessus, il m'entend lui recommander de rester fidèle à ses serments ; [et cependant] il l'épouse ! Une telle conduite, l'auriez-vous crue possible, soit de la part d'O[reste], le type du héros en démence, soit de celle de Margitès, le maître-sot par excellence ?

VII **8** Seulement, j'en suis convaincu, juges, dans les procès (comme celui-ci) [1], les accusateurs ont beaucoup d'avantages sur les accusés. En effet, les premiers, ne courant aucun risque dans l'affaire, peuvent à leur aise dire ce qu'ils veulent et se répandre en attaques mensongères ; mais les autres, qui se voient déférés au tribunal, oublient, sous l'effet de la peur, de citer bien des faits, même de ceux qui sont réellement à leur actif. **9** D'autre part, les accusateurs, disposant du premier tour de parole, ne se contentent pas de produire ce que, pour leur compte, ils ont légitimement à dire sur la question ; ils combinent des attaques injurieuses et diffamatoires contre les inculpés ; par là, ils les détournent de leur défense ; et alors, pour ceux-ci, le résultat est de deux choses l'une : ou bien, en réfutant les calomnies étran-
VIII gères au sujet, ils se laissent décidément écarter de leur [défense] sur le fond ; ou bien, s'ils ne font pas mention des

risque de voir Dioxippe lui sauter à la gorge et d'être tué sur place ; mais les mots essentiels, [πνι]γόμενος et ἀπέ[κτεινε], ne sont que des restitutions. Comme j'ai peine à croire que, même en cas d'insulte grave, on ait eu le droit, à Athènes, de mettre à mort un citoyen sans jugement, je préfère voir ici une simple allusion à l'ἀπαγωγή, procédure qui permettait d'arrêter un coupable pris en flagrant délit et de le conduire sans délai devant le juge. La mention de la force de Dioxippe et d'Euphraios s'explique parce que, en face d'hommes aussi robustes, toute résistance eût été impossible à Lycophron.

1. Malgré le vague de l'expression ἐν τοῖς ἀγῶσιν, Hypéride, en parlant de procès où l'accusateur ne court aucun risque, ne peut pas songer à des procès quelconques, mais seulement aux eisangélies ; encore leur privilège va-t-il bientôt être restreint (cf. la Notice à ce discours, p. 121, sqq., et la Notice au discours *P. Eux.*, p. 149).

πα[ραχρ]ῆμα ἀπόλωμαι [ἀπα]γόμενος ; Τίς [γὰρ] ἂν
ἠνέσχετο [τοι]αῦτα περὶ τῆς αὐ|τοῦ ἀδελφ[ῆς ἀκού]ων, οἷά VI
με [οὗτοι αἰτι]ῶνται εἰρηκ[έναι, καὶ οὐ]κ ἂν ἀπε[κώλυσε
τὸν] λέγοντα ; 7 [Τὸ δὲ κεφ]άλαιον ἁπ[άντων ὧν] καὶ
μικρῷ [πρότερο]ν εἶπον, εἰς [τοῦτο ἀν]αισθησίας ὁ
Χ[άριππ]ος, ὡς ἔοικεν, [ἦλθ]εν, ὥστε πρότ[ερον] μέν, ὥς
φασίν, [τῆς γυν]αικὸς προλε[γούσης] ὅτι συνομωμο[κυῖα
εἴ]η πρὸς ἐμέ, πά[λιν δ]ὲ ἀκούων ἐμο[ῦ παρα]κελευομένο[υ
αὐτῇ] ὅπως ἐμμ[είνειεν] τοῖς ὅρκοις οἷ[ς ὤμο]σεν, ἐλάμ-
βανε[ν ὅμως] γυναῖκα ; Καὶ ταῦ[τα δο]κεῖ ἂν ὑμῖν ἢ
Ὀ[ρέστη]ς ἐκεῖνος ὁ μαιν[ό]μενος ποιῆσαι [ἢ] Μαργίτης ὁ
πάντ[ων] ἀβελτερώτατος ;

8 Ἀλλ', οἶμαι, ὦ ἄνδρες δικασταί, πολλὰ πλεο|νεκτοῦσιν VII
ἐν τοῖς ἀγῶσιν οἱ κατήγοροι τῶν φευγόντων. Οἱ μὲν γάρ,
διὰ τὸ ἀκίνδυνον αὐτοῖς εἶναι τὸν ἀγῶνα, ῥᾳδίως ὅτι ἂν
βούλωνται λέγουσι καὶ καταψεύδονται· οἱ δὲ κρινόμενοι διὰ
τὸν φόβον πολλὰ καὶ τῶν πεπραγμένων αὐτοῖς εἰπεῖν ἐπι-
λανθάνονται. 9 Ἔπειτα οἱ μέν, ἐπειδὰν ⟨τὸν⟩ πρότερον
λόγον λάβωσιν, οὐ μόνον ἃ ἔχουσιν αὐτοὶ δίκαια περὶ τοῦ
πράγματος λέγουσιν, ἀλλά, συσκευάσαντες λοιδορίας
ψευδεῖς κατὰ τῶν κρινομένων, ἐξιστᾶσιν τῆς ἀπολογίας,
ὥστε συμβαίνειν αὐτοῖς δυοῖν τὸ ἕτερον, ἤ, περὶ τῶν

6 3 ἀπαγόμενος Bab. : τυπτόμενος Lightfoot σφαττόμενος Shilleto πνιγόμενος Kayser, quod a plerisque retinetur ; dubito tamen an Athenis hominem, quamvis contumeliose dixerit, indicta causa, strangulare licuerit || 5 καὶ οὐκ Schneidewin : ἆρ' οὐκ Bab. || ἀπεκώλυσε tento, quoniam arbitratus sum Lycophroni id tantum periculi fuisse ne, extemplo a Dioxippo comprehensus, ad magistratum abduceretur : ἀπέκτεινε edd. || **7** 1 ἁπάντων ὧν ego, cum supra nil tale de Charippi insulsitate reperiam : ὡς Blass ἀπὸ τῶν ὀλίγων καὶ μικρῶν τούτων ὧν Bab. ἃ πρὸς ὑμᾶς καὶ μικρῷ πρόσθεν Cæs.) || 2 πρότερον Sauppe || 6 ἐμμείνειεν van Herwerden : ἐμμένῃ ἐν Bab. ἐμμενεῖ Schneidewin || ἐλάμβανεν ὅμως Bl. : ἐλάμβανε τὴν Bab. ἐλ. — αὐτήν Kayser || 8 Ὀρέστης Blass : Ἡρακλῆς Bab. Αἴας Schneidewin (prima littera certe est O vel C Ken. Jens.) || **8** 5 αὐτοῖς van Herwerden : αὐταῖς edd. plerique || **9** 1 πρότερον A tucor (addito tamen τὸν, ut *P. Eux.* 10, ἐν τῷ προτέρῳ λόγῳ) : πρότεροι Patakis.

[griefs] précédemment [articulés contre eux], ils laissent dans l'esprit des juges [l'idée] que ces allégations sont vraies.

10 En outre, des amis sont-ils prêts à venir en aide aux inculpés ? on les calomnie par avance, et on jette ainsi le trouble dans la [défense] de celui même qui [passe en jugement]. C'est, par exemple, ce qu'A[riston] ici présent a entrepris de faire dans son accusation : il ne m'[accorde] même pas de [profiter] des gens [disposés à monter à la barre] en ma faveur et à me seconder dans ma défense. Or, [pourquoi] ne doivent-ils pas [me défendre] ? Est-il [injuste] qu'au tribunal on soit
IX secouru par ses parents et ses amis ? Ou, parmi les usages de notre cité, en est-il un plus démocratique que celui-là, l'aide apportée par qui est capable de parler aux citoyens dépourvus de ce talent, le jour où ils sont en péril ? **11** De plus, il ne te suffit pas d'avoir mis en cause mes synégores ; tu prétends encore régler le plan de ma défense, et tu donnes aux juges des instructions sur ce qu'ils doivent me faire mettre dans mon plaidoyer, comme sur ce qu'ils ne doivent pas me laisser dire. Comment trouver cela bien ? Tu as présenté, toi, ton accusation à ta fantaisie ; et, parce que tu
X sais d'avance ce que j'ai à répondre de fondé à tes mensonges, tu viens par des voies détournées m'enlever mes moyens de défense [1] !

12 Tu m'accuses aussi dans ton eisangélie de ruiner la démocratie en transgressant les lois ; mais c'est toi-même qui as sauté par-dessus toutes les lois pour déposer une

1. Dans tout ce morceau (§§ 8-12), Hypéride se livre à des développements judicieux certes, mais qui, en dépit de la mention du nom d'Ariston, ne sont, en réalité, que des lieux communs applicables à maintes sortes de causes. Aussi se retrouvent-ils ailleurs : facilité pour l'accusateur, parce qu'il parle le premier, de soulever des griefs étrangers aux procès en cours (Hyp., *P. Euxénippe*, 31 ; Lyc., *C. Léocrate*, 11-13) ; son hostilité à l'emploi, pourtant si naturel et si démocratique, des synégores (Hyp., *P. Euxénippe*, 11) ; sa prétention de dicter à la partie adverse le plan de sa défense (vive protestation de Démosthène, dès l'exorde de son discours *Pour la Couronne*, 2 et 6-8, contre les demandes formulées par Eschine, *C. Ctésiphon*, 202-205).

ἔξωθεν διαβολῶν | ἀπο[λογου]μένοις, τῆς [περὶ το]ῦ VIII
πράγματος ἀ[πολογία]ς ἀπολελ[εῖφθαι, ἢ], μὴ μεμνη[μέ-
νοις] τῶν προκ[ατηγορηθ]έντων, ο[ἴησι]ν καταλείπ[ειν
παρ]ὰ τοῖς δικαστ[αῖς ὅτι] ἀληθῆ ἐστιν [τὰ εἰρ]ημένα.
10 Πρὸς δ[ὲ τού]τοις, τούς τε μέ[λλοντα]ς βοηθεῖν
το[ῖς φε]ύγουσι προδιαβ[άλλ]ουσι, καὶ αὐτοῦ το[ῦ κριν]ο-
μένου τὴν [ἀπολο]γίαν διαστρ[έφουσιν·] οἷον καὶ Ἀ[ρί-
στων] οὑτοσὶ ἐνεχεί[ρησε ποιῆ]σαι ἐν τῇ κατ[ηγορίᾳ, ὃς]
οὐδ' ἀπολ[αύειν δίδω]σι τῶν ἀ[ναβαινόν]των ὑπὲ[ρ ἐμοῦ καὶ]
συναπολ[ογουμέ]νων. Δι[ὰ τί δ' οὗτοι] μὴ ἀπο[λογῶνται ;]
Πότερ' οὐ δ[ίκαιόν] ἐ]|στι τοῖς κρινομένοις τοὺς οἰκείους IX
καὶ τοὺς φίλους βοηθεῖν ; ἢ ἔστιν τι τῶν ἐν τῇ πόλει
τούτ(ου) δημοτικώτερον, τοῦ τοὺς δυναμένους εἰπεῖν τοῖς
ἀδυνάτοις τῶν πολιτῶν κινδυνεύουσι βοηθεῖν ; **11** Σὺ δὲ
οὐ μόνον περὶ τῶν συνηγόρων τοὺς λόγους πεποίησαι,
ἀλλὰ καὶ τὴν ἀπολογίαν τὴν ἐμὴν διατάττεις, καὶ παραγ-
γέλλεις τοῖς δικασταῖς περὶ ὧν δεῖ αὐτοὺς [[ἀκούειν]]
κελεύειν με ἀπολογεῖσθαι, καὶ περὶ ὧν μὴ ἐᾶν λέγειν. Καὶ
τοῦτο πῶς καλῶς ἔχει, σὲ μὲν ὅπως ἠβούλου τὴν κατηγορίαν
ποιήσασθαι, προει|δότα δὲ ἃ ἔχω ἐγὼ δίκαια λέγειν πρὸς τὰ X
παρὰ σοῦ ἐψευσμένα, ὑφαιρεῖσθαι μου τὴν ἀπολογίαν ;

9 7 ἀπολελεῖφθαι Schneidewin : ἀπολελῆσθαι Bab. || ἢ μὴ μεμνημένοις τῶν Shilleto, Jens. : ἢ εἰ μὴ μέμνηνται περὶ τῶν Bab. ἢ μὴ μεμνημένων περὶ τῶν Bl. || 8 προκατηγορηθέντων Bab. || οἴησιν καταλείπειν Schneidewin : οἴημα κατ- Bab. οὕτω δόξαν καταλείπεσθαι Bl. || **10** 2 φεύγουσι Cæsar || 2-3 rest. Bab. || 3 Ἀρίστων Sauppe : αὐτός Bab. ἀρτίως Bl.[1] || 4 ἐνεχείρησε ποιῆσαι Bl. (litteras σαι confirmat Jens.) : ποιεῖν Kayser ἐνεχείρησε που Ken. νῦν Shilleto || κατηγορίᾳ, ὃς οὐδ' Bl. : κατηγορίᾳ, οὐδ' Kayser || 5 ἀπολαύειν δίδωσι Sudhaus : ἀπολογίαν δ. Blass || 6 συναπολογουμένων ego (velut ἀναβαινόντων) : συναπολογησομένων Kayser || ἀπολογῶνται Bl., Ken. : ἀπολογήσονται Fuhr. || 7 δίκαιον Sauppe : ἔννομον Lightfoot (οὐκ ἔξεστι Bab.) || 9 τούτου corr. Schneidewin : τούτων A || **11** 4 ἀκούειν κελεύειν A : inserit καί Kayser, quem plerique sequuntur ; delet ἀκούειν Schneidewin, quod malim ; ἀκούειν enim obstat quominus duplicata ambo περὶ ὧν apte et distincte sibi respondeant ; additum id puto incaute a scriba, solito talem sententiam apud oratores legere.

eisangélie sur des questions où elles prévoient des actions publiques devant les thesmothètes [1]. Ton but, c'était en premier lieu d'aborder [ce procès] sans danger, ensuite de t'assurer le moyen d'y introduire des [tirades pompeuses], comme celles que tu as écrites en me reprochant d'amener, par ma faute, [nombre de] femmes soit à vieillir [dans leurs maisons] sans maris, soit à [accepter des unions] indignes d'elles
XI et illégitimes. **13** En fait, tu es bien incapable d'en citer aucune autre à Athènes envers qui je sois responsable de rien de tel ; et, pour celle qui a motivé aujourd'hui ton accusation, quelle était, selon toi, la solution la plus convenable, d'être unie dans les formes légales à Charippe, un de nos concitoyens, ou de vieillir chez elle sans époux, alors qu'elle a tout de suite trouvé un épouseur, dès qu'Euphèmos lui eut constitué une dot d'un talent d'argent, non évidemment pour de vilains motifs, mais par un acte de galant homme [2] ?

14 Ainsi, juges, Ariston a le droit de dire tout ce qui lui plaît, et de débiter ses mensonges contre moi ! Mais vous, à mon avis, vous ne devez pas vous en rapporter aux calomnies
XII de l'accusateur pour prononcer votre jugement sur mon compte ; toute la vie que j'ai vécue, voilà la base normale de votre enquête. En effet, sous un régime populaire comme le vôtre, scélérat ou honnête homme, personne dans la cité ne peut l'être à votre insu [3] ; mais, pour chacun, le passé constitue le témoignage le plus précis de sa moralité, surtout en présence d'accusations de ce genre. **15** Quelques fautes

1. C'est bien en effet devant les thesmothètes que doivent être portés normalement les procès d'adultère, γραφαὶ μοιχείας (cf. Arist., 'Αθ. πολ., 59, 3).

2. Euphèmos, ami de la maison, et jouissant de la fortune du mari défunt pendant la minorité de son enfant, a pu trouver naturel et légitime d'aider sa veuve à se remarier, si elle en avait le désir et l'occasion : au sentiment d'Hypéride, il a agi en galant homme (δι' ἐπιείκειαν) en lui assurant une belle dot. Mais les mauvaises langues ne devaient pas manquer de trouver à sa conduite des raisons moins honorables (διὰ πονηρίαν) : p. ex., une telle générosité aurait été une façon de payer des bontés que la dame aurait eues jadis pour lui aussi.

3. Démosthène remarquait déjà de même que, sous le régime

12 Καὶ ἐμὲ μὲν αἰτιᾷ ἐν τῇ εἰσαγγελίᾳ καταλύειν τὸν
δῆμον, παραβαίνοντα τοὺς νόμους· αὐτὸς δ', ὑπερπηδήσ[ας
ἅπ]αντας τοὺς νόμους, εἰσαγγελία[ν δέδ]ωκας ὑπὲρ ὧν
[γρα]φαὶ πρὸς τοὺς θεσ[μοθ]έτας ἐκ τῶν νό[μων] εἰσίν, ἵνα
π[ρῶτον μ]ὲν ἀκίνδ[υνος εἰσ]ίῃς εἰς τὸ[ν ἀγῶνα,] ἔπε[ιτ]α
ἐξ[ῇ σοι τραγ]ῳδίας γρ[άψαι εἰς τὴ]ν εἰσαγγελ[ίαν οἵασ]περ
νῦν γέγρ[αφας, ὅς μ' α]ἰτιᾷ ὅτι [πολλὰς μὲν γ]υνα[ῖκας
ποιῶ] ἀγάμ[ους ἔνδον κα]ταγηρ[άσκειν, πολ]λὰς δὲ σ[υνοι-
κεῖν ο]ἷς | οὐ προσήκει παρὰ τοὺς νόμους. 13 Οὔκουν XI
ἄλλην μὲν οὐδεμίαν τῶν ἐν τῇ πόλει γυναῖκα ἔχεις εἰπεῖν,
ᾗτινι ἐγὼ τούτων αἴτιός εἰμι· περὶ ἧς δὲ νῦν τὴν κατηγορίαν
πεποίησαι, πότερα ᾧου προσήκειν συνοικεῖν ἐγδεδομένην
Χαρίππῳ, ἑνὶ τῶν πολιτῶν, ἢ ἀνέγδοτον ἔνδον καταγηρά-
σκειν, ἢ εὐθὺς ἐξεδόθη, τάλαντον ἀργυρίου προσθέντος αὐτῇ
Εὐφήμου, δῆλον ὅτι οὐ διὰ πονηρίαν, ἀλλὰ δι' ἐπιείκειαν;
14 Τούτῳ μὲν οὖν ἔξεστιν, ⟨ὦ⟩ ἄνδρες δικασταί, καὶ
λέγειν ὅτι ἂν βούληται καὶ καταψεύδεσθαι· ὑμᾶς δ' οἶμαι
δεῖν οὐκ ἐκ τῶν τοῦ κατηγόρου δια|βολῶν περὶ ἐμοῦ XII
δικάζειν, ἀλλ' ἐξ ἅπαντος τοῦ βίου ὃν βεβίωκα ἐξετά-
σαντας. Λαθεῖν γὰρ τὸ πλῆθος τὸ ὑμέτερον οὐκ ἔνι οὔτε
πονηρὸν ὄντα οὐδένα τῶν ἐν τῇ πόλει οὔτε ἐπιεικῆ· ἀλλ' ὁ
παρεληλυθὼς χρόνος μάρτυς ἐστὶν ἑκάστῳ τοῦ τρόπου
ἀκριβέστατος, ἄλλως τε δὴ καὶ περὶ τούτων τῶν αἰτιῶν,
οἷα αὕτη ἐστίν. 15 Ὅσα μὲν γὰρ τῶν ἀδικημάτων ἐν
ἁπάσῃ τ⟨ῇ⟩ ἡλικίᾳ [τῇ το]ῦ ἀνθρώπου [ἐνδέ]χεται ἀδι-

12 3 ἅπαντας Bl. : πάντας Bab. || 5 εἰσίῃς εἰς τὸν ἀγῶνα Bab. || 6 ἐξῇ Kayser || τραγῳδίας Bab. || γράψαι εἰς τὴν Bl. || οἵασπερ Kayser || 7 ὅς μ' αἰτιᾷ Kayser, Blass || πολλὰς μέν Sauppe || 8 ποιῶ Bl. || ἔνδον καταγηράσκειν Bab. || πολλὰς δὲ συνοικεῖν Sauppe || 13 1 Οὔκουν Schneidewin : οὐκοῦν Bab., cui plerique assentiuntur || 4 post ᾤου inserit οὐ Kirchhoff || 7 ἐπιείκειαν : επεικειαν A || 14 1 ante ἄνδρες δικασταί Bab. rest. ὦ, omissum in A, sed fortasse additum supra versum || 6 ἐπιεικῆ : επεικη A || 15 2 απασῃ ηλικιᾳ A, τ supra versum addito || τῇ ante τοῦ ἀνθρώπου suppl. Sauppe || ἐνδέχεται ἀδικῆσαι Bab. : ἀδικηθῆναι Schneidewin.

[qu'il arrive] à un homme de commettre dans le cours entier de son existence, il faut, pour les [apprécier], tenir compte de [la considération] dont il jouit. Or, [il est inadmissible] qu'on attende [cinquante] ans pour devenir adultère : ou bien on
XIII l'est depuis longtemps, (et alors qu'ils le prouvent), ou bien l'accusation est fausse, on peut le croire.

16 Pour moi, juges, j'ai passé parmi vous ma vie entière à Athènes ; pourtant jamais encore je n'ai encouru aucune accusation compromettante, ni porté de plainte contre aucun citoyen ; je n'ai eu à soutenir aucun procès, et je n'en ai intenté à personne[1]. M'absorber dans l'élevage des chevaux, voilà où j'ai mis mon amour-propre de tout temps ; j'ai même été de la sorte au-dessus de mes moyens, au delà de ma fortune ; et le zèle que j'y apportais[2] m'a valu des couronnes décernées par l'ensemble des cavaliers et par les officiers, mes collègues. **17** Quant à vous, juges, vous m'avez élu à mains levées d'abord
XIV phylarque, puis hipparque pour Lemnos ; seul de tous les hipparques jusqu'ici, j'ai exercé là-bas mon commandement pendant deux ans ; et j'y étais resté en outre une troisième année, dans le désir de ne pas bousculer brutalement des concitoyens[3], en un moment de gêne, pour percevoir la solde de mes cavaliers. **18** J'ajoute que, durant toute cette période, personne à Lemnos n'a déposé de plainte contre moi, ni particulière ni collective ; au contraire, j'ai été honoré de trois couronnes par les clérouques d'Héphaestia, sans parler d'autres offertes par ceux de Myrina. Ce sont là des témoi-
XV gnages dont vous devez faire état pour juger ce procès ; ils

démocratique, il est difficile aux citoyens de rien dissimuler de leur conduite (*Contre Androtion*, 31 ; *Or. fun.*, 26).

1. Le fait d'être arrivé à un âge assez avancé sans avoir jamais eu de procès semble, à Athènes, un titre méritoire à la bienveillance des juges ; cf., p. ex., Lysias, *C. Ératosth.*, 4.

2. 'Ανδραγαθία, terme très vague pouvant avoir le sens de *dévouement*, de *zèle*, de *loyalisme*, de *bons sentiments* quelconques, est d'un emploi courant dans les décrets honorifiques.

3. Il s'agit de la colonie athénienne de Lemnos, 'Αθηναίων ὁ δῆμος ὁ ἐν Λήμνῳ. Les clérouques, tout en jouissant d'une certaine autonomie, restent citoyens athéniens.

κῆ[σαι, τα]ῦτα μὲν δεῖ [κρίνει]ν ἀπ' αὐτοῦ τοῦ [ἀξιώ]ματος
οὗ ἂν [ἔχῃ τις· μο]ιχεύειν [δ' οὐκ ἐνδέ]χεται ἀπὸ [πεντή-
κο]ντα ἐτῶν [ἄνθρωπον,] ἀλλ' ἢ πά[λαι τοιοῦ]τός ἐστιν, | ὃ XIII
δειξάτωσαν οὗτοι, ἢ ψευδῆ τὴν αἰτίαν εἰκὸς εἶναι.

16 Ἐγὼ τοίνυν, ὦ ἄνδρες δικασταί, μεθ' ὑμῶν δια-
τρίβων ἐν τῇ πόλει τὸν ἅπαντα χρόνον, οὔτε αἰτίαν
πονηρὰν οὐδεμίαν πώποτ' ἔλαβον, οὔτ' ἔγκλημά μοι πρὸς
οὐδένα τῶν πολιτῶν γέγονεν, οὐδὲ πέφευγα δίκην οὐδεμίαν,
οὐδ' ἕτερον δεδίωχα. Ἱπποτροφῶν δὲ διατετέλεκα φιλο-
τίμως τὸν ἅπαντα χρόνον παρὰ δύναμιν καὶ ὑπὲρ τὴν
οὐσίαν τὴν ἐμαυτοῦ· ἐστεφάνωμαι δ' ὑπό τε τῶν ἱππέων
πάντων ἀνδραγαθίας ἕνεκα καὶ ὑπὸ τῶν συναρχόντων.
17 Ὑμεῖς γάρ με, ὦ ἄνδρες δικασταί, πρῶ|τον μὲν XIV
φύλαρχον ἐχειροτονήσατε, ἔπειτα εἰς Λῆμνον ἵππαρχον·
καὶ ἦρξα μὲν αὐτόθι δύ' ἔτη τῶν πώποθ' ἱππαρχηκότων
μόνος, προσκατέμεινα δὲ αὐτόθι τὸν τρίτον ἐνιαυτόν, οὐ
βουλόμενος πολίτας ἄνδρας ἐπὶ κεφαλὴν εἰσπράττειν τὸν
μισθὸν τοῖς ἱππεῦσιν, ἀπόρως διακειμένους. **18** Καὶ ἐν
τούτῳ μοι τῷ χρόνῳ ἔγκλημα μὲν οὐδεὶς τῶν ἐκεῖ ἐνεκά-
λεσεν οὔτε ἰδίᾳ οὔτε δημοσίᾳ, στεφάνοις δὲ τρισὶν ἐστεφα-
νώθην ὑπὸ τοῦ δήμου τοῦ ἐν Ἡφαιστίᾳ καὶ ἑτέροις ὑπὸ
τοῦ ἐν Μυρίνῃ· ἃ [χρ]ὴ τεκμήρια ὑμῖν ε[ἶν]αι εἰς τοῦτον
τὸν | ἀγῶνα, ὡς ψευδεῖς κατ' ἐμοῦ ⟨αἱ⟩ αἰτίαι εἰσίν. Οὐ XV

15 3 κρίνειν C. Müller : σκοπεῖν Bab. || ἀξιώματος Bab. : ἐγκλήματος Blass ἁμαρτήματος Sauppe πράγματος Kayser || 4 ἔχῃ Bab. : ἐρᾷ Kayser. || μοιχεύειν δ' οὐκ ἐνδέχεται Bab. || ἀπὸ πεντήκοντα edd., quia hic numerus optime convenit cum spatio : ἀπὸ τῶν π- Sauppe || 5 ἄνθρωπον Jens. : ἀρξάμενον Bab. (spatio longius) οὐ μὲν οὖν, Sauppe || πάλαι τοιοῦτος Bab. : τις τοιοῦτος Lightfoot τις ἄσωτος Cæsar || **16** 1 διατρίβων : διατρειβων A || 3 πώποτ' ἔλαβον : librarius, ut videtur, interpretatus erat primum πώποτε λαβών || 5 φιλοτίμως : scriptum prius πολυτειμως in A || **18** 2 ενκλημα A (velut jam in 16, 3) || 3 ιδια, δημοσια A || 5 Μυρίνῃ corr. Bab. : Μυρρινη A || ἃ χρή Blass : ἃ δὴ Bab. || εἶναι Sauppe : ἐστιν Bab. (sed εἶναι certum esse asserit Ken.) || 6 αἱ αἰτίαι Bab. (αἱ omittitur in A propter similitudinem sequentis syllabæ) : αἱ κατ' ἐμοῦ αἰτίαι Westermann.

donnent à penser que les accusations portées contre moi sont mensongères. Car il n'est pas admissible qu'un homme criminel à Athènes soit honnête à Lemnos ; et d'ailleurs vous-mêmes vous n'aviez pas de moi cette opinion, quand vous m'envoyiez là-bas, en remettant entre mes mains deux villes de votre empire.

19 Ce que je pouvais dire pour ma défense, juges, vous l'avez entendu, ou à peu près. Mais, puisque mon accusateur, tout en n'étant pas sans expérience de la parole, et tout en possédant la pratique répétée des luttes du barreau, a fait appel à d'autres orateurs [1] pour l'aider à perdre un citoyen en dépit de la justice, je vous demande, moi aussi, et je vous supplie d'ordonner qu'à mon tour je réclame le concours
XVI d'hommes qui plaideront ma cause dans une affaire aussi grave, et d'écouter avec bienveillance les parents ou les amis capables de venir me soutenir, **20** moi, votre concitoyen, moi qui me sens ici un profane, sans habitude de la parole, et qui, dans un tel procès, me trouve en danger non seulement d'être condamné à mort (risque minime, à bien raisonner), mais encore d'être rejeté hors des frontières de l'Attique, et, après ma mort, de n'être même pas enseveli dans ma patrie [2]. Si donc vous en ordonnez ainsi, juges, je vais appeler un ami à mon secours. Monte ici, Théophile, je t'en prie, et ajoute en ma faveur ce que tu as à dire ; le tribunal t'y invite.

1. C'est Lycurgue qui est visé ici (cf. § 3) ; Ariston, en sa qualité de sycophante, était fort capable d'agir seul.

2. Hypéride hausse le ton : non seulement sa phrase prend une allure périodique, que j'ai cru devoir respecter ; mais il termine sur une idée grave, propre à émouvoir le sentiment religieux des juges : une condamnation pourrait priver Lycophron de sépulture en terre attique (cf. *P. Euxénippe*, 18 fin).

γὰρ οἷόν τε τὸν Ἀθήνησι πονηρὸν. ἐν Λήμνῳ χρηστὸν εἶναι, οὐδ' ὑμεῖς ὡς τοιοῦτον ὄντα με ἀπεστέλλετε ἐκεῖσε, παρακατατιθέμενοι δύο πόλεις τῶν ὑμετέρων αὐτῶν.

19 Ὅσα μὲν οὖν ἐγὼ εἶχον, ὦ ἄνδρες δικασταί, ὑπὲρ
ἐμαυτοῦ εἰπεῖν, σχεδὸν ἀκηκόατε. Ἐπειδὴ δὲ ὁ κατήγορος,
οὐκ ἀπείρως ἔχων τοῦ λέγειν, εἰωθὼς δὲ πολλάκις ἀγω-
νίζεσθαι, ἐκάλει συνηγόρους τοὺς συναπολοῦντάς τινα τῶν
πολιτῶν ἀδίκως, δέομαι ὑμῶν καὶ ἐγὼ καὶ ἀντιβολῶ κελεῦσαι
κἀμὲ καλέσαι τοὺς συνεροῦντας | ἐμοὶ ὑπὲρ τηλικούτου XVI
ἀγῶνος, καὶ ἀκοῦσαι εὐνοϊκῶς, εἴ τίς μοι ἔχει τῶν οἰκείων
ἢ τῶν φίλων βοηθῆσαι, 20 πολίτῃ μὲν ὄντι ὑμετέρῳ,
ἰδιώτῃ δὲ καὶ οὐκ εἰωθότι λέγειν, ἀγωνιζομένῳ δὲ καὶ
κινδυνεύοντι οὐ μόνον περὶ θανάτου, (ἐλάχιστον γὰρ τοῦτό
ἐστιν τοῖς ὀρθῶς λογιζομένοις), ἀλλ' ὑπὲρ τοῦ ἐξορισθῆναι
καὶ ἀποθανόντα μηδὲ ἐν τῇ πατρίδι ταφῆναι. Ἐὰν οὖν
κελεύητε, ὦ ἄνδρες δικασταί, καλῶ τινα βοηθήσοντα.
Ἀνάβηθί μοι, Θεόφιλε, καὶ σύνειπε ὅτι ἔχεις· κελεύουσιν
οἱ δικασταί.

Ἀπολογία ὑπὲρ Λυκόφρονος.

19 4 συναπολοῦντας edd. : συναπολλυντας A (corrector ο supra υ addidit) || 5 εγωι A || αντιβολωι A || Sub finem columnæ XVI titulus orationis iterum memoratur

APPENDICE : PLAIDOYER DE THÉOPHILE[1].

Ox. Pap. 1607

Fragm. I.

Col. I *(Les 13 premières lignes sont perdues)* . . . .] Qu'il ait percé la [*muraille*] pour faciliter ses relations avec la femme, la chose est tout à fait invraisemblable. En effet (le plaignant) n'a prouvé ni que Lycophron se fût brouillé avec les gens qui précédemment lui prêtaient leurs bons offices et qui consentaient avec empressement à toutes ses demandes, ni que, à la suite d'une querelle avec lui, ils lui eussent refusé leur entremise, circonstance qui l'aurait [*incité*] à percer la muraille, faute de trouver dans le personnel [*de la maison*] les mêmes [*dispositions, les mêmes complaisances à son égard*. . . .

(Il manque 5 ou 6 lignes au bas de la col.)

Col. II . . . . .,] il n'aurait pas percé la muraille. Comment en effet un homme qu'aucune nécessité ne presse, mais qui a tout loisir d'avoir des nouvelles de sa complice et de lui en faire tenir des siennes, [. . . .

(8 lignes mutilées.)

. . . . .] Jamais Ch[. . . (le mari)] ne lui avait

1. Sur ce texte et sur son interprétation, cf. la *Notice*, p. 119, sq. — Je ne reproduis ici que les passages les moins mutilés, et dont le sens apparaît ou se devine avec une netteté suffisante.

APPENDIX : ORATIO THEOPHILI[1].

edd. Grenfell et Hunt : *Oxyrhynch. Pap.*, pars XIII, 1919, n. 1607.)

Ox. Pap. 1607

Fragm. I.

(*in tribus columnis inter se cohaerentibus scriptum*)

(*Initio, versus 13 deperditi sunt*) . . . Τοῦτο]ν δι[ο]ρύξαι τὸν [τοῖχο]ν τῆ[ς] πρὸς τὴν [ἄνθρ]ωπον ὁμιλίας [ἕνε]κεν οὐδαμῶς [πιθ]ανόν ἐστιν. Οὔτε γὰ[ρ] ὡς ⟨πρὸς⟩ τοὺς πρότερον αὐτῷ λειτουργοῦντας καὶ πᾶν ὅ τι κελεύ[οι] προθύμως ὑπομένοντας διηνέχθη δεδήλωκεν, οὔθ' ὅτι, γενομένης πρὸς αὐτὸν ἀψιμαχίας, ἐκεῖνοι τὴν χρείαν [ἀ]πείπαντο, ὅθεν ὁ Λυκόφρων ἐπὶ τὸ τὸν τοῖχον διορύξαι κατηπ[είχθ]η, μηκέτι [τῶν] σω[μ]άτων [ἔνδον] ὁμοίως τε [καὶ εὐμενῶς πρὸς αὐτὸν ἐχόντων, ... Col. I

(*In parte inferiore columnae, 5 vel 6 vv. desunt.*)

. . . . . .]σθαι, οὐκ ἂν διώ[ρ]υξε τὸν τοῖχον. Πό[θ]εν γὰρ ἄνθρωπος [μ]ηδὲν κατεπειγό[μ]ενος, ἀλλ' ἔχων τὴν [ἐ]ξουσίαν καὶ τὰ παρ' ἐκείνης εἰδέναι καὶ τὰ παρ' αὐτοῦ λέγειν, [κ]αὶ [. . . . . Col. II

(*Sequuntur truncati v. 8.*)

. . . . . .]ατο, καὶ το[ύτῳ οὐδέ]ποθ' ὁ Χ[...(*maritus*)

1. E multis fragmentis, ea tantum hic propono quæ, satis continuo tenore servata, summatim saltem intelligi possunt. Inventorum scripturam, additis aut mutatis paucissimis verbis, sequor.

[*interdit*] sa maison ; et on pouvait ranger dans le domaine de l'impossible une querelle survenant entre les servantes de la femme et lui. Laquelle en effet aurait eu assez d'audace pour garder, sans en rien dire, les messages dont il la chargeait, ou ceux de sa maîtresse à Lycophron, en raison d'une hostilité personnelle ? Le danger crevait les yeux ; car, si [. . .

(*les 6 dernières lignes de la col. sont très mutilées*).

Col. III . . . . . .], comme les accusateurs l'ont [*avancé*]. En réalité, elles voyaient cet homme malade au dernier degré, et elles se représentaient très clairement la femme près de devenir la maîtresse de la maison ; d'où la crainte pour elles, une fois le mari mort, d'être exposées à payer tout acte antérieur de mauvais vouloir. Ainsi donc, l'idée d'un trou pratiqué dans le mur par Lycophron ne saurait trouver créance ; et il n'avait pas non plus l'habitude, comme il le dit, [*d'être en dispute*[1]] avec les servantes. Pourquoi, en effet, en eût-il été ainsi ? Quelle raison les obligeait à se brouiller avec lui, puisque, du moment où leur [*maîtresse*] était [*si bien*] disposée à son égard, [. . . . . .

(*les 14 lignes qui restent jusqu'au bas de la col. n'ont conservé que leurs premières lettres.*)

Fragm. V.

. . . . . .] : c'est une calomnie à l'égard de concitoyens. Sur quelles preuves s'appuie l'accusateur pour demander au jury un verdict de condamnation ? Il utilise, par Zeus, les témoignages des parents par alliance, Anaschétos, Théomneste et Criton. Or, à cet égard, il convient, juges, de ne pas s'en tenir à un examen superficiel ; car toute l'accusation [*repose sur*. . . . .

1. Le mot διαλέγεσθαι est donné comme se lisant tout entier et sans hésitation sur le papyrus. Pourtant, qu'on l'interprète par « causer » ou par « avoir des relations intimes », le sens n'en apparaît pas clairement ; on attendrait plutôt un verbe comme διαφωνεῖν, διίστασθαι, διαφέρεσθαι, « être en désaccord ».

τὴν] οἰκίαν ἀπ[εῖπεν·] καὶ μὴν ἀδυν[άτο]υ γε εἶχεν τάξιν τὸ τὰς θεραπαίνας αὐτῆς πρὸς τοῦτον διαφέρεσθαι. Τίς [γ]ὰρ ἂν οὕτως ἐγενήθη θρασεῖα, ὥστε ἢ τὰ παρὰ τούτου ῥηθέντα ἢ τὰ παρ' ἐκείνης πρὸς τοῦτον πα[ρα]σιωπῆσαι τῆς ἰδία[ς] ἔχθρας [ἕν]εκα ; Πρό[χ]ει[ρος δὲ] ἦν ὁ κίν[δυνος· εἰ μ]ὲν γὰρ [. . . . .

(*Imi vv. 6 valde mutilati.*)

. . . .] ἅπερ οὗτοι π[ρούθεν]το. Νῦν δ' ἐκ[ε]ῖν[ο]ν μὲν ἑώρων κα[θ'] ὑπερβολὴν ἀσθ[ε]νῶς διακείμεν[ο]ν, ταύτην δὲ τ[ὴν τῆ]ς ο[ἰ]κίας μ[έ]λλουσαν κυριεύειν π[ο]λὺ πρὸ ὀφθαλμῶν ἀνελάμβανον, μή, παθόντος τι τούτου, τιμωρίαν ὑποσχῶσιν ὧν ἀντέπ[ρα]ξαν. Οὐκοῦν οὔτ[ε δ]ι(ο)ρυχθῆναι τὸν τοῖχον ὑπὸ τούτου πιθανόν, οὔτε εἰώθει, καθάπ[ε]ρ λέγει, ταῖς θεραπαίναις διαφέρεσθαι. Τ[ίνος] γὰρ ἕνεκεν ; [Τί πρὸς] αὐτὸν τ[αύτας] διενεχ[θῆναι ἔδει,] ὅν, φιλο[φρονέστατα] δὴ τῆς [δεσποίνης] προσφε[ρομένης αὐ]τῷ, [. . . . . Col. III

(*Inde usque ad extremam columnam, insequebantur v. 14, quorum initia solum supersunt.*)

Fragm. V.

. . . . . πρὸς τ]οὺς συμπολι[τευ]ομένους διαβο[λήν.] Τίσιν οὖν τεκμ[η]ρίοις χρησάμενος τούτους κελεύ[ει] καταδικάζειν ; Χ[ρῆ]τ[α]ι, νὴ Δία, ταῖ[ς τῶν] κηδεστῶν μ[αρτυ]ρ[ί]αις, Ἀνασχέτ[ου] καὶ Θεομνήστ[ου καὶ] Κρίτωνος, ἃς καλ[ῶς] ἔχον ἐστίν, ὦ ἄ[ν]δρες δικασταί, μ[ὴ] παρέρ[γως] ἐξε[τά]σαι· τὴν [γά]ρ ὅλη[ν κα]τηγορί[αν] ἐκ το[. . . . .

Frag. I. Col. III 7 διαλεγεσθαι Ox. Pap. : forsitan aptius sit legere διαφέρεσθαι, quod tento.

Fragm. XIII.

A les entendre, au moment de marier] sa sœur à Charippe, Dioxippe était parti pour Olympie, où il allait faire couronner sa cité ; pendant ce temps, Lycophron aurait envoyé des lettres (à la femme) pour lui dire [*de ne pas consentir à ce mariage.* . . . .[1].

1. Il s'agit là apparemment des on-dit recueillis par Lycurgue auprès de la famille (cf. le discours d'Hypéride, § 3).

Fragm. XIII.

. . . . ὅτ' ἔμελλεν ἐγδοῦναι τ]ῷ Χα[ρίπ]πῳ τὴν [ἀ]δελφή[ν, ε]ἰς [Ὀ]λυ[μπίαν] ἀποδημῆσα[ι] τὸν Δ[ι]ώξιππ[ο]ν, στεφανώσ[ον]τα τὴν πόλιν. Λυκόφρονα δὲ, τέως μὲν [ἀπο]πέμποντα ἐπισ[τολά]ς, λέγειν [. . . .

III

POUR EUXÉNIPPE.

(330 ou peu après)

NOTICE

Après la bataille de Chéronée, en 338, au moment de la paix de Démade, Oropos, depuis longtemps disputée entre Thèbes et Athènes, avait été attribuée par Philippe aux Athéniens. Sur le champ, le peuple décida, sans stipuler aucune restriction, de répartir les cinq collines de ce territoire entre les dix tribus, en groupant par la voie du sort deux tribus par lot. Les choses restèrent un moment en cet état, et on avait déjà eu le temps de tirer des bénéfices des terrains ainsi concédés, quand tout à coup on s'avisa qu'il existait un cadastre de la contrée, dressé précédemment par une commission de cinquante membres[1], et que la colline échue aux tribus Acamantide et Hippothontide y était réservée au héros Amphiaraos (§ 16). Grave embarras.

Pour en sortir, on décide d'envoyer un citoyen considéré, Euxénippe, avec deux compagnons, consulter Amphiaraos lui-même par le procédé ordinaire de l'*incubation*. Euxénippe va passer une nuit dans le temple, comme on le lui avait commandé, et, en rentrant à Athènes, rapporte au peuple le songe où la divinité lui a fait connaître sa réponse. Quelle était-elle, au juste ? Hypéride, par malheur, ne la précise

1. Il paraît difficile de songer à un bornage exécuté après 338 ; car alors, à une dizaine d'années de distance, on n'aurait guère pu oublier ou négliger de parti pris la réserve faite en faveur d'Amphiaraos. Il devait remonter à une des périodes antérieures où Oropos appartenait aux Athéniens, soit avant 411, soit entre 377 et 366. Dans le second cas, notre procès étant un peu postérieur à 330, on aurait un recul d'au moins trente-cinq ans, ce qui est suffisant ; et le travail des ὁρισταί se placerait bien au temps où Athènes s'emploie avec ardeur à reconstituer son empire.

nulle part. Apparemment, elle était, soit à l'origine, soit dans la version d'Euxénippe, plus ou moins ambiguë, et prêtait à une certaine liberté d'interprétation. Je me la représente volontiers sous une forme de ce genre : « Il convient de rendre à chacun ce qui lui appartient, en se gardant toutefois de faire tort à personne ». Le dieu certes n'abandonnait pas ses droits ; mais, pour les intérêts humains liés à la question, il se préoccupait de les ménager, et ouvrait la voie à des arrangements amiables. Là-dessus, un jeune politicien, Polyeucte, content de se mettre en avant, mais aussi, j'imagine, convaincu en conscience de se conformer aux suggestions du songe[1], propose un décret portant à la fois que la colline consacrée à Amphiaraos lui sera restituée par les deux tribus qui la détiennent, et que celles-ci seront indemnisées par les huit autres de la perte ainsi éprouvée. La solution, en soi, paraît équitable ; mais, devant l'Assemblée, elle se heurtait imprudemment à l'égoïsme de la majorité. On le fit bien voir à Polyeucte : son décret, attaqué aussitôt, fut déclaré injuste et illogique ; et lui-même ne s'en tira pas sans une amende de vingt-cinq drachmes.

La peine, en somme, était légère. Néanmoins, Polyeucte, fort irrité de sa condamnation, entend en tirer vengeance. Il se retourne contre Euxénippe, cause, selon lui, de tout le mal. Il avait admis d'abord la véracité du songe en question ; maintenant, il accuse Euxénippe d'imposture : il s'est, dit-il, laissé corrompre par les tribus en danger d'être dépossédées ; il a donc desservi les intérêts du peuple pour de l'argent, en falsifiant dans son rapport la volonté d'Amphiaraos ; c'est un acte de haute trahison, et qui doit être jugé comme tel. Nous ne soupçonnions pas de pareilles consé-

1. Je ne crois pas qu'on puisse interpréter autrement l'expression d'Hypéride (§ 15) : ψήφισμα πρὸς τὸ ἐνύπνιον γράφειν, rédiger un décret basé sur le songe. Sans doute, la préposition πρός a souvent le sens de *contre* (ἰέναι πρὸς τοὺς πολεμίους, marcher contre l'ennemi ; ὁ πρὸς Λεπτίνην λόγος, le discours contre Leptine) ; mais elle signifie aussi plus d'une fois *conformément à, d'après* (πρὸς αὐλὸν ὀρχεῖσθαι, danser en se réglant sur la flûte ; πρὸς τὴν δύναμιν, selon son pouvoir). Polyeucte n'a évidemment pas proposé un décret en contradiction flagrante avec le songe, et Hypéride a tort de le qualifier (même §, un peu plus bas), de décret arbitraire, inspiré uniquement de sa fantaisie personnelle, ψήφισμα αὐτοτελὲς ἔγραψας.

quences à la mission d'Euxénippe ; la chose s'explique quand nous voyons Lycurgue intervenir à côté de Polyeucte.

Les deux protagonistes, par eux-mêmes, sont personnages de second plan. Euxénippe surtout ne nous est connu que par ce discours. Nous y apprenons qu'il a déjà un certain âge (πρεσβύτερος, § 13), et qu'il est riche (d'une richesse naturellement mal acquise, si on en croit son adversaire, § 32) ; mais ce n'est ni un orateur de métier ni un homme public (Hypéride, à maintes reprises, le qualifie d'ἰδιώτης) ; tout au plus, a-t-il dû faire partie de quelque collège administrant les biens d'un temple, puisqu'on lui reproche de n'avoir pas empêché Olympias d'offrir une coupe pour la statue d'Hygie (§ 19). — Polyeucte présente un peu plus de relief. Il existe à Athènes, dans le même temps, plusieurs citoyens de ce nom ; le nôtre ne saurait être identifié avec le plus célèbre d'entre eux, Polyeucte de Sphettos, puisqu'il appartient à la tribu Égéide (§ 12) ; c'est probablement le Polyeucte du dème de Cydantides, dont il est question dans Dinarque (*C. Dém.*, 58). Sans vouloir jamais se compromettre en luttant contre la Macédoine (§ 20), il brûle de jouer dans sa cité un rôle politique (προῄρησαι πολιτεύεσθαι, § 27), et il y apporte une ardeur toute juvénile, mais un peu brouillonne (ἐχρῆν σε μὴ εἰς τοὺς ἰδιώτας νεανιεύεσθαι, § 27 ; ὅλῃ πόλει πράγματα παρέχειν ἱκανὸς εἶ, § 13). Son nom figure deux fois dans les inscriptions parvenues jusqu'à nous : en 326, il fait attribuer une escadre à un stratège pour escorter un convoi de blé (*IG.*, II, 808 *a*, 38) ; et, en 322, il propose des honneurs pour divers prêtres (*IG.*, IV^2, 184 *b*). Lors d'un procès antérieur, il a eu recours aux bons offices d'Hypéride (§ 12). Plus souvent, comme ici, il se trouve en opposition avec lui : on citait d'Hypéride un discours κατὰ Πολυεύκτου περὶ τοῦ διαγράμματος, à propos du tableau fixant les parts à fournir dans les symmories pour l'eisphora, et un autre περὶ τοῦ Πολύευκτον στρατηγεῖν, peut-être à l'occasion des projets d'établissements athéniens dans l'Adriatique pour lutter contre les Tyrrhéniens (fr. 146 et sqq., Jens.)[1]. En tout cas, dans

1. Nous avons aussi la mention d'un πρὸς Πολύευκτον ; mais, comme il y est encore question de symmories, on a supposé, non sans vraisemblance, que ce discours se confond avec le κατὰ Πολυεύκτου.

la circonstance présente, c'est à Lycurgue que Polyeucte s'adresse pour soutenir avec lui l'accusation ; du coup, l'affaire prend une gravité inattendue.

Lycurgue en effet, dans toutes les causes dont il se charge, y intervient avec son zèle, presque son fanatisme de champion sévère et impitoyable du droit, de la morale, de la discipline d'autrefois. Nous comprenons, à la rigueur, qu'au nom des traditions glorieuses du passé, il ait réclamé ainsi la mort de Léocrate, coupable d'avoir lâchement abandonné sa patrie après Chéronée. Mais nous l'avons vu s'acharner de même contre Lycophron, inculpé d'adultère, sous prétexte que, en s'attaquant à la famille, il sapait les fondements essentiels de l'État. Ici, il s'inspire de ses instincts d'Eupatride et de ses convictions religieuses. A ses yeux, les dieux sont les protecteurs de la cité ; c'est donc le devoir, comme l'intérêt, de chacun de ne rien faire qui puisse les indisposer. On sait avec quel soin il s'appliquait, par exemple, à restaurer dans Athènes l'éclat des Panathénées, à restituer aux divers sanctuaires les statues envoyées à la fonte pendant la Guerre du Péloponnèse, à rétablir en l'honneur de toutes sortes de divinités des sacrifices oubliés, et, en particulier, à réorganiser et à développer les fêtes d'Éleusis [1]. Maintenant qu'Oropos est rendue aux Athéniens, ce n'est pas le moment de mettre en discussion les privilèges dont Amphiaraos a joui autrefois [2] ; tout compromis à cet égard devient un crime envers l'État : à défaut d'autre loi, Euxénippe est passible de l'eisangélie. En écrivant la défense de Lycophron, Hypéride avait déjà protesté contre l'extension fâcheuse de ce genre de procédure, mais assez brièvement, semble-t-il (fr. 3 *bis*). Ici, il reprend la même idée, en en faisant alors l'argument capital de sa plaidoirie.

Pour mieux suivre sa discussion, rappelons d'abord à grands traits l'essentiel de ce que nous savons sur l'eisangélie. Au

1. Cf. dans le *Lycurgue* de la Collection Budé, l'Introduction de F. Durrbach, p. XXVIII sqq.

2. Sous l'inspiration de Lycurgue, on dédie à Amphiaraos une couronne d'or, on répare son temple, on lui consacre une pentétéride qui est inaugurée en grande solennité, et on lui érige un sanctuaire dans Athènes même (pour les références, cf. Glotz, *Hist. grecque*, t. IV, p. 204, n. 108).

sens où il l'entend[1], elle est, suivant la définition d'Harpocration, une action publique « concernant des délits politiques très graves, qui n'admettent pas de remise, et pour lesquels il n'existe ni magistrature compétente ni lois permettant aux autorités d'introduire une poursuite régulière » (Harp., *s. v.* : Τρία δ' ἐστὶν εἴδη εἰσαγγελιῶν.... · ἡ μὲν γὰρ ἐπὶ δημοσίοις ἀδικήμασι μεγίστοις, καὶ ἀναβολὴν μὴ ἐπιδεχομένοις, καὶ ἐφ' οἷς μήτε ἀρχὴ καθέστηκε μήτε νόμοι κεῖνται τοῖς ἄρχουσι καθ' οὓς εἰσάξουσιν).

L'institution paraît en remonter à Solon (Aristote, Ἀθ. πολ., VIII, 4), et répondre au désir de prévenir ou de réprimer les attentats contre la démocratie. Elle rentre d'abord dans les attributions normales de l'Aréopage. Mais, assez vite, celui-ci perd la plupart de ses pouvoirs ; à sa place, le Sénat ou l'Assemblée du peuple se chargent d'être les gardiens de la constitution. En tout cas, l'eisangélie subsiste jusqu'au mouvement oligarchique des Quatre-Cents qui, pendant leur court passage au pouvoir, en 411, s'empressent de la supprimer (Aristote, Ἀθ. πολ., XXIX, 4). Elle reparaît aussitôt après leur chute, et c'est à elle sans doute que répond le décret si sévère de Cannônos, dont il est question dans le procès des Arginuses (Xén., *Hell.*, I, 7, 20), décret d'après lequel l'accusé doit comparaître chargé de fers, et, en cas de condamnation, avoir son corps jeté dans le barathre et ses biens confisqués. L'eisangélie fut-elle abolie sous les Trente, comme elle l'avait été sous les Quatre-Cents ? C'est vraisem-

1. Prise dans son ensemble, la question de l'eisangélie ne laisse pas d'être assez compliquée. D'abord, le mot se trouve, employé d'une façon vague, au sens de dénonciation, μήνυσις (Lysias, *C. Érat.*, 48 ; *C. Agorat.*, 56), ou même simplement d'action publique, γραφή (Isée, *Hér. d'Hagnias*, 6). Puis, envisagé comme terme plus précis de la langue juridique, il désigne des modes de procédure très distincts les uns des autres : p. ex., il en existe de ce nom à la suite de mauvais traitements infligés à des mineurs, à des orphelins, à des filles épiclères (Isée, *Hér. de Pyrrhos*, 46-47), ou contre des arbitres publics dont on croit avoir à se plaindre (Dém., *C. Midias*, 86-87). Enfin, même si nous nous en tenons aux eisangélies réservées, en principe, aux actes qui compromettent la sûreté de l'État, leur législation a varié plus d'une fois ; et les textes dont nous disposons aujourd'hui ne nous renseignent pas toujours aussi clairement ni aussi complètement que nons le souhaiterions.

blable. En tout cas, elle existe de nouveau dans tout le cours du IVᵉ siècle ; et, à ce moment, on a essayé de la réglementer, apparemment lors des réformes de l'archontat d'Euclide, en 403, en définissant dans une loi spéciale (νόμος εἰσαγγελτικός) les circonstances où elle est applicable.

En principe, elle peut être portée devant le Sénat ; mais, s'il la retient, il ne dispose, comme peine maximum, que d'une amende de 500 drachmes. En fait, le peuple tend de plus en plus à accaparer toutes les causes importantes ; la constitution prévoit la faculté de déposer des eisangélies à la séance principale de chaque prytanie (Aristote, Ἀθ. πολ., XLIII, 4). Dans ce cas, après un premier débat contradictoire entre l'accusateur et l'accusé, l'Assemblée a d'abord à voter sur la question préalable de l'acceptation ou du rejet de la dénonciation. L'accepte-t-elle ? Il faut encore décider si l'affaire sera jugée directement par l'Assemblée, se constituant en Haute-Cour, ou renvoyée devant les tribunaux (comme il arrive pour Lycophron ou pour Euxénippe). De toute façon, le danger est grand pour l'inculpé ; car il court le risque d'être condamné à mort, et privé même du droit d'être enseveli en terre attique (*P. Lyc.*, § 20 ; *P. Eux.*, § 18).

Dès que le procès s'engage, les Onze ont à s'assurer de la personne de l'accusé, et à le garder en prison. Pourtant, sauf dans des circonstances particulièrement graves, il peut être laissé en liberté, à condition de fournir trois cautions (ἐγγυηταί), prises parmi les citoyens d'un cens égal au sien. Et, à ce moment, il semble bien qu'il lui soit loisible encore de partir en exil, s'il le veut, sans être inquiété[1].

1. Il reste là pour nous quelque chose d'assez obscur. Le fait lui-même n'est pas douteux : Hypéride nomme cinq citoyens qui spontanément ont pris le parti de s'exiler sans attendre les débats (§ 2 : αὐτοὶ ᾤχοντο φεύγοντες ἐκ τῆς πόλεως), et Eschine en dit autant à propos du grand-père maternel de Démosthène (*C. Ctés.*, 171 : φυγὰς ἀπ' εἰσαγγελίας ἐκ τῆς πόλεως ἐγένετο, τὴν κρίσιν οὐχ ὑπομείνας). Le scoliaste à ce passage sent le besoin d'une explication ; mais il manque, lui aussi, de netteté : τὴν κρίσιν· οἷον τὴν τιμωρίαν. Ἐξῆν γὰρ φυγεῖν μετὰ τὴν πρώτην κρίσιν, εἰ καὶ θάνατός τινος κατεγνώσθη. J'entends qu'on était libre de partir en exil après le premier débat (déclarant l'affaire recevable), même si l'on devait aboutir finalement à une condamnation à mort (qui demeurait ainsi sans effet, pourvu que le coupable n'essayât pas de rentrer en Attique).

Quoi qu'il en soit, c'était là, dans l'esprit du législateur, un mode de poursuite exceptionnel et réservé seulement à des cas bien déterminés. Néanmoins, peu à peu, pour des raisons diverses, l'usage s'en est multiplié. Parfois, un citoyen, rigide par tempérament, y voit, dans un mouvement d'indignation sincère, le seul moyen de réagir avec succès contre la mollesse des mœurs de son temps. Mais les Lycurgues sont rares ; plus souvent, les partis politiques trouvent là une arme commode contre leurs adversaires ; ou même simplement l'eisangélie sert, comme chez notre Polyeucte, à assouvir une vengeance personnelle. Ajoutons que, pendant assez longtemps, elle offrait à ceux qui l'employaient l'avantage de leur épargner le risque d'avoir à payer une amende de 1 000 drachmes, s'ils ne réunissaient pas le cinquième des suffrages ; mais ce privilège a dû être supprimé entre 333 et 330 (cf. la Notice au *disc. P. Lycophron*, p. 121, sqq.). C'est pourquoi Hypéride, après avoir usé de cet argument dans la défense de Lycophron (§ 8 et 12), n'en dit plus un mot à propos d'Euxénippe.

Ici, le point sur lequel il insiste, — il y revient à trois ou quatre reprises, — c'est la façon tout arbitraire dont les accusateurs, Polyeucte en particulier, recourent à l'eisangélie. Il pose d'abord la question d'une façon générale (§§ 1-4). Jadis, dit-il, les procès de cette nature étaient réservés à des fautes graves et manifestes : ils visaient des personnages qui, revêtus de fonctions publiques, s'en étaient mal acquittés ; et ceux-ci, conscients de leur culpabilité, n'osaient presque jamais affronter les débats. A l'appui de son dire, il en cite cinq, de notoriété d'ailleurs fort inégale, dont le plus illustre de beaucoup est Callistrate d'Aphidna[1]. A la fois financier, général et homme d'État, il avait joué un rôle considérable à Athènes pendant une trentaine d'années, de 391 à 361 ; et il avait même été le véritable chef du gouvernement depuis le congrès de Sparte, en 371, jusqu'à sa condamnation, en 361. Très souple dans sa politique, il avait d'abord recherché

1. Sur Callistrate, cf. diverses études de P. Cloché : *La politique de l'Athénien Callistratos* (dans *Rev. des Ét. anciennes*, 1923, p. 5-32) ; — Id. : *La politique étrangère d'Athènes, de 371 à 361* (dans *Rev. belge de philol. et d'hist.*, 1923, p. 399-418) ; — Id. : *La politique étrangère d'Athènes, de 404 à 338*, ch. IV à VII (1934).

l'alliance de Thèbes contre Sparte, au temps où il s'agissait de relever Athènes de l'état d'abaissement où l'avait laissée la Guerre du Péloponnèse. Puis, dès qu'il avait senti chez les Thébains l'ambition de dominer la Grèce, il s'était rapproché de Sparte, et était devenu l'adversaire décidé d'Épaminondas. Au fond, son but était toujours d'assurer, en tenant compte des circonstances, l'indépendance et la sécurité de sa patrie. Malheureusement, l'Athènes du IVe siècle n'avait plus ni les ressources, ni le patriotisme, ni l'esprit de sacrifice de celle du Ve siècle ; à côté de succès momentanés, elle subissait aussi plus d'un échec (en Thessalie, en Macédoine, devant Amphipolis, près du Grand Roi) ; et volontiers elle s'en prenait alors non à elle-même, mais à ses chefs. Ainsi, en 366, quand Thèbes, avec l'aide du tyran d'Érétrie, Thémison, s'est emparée d'Oropos, Callistrate est déjà cité en justice ; il accepte la lutte, et est acquitté. Mais, quelques années plus tard, quand Athènes a éprouvé de nouveaux déboires (dans la mer Ionienne comme dans l'Hellespont), bien qu'il n'en soit sans doute pas personnellement responsable, de nouveau la colère du peuple se déchaîne contre lui, en 361 ; et, cette fois, il n'ose pas affronter le jugement. — Hypéride fait allusion à son talent de parole (ῥήτωρ ὤν). On contait que sa belle défense, en 366, avait éveillé la vocation de Démosthène ; l'anecdote est loin d'être sûre ; en tout cas, bien qu'il n'eût publié aucun de ses discours, il passait, de l'avis des meilleurs connaisseurs (Démosthène et Eschine s'accordent sur ce point), pour un habile et puissant orateur.

Les autres personnages nommés à côté de lui sont beaucoup moins célèbres : ce sont des stratèges, malheureux ou incapables, accusés vers le même temps. Léosthène (le père apparemment du héros de la Guerre Lamiaque) a perdu plusieurs navires dans un combat contre la flotte d'Alexandre de Phères devant Péparéthos ; surtout, il a laissé l'ennemi profiter de sa victoire pour se jeter à l'improviste sur le Pirée et y opérer une razzia fructueuse (été 361). — Timomaque, étant stratège à Thasos, en 360, y fait venir, sur un de ses vaisseaux, son beau-frère Callistrate qui, après le procès dont nous parlions tout à l'heure, s'était retiré à Méthone. D'autre part, il ne s'aperçoit pas des dilapidations de son trésorier ; et, quand il veut intervenir dans la Chersonèse, il se laisse berner par le roi de Thrace, Cotys. Procès en 360. — Dans la même année, Théotime est décrété d'eisangélie pour n'avoir pas su déjouer une conspiration ourdie à Abydos, et qui a eu pour résultat de livrer à Cotys l'importante place de Sestos, sur l'Hellespont. — Quant à Philon, nous devons renoncer à l'identifier ; car le dème qui lui est attribué sur notre papyrus (ἐξ 'Αναίων) n'existe pas, et n'est restitué que par conjecture (Αἰξωνεύς ?).

En somme, tous les exemples cités par Hypéride se placent en 361 ou 360, soit environ trente-cinq ans avant notre discours ; ils concernent alors exclusivement des stratèges ou des orateurs. Maintenant, on attaque par la même voie des gens tout à fait étrangers à la vie publique, et à qui, par suite, on ne saurait reprocher d'avoir mis en danger la sûreté de l'État. Nous ne sommes donc pas surpris de ne savoir à peu près rien sur leur compte. Euxénippe, nous l'avons déjà dit, n'est connu que par ce discours. Diognide et Antidore, qui formaient des joueuses de flûte pour les faire paraître dans les festins, n'ont, on le devine, laissé aucun souvenir. Quant à Agasiclès, si c'est bien contre lui qu'était dirigé un discours attribué à Dinarque, précisément dans une affaire d'eisangélie, il était d'ascendance scythe ; son père, établi au Pirée, y était arrivé à l'emploi de commis d'un vérificateur des poids et mesures (προμετρητής) ; et lui-même, plus ambitieux, et sans doute à la tête d'une certaine fortune, aurait tenté, en payant pour cela les gens d'Halimonte, de se faire inscrire dans leur dème.

Après avoir ainsi mis en relief ce qu'il y a d'étrangement arbitraire dans cette nouvelle façon de procéder, Hypéride, serrant de plus près le cas de son client, demande sur quel texte on prétend se fonder pour obtenir sa condamnation. Un article de la loi relative aux eisangélies vise les menées antidémocratiques, pratiquées isolément ou en groupe ; un autre, les fautes militaires aboutissant à livrer à l'ennemi une ville, une flotte, une force de terre ou de mer ; un troisième le cas des orateurs qui donnent au peuple des conseils contraires à son intérêt, parce qu'ils ont reçu de l'argent pour cela [1].

1. Hypéride n'était pas tenu d'énumérer tous les articles de la loi. Ainsi, Pollux (VIII, 52), d'après le *Traité des lois* de Théophraste, en rapporte d'autres : « si on se rend chez l'ennemi sans y avoir de mission, si on établit sa demeure près de lui, si on fait campagne

Ce dernier est évidemment le seul dont Polyeucte puisse tirer parti contre Euxénippe ; encore y faut-il beaucoup d'artifice, et c'est pourquoi il veut lui interdire de rappeler devant ses juges la loi invoquée contre lui. Car il est trop clair qu'il y a abus à présenter pour la circonstance Euxénippe comme un orateur, et à assimiler son rapport sur le songe qu'il a eu dans le temple d'Amphiaraos aux harangues par lesquelles un chef de parti, à la tribune, provoque de graves résolutions politiques (§§ 7-11).

D'ailleurs, ajoute-t-il un peu plus loin (§§ 27-31), ce n'est même pas assez de limiter les poursuites par voie d'eisangélie aux cas prévus par la loi ; il faut encore articuler nettement les griefs sur lesquels on s'appuie. Cette règle, Hypéride affirme l'avoir toujours suivie pour son compte dans les procès où il a été mêlé. Il se borne à mentionner d'un mot ceux d'Aristophon et de Diopithe[1], qui ont dû porter sur des questions d'illégalité ou de redditions de comptes ; il insiste beaucoup plus sur celui de Philocrate, où il s'agissait, comme ici, d'une eisangélie. Non seulement, dit-il, ma plainte était fondée en droit, puisque je m'en prenais à un orateur qui s'était laissé corrompre pour présenter des résolutions contraires aux intérêts d'Athènes ; mais, à cinq ou six reprises, j'ai eu soin de rappeler les décrets ou les actes pour lesquels je l'incriminais. Il ne les précise pas autrement ; mais nous pouvons sans peine nous les imaginer : il s'agit des poursuites engagées, au début de 343, contre Philocrate, peu avant celles dont Démosthène se chargera contre Eschine *Sur les prévarications de l'Ambassade*.

Ce Philocrate[2], en effet, est l'homme qui, après s'être employé, dès 348, à rendre possible la reprise des relations diplomatiques entre Athènes et la Macédoine, a proposé, en 346, l'ouverture de négociations de paix avec Philippe. Les conditions du roi une fois connues, bien qu'elles fussent assez

avec lui, si on accepte ses présents ». Et ce n'étaient sans doute pas encore les seuls : dans le passage du disc. *P. Lycophron* (fr. 3 *bis*), où il semble avoir résumé les crimes qui relèvent normalement de l'eisangélie, Hypéride y comprend le cas d'« incendie d'archives ».

1. Nous reviendrons plus loin (p. 157, sq.) sur la façon dont sont présentés ces deux personnages.

2. Pour plus de détails sur le rôle joué par Philocrate, cf. la *Biographie*, p. 22 sqq.

peu conformes aux espoirs des Athéniens, il les a fait adopter telles quelles par l'Assemblée du peuple. Quand il s'est agi ensuite d'aller recevoir le serment du roi, il a perdu un temps précieux, et, soit par manque d'intelligence, soit par une véritable trahison pour laquelle il aurait été payé, il a laissé s'aggraver encore la situation de sa patrie. Enfin, à son retour, pour compléter son œuvre, il a fait voter un décret en l'honneur de Philippe, où il était stipulé que l'alliance conclue avec lui serait valable aussi avec ses descendants. Evidemment, il y avait là pour Hypéride de quoi nourrir son réquisitoire [1].

Tel n'était évidemment pas le cas pour Polyeucte, et Hypéride prend soin de le rappeler encore aux juges avant de terminer (§ 38) : « La cause est sans gravité aucune, et nous sommes en présence d'une eisangélie de telle sorte que non seulement Euxénippe ne tombe pas sous le coup de cette procédure, mais encore qu'il a fallu aller contre les lois afin de la mettre en jeu ».

Toute cette argumentation d'Hypéride est très forte, et on comprend qu'il y ramène si volontiers l'attention du tribunal [2]. Il y intercale un exposé des faits assez bref (§§ 14-19), sans s'astreindre ni à les raconter en détail ni à les discuter point par point ; car, à la différence du procès de Lycophron, il ne se borne pas ici à composer la réplique d'Euxénippe à son accusateur, en lui laissant le soin de la réciter ; il intervient personnellement dans le débat, à la suite d'ailleurs d'un autre défenseur (§ 15) [3] ; il est donc libre de choisir les

1. En la circonstance, Hypéride a dû s'exprimer avec gravité et sur le ton de l'indignation. Ailleurs, il sait, sur le mode ironique, présenter une accusation tout aussi précise et tout aussi accablante contre Euthycrate, le traître d'Olynthe, quand, peu après Chéronée, Démade a l'audace de demander pour lui la proxénie ; cf. la *Biographie*, p. 30 sq.

2. Rien de plus naturel en effet que de demander à l'accusateur le strict respect de la loi dont il se réclame lui-même. Pourtant n'oublions pas, qu'à l'occasion, si notre orateur se trouve gêné par un texte de loi, il sait fort bien mettre toute son ingéniosité à démontrer qu'il convient de l'interpréter, et d'en considérer non la lettre, mais l'esprit : c'est la thèse qu'il soutient, p. ex., à grand renfort de science juridique, dans son disc. *C. Athénogène*.

3. Il joue le rôle de deuxième et dernier synégore. Après sa plaidoirie, il ne prévoit plus que les supplications d'usage (§ 41).

points sur lesquels il lui convient de revenir. Restent les griefs soulevés en dehors de la cause, dont Polyeucte, faute de mieux, a dû faire un large emploi. Hypéride en retient surtout ses insinuations sur les ménagements qu'Euxénippe aurait eus pour la Macédoine ; et, avec toute l'autorité que lui donne son attitude politique bien connue, il s'attache longuement (§§ 19-27) à démontrer que rien, dans la conduite de son client, ne justifie pareil reproche. Au contraire, il passe très vite sur les attaques touchant à sa vie privée : qu'il ait recherché pour sa fille un beau mariage avec Philoclès, qu'il ait adopté lui-même les habitudes fastueuses de Démotion [1], qu'il jouisse d'une fortune plus ou moins considérable, tout cela, dit-il, n'a rien à voir avec la cause actuelle (§§ 31-33). Au lieu de s'y attarder, il préfère donc en profiter pour flétrir, d'une façon générale, les procédés des sycophantes, et pour vanter, par contre-coup, le sentiment de la justice que le peuple sait souvent opposer à leurs offres les plus alléchantes (§§ 33-38).

Voici d'ailleurs, dans l'ordre adopté par lui, comment se présente son plaidoyer.

Déformation fâcheuse de l'eisangélie : jadis réservée à des fautes graves et compromettant la sûreté de l'État, elle est maintenant employée à tout propos et pour des griefs ridicules (§§ 1-4).

Critique des procédés de Polyeucte en la circonstance. 1° Dans une action publique, il convient d'abord d'examiner si elle s'engage régulièrement. La législation athénienne a prévu des juridictions déterminées pour les divers délits ; elle a spécifié les cas qui relèvent de l'eisangélie. Or, ici, Polyeucte

1. Philoclès et Démotion étant cités sans le nom de leur père ni de leur dème, il est difficile de les identifier avec certitude. Philoclès est peut-être l'homme, sûrement considérable, visé dans le disc. III de Dinarque : trois ou quatre fois hipparque et plus de dix fois stratège, il commandera, en particulier, à Munychie en 325/4, l'année de l'arrivée d'Harpale ; à ce titre, il sera, avec Démosthène et d'autres, accusé de s'être laissé corrompre ; il jouissait personnellement d'une grande fortune (Din., III, 18). — Quant à Démotion, on songe à un prodigue dont se moque le poète comique Timoclès (*Fragm. com. gr.*, Did., p. 616 ; fr. 2 des 'Επιστολαί) : « Démotion, croyant qu'il aurait toujours de l'argent, ne le ménageait pas ; il tenait chez lui table ouverte. »

est si peu sûr de lui qu'il prétend interdire à Euxénippe de se référer à la loi en vertu de laquelle il le poursuit (§§ 4-11).

2° Il veut empêcher son adversaire de faire appel à personne pour sa défense. Mais lui, quand il est accusé, ne manque pas de recourir à des synégores (Hypéride l'a ainsi assisté, à l'occasion) ; et, cette fois où il est accusateur, il s'est assuré l'appui de Lycurgue (§§ 11-14).

Exposé et discussion des faits. Que reproche-t-on à Euxénippe ? le songe qu'il a rapporté au peuple. Mais, s'il est exact, il n'y a eu aucune faute de sa part ; si, au contraire, il est faux et imaginé pour servir certains intérêts, Polyeucte devait s'informer à Delphes de sa véracité, au lieu de s'appuyer sur lui pour proposer son décret (§§ 14-16).

Ce décret d'ailleurs était illogique, comme le peuple l'a reconnu (§§ 16-18).

Parce que Polyeucte s'est vu, de ce chef, infliger une amende de vingt-cinq drachmes, il rend Euxénippe responsable de sa condamnation, et, pour se venger, il n'hésite pas à demander sa mort (§ 18).

Réfutation de griefs étrangers à la cause. Affaire de la coupe d'Olympias. Euxénippe a laissé Olympias, la mère d'Alexandre, offrir une coupe pour la statue d'Hygie à Athènes ; Polyeucte en profite pour présenter Euxénippe comme un ami de la Macédoine. Pourtant lui-même ne s'est jamais soucié, afin de prouver son patriotisme, de tenir tête aux Macédoniens ; et il serait bien incapable de préciser de la part d'Euxénippe aucun acte de flatterie à leur égard (§§ 19-24).

De plus, c'est une maladresse de soulever la question de cette coupe, maladresse qui risque de retomber sur Athènes (§§ 24-27).

En réalité, il n'est rien où Polyeucte ne soit capable de trouver matière à accusation. Mais, quand un homme politique intente une eisangélie, il ne doit pas la diriger contre de simples particuliers ; et, de plus, il est tenu de la justifier en produisant ses preuves à l'appui. C'est ainsi qu'Hypéride prétend avoir toujours agi, en particulier dans le procès de Philocrate (§§ 27-31).

Autres insinuations lancées contre Euxénippe (à propos du mariage de sa fille, de son genre de vie, de sa fortune). De tels arguments dénotent chez leur auteur un vilain tour d'esprit, et, à l'égard des juges, un soupçon injurieux sur la façon dont il est possible d'influencer leur vote (§§ 31-33).

Éloge de l'attitude très digne de la démocratie athénienne vis-à-vis des sycophantes : exemples tirés de procès récents. Tisis d'Agrylé accusait plusieurs citoyens de s'être enrichis à exploiter des mines sans déclaration ; il n'a même pas obtenu le cinquième des suffrages. Lysandre dénonçait d'autres mines comme s'étant indûment étendues en dehors de leurs limites ; le tribunal a reconnu l'inexactitude du grief, et confirmé leur bail aux concessionnaires. Il faut se défier d'une politique facile et à courte vue (§§ 33-38).

Dernière considération en faveur d'Euxénippe. Non seulement l'affaire est futile, et n'a rien à voir avec l'eisangélie. Mais, puisque, au dire même de Polyeucte, Euxénippe s'est laissé corrompre par certains de ses concitoyens, voilà ceux qu'il fallait poursuivre (§§ 38-40).

Péroraison. Que les juges se fassent relire la loi sur les eisangélies, qu'ils voient si elle s'applique au cas présent, et qu'ils votent suivant leur conscience. Quant à Euxénippe, qu'il use des procédés courants pour exciter la pitié (§§ 40 et 41).

Ce plaidoyer ne manque certes pas d'habileté. Pourtant on n'est pas sans y sentir plus d'une fois les artifices de la rhétorique. Par exemple, quand Hypéride examine le décret de Polyeucte dont le rejet, ayant entraîné la condamnation et le ressentiment profond de son auteur, se trouve à la base de toute l'affaire, il prétend, pour lui démontrer qu'il avait tort, l'enfermer dans un dilemme (§ 17) : ou la colline occupée par les deux tribus en cause constituait leur propriété légitime, et tu ne devais pas la leur enlever ; ou elle avait été réservée à Amphiaraos, et tu n'avais pas de compensation à réclamer pour une occupation sacrilège. Mais le raisonnement a quelque chose de sophistique ; car c'était le peuple qui avait divisé en cinq lots le territoire d'Oropos ; s'il se croyait, après coup, obligé de reprendre l'un d'entre eux, il était naturel de demander aux huit tribus non lésées d'accorder aux deux autres un dédommagement. — Plus loin (§§ 24-27), de ce qu'Olympias a envoyé à Athènes une coupe à mettre dans la main d'Hygie, il conclut qu'Athènes, par réciprocité, a le droit, à Dodone, de témoigner comme il lui plaît sa piété envers Dioné. Toutefois, d'un côté il s'agit du simple remplacement d'un accessoire, de l'autre de la réfection totale d'une statue : l'assimilation n'est-elle pas un peu forcée ?

Ailleurs, en bon avocat, Hypéride sait à merveille réduire ou grossir l'importance des faits dont son argumentation a besoin. A présent, dit-il, on applique l'eisangélie aux causes les plus futiles (§ 3) : on poursuit de la sorte Diognide et Antidore pour avoir loué trop cher leurs joueuses de flûte ; il est évidemment ridicule de recourir, pour un tel délit, à une procédure exceptionnelle. Mais, avec Agasiclès qu'il cite ensuite, il s'agit, à tout le moins, de fraude électorale, peut-être même d'une tentative d'usurpation de nationalité (cf. ci-dessus, p. 151) ; le cas, surtout s'il tend à se généraliser, est beaucoup plus sérieux. Quant à Euxénippe, simple histoire de songe ! raille Hypéride ; Lycurgue, on le devine, prenait moins légèrement la chose.

En sens inverse, évoque-t-il, dans le passé, cinq cas d'eisangélie en les proclamant bien fondés (§ 1), nous avons déjà noté que, seul parmi les accusés, Callistrate était, en réalité, un personnage considérable. — De même, quand il parle des citoyens poursuivis par lui, la façon dont il les présente ne laisse pas d'être discutable. Ainsi, il s'en est pris, dit-il, à Aristophon d'Azénia, un des chefs les plus influents du gouvernement (ὃς ἰσχυρότατος ἐν τῇ πολιτείᾳ γεγένηται, § 28). Sans doute, Aristophon a joué un certain rôle dans l'Athènes du IVe siècle [1] ; et Démosthène (*Ambass.*, 297) le cite, avec Callistrate et Diophante, comme un de ceux qui ont eu leur heure de puissance (πολλοὶ παρ' ἡμῖν ἐπὶ καιρῶν γεγόνασιν ἰσχυροί). Mais, dans sa longue carrière, il ne s'est trouvé vraiment au premier plan que pendant six ou sept ans, de 361 à 355 ou 354, entre la chute de Callistrate et le moment où, à la suite des revers de la Guerre Sociale, la politique de paix et de résignation prévaut avec Eubule. Or, le procès auquel Hypéride fait allusion est antérieur à cette période. Il se rapporte aux troubles survenus dans l'île de Céos, en 363 : Aristophon, alors stratège, a réussi à les réprimer, mais en faisant preuve d'une dureté maladroite, et qui ne

1. Nous avons déjà eu l'occasion de dire quelques mots de ce personnage dans la *Biographie*, p. 16, sq.

l'empêchait pas d'ailleurs de se montrer accessible à la corruption ; d'où l'action engagée contre lui, où Hypéride faillit, à deux voix près, emporter sa condamnation. Celui-ci est fier d'en rappeler le souvenir, parce que l'affaire lui a servi à fonder sa réputation d'orateur politique ; mais Aristophon était loin d'avoir, en 363 ou 362, la notoriété qu'il lui prête. On l'avait vu, en 403, reprenant une idée de Périclès, proposer une loi pour refuser la jouissance des droits civiques à quiconque ne serait pas né d'un père et d'une mère Athéniens l'un et l'autre ; puis, pendant quarante ans, on n'avait plus guère entendu parler de lui jusqu'à sa stratégie de Céos. — Dans le même passage, Hypéride cite aussi, comme un des personnages importants qu'il a combattus, Diopithe de Sphettos. Or, ce dernier semble bien moins encore mériter l'épithète d'homme fort considérable dans l'Etat (§ 29 : ὃς δεινότατος ἐδόκει εἶναι τῶν ἐν τῇ πόλει). En effet, nous ne savons à peu près rien sur son compte [1], et nous en sommes réduits aux hypothèses sur la circonstance où il a été attaqué par Hypéride (peut-être après sa triérarchie de 349/8). Cela ne correspond guère à la situation éminente dont parle notre orateur [2].

Signalons encore, comme un procédé facile pour se concilier la bienveillance du tribunal, l'éloge des traditions démocratiques. On ne saurait trop insister, dit Hypéride, sur le souci, dans une démocratie, d'assurer l'exécution des lois (§ 5) ; qu'y a-t-il, dans les institutions de notre cité, de meilleur et de plus démocratique que le libre usage des synégores montant à la tribune pour apprendre aux juges où est le droit dans l'affaire (§ 11) ? il n'est pas une démocratie au monde, pas une monarchie, pas une nation, plus magnanime que la démocratie athénienne (§ 33). De telles déclarations peuvent être glissées dans n'importe quel plaidoyer.

Veut-on enfin des lieux communs ? Nous en trouvons sur la compétence spéciale des principales juridictions (§ 6) [3], ou

1. Cf. *Biographie*, p. 21.

2. Pour cette raison sans doute on a parfois proposé de substituer dans notre texte Diophante à Diopithe : la correction est arbitraire. Un autre Diopithe serait plus célèbre : c'est le général énergique qui tient tête à Philippe dans la Chersonèse, en 342, et dont Démosthène fait l'éloge à plusieurs reprises ; mais il est de Sounion.

3. Ce développement était évidemment prévu dans les manuels

sur le danger qu'offrent, pour la défense, les griefs soulevés hors de la cause par l'accusation (§ 31). Toutefois, à l'occasion, il sait fort bien recourir, lui aussi, à des développements assez éloignés de son sujet. Je songe à la page (§§ 34-37) qu'il consacre à des procès concernant l'exploitation des mines du Laurion [1]. Euxénippe avait-il acquis sa fortune de cette manière? il n'en a pas été dit un seul mot auparavant. La liaison semble être plutôt dans l'idée que les imputations de Polyeucte sur la richesse de son adversaire, sur son genre de vie, sur le mariage de sa fille sont des procédés de sycophante. Partant de là, Hypéride s'étend sur les machinations récentes des sycophantes Tisis et Lysandre contre divers citoyens; nous nous écartons beaucoup de l'affaire d'Euxénippe.

de rhétorique. Nous le retrouvons en effet plus d'une fois chez les orateurs; mais il est présenté de différentes façons, suivant les besoins de la cause. P. ex., dans le *disc. C. Pantainétos*, § 33, Démosthène montre qu'un même procès peut donner lieu à plusieurs actions distinctes; dans le *disc. C. Lacritos*, §§ 47-50, il estime qu'on peut être fort embarrassé, dans un cas donné, pour savoir à quels juges s'adresser; et, dans le *disc. C. Androtion*, §§ 25-29, il loue Solon d'avoir ouvert plusieurs voies légales aux plaideurs, et aboutit à cette conclusion, tout opposée à celle d'Hypéride, qu'un accusé, s'il n'est pas coupable, n'a pas tant à critiquer la procédure employée contre lui qu'à prouver son innocence.

1. Sur le régime légal des mines à Athènes, cf. Ardaillon, *Les mines du Laurion dans l'antiquité* (thèse, 1897). — Les personnages cités par Hypéride sont inconnus ou difficiles à identifier avec certitude. Ainsi les deux sycophantes, Tisis d'Agrylé et Lysandre, n'ont laissé aucun souvenir; le riche Euthycrate pas davantage. Pour Philippe, Denys d'Halicarnasse signale un discours de Dinarque κατὰ Φιλίππου μεταλλικός; mais plusieurs critiques modernes proposent de lire κατὰ Καλλίππου au lieu de κατὰ Φιλίππου. Nausiclès serait une figure plus importante, si nous étions sûrs d'avoir affaire à Ναυσικλῆς Κλεάρχου Οἴῆθεν. Celui-là est le général qui défend victorieusement les Thermopyles contre Philippe en 352; dans le procès de l'*Ambassade*, Eschine invoque son témoignage en sa faveur; mais, après Chéronée, il s'emploie à côté de Démosthène et d'Hypéride; et sa carrière se prolonge jusque vers 325. Quant à Épicrate de Pallène, c'est peut-être celui dont Lycurgue parlait dans son discours *Sur son administration*; il était l'auteur d'une loi sur l'éphébie, qui lui avait valu une statue de bronze vers 336; et sa fortune passait pour atteindre six cents talents. Mais toutes ces tentatives d'identification, on le voit, restent assez hypothétiques.

J'ai tenu à relever en toute sincérité ce qui me paraît être dans ce plaidoyer la part de l'avocat, parce que, en général, on tend plutôt à la laisser dans l'ombre ; mais je ne songe pas à nier pour cela ses qualités très réelles. Je ne reviens pas sur le fond même de la discussion juridique : tout en la répartissant en plusieurs morceaux, de façon à y ramener sans cesse l'attention des juges, Hypéride, nous l'avons vu, démontre avec beaucoup de force ce que doit être une eisangélie, comment il convient de la mener, et surtout que, dans le cas présent, c'est vraiment aller contre la loi que de prétendre obtenir par cette voie la condamnation d'Euxénippe ; son argumentation est très solide. Pourtant, ce qu'il y a peut-être pour nous de plus remarquable chez notre orateur, c'est l'art avec lequel il sait, sans recourir jamais aux grosses invectives, tantôt plaisantant et tantôt reprenant un ton plus sévère, mettre de toutes façons son adversaire en mauvaise posture. Ainsi, Polyeucte est un jeune politicien assez remuant ; Hypéride l'en félicite ironiquement : « tu veux jouer un rôle politique, et, ma foi, tu en es bien capable » (§ 27) ; « tu es de taille à créer des ennuis à toute une ville (§ 13) ». Cependant, il n'est pas très brave : il intente une eisangélie, et ne veut pas qu'on lise la loi relative à ce genre d'accusation (§ 9). Il manque de logique : il refuse à Euxénippe le droit de se faire assister dans sa défense ; mais lui-même, qu'il soit accusateur ou accusé, a soin de recourir à des synégores (§§ 11 et sqq.) ; ou encore, il déclare qu'Euxénippe s'est laissé corrompre par certains de ses concitoyens, et il ne poursuit pas ces hommes qu'il a sous la main (§ 39). Il est maladroit : en soulevant l'histoire de la coupe d'Olympias à Athènes, il donne à la reine des armes pour se plaindre des initiatives prises par les Athéniens à Dodone (§§ 24 et sqq.). Il est même odieux quand, tout en se gardant bien d'élever jamais la voix, dans les assemblées publiques, afin de protester contre les ordres les plus humiliants de la Macédoine, il mène grand bruit ici autour du nom d'Olympias, pour compromettre Euxénippe (§§ 19-20) ; quand, en parlant, comme par hasard, de la fortune de ce dernier, il spécule manifestement sur la jalousie des juges, et espère de la sorte peser sur leur vote (§ 32) ; ou quand il demande la tête d'Euxénippe pour se venger d'une amende de vingt-cinq drachmes, dont il le rend responsable (§ 18).

Dans tout cela, notons-le, Hypéride s'en prend au seul Polyeucte ; il évite avec soin d'attaquer Lycurgue, qui est cependant le soutien le plus redoutable de l'accusation. Sans doute veut-il, comme le fait Cicéron vis-à-vis de Caton dans le *Pro Murena*, ménager un adversaire digne de respect à toutes sortes d'égards, son ami d'ailleurs, et du même parti politique que lui ; peut-être aussi l'autre synégore, qui a pris la parole avant lui, s'était-il chargé de cette partie de la réplique. En tout cas, nous ne trouvons ici qu'une seule allusion à Lycurgue (§ 12). Hypéride salue en lui un orateur qui ne craint nulle comparaison à Athènes (τῷ λέγειν οὐδενὸς τῶν ἐν τῇ πόλει καταδεέστερον ὄντα) ; admettons l'éloge, même s'il est un peu hyperbolique. Mais à ce premier compliment il en ajoute un second, qui nous surprend davantage (μέτριον καὶ ἐπιεικῆ δοκοῦντα εἶναι). Μέτριος, en particulier, suggère avant tout l'idée de mesure, de pondération ; on ne s'attendait guère à voir appliquer cette épithète au citoyen austère, au justicier inflexible qui assumait si volontiers le rôle du ministère public, et y apportait une telle rigueur que ses réquisitoires étaient, disait-on, écrits avec une plume trempée dans du sang. Quant à ἐπειχής, s'il peut marquer, d'une façon générale, toutes les qualités qui répondent à l'idée de convenance, plus d'une fois aussi il exprime l'indulgence et la bonté. J'ai peine à croire qu'Hypéride ait voulu, en réalité, qualifier Lycurgue d'homme « modéré et doux » ; l'ironie eût semblé un peu forte. Je le soupçonne plutôt d'avoir choisi à dessein des mots à double entente qu'il soulignait sans doute d'un sourire discret en les prononçant. S'il en est bien ainsi, il n'est pas facile de rendre en français pareille intention. Faute de mieux, je propose de regarder μέτριος καὶ ἐπιεικής comme une *hendiadyn* pour μετρίως ἐπιεικής, et de traduire : « Lycurgue qui, aux yeux de chacun de nous ici, passe pour réaliser la juste mesure..... de toutes les convenances ». Eloge mérité, si on l'interprète de façon à saluer en Lycurgue l'image du parfait honnête homme, mais qui, surtout si μέτριος était nettement détaché au début, ne laissait pas sans doute de produire, chez la plupart des assistants, un effet de surprise escompté par notre avocat[1].

1. Si on tient à donner à μέτριος une valeur indépendante à côté d'ἐπιεικής, on peut rappeler que c'est l'épithète que Démosthène

Au reste, ce n'est pas le seul endroit de ce plaidoyer où nous devinons un sourire chez Hypéride. Dans le passage (§§ 21-22) où il proteste contre les insinuations de Polyeucte tendant à faire d'Euxénippe un ami de la Macédoine. « L'a-t-on vu, dit-il, à aucun moment, s'empresser à accueillir les gens venus de là-bas ? L'a-t-on entendu, dans les boutiques ou sur l'agora, tenir des propos antipatriotiques ? S'il en était ainsi, toute la ville le saurait, jusqu'aux petits enfants des écoles. » Il y a là, en passant, une esquisse pittoresque et amusante de la vie à Athènes. — Ailleurs au contraire, sur un ton grave, Hypéride s'élève à de véritables considérations d'homme d'État. Parlant des procès intentés par les sycophantes aux adjudicataires des mines du Laurion, dans le seul but de leur faire payer de fortes amendes, il déclare (§ 37) que c'est là, en réalité, une politique imprévoyante : pour un avantage immédiat assez médiocre, on décourage les initiatives énergiques, et ainsi on compromet les intérêts essentiels de la cité, inséparables de sa bonne réputation, de la confiance des citoyens et de leur concorde. De telles remarques nous semblent excellentes ; toutefois, nous sommes un peu surpris d'apprendre qu'en conséquence d'une affaire tranchée par le peuple contre les sycophantes un mois auparavant (§ 35), déjà les chantiers fermés jadis reprennent de l'activité, et que, par suite, les revenus de la cité sont de nouveau en hausse (§ 36) ; l'avocat doit un peu arranger les choses dans l'intérêt de sa thèse.

En somme, quoique le discours *Pour Euxénippe* ne soit, à notre connaissance, mentionné nulle part chez les auteurs anciens, il n'en reste pas moins digne du reste de l'œuvre d'Hypéride. L'examen de sa langue, si nous pouvions nous y attarder, nous mènerait à la même conclusion : on y retrouve les imperfections, comme les mérites bien connus de notre auteur. Doué d'une grande facilité naturelle, il n'aime

s'applique à lui-même pour laisser entendre, par un mot suffisamment modeste, qu'il fait à Athènes figure honorable (*Cour*, 10, 321), ou, en sens inverse, celle qu'il refuse au sycophante, étranger à tous les sentiments des braves gens (*C. Aristog.*, I, 51). Hypéride dirait donc ici de Lycurgue qu'il est « juste le type du bon citoyen et de l'homme comme il faut » ; mais les deux termes employés par lui seraient alors assez quelconques.

pas beaucoup à se surveiller, à se corriger. De là parfois des transitions monotones et assez artificielles (§ 14, Νὴ Δία· τὰ γὰρ πεπραγμένα αὐτῷ δεινά ἐστι, — 19, Ναί· δεινὰ γὰρ ἐποίησεν); des termes d'une exactitude contestable (ὑπέρ employé au lieu de περί (§§ 5, 11, 25), ou qui se répètent à satiété (νόμος aux §§ 5 sqq., κόσμος, ἐπικοσμεῖν aux §§ 24-26), ou dont le rapprochement ne paraît répondre à aucune intention précise (ἀπαγγέλλω, ἐξαγγέλλω au § 14; ἀποδοῦναι, rendre, ἀπέδοντο, vendre au § 16[1]), ou qui se doublent sans ajouter grand chose au sens (§ 5, ὑπὲρ ἁπάντων... περὶ ἑκάστου αὐτῶν; § 20, μὴ τὰ δίκαια μηδὲ τὰ προσήκοντα; § 21, κοσμίως καὶ μετρίως; § 23, οὐδένα κρίνεις οὐδ' εἰς ἀγῶνα καθίστης; § 29, εἰσαγγελίαν δικαίαν καὶ ὥσπερ ὁ νόμος κελεύει; *ibid.*, θρασύτατα καὶ ἀσελγέστατα; § 30, τὸν ἀγῶνα καὶ τὴν κρίσιν). De même, çà et là nous relevons des tours rares ou poétiques (§ 3, ὧν οὐδεμία τῶν αἰτιῶν τούτων), des phrases qui rebondissent par une série de reprises et présentent quelque embarras, au moins à la lecture (§§ 22, 32), ou dans le cours desquelles une construction est brusquement substituée à une autre (§ 35).

Mais ce sont là, en réalité, des exceptions; dans l'ensemble, le style d'Hypéride est clair et très varié. Tantôt, il procède par petites phrases brèves, interrogatives ou non (§§ 6, 16, 28-29); tantôt, au contraire, quand il veut élever le ton, il s'exprime en périodes plus ou moins longues (§ 11, éloge de l'institution des synégores; §§ 19-22, attitude de Polyeucte et d'Euxénippe en face des Macédoniens; § 37, politique funeste des sycophantes). Nous signalions chez lui des répétitions de mots, qui ne sont que des négligences; d'autres sont certainement voulues (§ 37, πόρους, πορίζειν, ἀπορία), ou aboutissent à des allitérations d'un effet frappant (§ 18, ἐπειδὴ συνέβη σοι ἁλῶναι, Εὐξένιππον δεῖ ἀπολωλέναι). Surtout, à maintes reprises, de locutions neuves ou non il sait tirer des images fort expressives : § 1, προσίστασθαι, au sens médical d'écœurer; § 10, ἀπαντᾶν πρὸς τὰ λεγόμενα, s'insurger contre tout propos contraire aux lois; § 13, ὅλῃ πόλει πράγματα παρέχειν, causer des embêtements à une ville entière; § 19, μῖσος καὶ ὀργὴν αὐτῷ συλλέξειν παρὰ τῶν δικαστῶν, faire recueillir à son adversaire auprès des juges une moisson de

1. A vrai dire, la même juxtaposition de ἀποδόσθαι et de ἀποδοῦναι se retrouve ailleurs; p. ex. Lycurgue, *C. Léocr.*, 22.

haine et de colère ; § 26 : τὰς τραγῳδίας αὐτῆς, les plaintes théâtrales d'Olympias ; § 27, εἰς τούτους νεανιεύεσθαι, déployer une fougue juvénile vis-à-vis de gens sans défense ; § 31, ὑπὸ τῇ ὀργῇ τῶν δικαστῶν καταλείπεσθαι, rester sous le coup de la colère des juges. Bref, au point de vue de la langue, comme au point de vue du fond, les qualités, on le voit, ne manquent pas à ce discours.

Quelle a été l'issue du procès ? nous l'ignorons. Sans doute, Lycurgue, d'après la tradition, passe pour avoir gagné la plupart des causes soutenues par lui, et il n'est pas impossible que des scrupules religieux ou des considérations d'intérêts particuliers aient agi, dans la circonstance, sur l'esprit des juges. Malgré tout, nous avons peine à croire qu'Euxénippe, même s'il avait cherché à assurer une compensation aux deux tribus dépossédées d'une proprieté qu'elles tenaient régulièrement du peuple, ait mérité la mort pour cela.

Quant à la date de l'affaire, elle se place sûrement entre 330 et 324 : avant 324, parce que cette année est celle de la mort de Lycurgue ; après 330, parce qu'Olympias, dans ses plaintes au sujet de la restauration de la statue de Dioné à Dodone, arguë (§ 25) de ce qu'elle est souveraine du pays ; or, elle ne l'a été qu'à la mort d'Alexandre le Molosse (assassiné en Lucanie vers 330), en usurpant d'ailleurs son royaume, qui aurait dû revenir à sa fille Cléopâtre, veuve du dit Alexandre. Dans cet intervalle, on songerait de préférence à une année peu éloignée de 330, afin de ne pas trop reculer le moment où l'on s'est avisé des droits d'Amphiaraos sur une des collines d'Oropos [1].

1. Peut-être y aurait-il lieu de faire intervenir une autre considération pour placer notre procès aux environs immédiats de 330. Une fois Alexandre décidément absorbé par sa campagne d'Asie, les querelles politiques renaissent à Athènes : ainsi, Lycurgue s'en prend, en 333, à Lycophron, pour une affaire qui remonte déjà à trois ou quatre ans, et, en 331, à Léocrate pour sa conduite au moment de Chéronée ; de son côté, Eschine, en 330, réveille l'affaire *de la Couronne* restée en sommeil depuis 338. Nous aurions ici un témoignage de plus de cette effervescence. Mais elle est de courte durée : les victoires d'Alexandre et d'Antipater vont bientôt imposer de nouveau une sorte de trêve des partis ; cf. la *Biographie*, p. 40.

A. Col. XVII-XIX

III

XVII

POUR EUXÉNIPPE
RÉFUTATION D'UNE EISANGÉLIE CONTRE POLYEUCTE.

XVIII 1 Eh bien, moi, juges, — comme justement je le disais à l'instant aux citoyens assis à mes côtés, — je m'étonne [1] que vous ne commenciez pas à être écœurés [2] des eisangélies de ce genre. Jadis on poursuivait ainsi devant vous Timomaque, Léosthène, Callistrate, Philon d'(Aixonée), Théotime, l'auteur de la perte de Sestos, et d'autres personnages du même ordre : ils étaient inculpés d'avoir fait tomber entre les mains de l'ennemi ceux-ci des vaisseaux, ceux-là des villes appartenant aux Athéniens, et cet autre, en tant qu'orateur, d'apporter à la tribune des propositions fort peu conformes à l'intérêt du peuple [3]. 2 De ces hommes, — et j'en ai nommé cinq, — pas un n'a affronté les débats :
XIX d'eux-mêmes, ils s'étaient d'avance bannis de la République. Beaucoup d'autres n'ont pas attendu davantage en pareil cas ; il était rare de voir, dans un procès par voie d'eisangélie, un accusé répondre à la citation et se présenter au tribunal : tant c'était pour des fautes graves et manifestes qu'on réser-

1. Même début dans le discours *C. Démosthène*.

2. Je vois dans προσίστασθαι un terme emprunté au langage médical : donner la nausée, soulever le cœur (en parlant d'aliments).

3. Sur ces personnages, cf. la *Notice*, p. 149, sqq. ; Hypéride semble

III

ΥΠΕΡ ΕΥΞΕΝΙΠΠΟΥ ΕΙΣΑΓΓΕΛΙΑΣ ΑΠΟΛΟΓΙΑ ΠΡΟΣ ΠΟΛΥΕΥΚΤΟΝ. XVII

1 Ἀλλ' ἔγωγε, ὦ ἄνδρες δικασταί, ὅπερ καὶ πρὸς τοὺς XVIII
παρακαθημένους ἀρτίως ἔλεγον, θαυμάζω εἰ μὴ προσίστανται ἤδη ὑμῖν αἱ τοιαῦται εἰσαγγελίαι. Τὸ μὲν γὰρ πρότερον εἰσηγγέλλοντο παρ' ὑμῖν Τιμόμαχος καὶ Λεωσθένης καὶ Καλλίστρατος καὶ Φίλων ὁ (Αἰξωνεὺς) καὶ Θεότιμος ὁ Σηστὸν ἀπολέσας καὶ ἕτεροι τοιοῦτοι· καὶ οἱ μὲν αὐτῶν ναῦς αἰτίαν ἔχοντες προδοῦναι, οἱ δὲ πόλεις Ἀθηναίων, ὁ δέ, ῥήτωρ ὤν, λέγειν μὴ τὰ ἄριστα τῷ δήμῳ. 2 Καὶ οὔτε τούτων πέντε ὄντων οὐδεὶς ὑπέμεινε τὸν ἀγῶνα, ἀλλ' αὐτοὶ ᾤχοντο φεύγοντες ἐκ τῆς πόλεως, οὔτ' ἄλ|λοι πολλοὶ XIX
τῶν εἰσαγγελλομένων, ἀλλ' ἦν σπάνιον ἰδεῖν ἀπ' εἰσαγγελίας τινὰ κρινόμενον ὑπακούσαντα εἰς τὸ δικαστήριον· οὕτως ὑπὲρ μεγάλων ἀδικημάτων καὶ περιφανῶν αἱ εἰσαγγελίαι

Papyri A columnæ I-XVI partem posteriorem orationis *P. Lycophrone* continent. || 1 5 Αἰξωνεὺς conj. Schneidewin : εξ Αναιων A, vicus ignotus || 4-6 Laves locum totum sic refingit : Τιμόμαχος καὶ Λεωσθένης καὶ Κάλλιππος ὁ Φίλωνος ὁ Αἰξωνεὺς καὶ Θεότιμος ὁ Σηστὸν ἀπολέσας καὶ Καλλίστρατος, acute, sed nimia cum libertate || 2 2 οὐδείς edd. plerique : οὐδ' εἷς Schneidewin || 3 αυτοι A : αὐτίκα Schulze || 4 ἀλλ' ἦν σπάνιον ἰδεῖν a correctore posterius additum.

vait alors les eisangélies ! **3** Aujourd'hui, ce qui se passe dans notre ville est tout à fait risible : Diognide et Antidore le métèque se voient intenter une eisangélie sous prétexte qu'ils louent leurs joueuses de flûte plus cher que ne le veut la loi [1], Agasiclès du Pirée pour s'être fait inscrire dans le dème d'Halimonte, et Euxénippe pour ce qu'il dit
XX avoir vu en songe ! De ces griefs-là aucun, j'imagine, n'a rien de commun avec la loi sur l'eisangélie.

4 Cependant, juges, dans les actions publiques, le devoir du tribunal est de ne pas consentir à écouter le détail de l'accusation avant d'avoir bien examiné sur quoi, en somme, porte le débat, et ce qu'objecte le mémoire de l'accusé [2], pour voir si la légalité est respectée ou ne l'est pas. Mais non, par Zeus, non, il ne faut pas procéder comme Polyeucte dans son réquisitoire, quand il prétend dénier à la défense le droit de se prévaloir de la loi sur les eisangélies, loi qui ordonne de limiter aux seuls orateurs les eisangélies pour propos ne servant pas au mieux les intérêts du peuple, et ne les étend
XXI pas à tout Athénien indifféremment. **5** Pour moi, voilà le point que je voudrais rappeler avant tout ; pas un autre, à mon avis, ne justifie mieux des développements étendus que le souci d'assurer, dans une démocratie, l'autorité des lois, et de ne laisser les eisangélies ou autres procès venir devant le tribunal qu'en exécution des lois. C'est pourquoi vous-

les citer ici sans tenir compte ni de la succession chronologique de leurs procès, ni de l'ordre où il les reprend ensuite par οἱ μέν (les deux premiers), οἱ δέ (les deux derniers), ὁ δέ (Callistrate).

1. Diognide et Antidore doivent être des gens de condition inférieure, qui font métier de former des musiciennes et des danseuses pour les louer dans les festins. A Athènes, la loi règle ces questions, et limite à deux drachmes le salaire maximum des joueuses de flûte ; mais, en principe, l'affaire est du ressort simplement des astynomes (cf. Arist., Ἀθ. πολ., L, 2). — Sur Agasiclès, cf. la *Notice*, p. 151.

2. Dans tout procès, à Athènes, le demandeur dépose sa plainte par écrit, et le défendeur y répond par un *contre-écrit*, ἀντιγραφή. Ici, l'ἀντιγραφή est, en réalité, une παραγραφή : la défense oppose une *exception*, tirée de ce que la loi invoquée contre elle ne s'applique pas en l'espèce.

τότε ἦσαν. 3 Νυνὶ δὲ τὸ γιγνόμενον ἐν τῇ πόλει πάνυ
καταγέλαστόν ἐστιν. Διογνίδης μὲν καὶ Ἀντίδωρος ὁ
μέτοικος εἰσαγγέλλονται ὡς πλέονος μισθοῦντες τὰς
αὐλητρίδας ἢ ὁ νόμος κελεύει, Ἀγασικλῆς δ' ὁ ἐκ Πειραιέως
ὅτι εἰς Ἁλιμουσίους ἐνεγρά[φη], Εὐξένιππος δ' ὑπὲρ τῶν
ἐνυπνίων ὧν φησιν ἑω[ρακέ]ναι· ὧν οὐδεμία δήπου τῶν
αἰτιῶν τούτων οὐδὲν | κοινωνεῖ τῷ εἰσαγγελτικῷ νόμῳ. XX
4 Καίτοι, ὦ ἄνδρες δικασταί, ἐπὶ τῶν δημοσίων ἀγώνων
οὐ χρὴ τοὺς δικαστὰς πρότερον τὰ καθ' ἕκαστα τῆς
κατηγορίας ὑπομένειν ἀκούειν, πρὶν ⟨ἂν⟩ αὐτὸ τὸ κεφά-
λαιον τοῦ ἀγῶνος καὶ τὴν ἀντιγραφὴν ἐξετάσωσιν, εἰ ἔστιν
ἐκ τῶν νόμων ἢ μή· οὐ μὰ Δία, οὐχ ὥσπερ ἐν τῇ κατηγορίᾳ
Πολύευκτος ἔλεγεν, οὐ φάσκων δεῖν τοὺς ἀπολογουμένους
ἰσχυρίζεσθαι τῷ εἰσαγγελτικῷ νόμῳ, ὃς κελεύει κατὰ τῶν
ῥητόρων αὐτῶν τὰς εἰσαγγελίας εἶναι περὶ τοῦ λέγειν μὴ
[[οὐ]] τὰ ἄριστα τῷ δήμῳ, οὐ κατὰ πάν|των Ἀθηναίων. XXI
5 Ἐγὼ δὲ οὔτε πρότερον οὐδενὸς ἂν μνησθείην ἢ τούτου,
οὔτε πλείους οἶμαι δεῖν λόγους ποιεῖσθαι περὶ ἄλλου τινὸς
ἢ ὅπως ἐν δημοκρατίᾳ κύριοι οἱ νόμοι ἔσονται, καὶ αἱ
εἰσαγγελίαι καὶ αἱ ἄλλαι κρίσεις κατὰ τοὺς νόμους

2 7 τοτε corr. in A supra τουτο : τούτων Babington || **3** 1 γιγνόμενον : γινομενον in A, ut sæpe || 2 Διογνίδης nomen nusquam Athenis repperitur ; nonnulli Διόγνις vel Διογενείδης legere malint ; minime tamen mirum si sordidus vir, ut est hic leno, ignoratur || 4 Ἀγασικλῆς corr. Babington ex Harpocratione et Suida, s. v. : Αγησικλης A || Πειραιεως A : Πειραιῶς Cobet || 6 εωρακεναι A : ἑορακέναι Cobet || ὧν οὐδεμία... τούτων A : τούτων delet Cobet ; (redundat sane post relativum ὧν ; sed tamen defendi potest, cf. Soph., *Trach*. 138 ; Eur., *Iph. Aul*. 155) ὅμως οὐδεμία conj. Patakis ἀλλ' οὐδεμία Sauppe. || **4** 3 ἂν add. Schneidewin, Cobet, Sauppe, crediliter, etsi subjunctivi sine ἄν post πρίν aliquot exempla laudantur || 5 ἢ μή· οὐ μὰ Δία A : ἢ οὔ· μὰ Δία Cob., minime necessario ; immo negationis οὐ iteratione in οὐ μὰ Δία, οὐχ ὥσπερ orator ex industria usus esse videtur || 8 μὴ τὰ : μη ου τα A (οὐ del. Babington, merito ; inseruerat scriba οὐ perperam, propter μὴ οὐ paulo ante scriptum) || **5** 3 οπως A : Bab. legerat primum ὅτι ὡς.

mêmes, à propos de tous les délits qui se commettent dans votre cité, vous avez établi des lois distinctes pour chaque cas. 6 Se montre-t-on impie à propos des cérémonies du culte ? actions d'impiété devant l'archonte-roi. Se conduit-on mal envers ses parents ? on relève de l'archonte-éponyme. Introduit-on devant la cité des propositions illégales ? il y a le
XXII collège des thesmothètes. Commet-on des faits justifiant la prise de corps ? il existe des fonctionnaires compétents, les Onze. De même, pour toutes les autres fautes, vous nous avez donné, comme il le fallait, les lois, les magistratures, les tribunaux appropriés à chacune d'elles [1].

7 Quels sont donc les cas où, selon vous, s'imposent les eisangélies ? Sans chercher plus loin, vous l'avez inscrit point par point dans la loi, afin que nul n'en ignore. « Si un homme, y est-il dit, cherche à ruiner le gouvernement populaire à Athènes. » Cela se comprend, juges ; car une telle accusation n'admet aucun faux-fuyant de la part de personne,
XXIII ni aucun serment dilatoire [2] ; elle doit être au plus vite entre les mains du tribunal. 8 « Ou bien, si on se rend n'importe où à des réunions en vue de renverser la démocratie ; si on a constitué pour ce but une association politique [3] ; si on a livré à l'ennemi une ville, des vaisseaux, une force de terre ou de mer en campagne ; si, étant orateur, on ne tient pas le langage le plus conforme aux intérêts du peuple d'Athènes, parce qu'on reçoit de l'argent pour cela. » Dans les premiers articles de la loi, vous avez visé tous les citoyens ; car de la part de tous on peut envisager de telles fautes ; mais le dernier concerne exclusivement les orateurs, les seuls aussi qui aient la faculté de rédiger les projets de lois. 9 En

1. Les exemples cités par Hypéride répondent bien aux indications d'Aristote dans sa *Constitution d'Athènes* (cf., pour l'archonte-roi, LVII, 2 ; pour l'archonte-éponyme, LVI, 6 ; pour les thesmothètes, LIX, 2 ; pour les Onze, LII, 1). Sur le lieu commun qui forme la matière de ce développement, cf. la *Notice*, p. 158, n. 3.

2. Σκῆψις n'est pas un terme juridique. — L'*ὑπωμοσία* est la déclaration, faite sous la foi du serment par un accusé, pour établir qu'il a un motif valable l'empêchant de comparaître au jour fixé.

3. On entend par ἑταιρεῖαι des associations constituées pour un

εἰσί[[σ]ασιν εἰς τὸ δικαστήριον. Διὰ τοῦτο γὰρ ὑμεῖς ὑπὲρ
ἁπάντων τῶν ἀδικημάτων, ὅσα ἔστιν ἐν τῇ πόλει, νόμους
ἔθεσθε χωρὶς περὶ ἑκάστου αὐτῶν. 6 Ἀσεβεῖ τις περὶ
τὰ ἱερά· γραφαὶ ἀσεβείας πρὸς τὸν βασιλέα. Φαῦλός ἐστι
πρὸς τοὺς ἑαυτοῦ γονεῖς· ὁ ἄρχων ἐπὶ τούτου κάθηται.
Παράνομά τις ἐν τῇ πόλει | γράφει· θεσμοθετῶν συνέδριον XXII
ἔστι. Ἀπαγωγῆς ἄξια ποιεῖ· ἀρχὴ τῶν ἕνδεκα καθέστηκε.
Τὸν αὐτὸν δὲ τρόπον καὶ ἐπὶ τῶν ἄλλων ἀδικημάτων
ἁπάντων καὶ νόμους καὶ ἀρχὰς καὶ δικαστήρια τὰ προσή-
κοντα ἑκάστοις αὐτῶν ἀπέδοτε.

7 Ὑπὲρ τίνων οὖν οἴεσθε δεῖν τὰς εἰσαγγελίας
γίγνεσθαι; Τοῦτ' ἤδη καθ' ἕκαστον ἐν τῷ νόμῳ ἐγράψατε,
ἵνα μὴ ἀγνοῇ μηδείς· « Ἐάν τις, φησί, τὸν δῆμον τὸν
Ἀθηναίων καταλύῃ ». Εἰκότως, ὦ ἄνδρες δικασταί· ἡ γὰρ
τοιαύτη αἰτία οὐ παραδέχεται σκῆψιν οὐδεμίαν οὐδενὸς
οὐδ' ὑπωμοσίαν, ἀλλὰ τὴν ταχίστην αὐτὴν δεῖ | εἶναι ἐν XXIII
τῷ δικαστηρίῳ. 8 « Ἢ συνίῃ ποι ἐπὶ καταλύσει τοῦ
δήμου, ἢ ἑταιρικὸν συναγάγῃ, ἢ ἐάν τις πόλιν τινὰ προδῷ
ἢ ναῦς ἢ πεζὴν ἢ ναυτικὴν στρατίαν, ἤ, ῥήτωρ ὤν, μὴ
λέγῃ τὰ ἄριστα τῷ δήμῳ τῷ Ἀθηναίων, χρήματα λαμβάνων »·
τὰ μὲν ἄνω τοῦ νόμου κατὰ πάντων τῶν πολιτῶν γράψαντες,
(ἐκ πάντων γὰρ καὶ τἀδικήματα ταῦτα γένοιτ' ἄν), τὸ δὲ
τελευταῖον τοῦ νόμου κατ' αὐτῶν τῶν ῥητόρων, παρ' οἷς
ἔστιν καὶ τὸ γράφειν τὰ ψηφίσματα. 9 Ἐμαίνεσθε γὰρ

5 5 εἰσίασιν edd. : εισισασιν A || 6 2 γραφαι ασεβειας A : γράφεται ἀσ- Schneidewin γράψαι ἀσ- Sauppe ; (plerique, dum γραφαί tuentur, verbum εἰσί desiderant, quod locis variis inserunt ; sed nullam offensam prætermissio verbi habet) || 3 γονεις A : γονέας Cobet || 7 1 οιεσθε A : ᾤεσθε Cobet, Blass || 4 Librarius scripserat primum καταλυσῃ ; correxit ipse καταλυῃ, recte, ut opinor, quia de conatu frustra incepto hujuscemodi causæ sæpius aguntur || 6 ειναι εν τῳ δικαστηριῳ A : κρεῖναι ἐν τ. δ. Halbertsma εἰσιέναι εἰς τὸ δικαστήριον Cob. || 8 1 που scripserat prima manus in A ; correxit altera ποι, quod cum verbo συνέρχεσθαι aptius congruit || 7 κατα των ρητορων A, addito αυτων supra versum.

effet, ce serait folie de votre part si vous aviez porté cette loi
XXIV de quelque autre façon que vous ne l'avez fait ; si, en laissant, comme c'est le cas, les orateurs jouir des honneurs et des profits de l'éloquence, vous aviez rejeté les dangers qu'ils comportent sur le commun des citoyens. Cependant, voyez la bravoure de Polyeucte : il intente une eisangélie, et dénie aux accusés le droit d'utiliser la loi sur les eisangélies !

10 Tous les autres accusateurs, quand ils croient devoir, en prenant les premiers la parole, ravir insidieusement à la partie adverse ses moyens de défense, recommandent aux juges de se refuser à écouter les défenseurs, s'ils s'écartent tant soit peu de la loi dans leurs plaidoiries, de s'insurger contre ce qui se dit de la sorte, et d'ordonner la lecture de la
XXV loi[1] ; toi, au contraire, c'est le recours aux lois que tu crois nécessaire d'enlever, dans ton intérêt, à la défense d'Euxénippe !

11 En outre, tu prétends que personne ne doit non plus lui venir en aide ni se faire son avocat, et tu recommandes aux juges de ne pas consentir à entendre les gens disposés à se présenter à la barre. Pourtant, dans les institutions de notre patrie, qu'y a-t-il de meilleur ou de plus démocratique, parmi beaucoup d'autres choses excellentes, sinon, dès qu'un homme sans talent spécial de la parole se trouve impliqué dans les dangers d'un procès et n'est pas capable de présenter sa propre défense, d'accorder à tout citoyen qui en a envie la liberté de monter à la barre, de l'assister, et d'apprendre

but politique ; elles diffèrent par là des ἔρανοι et des θίασοι. A Athènes, le mot désignait spécialement les *clubs*, plus ou moins secrets, fondés par l'aristocratie au temps de la Guerre du Péloponnèse, pour défendre ses intérêts contre les démagogues ; aussi, étaient-ils fort suspects à la majorité des Athéniens.

1. C'est ce que fait, p. ex., Eschine (*C. Ctésiphon*, 201-202), quand il recommande aux juges, s'ils ne veulent pas refuser la parole à Démosthène dans un procès où l'accusé est Ctésiphon, de le forcer du moins à ne pas esquiver la question de légalité, et à la discuter avant toute autre chose, comme il l'a fait lui-même. Dans la circonstance, Démosthène, au contraire, revendique d'abord pour lui le droit de disposer à son gré l'ordre de sa défense (*Cour.* 1-2).

ἄν, εἰ ἄλλον τινὰ τρόπον τὸν νόμον τοῦτον ἔθεσθε ἢ οὕτως,
εἰ τὰς μὲν τιμὰς καὶ τὰς | ὠφελίας ἐκ τοῦ λέγειν οἱ ῥήτορες XXIV
καρποῦνται, τοὺς δὲ κινδύνους ὑπὲρ αὐτῶν τοῖς ἰδιώταις
ἀνεθήκατε. Ἀλλ' ὅμως Πολύευκτος οὕτως ἐστὶν ἀνδρεῖος
ὥστε, εἰσαγγελίαν διώκων, οὐκ ἔφη δεῖν τοὺς φεύγοντας
τῷ εἰσαγγελτικῷ νόμῳ χρῆσθαι. **10** Καὶ οἱ μὲν ἄλλοι
πάντες κατήγοροι, ὅταν οἴωνται δεῖν ἐν τῷ προτέρῳ λόγῳ
ὑφελεῖν τῶν φευγόντων τὰς ἀπολογίας, τοῦτο παρακε-
λεύονται τοῖς δικασταῖς, μὴ ἐθέλειν ἀκούειν τῶν ἀπολογου-
μένων, ἐάν τι[[νες]] ἔξω τοῦ νόμου λέγωσιν, ἀλλ' ἀπαντᾶν
πρὸς τὰ λεγόμενα, καὶ κελεύειν τὸν νόμον ἀναγιγνώσκειν·
σὺ δὲ τοὐναν|τίον τὴν εἰς τοὺς νόμους καταφυγὴν ἐκ τῆς XXV
ἀπολογίας οἴει δεῖν ἀφελέσθαι Εὐξενίππου.

11 Καὶ πρὸς τούτοις οὐδὲ βοηθεῖν οὐδένα φῄς δεῖν αὐτῷ οὐδὲ συναγορεύειν, ἀλλὰ παρακελεύῃ τοῖς δικασταῖς μὴ θέλειν ἀκούειν τῶν ἀναβαινόντων. Καίτοι τί τού⟨του⟩ τῶν ἐν τῇ πόλει βέλτιον ἢ δημοτικώτερόν ἐστι, πολλῶν καὶ ἄλλων καλῶν ὄντων, ἤ, ὁπόταν τις ἰδιώτης εἰς ἀγῶνα καὶ κίνδυνον καταστὰς μὴ δύνηται ὑπὲρ ἑαυτοῦ ἀπολογεῖσθαι, τούτῳ τὸν βουλόμενον τῶν πολιτῶν ἐξεῖναι ἀναβάντα βοηθῆσαι, καὶ τοὺς δικαστὰς ὑπὲρ τοῦ πράγματος τὰ δίκαια

9 2 η ουτως η τας A, superscripto ει supra alterum η, unde ἢ οὕτως, εἰ τάς plerique edd. : ἢ οὕτως, ἢ εἰ τάς Cob. || 4 καρπουνται A : ἐκαρποῦντο Kayser, concinnitatis causa; sed præsens καρποῦνται consulto scribi potuit, ut rem indicaret quæ constat; (de temporibus aut modis sic permixtis, cf., ex. gr., Lys., *adv. Ergoclem.* 3; Dem., *de fals. leg.*, 267) || **10** 5 εαν τινες A : ἐάν τι Cob. (melius ad sensum convenit « si quidpiam ad se defendendos extra legem dixerint » quam « si inter rei patronos nonnulli...) ; forte ἐάν τί πως || 6 ἀναγιγνώσκειν, scilicet τὸν γραμματέα ; verba autem ea subaudire facile est || **11** 1 φῄς : semper scriptum φης (sine iota) in A || 3 μη θελειν A : μὴ ἐθέλειν Cobet, ut supra, § 10, μὴ ἐθέλειν ἀκούειν || καίτοι edd. : καί τοι Schneidewin || τί τού⟨του⟩ τῶν Cob. : τι τουτων A, (structura sententiæ est, ut ex or. *P. Lycophrone,* 10 apparet, τί τῶν ἐν τῇ πόλει βέλτιόν ἐστι τούτου ; verbum τούτου syllabam alteram facile perdere potuit) || 8 υπερ A : περί corr. Cobet.

XXVI aux juges où est le droit dans l'affaire ? **12** Mais, par Zeus, pour ton compte, ce n'est guère le principe dont tu as usé. Loin de là : au temps du procès que t'intentait Alexandre d'Œon [1], tu as réclamé l'aide de dix synégores de la tribu Égéide (j'en étais moi-même, sur ta désignation [2]) ; et, en dehors d'eux, tu convoquais encore d'autres Athéniens au tribunal pour te porter secours. A quoi bon d'ailleurs parler de choses étrangères à notre cause ? Dans celle-ci même, comment t'y es-tu pris ? N'as-tu pas formulé toutes les accusations que tu voulais ? Et, dans le même temps, n'appelais-tu pas, pour se joindre à toi comme accusateur, Lycurgue qui, par son éloquence déjà ne le cède à personne dans notre république, et qui, de plus, auprès de chacun de nous ici, passe pour réaliser la juste mesure.... de toutes les convenances [3] ?

XXVII **13** Ainsi, toi, tu as la faculté, si tu es accusé, de réclamer des défenseurs, et, si tu accuses, de faire monter à la barre des co-accusateurs, alors que non seulement tu es capable de plaider ta propre cause, mais encore que tu es de taille à mettre sur les dents une ville entière ! Mais, pour Euxénippe, parce qu'il n'est pas du métier et qu'il a déjà un certain âge, ses amis mêmes et ses parents ne seront pas libres de l'assister ? ou alors ils seront exposés à tes calomnies !

14 Oui vraiment [4] ; sa conduite est épouvantable et mérite la mort, à ce que tu dis dans ton accusation. Eh bien ! juges, examinez-la, en passant en revue ses actes, un par un. Le peuple avait prescrit à Euxénippe, en lui adjoignant deux autres citoyens, d'aller passer la nuit dans le temple (d'Am-

1. Cet Alexandre d'Œon nous est inconnu ; et, si Hypéride avait écrit un discours ὑπὲρ Πολυεύκτου πρὸς Ἀλέξανδρον, il n'en reste aujourd'hui aucun souvenir.

2. Polyeucte (Κυδαντίδης) et Hypéride (Κολλυτεύς) appartiennent tous deux en effet à la tribu Égéide. Les synégores étaient pris de préférence dans la tribu du plaideur qui réclamait leurs bons offices ; cf. Andoc., *Myst.*, 150.

3. Les épithètes de μέτριος et d'ἐπιεικής, appliquées à Lycurgue, ne laissent pas d'être assez embarrassantes. Sur le sens que je leur attribue, cf. la *Notice*, p. 161.

4. Cette transition par Νὴ Δία... γάρ manque de netteté, de même Ναί... γάρ, au § 19.

διδάξαι ; | **12** Ἀλλὰ νὴ Δία αὐτὸς τοιούτῳ πράγματι οὐ XXVI
κέχρησαι· ἀλλ', ὅτ' ἔφευγες τὸν ἀγῶνα ὑπ' Ἀλεξάνδρου τοῦ
ἐξ Οἴου, δέκα μὲν συνηγόρους ἐκ τῆς Αἰγηΐδος φυλῆς
ᾐτήσω, (ὧν καὶ ἐγὼ εἷς ἦν, αἱρεθεὶς ὑπὸ σοῦ), ἐκ δὲ τῶν
ἄλλων Ἀθηναίων ἐκάλεις ἐπὶ τὸ δικαστήριον τοὺς βοηθή-
σοντάς σοι. Καὶ τὰ μὲν ἄλλα τί δεῖ λέγειν ; αὐτῷ δὲ τούτῳ
τῷ ἀγῶνι πῶς κέχρησαι ; οὐ κατηγόρησας ὁπόσα ἐβούλου ;
οὐ Λυκοῦργον ἐκάλεις συγκατηγορήσοντα, οὔτε τῷ λέγειν
οὐδενὸς τῶν ἐν τῇ πόλει καταδεέστερον ὄντα, παρὰ τούτοις
τε μέτριον καὶ ἐπιεικῆ δοκοῦντα εἶναι ; **13** Εἶτα σοὶ μὲν
ἔξεστι καὶ φεύγοντι τοὺς βοηθήσοντας κα|λεῖν καὶ διώκοντι XXVII
τοὺς συγκατηγόρους ἀναβιβάσασθαι, ὃς οὐ μόνον ὑπὲρ
σεαυτοῦ δύνασαι εἰπεῖν, ἀλλὰ καὶ ὅλῃ πόλει πράγματα
παρέχειν ἱκανὸς εἶ ; Εὐξενίππῳ δ', ὅτι ἰδιώτης ἐστὶ καὶ
πρεσβύτερος, οὐδὲ τοὺς φίλους καὶ τοὺς οἰκείους ἐξέσται
βοηθεῖν ; εἰ δὲ μή, διαβληθήσονται ὑπὸ σοῦ ;

14 Νὴ Δία· τὰ γὰρ πεπραγμένα αὐτῷ δεινά ἐστι καὶ
ἄξια θανάτου, ὡς σὺ λέγεις ἐν τῇ κατηγορίᾳ. Σκέψασθε
δή, ὦ ἄνδρες δικασταί, καθ' ἓν ἕκαστον αὐτῶν ἐξετάζοντες.
Ὁ δῆμος προσέταξεν Εὐξενίππῳ τρίτῳ αὐτῷ ἐγκατακλι-
θῆναι εἰς τὸ ἱερόν· οὗτος δὲ κοιμηθεὶς ἐνύπνιόν φησιν
ἰδεῖν, | ὃ τῷ δήμῳ ἀπαγγεῖλαι. Τοῦτ' εἰ μὲν ὑπελάμβανες XXVIII
ἀληθὲς εἶναι, καὶ ὃ εἶδεν ἐν τῷ ὕπνῳ τοῦτ' αὐτὸν ἀπαγ-

12 1 νη Δια A : μὰ Δία requirit Cobet, quod sane juxta negationem usitatius est ; alii per interrogationem rem expedire conantur || τοιουτω A : τοι οὕτω τῷ Hertlein τοι σὺ τῷ Sauppe (τῷ πράγματι οὐχ οὕτω Kaibel) || πράγματι A : προστάγματι Bockmeyer || 2 post ἀγῶνα, ὑπ' Ἀλεξάνδρου, omissum prima manu, correctione parum clara additum est || 3 Αιγηιδος A : Αἰγηΐδος Blass || 4 ητησω A : ᾐρήσω Spengel || 8 ου Λυκουργον A (ου addito a correctore in margine) : [[οὐ]] Λυκοῦργον Halbertsma (cum supra scripsisset οὐ, κατηγορήσας ὁπόσα ἐβούλου,) || **13** 4 ολη πολει A : ὅλῃ ⟨τῇ⟩ πόλει Cobet, Kenyon || **14** 1 Νὴ Δία Schneidewin cum superiore sententia conjungere mavult ; sed cf. § 19 initio || 4 ενκατακλιθηναι A : ἐγκατακλινῆναι Cob. || 7 αληθη A, addito ες a correctore supra η ; quae cum ita sint, inutile videtur τοῦτο in ταῦτα convertere, ut ἀληθῆ retineamus.

phiaraos)[1] ; il s'y couche, et affirme avoir eu un songe qu'il
XXVIII a rapporté au peuple. Si tu admettais que son récit était véridique, et qu'il avait bien vu pendant son sommeil ce qu'il a raconté au peuple, où donc est son crime, après avoir reçu les ordres du dieu, pour les avoir communiqués tels quels aux Athéniens ? **15** Si, au contraire, comme tu le soutiens aujourd'hui, Euxénippe te semblait avoir compromis le dieu par une imposture, et, par complaisance pour certaines personnes, avoir rapporté des mensonges au peuple, tu devais non pas rédiger un projet de décret basé sur le songe[2], mais, comme l'a précisément observé celui qui parlait avant moi, envoyer à Delphes demander la vérité à (Apollon)[3]. Cela, tu ne l'as pas fait : tu as proposé, au gré de ta seule fantaisie, un décret qui lésait deux tribus, et non seulement
XXIX fort injuste, mais, de plus, en contradiction avec lui-même. C'est ainsi que tu as été condamné pour illégalité ; ce n'est pas la faute d'Euxénippe.

16 Considérons de près la question de la façon suivante. Les tribus, par groupes de deux, s'étaient partagé les collines du territoire d'Oropos, comme le peuple les leur avait attribuées. La colline en litige ici était échue aux tribus Acamantide et Hippothontide[4]. Or, ces tribus, d'après ton décret, devaient restituer leur colline à Amphiaraos, avec la valeur des produits qu'elles avaient déjà vendus, parce que, disais-tu, précédemment les cinquante délimitateurs[5] l'avaient réservée au dieu et en avaient fait un bornage à part, et qu'ainsi il n'était pas convenable pour les deux tribus de la détenir. **17** Un peu plus bas, dans le même décret, tu proposes que

1. Bien qu'Hypéride ne le précise pas, il s'agit évidemment du temple d'Amphiaraos, où le dieu était consulté par le procédé de l'*incubation* (ἐγκοίμησις, ἔγκλισις).

2. Sur l'interprétation de ce passage, cf. la *Notice*, p. 144, n.

3. Ὁ θεός, au début du paragraphe, désignait Amphiaraos ; à la fin, il représente Apollon.

4. Ces deux tribus ne se succèdent pas dans leur ordre officiel (nos V et VIII) ; le tirage au sort a donc été fait en prenant chaque nom isolément.

5. Sur la date probable de ce bornage, cf. la *Notice*, p. 143, n.

γεῖλαι πρὸς τὸν δῆμον, τί καὶ ἀδικεῖ, ἃ ὁ θεὸς αὐτῷ προσέταττε ταῦτ' ἐξαγγείλας πρὸς Ἀθηναίους; **15** Εἰ δέ, ὥσπερ νυνὶ λέγεις, ἡγοῦ αὐτὸν καταψεύσασθαι τοῦ θεοῦ, καί, χαριζόμενόν τισι, μὴ τἀληθῆ ἀπηγγελκέναι τῷ δήμῳ, οὐ ψήφισμα ἐχρῆν σε πρὸς τὸ ἐνύπνιον γράφειν, ἀλλ', ὅπερ ὁ πρότερος ἐμοῦ λέγων εἶπεν, εἰς Δελφοὺς πέμψαντα πυθέσθαι παρὰ τοῦ θεοῦ τὴν ἀλήθειαν. Σὺ δὲ τοῦτο μὲν οὐκ ἐποίησας, ψήφισμα δὲ αὐτοτελὲς ἔγραψας κατὰ δυοῖν φυλαῖν, οὐ μόνον ἀδικώτατον, | ἀλλὰ καὶ ἐναντίον αὐτὸ **XXIX**
ἑαυτῷ· δι' ὅπερ ἥλως παρανόμων, οὐ δι' Εὐξένιππον.

16 Ἐξετάσωμεν δὲ περὶ αὐτοῦ τουτονὶ τὸν τρόπον. Αἱ φυλαί, σύνδυο γενόμεναι, τὰ ὄρη τὰ ἐν Ὠρωπῷ διείλοντο, τοῦ δήμου αὐταῖς δόντος. Τοῦτο τὸ ὄρος ἔλαχεν Ἀκαμαντὶς καὶ Ἱπποθοωντίς. Ταύτας τὰς φυλὰς ἔγραψας ἀποδοῦναι τὸ ὄρος τῷ Ἀμφιαράῳ καὶ τὴν τιμὴν ὧν ἀπέδοντο, ὡς πρότερον τοὺς ὁριστὰς τοὺς πεντήκοντα ἐξελόντας αὐτὸ τῷ θεῷ καὶ ἀφορίσαντας, καὶ οὐ προσηκόντως τὰς δύο φυλὰς ἐχούσας τὸ ὄρος. **17** Μικρὸν δὲ διαλιπών, ἐν ταὐτῷ ψηφίσματι γράφεις τὰς ὀκτὼ φυλὰς ποιῆσαι τ(οῖ)ν |

15 2 ηγου A : ἡγιῶ Babington || καταψευσασθαι A : κατεψεῦσθαι Patakis, scilicet ut perfecto ἀπηγγελκέναι perfectum alterum respondeat || 7 αὐτοτελές rogationem significare posset ad populum *injussu senatus latam* (Hesychius, αὐτοτελὲς ψήφισμα· τὸ μὴ προβεβουλευμένον). Hyperides tamen hoc loco Polyeuctum objurgare videtur, non quod contra legem egerit, sed potius quod relationem *temere, incaute* fecerit, non satis diligenter cuncta percontatus ; (cf. Bekker, *Anecd.*, p. 168, 20, s. v. αὐτοτελῶς. Λυσίας ἀντὶ τοῦ ὡς ἔτυχεν ἐχρήσατο, ὡς ἐν τῷ περὶ Εὐθύνου· « καὶ τοῦτο ἐποιήσαμεν οὐκ αὐτοτελῶς, ἀλλ' ἀκριβῶς. » || 9 ηλως A : ἑάλως Cobet, quod sane apud Atticos plerumque invenitur ; sed cf., apud Xenophontem, *Anab.*, IV, 4. 21, ἥλωσαν juxta ἑάλω || **16** 3 δόντος. Τοῦτο τὸ ὄρος ἔλ. edd. : δόντος τοῦτο τὸ ὄρος. Ἔλαχεν Babington || Ελαχεν A : ἔλαχον Cobet ἐλαχέτην Westermann || 4 Ιπποθοωντις A : Ἱπποθωντίς Blass, notans Ἱπποθοωντίς poeticam formam esse || **17** 2 ποιησαι A : πορίσαι Cob., Bl., Ken. Ποιῆσαι retineo (*paria facere*), ut gallice dicimus : *faire la différence* ; cf. Is., *de Hagn. her.*, 1, ὁ νόμος ἀδελφοῖς τε καὶ ἀδελφιδοῖς πεποίηκε τὴν κληρονομίαν (*hereditatem præstitit*) || τοῖν Westermann, Blass : ταν A ταῖν Babington.

XXX les huit (autres) tribus constituent pour ces deux-ci l'équivalent de ce qu'elles perdent et le leur remboursent, afin de leur éviter d'être désavantagées. Pourtant, si cette colline était vraiment la propriété des (deux) tribus, quand tu la leur enlevais, comment ne mérites-tu pas notre colère ? Mais, si elles l'occupaient à tort, si c'était le bien du dieu, pourquoi voulais-tu, par ton décret, imposer aux autres tribus de leur rendre de l'argent par surcroît ? Elles pouvaient s'estimer heureuses d'avoir simplement à restituer son dû au dieu, sans payer en outre une amende.

18 Tout cela, examiné avec soin au tribunal, ne semblait pas constituer une proposition fort logique[1], et les juges t'ont condamné. Alors, si tu avais échappé à la poursuite dirigée contre toi, il n'y aurait pas eu de la part d'Euxénippe de mensonges compromettants pour le dieu ! Mais, parce qu'il t'est arrivé de perdre ta cause, Euxénippe, lui, doit
XXXI perdre la vie[2]. A ton égard, pour avoir rédigé un semblable décret, on a estimé la peine à vingt-cinq drachmes ; et lui, pour être allé se coucher dans le temple (d'Amphiaraos), sur l'ordre du peuple, il doit renoncer même à être enseveli en Attique !

19 Ah ! certes, il a commis un crime effroyable à propos de cette coupe qu'il a laissé Olympias envoyer en offrande pour la statue d'Hygie[3]. Je vois ton secret calcul : en introduisant dans le débat en dehors du sujet, comme une arme à ton profit, le nom d'Olympias, et en lançant contre Euxénippe une accusation mensongère de flatterie, tu penses lui faire recueillir auprès des juges une moisson de haine et de colère. Or, ce qu'il faut, mon cher, ce n'est pas s'appuyer sur le nom d'Olympias ou sur celui d'Alexandre
XXXII pour chercher à causer du tort à un concitoyen ; **20** mais,

1. Le mot ὀρθός avait été mis à la mode par les sophistes pour qualifier la correction d'un raisonnement, la légitimité d'une conclusion ; chez Aristophane, le Socrate des *Nuées* en fait grand usage.

2. J'essaie de rendre ainsi l'allitération, qui me semble voulue. ἁλῶναι, ἀπολωλέναι.

3. Hygie, d'abord honorée sur l'Acropole au titre d'Athéna Hygieia, avait été rattachée, au IVe siècle, au culte d'Asclépios. Elle

δυοῖν φυλαῖν τὰ διάφορα καὶ ἀποδοῦναι, ὅπως ἂν μὴ ἐλατ- XXX
τῶνται. Καίτοι, εἰ μὲν ἴδιον ⟨ὂν⟩ τῶν φυλῶν ἀφῃροῦ τὸ
ὄρος, πῶς οὐκ ὀργῆς ἄξιος; Εἰ δὲ μὴ προσηκόντως εἶχον
αὐτό, ἀλλὰ τοῦ θεοῦ ὄν, διὰ τί τὰς ἄλλας φυλὰς ἔγραφες
αὐταῖς προσαποδιδόναι ἀργύριον; Ἀγαπητὸν γὰρ ἦν αὐταῖς
εἰ τὰ τοῦ θεοῦ ἀποδώσουσι καὶ μὴ προσαποτ(ε)ίσουσιν
ἀργύριον.

18 Ταῦτ' ἐν τῷ δικαστηρίῳ ἐξεταζόμενα οὐκ ὀρθῶς
ἐδόκει γεγράφθαι, ἀλλὰ κατεψηφίσαντό σου οἱ δικασταί.
Εἶτ', εἰ μὲν ἀπέφυγες τὴν γραφήν, οὐκ ἂν κατεψεύσατο
οὗτος τοῦ θεοῦ· ἐπειδὴ δὲ συνέβη σοι ἁλῶναι, Εὐξένιππον
δεῖ ἀπολωλέναι. Καὶ σοὶ | μὲν τῷ τοιοῦτο ψήφισμα γρά- XXXI
ψαντι πέντε καὶ εἴκοσι δραχμῶν ἐτιμήθη, τὸν δὲ κατα-
κλιθέντα εἰς τὸ ἱερόν, τοῦ δήμου κελεύσαντος, μηδ' ἐν τῇ
Ἀττικῇ δεῖ τε(θ)άφθαι.

19 Ναί· δεινὰ γὰρ ἐποίησεν περὶ τὴν φιάλην, ἐάσας
Ὀλυμπιάδα ἀναθεῖναι εἰς τὸ ἄγαλμα τῆς Ὑγιείας. Τοῦτο
γὰρ ὑπολαμβάνεις, ἐφόδιον ἑαυτῷ εἰς τὸν ἀγῶνα τὸ ἐκείνης
ὄνομα παραφέρων, καὶ κολακείαν ψευδῆ κατηγορῶν Εὐξε-
νίππου, μῖσος καὶ ὀργὴν αὐτῷ συλλέξειν παρὰ τῶν δικασ-
τῶν. Δεῖ δέ, ὦ βέλτιστε, μὴ ἐπὶ τῷ Ὀλυμπιάδος ὀνόματι
καὶ τῷ Ἀλεξάνδρου τῶν πολιτῶν | τινα ζητεῖν κακόν τι XXXII
ἐργάσασθαι, 20 ἀλλ', ὅταν ἐκεῖνοι πρὸς τὸν δῆμον τὸν
Ἀθηναίων ἐπιστέλλωσι μὴ τὰ δίκαια μηδὲ τὰ προσήκοντα,

17 4 ὄν add. Cob., credibiliter, ut paulo inferius τοῦ θεοῦ ὄν || 5 post ἄξιος idem εἶ excidisse putat, (sed εἶ facillime subauditur; cf., § 6 et 36, exempla similia in eadem oratione) : ὀργῆς ⟨ἦσθα⟩ ἄξιος suspicatur Blass || 8 προσαποτισουσι A : -τείσουσι corr. Blass, quia forma τίσω Attici non utuntur || 9 αργυριον A: τἀργύριον Cob. || **18** 3 απεφευγες A, prima manu : correctum postea, ut videtur, in ἀπέφυγες || 6 κατακλιθεντα A : κατακλινέντα Cobet || 7 τεταφ|ναιδεινα, litteris θαι in margine dextera, post τεταφ, additis A. Inde τε(θ)άφθαι. Ναὶ· δεινά Kayser, Blass, Kenyon τε(θ)άφθαι. Δεινά Bab. ταφῆναι. Δεινά Schneidewin ταφῆναι. Νὴ Δία· δεινά Cobet || **19** 2 τουτο A : τούτῳ Schneidewin οὕτω Kayser, suspicans praeterea ἕξειν καί post ἀγῶνα excidisse || 3 εαυτῳ A, quod exemplis pluribus defendi potest : σαυτῷ Cobet.

quand ces puissants personnages adressent au peuple d'Athènes des messages qui violent ses droits et sa dignité, voilà le moment de se lever, de protester en faveur de notre cité, de plaider contre leurs envoyés la cause de la justice, et de se rendre devant le Conseil fédéral des Grecs pour la défense de la patrie. Seulement toi, jamais encore là-bas tu ne t'es levé, ni tu n'as dit un mot sur nos ennemis ; c'est ici que tu hais Olympias, afin de perdre Euxénippe ; et tu le représentes comme un flatteur de la reine et des Macédoniens. **21** Peux-tu démontrer qu'il soit jusqu'ici jamais allé en
XXXIII Macédoine, ou qu'il ait reçu sous son toit aucun Macédonien, ou qu'il ait des relations suivies ou se rencontre par hasard avec les gens de ce pays, ou que, dans une boutique[1], sur la place publique, n'importe où, il ait tenu des propos, même insignifiants, sur ces questions, et qu'il ne se borne pas à gérer avec correction et convenance ses propres affaires, comme tout autre citoyen ? dans ce cas, je l'abandonne à la discrétion des juges. **22** Car enfin, si ce que tu lui reproches était vrai, tu ne serais pas seul à en avoir connaissance ; tout le monde en ville serait renseigné aussi bien que toi, comme il arrive à propos des autres personnes qui servent la Macédoine par leurs paroles ou leurs actions. Ce n'est
XXXIV même pas uniquement Athènes : toute l'Attique sait, y compris les petits enfants des écoles, quels sont, parmi les orateurs, ceux qui se mettent aux gages des Macédoniens, et, en dehors des orateurs, ceux qui offrent l'hospitalité aux gens venus de là-bas, soit qu'ils les accueillent secrètement chez eux, soit qu'ils aillent à leur rencontre dans les rues à leur arrivée. Or, en aucun cas, fût-ce en compagnie d'un seul de ces hommes, tu ne verras compter Euxénippe. **23** Malgré cela, tu ne parles de jugement, tu ne soulèves de procès contre personne de ceux dont la conduite est telle,

est alors couramment représentée avec le serpent du dieu-médecin, et tenant une coupe où elle fait boire le reptile sacré.

1. Les Athéniens venaient volontiers s'asseoir dans les boutiques, pour y causer de toutes sortes de choses, (cf., p. ex., Isocr. *C. Callim.*, 9 ; *Aréop.*, 141 ; Lys., *P. l'invalide*, 19-20).

τότε ἀναστάντα ὑπὲρ τῆς πόλεως ἀντιλέγειν, καὶ πρὸς
τοὺς ἥκοντας παρ' αὐτῶν δικαιολογεῖσθαι, καὶ εἰς τὸ κοινὸν
τῶν Ἑλλήνων συνέδριον πορεύεσθαι, βοηθήσοντα τῇ
πατρίδι. Σὺ δ' ἐκεῖ μὲν οὐδεπώποτε ἀνέστης οὐδὲ λόγον
περὶ αὐτῶν ἐποιήσω, ἐνθάδε δὲ μισεῖς Ὀλυμπιάδα ἐπὶ τῷ
ἀπολέσαι Εὐξένιππον, καὶ φῂς κόλακα αὐτὸν εἶναι ἐκείνης
καὶ Μακεδόνων· 21 ὃν ἐὰν δείξῃς ἀφιγμένον πώποτε εἰς
Μα|κεδονίαν, ἢ ἐκείνων τινὰ ὑποδεξάμενον εἰς τὴν αὑτοῦ XXXIII
οἰκίαν, ἢ χρώμενον τῶν ἐκεῖθέν τινι ἢ ἐντυγχάνοντα, ἢ
λόγους καὶ οὑστινασοῦν ἢ ἐπ' ἐργαστηρίου ἢ ἐν τῇ ἀγορᾷ
ἢ ἄλλοθί που περὶ τούτων τῶν πραγμάτων εἰρηκότα, καὶ
μὴ κοσμίως καὶ μετρίως τὰ αὑτοῦ πράττοντα ὥσπερ εἴ τις
καὶ ἄλλος τῶν πολιτῶν, χρησάσθωσαν αὐτῷ οἱ δικασταὶ ὅτι
βούλονται. 22 Εἰ γὰρ ταῦτα ἦν ἀληθῆ ἃ κατηγορεῖς,
οὐκ ἂν σὺ μόνος ᾔδεις, ἀλλὰ καὶ οἱ ἄλλοι πάντες οἱ ἐν τῇ
πόλει, ὥσπερ καὶ περὶ τῶν ἄλλων ὅσοι τι ὑπὲρ ἐκείνων ἢ
λέγουσιν ἢ πράττουσιν, | οὐ μόνον (ο)ὗτοι, ἀλλὰ καὶ οἱ XXXIV
ἄλλοι Ἀθηναῖοι ἴσασι, καὶ τὰ παιδία τὰ ἐκ τῶν διδασ-
καλείων, καὶ τῶν ῥητόρων τοὺς παρ' ἐκείνων μισθαρνοῦντας,
καὶ τῶν ἄλλων τοὺς ξενίζοντας τοὺς ἐκεῖθεν ἥκοντας καὶ
ὑποδεχομένους καὶ εἰς τὰς ὁδοὺς ὑπαντῶντας, ὅταν προσ-
ίωσι· καὶ οὐδαμοῦ ὄψει οὐδὲ παρ' ἑνὶ τούτων Εὐξένιππον
καταριθμούμενον. 23 Σὺ δ' ἐκείνων μὲν οὐδένα κρίνεις
οὐδ' εἰς ἀγῶνα καθίστης, οὓς πάντες ἴσασι ταῦτα πράτ-

20 6 post λόγον Patakis addere vult οὐδένα || **21** 3 τινι additum in margine a correctore || 7 χρησασθωσαν A : χρησάσθων Cob. || **22** 4 αυτοι A, quod retinent Blass, Kenyon, intellegentes : « non modo ipsi sontes conscii sunt sibi, sed etiam omnes sciunt » ; οὗτοι conj. Cob., « non solum judices hic præsentes, sed etiam omnes Athenienses ». (Οὗτοι accipio et ego, at malim interpretari : « non solum ii qui Athenis incolunt, sed etiam omnes e tota Attica cives ») ἀστοί Patakis || 5 post Ἀθηναῖοι, Kayser ponit punctum, et addit γάρ post ἴσασι ; immerito, ut videtur || 8 προσιωσι A, quod tueor (« in via illis occurrentes, cum adveniunt in urbem ») : προΐωσι Cobet.

au su de tous ; mais contre Euxénippe tu lances une accusation de flatterie, quand c'est là un grief que sa vie n'admet
XXXV pas ! Pourtant, si tu avais du bon sens, à propos de l'offrande de la coupe tu ne t'en prendrais pas à Euxénippe, et, de toute façon, tu te serais abstenu de rien dire en la circonstance ; car l'instant est mal choisi. Pourquoi ? Écoutez, juges, la raison que je vais vous en donner.

24 Olympias vous a adressé des représentations au sujet de ce qui s'est passé à Dodone, représentations injustes, comme, par deux fois déjà, dans l'Assemblée du peuple, devant vous et devant les autres Athéniens, je l'ai prouvé contre ses envoyés[1] : il n'y a pas de raison d'être aux plaintes formulées par elle contre notre ville. En effet, Zeus Dodonéen vous a ordonné dans son oracle de remettre en état la statue
XXXVI de Dioné[2]. **25** Alors vous, vous avez fait faire pour la déesse un visage[3] aussi beau que possible, avec toutes les autres pièces que ce remplacement entraînait ; vous lui avez préparé une riche et somptueuse toilette ; vous avez envoyé à grands frais une théorie lui offrir un sacrifice ; bref, vous avez restauré dans tout son éclat l'image de Dioné d'une manière digne à la fois de vous-mêmes et de la déesse. C'est sur ce sujet que vous sont arrivées, de la part d'Olympias, les réclamations contenues dans la lettre où elle arguë qu'elle est souveraine de la contrée où se trouve le temple, et qu'ainsi

1. Il ne nous est rien parvenu de ces deux discours.

2. Dioné est considérée, à Dodone, comme l'épouse de Zeus ; elle partage son temple et ses honneurs, et rend des oracles avec lui. Au IVe siècle, les Athéniens semblent avoir une dévotion assez marquée pour ces deux divinités (cf. Démosthène, *Amb.*, 299 ; *Cour.*, 253 ; Dinarque, *C. Dém.*, 78). Dans le cas présent, ils étaient sans doute venus consulter l'oracle sur une question importante ; et celui-ci, après leur avoir donné satisfaction, les a invités, en témoignage de reconnaissance, à remettre à neuf la statue de Dioné.

3. Le mot πρόσωπον a été interprété de façons diverses. Nestle (*Philologus*, L, 1891, p. 499 sqq.) pense, d'après des peintures de vases, à un *masque* (πρόσωπον peut avoir ce sens au IVe s.) appliqué sur un xoanon archaïque pour lui donner un air de vie, et que les Athéniens auraient repeint. Mais peut-être s'agit-il plutôt d'une statue taillée dans des matériaux de valeur inégale : les Athéniens

τοντας, κατ' Εὐξενίππου δὲ κολακείαν κατηγορεῖς, οὗ ὁ
βίος τὴν αἰτίαν οὐ παραδέχεται. | Καίτοι, εἰ νοῦν εἶχες, XXXV
περί γε τῆς φιάλης τῆς ἀνατεθείσης οὔτ' ἂν Εὐξένιππον
ᾐτιῶ, οὔτ' ἂν ἄλλον λόγον οὐδένα ἐνταῦθα ἐποιήσω· οὐ γὰρ
ἁρμόττει. Διὰ τί; Καί μου τὸν λόγον, ὦ ἄνδρες δικασταί,
ἀκούσατε, ὃν μέλλω λέγειν ὑμῖν.

24 ⟨Ὑμῖν⟩ Ὀλυμπιὰς ἐγκλήματα πεποίηται περὶ τὰ ἐν
Δωδώνῃ, οὐ δίκαια, ὡς ἐγὼ δὶς ἤδη ἐν τῷ δήμῳ ἐναντίον
ὑμῶν καὶ τῶν ἄλλων Ἀθηναίων πρὸς τοὺς ἥκοντας παρ'
αὐτῆς ἐξήλεγξα οὐ προσήκοντα αὐτὴν ἐγκλήματα τῇ πόλει
ἐγκαλοῦσαν. Ὑμῖν γὰρ ὁ Ζεὺς ὁ Δωδωναῖος προσέταξεν ἐν
τῇ μαντείᾳ τὸ ἄγαλμα τῆς Διώνης ἐπικοσ|μῆσαι. 25 Καὶ XXXVI
ὑμεῖς, πρόσωπόν τε (ποι)ησάμενοι ὡς οἷόν τε κάλλιστον
καὶ τἆλλα πάντα τὰ ἀκόλουθα, καὶ κόσμον πολὺν καὶ
πολυτελῆ τῇ θεῷ παρασκευάσαντες, καὶ θεωρίαν καὶ θυσίαν
πολλῶν χρημάτων ἀποστείλαντες, ἐπεκοσμήσατε τὸ ἕδος
τῆς Διώνης ἀξίως καὶ ὑμῶν αὐτῶν καὶ τῆς θεοῦ. Ὑπὲρ
τούτων ὑμῖν τὰ ἐγκλήματα ἦλθε παρ' Ὀλυμπιάδος ἐν ταῖς
ἐπιστολαῖς, ὡς ἡ χώρα εἴη [[ἡ Μολοσσία]] αὐτῆς, ἐν ᾗ τὸ

23 3 κατὰ ante Εὐξενίππου delet Cobet, ut redundans juxta κατηγορεῖς; at talis iterationis præpositionum alia exempla laudantur || 4 την αιτιαν A : ταύτην τὴν αἰτίαν vel τοιαύτην αἰτίαν Bake et Cobet desiderant || 4 versus Καίτοι, εἰ νοῦν εἶχες bis scriptus est, in fine col. XXXIV et in principio col. XXXV || 7 Διὰ τί delet Kayser; sed tali interrogatione persæpe, inter alios, utitur Demosthenes || **24** 1 Post λέγειν ὑμῖν A interpungit : plerique edd. ὑμῖν cum sequentibus conjungunt : forte Hyperides in utraque sententia ὑμῖν scripserat || 4-5 Cobet expunxerat primum verba οὐ προσήκοντα... ἐγκαλοῦσαν ; deinde ea retinuit, ita tamen ut καὶ ἀπέδειξα post ἐξήλεγξα adderet : Kayser, eidem difficultati consulens, pro ὡς (v. 2) conjec. καί. Abundat sane sententiæ clausula ; sed quædam verborum redundantia Hyperidi non molesta videtur || **25** 2 ποιησάμενοι conj. Kayser, Blass : κοσμησαμενοι A, (dubium, cum jam intra quattuor versus ἐπικοσμῆσαι, κόσμον, ἐπεκοσμήσατε legantur) κομισάμενοι Schneidewin, Comparetti || 3 τα ακολουθα A : τἀκόλουθα Cobet τὰ ἀκρόλιθα Müller || 8 η Μολοσσια A : ejicit Cobet, quasi manifestum scholion : servant Blass Kenyon, dummodo Μολοττία scribatur).

il ne nous appartenait pas d'y toucher à quoi que ce fût. **26** Si donc, dans l'affaire de la coupe, vous rendez une
XXXVII sentence portant qu'il y a eu faute, par là même, en quelque sorte, nous prononçons notre propre condamnation, et nous convenons qu'en Épire nous n'avons pas agi correctement ; mais si, après ce qui s'est passé, nous en restons là, nous aurons définitivement coupé court à ses manifestations théâtrales et à ses accusations. Car, j'imagine, on ne soutiendra pas qu'Olympias a le droit de renouveler la décoration des sanctuaires d'Athènes, mais que nous n'aurons pas, nous, celui d'en faire autant pour ceux de Dodone, et cela quand nous en avons reçu l'ordre du dieu !

27 Mais il n'y a rien, Polyeucte, (c'est l'impression que tu me donnes), d'où tu ne puisses tirer un sujet d'accusation. Pourtant, ce qu'il faudrait, du moment où tu es décidé à jouer un rôle politique, — et, par Zeus, tu en es bien capable, — ce n'est pas citer en justice les simples particuliers, ni déployer vis-à-vis d'eux une fougue juvénile. Mais
XXXVIII un de nos orateurs commet-il une faute ? voilà l'homme à traduire au tribunal. Un général ne remplit-il pas ses devoirs ? voilà l'occasion d'une eisangélie. Car ceux-là ont en main le moyen de nuire à l'État, (j'entends ceux qui y sont décidés), mais non pas Euxénippe ni aucun des juges ici présents. **28** Et ce n'est pas là une façon d'agir que je prétende t'imposer, tandis que, pour mon compte, j'en aurais usé d'autre sorte dans ma vie publique. Non ; moi non plus, je n'ai jamais encore traîné en justice aucun simple citoyen dans toute ma carrière[1] ; mais il en est plus d'un auquel, dans la mesure de mes forces, j'ai prêté mon assistance. Quels sont donc ceux que j'ai accusés, et que j'ai engagés dans un procès ? Aristophon d'Azénia, qui a été un des chefs

en auraient fait refaire par un bon artiste de chez eux, en ivoire ou en marbre fin, les parties apparentes (*visage*, mains et pieds), et fourni de plus une riche toilette pour lui draper le reste du corps.

1. Pour qu'Hypéride, alors âgé d'une soixantaine d'années, puisse se rendre ce témoignage public de modération, il faut bien admettre, qu'au moins dans les affaires politiques, il avait, en général, gardé

ἱερόν ἐστιν· οὔκουν προσῆκεν ἡμᾶς τῶν ἐκεῖ οὐδὲ ἓν κινεῖν.
26 Ἐὰν μὲν τοίνυν τὰ περὶ τὴν φιάλην γεγονότα ἐν
ἀδικήματι ψηφίσησθε εἶναι, | τρόπον τινὰ καὶ ἡμῶν αὐτῶν XXXVII
καταγιγνώσκομεν ὡς τὰ ἐκεῖ οὐκ ὀρθῶς ἐπράξαμεν· ἐὰν δ᾽
ἐπὶ τοῦ γεγενημένου ἐῶμεν, τὰς τραγῳδίας αὐτῆς καὶ τὰς
κατηγορίας ἀφῃρηκότες ἐσόμεθα. Οὐ γὰρ δήπου Ὀλυμ-
πιάδι μὲν τὰ Ἀθήνησιν ἱερὰ ἐπικοσμεῖν ἔξεστιν, ἡμῖν δὲ τὰ
ἐν Δωδώνῃ οὐκ ἐξέσται, καὶ ταῦτα τοῦ θεοῦ προστάξαντος.
27 Ἀλλ᾽ οὐκ ἔστιν, ὦ Πολύευκτε, ὡς ἐμοὶ δοκεῖς, ὅθεν
κατηγορίαν οὐκ ἂν ποιήσαιο. Καίτοι σε ἐχρῆν, ἐπείπερ
προῄρησαι πολιτεύεσθαι, — καὶ νὴ Δία καὶ δύνασαι, — μὴ
τοὺς ἰδιώτας κρίνειν μηδ᾽ εἰς τούτους νεανιεύεσθαι, ἀλλὰ
τῶν ῥητό|ρων ἐάν τις ἀδικῇ, τοῦτον κρίνειν, στρατηγὸς XXXVIII
ἐάν τις μὴ τὰ δίκαια πράττῃ, τοῦτον εἰσαγγέλλειν· παρὰ
γὰρ τούτοις ἐστὶ καὶ τὸ δύνασθαι βλάπτειν τὴν πόλιν, (ὅσοι
ἂν αὐτῶν προαιρῶνται), οὐ παρ᾽ Εὐξενίππῳ οὐδὲ τῶν
δικαστῶν τούτων οὐδενί. 28 Καὶ οὐ σὲ μὲν οὕτως οἴομαι
δεῖν πράττειν, αὐτὸς δὲ ἄλλον τινὰ τρόπον τῇ πολιτείᾳ
κέχρημαι, ἀλλ᾽ οὐδ᾽ αὐτὸς ἰδιώτην οὐδένα πώποτε ἐν τῷ
βίῳ ἔκρινα, ἤδη δέ τισι καθ᾽ ὅσον ἐδυνάμην ἐβοήθησα.
Τίνας οὖν κέκρικα καὶ εἰς ἀγῶνα καθέστακα ; Ἀριστοφῶντα
τὸν Ἀζηνιέα, ὃς ἰσχυρότατος ἐν τῇ πολιτείᾳ γεγένηται, |

25 9 οὔκουν plerique edd. : οὐκοῦν Bab. οὐκ οὖν Linder || προσηκεν A : προσήκειν Cobet, Blass, Kenyon || **26** 4 post ἐῶμεν interpungunt Blass, Kenyon, alii : post αὐτῆς nonnulli || **27** 1 δοκεις A : δοκεῖ Babington, Schneidewin, Cobet || οθεν A : ὁπόθεν conj. Cobet || 2 ποιησαιο A : ἐποίησας Spengel || επειπερ A : εἴπερ Cobet || 5 ante στρατηγός Cobet addit ἤ ; at asyndeton nihil offendit || 8 post προαιρῶνται spatium vacuum in A || **28** 1 οιομαι corr. in A : οιμαι prima manu || 2 αυτος δε αλλον A : αὐτὸς δὲ καὶ ἄλλον Linder, inutiliter || 5 και εις αγωνα καθεστακα A : delet Cobet ; codicis lectionem retinent Blass, Kenyon. (Lightfoot καθέστακα in κατέστησα mutare jubet ; unum sane e vetustissimis exemplis hujus perfecti transitivi apud Atticos est ; sed non omnino purum dicendi genus Hyperidis fuisse constat) || 6 Αζηνιεα A : Ἀζηνιᾶ Cobet || γεγενηται A : ἐγεγένητο Sauppe.

XXXIX les plus influents du gouvernement ; (et, dans cette même enceinte, il n'a été acquitté qu'à une majorité de deux voix) ; 29 Diopithe de Sphettos, qui passait pour un homme fort considérable dans l'État ; Philocrate d'Hagnonte, qui a traité les affaires publiques avec une audace et une impudence extrêmes [1]. Celui-là, je l'ai attaqué par voie d'eisangélie, pour tous les services qu'il avait rendus à Philippe au détriment de notre pays, et j'ai obtenu gain de cause devant le tribunal. Mon eisangélie était fondée en droit, et conforme aux prescriptions de la loi : « étant orateur, disais-je, il soutient des propositions qui ne répondent pas du tout aux intérêts du peuple d'Athènes, parce qu'il reçoit de l'argent et des présents des ennemis du peuple. » 30 Il ne m'a
XL même pas suffi d'avoir déposé en ces termes mon eisangélie ; à la suite, j'avais ajouté : « il a formulé telle proposition peu conforme aux intérêts du peuple, parce qu'il a reçu de l'argent » ; après quoi, je citais son décret. Et encore : « autre conseil donné par lui contre l'intérêt du peuple, après avoir reçu de l'argent, » toujours avec le texte du décret en regard. Cinq ou six fois j'ai répété la même formule ; car je croyais nécessaire d'assurer la régularité de la procédure et de la mise en accusation. Mais toi, d'abord, en incriminant chez Euxénippe des paroles prétendument contraires à l'intérêt du peuple, tu étais hors d'état de les faire figurer dans ton eisangélie ; et, de plus, alors qu'il est simple particulier, ta poursuite le met sur le pied d'un orateur.

31 D'ailleurs, après avoir été très bref sur la réponse
XLI écrite qu'il t'opposait, tu es venu apporter contre lui des accusations et des calomnies étrangères à la cause, alléguant qu'il a marié sa fille à Philoclès, qu'il s'est mis à adopter le genre de vie de Démotion, et autres imputations semblables.

plus de réserve que la majorité des autres orateurs. Mais, dans les procès civils, il ne semble pas en avoir toujours été de même : témoin son attitude vis-à-vis d'Aristagora ; cf. *Biogr.* p. 15.

1. Sur Philocrate, cf. *Not.*, p. 152, sq. ; *Biogr.*, p. 22, sqq. ; sur Aristophon, *Not.*, p. 157, sq., *Biogr.*, p. 16, sq. ; sur Diopithe, *Not.*, p. 158, *Biogr.*, p. 21.

(καὶ οὗτος ἐν τούτῳ τῷ δικαστηρίῳ παρὰ δύο ψήφους XXXIX
ἀπέφυγε)· **29** Διοπείθη τὸν Σφήττιον, ὃς δεινότατος ⟨ἐ⟩δόκει εἶναι τῶν ἐν τῇ πόλει· Φιλοκράτη τὸν Ἁγνούσιον, ὃς θρασύτατα καὶ ἀσελγέστατα τῇ πολιτείᾳ κέχρηται. Τοῦτον εἰσαγγείλας ἐγὼ ὑπὲρ ὧν Φιλίππῳ ὑπηρετ(ή)κ(ε)ι κατὰ τῆς πόλεως, εἷλον ἐν τῷ δικαστηρίῳ, καὶ τὴν εἰσαγγελίαν ἔγραψα δικαίαν καὶ ὥσπερ ὁ νόμος κελεύει· « ῥήτορα ὄντα, λέγειν μὴ τὰ ἄριστα τῷ δήμῳ τῷ Ἀθηναίων, χρήματα λαμβάνοντα καὶ δωρεὰς παρὰ τῶν τἀναντία πραττόντων τῷ δήμῳ ». **30** Καὶ οὐδ' οὕτως ἀπέχρησέ μοι τὴν
εἰσ|αγγελίαν δοῦναι, ἀλλ' ὑποκάτω παρέγραψα· « τάδ' XL
εἶπεν οὐ τὰ ἄριστα τῷ δήμῳ, χρήματα λαβών »· εἶτα τὸ ψήφισμα αὐτοῦ ὑπέγραψα. Καὶ πάλιν· « τάδε εἶπεν οὐ τὰ ἄριστα τῷ δήμῳ, χρήματα λαβών »· καὶ τὸ ψήφισμα παρέγραφον. Καὶ ἔστι μοι πεντάκις ἢ ἑξάκις τοῦτο γεγραμμένον· δίκαιον γὰρ ᾤμην δεῖν τὸν ἀγῶνα καὶ τὴν κρίσιν ποιῆσαι. Σὺ δ' ἃ μὲν εἰπεῖν Εὐξένιππον φῂς οὐ τὰ ἄριστα τῷ δήμῳ οὐκ εἶχες γράψαι εἰς τὴν εἰσαγγελίαν, ἰδιώτην δ' ὄντα κρίνεις ἐν τῇ τοῦ ῥήτορος τάξει.

31 Μικρὰ δὲ περὶ τῆς ἀντιγραφῆς εἰπών, ἑτέρας
αἰτίας καὶ διαβολὰς | ἥκεις φέρων κατ' αὐτοῦ, λέγων ὡς XLI
Φιλοκλεῖ τὴν θυγατέρα ἐδίδου, καὶ Δημοτίωνος δίαιταν ἔλαβεν, καὶ ἄλλας τοιαύτας κατηγορίας, ἵν', ἐὰν μέν, ἀφέμενοι τῆς εἰσαγγελίας, περὶ τῶν ἔξω τοῦ πράγματος κατηγορηθέντων ἀπολογῶνται, ἀπαντῶσιν αὐτοῖς οἱ

29 2 ἐδόκει Schäfer, Sauppe, propter temporum rationes : δοκει A || 3 κεχρηται A : ἐκέχρητο Sauppe || 4 ὑπηρετήκει Schömann : υπηρετεικαι A ὑπηρέτει [[καὶ]] Blass || **30** 2 εισαγγελιαναν δουναι A, alterum αν delet Babington : εἰσαγγελίαν ἀποδοῦναι Gitlbauer || 4 Καὶ πάλιν· « edd. plerique : Καί· « πάλιν Sauppe, Blass || **31** 4 Propter transitum e singulari numero (κατ' αὐτοῦ) in pluralem (ἵν' ἀπολογῶνται), nonnulli edd. aliquid excidisse putant. Kayser post κατηγορίας addit : οἵας οἱ συκοφάνται εἰώθασι κατὰ τῶν φευγόντων λέγειν, aut Kenyon post ἀφέμενοι : οἱ ὑπὲρ αὐτοῦ ἀπολογούμενοι. Codicis lectionem, quanquam duriorem, retineo, collata, sub fine sententiæ insequentis (§ 32), alia mutatione ejusdem modi, ὑμᾶς post τοὺς δικαστάς.

De la sorte, si (lui et ses défenseurs) s'écartent de l'eisangélie pour réfuter les accusations lancées en dehors du sujet, tu veux que les juges leur objectent : « pourquoi nous tenez-vous ces propos ? » ; et, s'ils n'en soufflent mot, tu escomptes que l'affaire se gâtera pour eux ; car tout grief laissé sans réfutation demeure sous le coup de la colère des juges[1]. 32 Enfin, parmi tout le reste, la chose la plus odieuse que tu aies dite dans ton discours, — avec l'idée qu'on ne voyait pas la raison qui te la faisait dire, mais on la voyait fort
XLII bien, — c'est quand, sortant de la question, tu déclarais dans ta plaidoirie, à plusieurs reprises, qu'Euxénippe est riche, puis, un moment après, qu'il n'a pas par des voies honnêtes amassé cette grande fortune. De telles insinuations, d'abord, ne signifient rien, j'imagine, pour le procès actuel, qu'Euxénippe ait beaucoup ou peu d'argent. Et puis, de la part de l'orateur, elles marquent un méchant tour d'esprit, et, à l'égard des juges, le soupçon immérité qu'ils pourraient avoir quelque autre façon de se former leur conviction qu'en s'appuyant sur la cause elle-même, et en se demandant si l'accusé a des torts envers vous, oui ou non.

33 Tu me parais mal te rendre compte, Polyeucte, [— *toi et ceux qui pensent comme toi,*] — qu'il n'est pas une [démo-
XLIII cratie] au monde, pas une monarchie, pas une nation plus magnanime que la démocratie athénienne. Voit-elle des citoyens, soit isolément soit en groupe, en butte aux attaques de sycophantes quelconques, loin de les abandonner, elle vient à leur secours. 34 En voici un premier exemple. Tisis d'Agrylé[2] avait revendiqué au profit de l'État, en en produisant une estimation[3], la fortune d'Euthycrate (elle était de

1. Hypéride présente ailleurs (*P. Lycophron*, § 9) des réflexions analogues sur le danger qu'offrent pour l'accusé les griefs soulevés en dehors de la cause.

2. Pour les personnages cités aux §§ 34 et 35, cf. la *Notice*, p. 159, n.

3. Le verbe ἀπογράφειν marque une forme particulière d'action intentée contre quiconque jouit indûment de biens appartenant à l'État, en particulier si on détient des propriétés nationales sans en avoir payé la redevance, ou si on conserve des maisons ou des terrains

δικασταί· « τί ταῦθ' ἡμῖν λέγετε ; » ἐὰν δὲ μηδένα λόγον
περὶ αὐτῶν ποιῶνται, ὁ ἀγὼν αὐτοῖς χείρων γίγνηται· τῶν
γὰρ κατηγορηθέντων τὸ μὴ λαβὸν ἀπολογίαν ὑπὸ τῇ ὀργῇ
τῶν δικαστῶν καταλείπεται. 32 Καὶ τὸ πάντων δεινότα-
τον τῶν ἐν τῷ λόγῳ λεγομένων ὑπὸ σοῦ, — ὃ σὺ ᾤου
λανθάνειν ὧν ἕ|νεκα λέγεις, οὐ λανθάνων, — ὁπότε XLII
παραφθέγγοιο ἐν τῷ λόγῳ πολλάκις ὡς πλούσιός ἐστιν
Εὐξένιππος, καὶ πάλιν διαλιπών, ὡς οὐκ ἐκ δι' .ίου πολλὴν
οὐσίαν συνείλεκται. Ἃ εἰς μὲν τὸν ἀγῶνα τοῦτον οὐδὲν
δήπου ἐστίν, εἴτε πολλὰ οὗτος κέκτηται εἴτε ὀλίγα· τοῦ
δὲ λέγοντος κακοηθία, καὶ ὑπόληψις εἰς τοὺς δικαστὰς οὐ
δικαία, ὡς ἄλλοθί που οὗτοι τὴν γνώμην ἂν σχοίησαν ἢ ἐπ'
αὐτοῦ τοῦ πράγματος, καὶ πότερον ἀδικεῖ ὑμᾶς ὁ κρινό-
μενος ἢ οὔ.

33 Κακ[ῶς] μοι δοκεῖς εἰδ[έν]αι, ὦ Πολύευκτε, σ[ύ τε]
καὶ οἱ ταὐτὰ γι[γνώσκο]ντες, ὅτι οὔ[τε δῆμός] ἐστιν
οὐδ[ὲ εἷ]ς ἐν τῇ οἰκου|μένῃ οὔτε μόναρχος οὔτε ἔθνος XLIII
μεγαλοψυχότερον τοῦ δήμου τοῦ Ἀθηναίων, τοὺς δὲ συκο-
φαντουμένους τῶν πολιτῶν ὑπό τινων ἢ καθ' ἕνα ἢ ἄθρους
οὐ προΐεται, ἀλλὰ βοηθεῖ. 34 Καὶ πρῶτον μέν, Τ(ε)ίσιδος
τοῦ Ἀγρυλῆθεν ἀπογράψαντος τὴν Εὐθυκράτους οὐσίαν

32 9 σχοιησαν A, vocabulum sane apud Atticos rarius, pro σχοῖεν, non tamen hic rejiciendum || 10-11 Verba καὶ πότερον... ἢ οὔ, ut Cobet, Kayser viderunt, cum antecedentibus, non cum sequentibus cohærere debent ; ceterum ante κακῶς spatium est in papyro || 33 Ima pars col. XLII lacerata est. 1 Κακῶς μοι Blass, quod cum spatio congruit : Κακῶς ἐμοί Cobet Κακῶς δ' ἐμοί Kayser (longius certe quam pro spatio) || 1-2 σ[ύ τε] καὶ οἱ ταὐτὰ γι[γνώσκο]ντες Jensen, asserens se σ[...] καὶ legisse : καὶ σὺ καὶ οἱ ταὐτὰ γιγνώσκοντες πάντες Müller καίτοι ταῦτα γ' ἴσασι πάντες Cobet, parum idonee litterarum vestigia servans || 2-3 οὔτε δῆμός ἐστιν οὐδὲ εἷς ἐν Blass, secundum spatium (οὐδεὶς Cobet) : οὐδεμία πόλις ἐστὶν οὐδαμοῦ ἐν Kayser οὔτε πόλις ἐστὶν οὐδεμία ἐν Lightfoot, Cobet (sed, ante ἐν, ⊂, neque A neque Υ legitur) || 5 αθρους A || 34 1 Τισιδος A || 2 ἀπογράψαντος. Cf. Bekker, *Anecd.*, p. 198 : ἀπογραφὴ γίνεται τῆς οὐσίας, ὅταν τις δημόσιόν τι εἶναι παρά τινι φάσκῃ μὴ πριαμένῳ αὐτὸ παρὰ τῆς πόλεως, ἢ ὅταν δημεύηται τά τινος πρὸς τὰ ὀφλήματα ἃ ὀφείλει εἰς τὸ δημόσιον.

plus de soixante talents) ; et, après celle-là, il parlait encore de demander de la même manière la confiscation de celle de Philippe et de Nausiclès, en soutenant que les uns et les autres s'étaient enrichis à exploiter des mines sans inscription régulière [1]. Eh bien ! les juges (*sages comme ceux que nous voyons*
XLIV *ici*), ont été si loin d'admettre une proposition [de ce genre] ou de convoiter le bien d'autrui, qu'ils ont tout de suite frappé d'atimie l'homme qui avait tenté de faire œuvre de sycophante vis-à-vis de ces (trois) citoyens : ils ne lui ont pas accordé le cinquième de leurs suffrages. **35** Et cette autre affaire, je te prie, récemment tranchée par le tribunal, — c'était le mois dernier, — comment ne pas la trouver tous digne de nos éloges ? Lysandre avait dénoncé pour fraude envers le fisc [2] la mine d'Épicrate de Pallène, [*comme ayant poussé des galeries en dehors*] des limites de la concession. Épicrate l'exploitait déjà depuis trois ans, et il avait pour associés les hommes les plus riches, ou presque, d'Athènes [3] ; Lysandre promettait de faire par là [percevoir] à l'État trois cents talents,
XLV chiffre auquel il évaluait le revenu tiré par eux de cette mine. **36** Néanmoins les juges, prenant en considération non les promesses de l'accusateur, mais le droit, reconnurent

confisqués pour dettes (cf. Bekker, *Anecd.*, p. 198). 'Απογραφή désigne d'abord l'inventaire dressé par l'accusateur à l'appui de sa dénonciation, puis l'action intentée sur cette base. Ces procès sont introduits par les Onze, et les biens que le tribunal juge revenir à l'État sont remis aux polètes (cf. Arist., 'Αθ. πολ., LII, 1).

1. Les mines du Laurium sont la propriété de l'État ; on ne peut en exploiter aucune parcelle sans avoir pris part à une adjudication, et avoir été inscrit sur les registres des polètes. A ce moment, on stipule bien le chiffre de la redevance à payer, comme aussi les limites précises de la concession.

2. Φαίνειν peut sans doute signifier une dénonciation quelconque ; mais, dans la langue juridique, la φάσις s'applique plus spécialement aux fraudes contre le fisc, en matière de contrebande ou d'impôts. Pollux (VIII, 47) en signale l'emploi, en particulier, dans les procès relatifs aux mines.

3. Pour les grandes concessions, il était naturel que des groupes, plus ou moins importants, de personnes réunissent leurs capitaux ; cf. au § 34, Philippe et Nausiclès. Xénophon (*Rev.*, IV, 32) recommande ce procédé.

ὡς δημοσίαν οὖσαν, ἢ πλεόνων ἢ ἑξήκοντα ταλάντων ἦν,
καὶ μετ' ἐκείνην πάλιν ὑπισχνουμένου τὴν Φιλίππου καὶ
Ναυσικλέους ἀπογράψειν, καὶ λέγοντος ὡς ἐξ ἀναπογράφων
μετάλλων πεπλουτήκασι, τοσο[ῦτον οὗ]τοι ἀπέλιπον [τοῦ
πρ]οσέσθαι τινὰ τ[οιοῦτο]ν λόγον | ἢ τῶν ἀλλοτρίων ἐπιθυ- XLIV
μεῖν, ὥστε τὸν ἐγχειρήσαντα συκοφαντεῖν αὐτοὺς εὐθὺς
ἠτίμωσαν, τὸ πέμπτον μέρος τῶν ψήφων οὐ μεταδόντες.
35 Τοῦτο δ', εἰ βούλει, τὸ πρῴην ὑπὸ τῶν δικαστῶν
πραχθὲν τοῦ ἐξελθόντος μηνός, πῶς οὐ μεγάλου ἐπαίνου
ἄξιόν ἐστι ; Φήναντος γὰρ Λυσάνδρου τὸ Ἐπικράτους
μέταλλον τοῦ Παλληνέως ⟨ὡς⟩ ἐ(κ)τὸς τῶν μέτρων τετμη-
μένον, ὃ ἠργάζετο μὲν ἤδη τρία ἔτη, μετεῖχον δ' αὐτοῦ οἱ
πλουσιώτατοι σχεδόν τι τῶν ἐν τῇ πόλει· ὁ δὲ Λ[ύσα]νδρος
ὑπισχνεῖτ[ο τρι]ακόσια τάλαντα εἰσ[πράξει]ν τῇ πόλει·
τ[οσαῦτα γ]ὰρ εἰληφέναι α[ὐτοὺς ἐ]κ | τοῦ μετάλλου· 36 XLV
ἀλλ' ὅμως οἱ δικασταί, οὐ πρὸς τὰς τοῦ κατηγόρου
ὑποσχέσεις ἀποβλέποντες, ἀλλὰ πρὸς τὸ δίκαιον, ἔγνωσαν
ἴδιον εἶναι τὸ μέταλλον, καὶ τῇ αὐτῇ ψήφῳ τάς τε οὐσίας

34 3 πλεονων A : πλεῖν Westermann || 6 τοσοῦτον Cæsar, Cobet : τοσοῦτο Babington || οὗτοι, intelligendum est « judices illarum litium, homines integri, quales hi sunt ad quos hodie nostra causa defertur » || 6-7 απελιπον..... οσσθαι A prima manu (forte propter προίεται, in fine § 33), correctum postea in .....οσεσθαι : τοῦ προσέσθαι Spengel προσίεσθαι Cobet προσήσεσθαι Patakis, nequicquam || 7 τοιοῦτον Babington : τούτων Spengel, Lightfoot, quod minus apto spatium explet || 8 αὐτούς, scilicet viros tres, Tisidem, Philippum et Nausiclem, quos sycophantæ judicio persequebantur || **35** 3 φήναντος ; cf. Poll., VIII, 47 : φάσις δὲ ἦν τὸ φαίνειν τοὺς περὶ τὰ μέταλλα ἀδικοῦντας || 4 ⟨ὡς⟩ ἐ(κ)τός corr. Cobol, crimen Lysandri multo apertius designans : εντος A, quod satis laboriose interprotari oportet « quanquam ro vera intra fines spatii concessi effodiebatur » : Eadem emendatio desiderari videtur apud Dem., *Adv. Pantænetum*, 36 : ἂν ἄλλο τις ἀδικῇ τι περὶ τὰ μέταλλα, ἂν ἐπικατατέμνῃ τῶν μέτρων ἐ(κ)τός || 5 ηργαζετο A : εἰργάζετο Cobet || 6 ὁ δὲ Λύσανδρος (contextus sententiae interrumpitur) || 7 εἰσπράξειν suppl. Schneidewin || 8 τοσαῦτα Babington || αὐτοὺς Cobet, alii (scilicet Epicratem ejusque socios) : αὐτὸν Babington.

que les adjudicataires étaient bien demeurés sur leur lot propre[1] ; et, par la même sentence, ils leur garantirent la libre jouissance de leurs fortunes et leur confirmèrent l'exploitation de la mine pour le reste de leur bail[2]. En conséquence, si naguère on renonçait par crainte à ouvrir des chantiers nouveaux, maintenant ils reprennent de l'activité ; et, de ce chef, les revenus de la cité sont de nouveau en hausse[3], tandis qu'ils avaient été compromis par tels de nos orateurs, empressés à tromper le peuple et à écraser d'impôts [*les hommes d'initiative*].

37 En effet, juges, le bon citoyen n'est pas celui qui, pour
XLVI un mince bénéfice apporté à la chose publique, lui cause un tort plus considérable, ou qui, pour avoir procuré des recettes momentanées à l'État par une voie injuste, ruine souvent ses justes recettes ; c'est au contraire celui qui songe également à l'intérêt de la patrie dans l'avenir, à la concorde entre les citoyens, et à votre réputation. Mais, tout cela, certaines gens ne s'en soucient guère ; ils dépouillent les travailleurs de leurs revenus, et prétendent que, grâce à eux, c'est autant qui revient au Trésor, quand c'est la disette de revenus qu'ils préparent à la cité. Car, dès l'instant où il y a danger à acquérir et à épargner, qui voudra en courir le risque ?

38 Ces sycophantes, il est vrai, peut-être n'est-il pas aisé
XLVII de les empêcher de faire leur métier. Mais vous, juges, de même que vous avez sauvé beaucoup d'autres citoyens injustement impliqués dans des procès, de même venez en aide

1. Du moment où toutes les mines de l'Attique font partie du domaine public, les juges n'ont pas pu déclarer, comme on l'a parfois admis, que celle d'Épicrate est sa propriété particulière. Ils répondent simplement à l'accusation de Lysandre : Épicrate, au cours des travaux qu'il a fait exécuter, est toujours resté dans les limites de sa propre concession.

2. Les mines déjà en exploitation (ἀνασάξιμα, παλαιὰ μέταλλα) sont louées pour trois ans ; les nouvelles coupes (καινοτομίαι), où tout est à organiser, bénéficient d'un bail de dix ans (cf. Arist., Ἀθ. πολ., XLVII, 2). Le bail d'Épicrate a donc encore sept ans à courir.

3. Le taux de la location est calculé à raison d'au moins 1/24 du produit éventuel de la mine (cf. Suidas, s. v. ἀγράφου μετάλλου δίκη).

αὐτῶν ἐν ἀσφαλείᾳ κατέστησαν, καὶ τὴν ὑπόλοιπον ἐργασίαν τοῦ μετάλλου ἐβεβαίωσαν. Τοιγαροῦν αἱ καινοτομίαι, πρότερον ἐκλελειμμέναι διὰ τὸν φόβον, νῦν ἐνεργοί· καὶ τῆς πόλεως αἱ πρόσοδοι αἱ ἐκεῖθεν πάλιν αὔξονται, ἃς ἐλυμήναντό τινες τῶν ῥητόρων, ἐξαπατήσαντες τὸν δῆμον καὶ δασμολογήσαντες τοὺς ἐκ[τενεῖς].

37 Ἔστι γάρ, ὦ ἄνδρες δικασταί, οὐχ οὗτος [χρη]στὸς
πολίτης, ὅστις | μικρὰ δοὺς πλείω βλάπτει τὰ κοινά, οὐδ' XLVI
ὅστις, εἰς τὸ παραχρῆμα ἐξ ἀδίκου πορίσας, κατέλυσε τῆς
πόλεως τὴν ἐκ δικαίου πρόσοδον, ἀλλ' ὅτῳ μέλει καὶ τῶν
εἰς τὸν ἔπειτα χρόνον ὠφελίμων τῇ πόλει καὶ τῆς ὁμονοίας
τῶν πολιτῶν καὶ τῆς δόξης τῆς ὑμετέρας· ὧν ἔνιοι οὐ
φροντίζουσιν, ἀλλά, τῶν ἐργαζομένων ἀφαιρούμενοι
πόρους, φασὶ τούτους πορίζειν, ἀπορίαν [[ἐν]] τῇ πόλει
παρασκευάζοντες. Ὅταν γὰρ ᾖ φοβερὸν τὸ κτᾶσθαι καὶ
φείδεσθαι, τίς βουλήσεται κινδυνεύειν ;

38 Τούτους μὲν οὖν ἴσως οὐ ῥᾴδιόν ἐστι κωλῦσαι ταῦτα
πράττειν· ὑμεῖς δέ, ὦ ἄνδρες δικα|σταί, ὥσπερ καὶ ἄλλους XLVII
πολλοὺς σεσώκατε τῶν πολιτῶν ἀδίκως εἰς ἀγῶνας κατα-

36 εσ αν σφαλειᾳ A : ἐν ἀσφαλεῖ Cobet || 6 Post αἱ καινοτομίαι, Cobet, probantibus aliis, addit αἱ, quod non solum inutile, sed etiam minus aptum ad sensum existimo || 7 ενεργοι A : ἐνεργοῦνται Babington, quod spatium in fine versus excedit; (post ἐνεργοί facile subauditur εἰσί, ut § 6, γραφαὶ ἀσεβείας πρὸς τὸν βασιλέα; § 17 πῶς οὐκ ὀργῆς ἄξιος ;) ||10 ἐκ[τενεῖς], Cæsar : ἐκ[εῖθεν], quod plerique accipiunt, non ita apertum videtur, (atque etiam suspicionem affert, cum paulo ante legamus αἱ πρόσοδοι αἱ ἐκεῖθεν) ἐκ[εῖ] Kayser ἐκ[τημένους] Schneidewin (breviora vel longiora quam pro lacuna) ἔχ[οντας], ἐρ[γαζομένους], una littera mutata. Intelligo « homines audaces ad conandum, strenuos in rebus agendis » || 9-10 Observationes ejusdem generis leguntur apud Isocratem, *Epist.*, VII, p. 422 : ἔνιοι οὐδὲν ἄλλο σκοποῦσι πλὴν ὅπως αὐτοί θ' ὡς μετὰ πλείστης ἀσελγείας τὸν βίον διάξουσι, τῶν τε πολιτῶν τοὺς βελτίστους καὶ πλουσιωτάτους καὶ φρονιμωτάτους λυμανοῦνται καὶ δασμολογήσουσιν || **37** 1 [χρη]στός Meuss. : [ἄρ]ιστος Babington, ceteri || 8 ἐν del. Bake, Cobet, Kayser, recte, ut opinor || 9 ᾖ corr. Babington : ην A || **38** 3-4 καθεσταντας A, prima manu (mendosa manifesto forma) : corr. post. καταστάντας.

aussi à Euxénippe, et ne vous désintéressez pas de lui. La cause est sans gravité aucune ; et nous sommes en présence d'une eisangélie de telle sorte que non seulement il ne tombe pas sous le coup de cette procédure, mais encore qu'il a fallu aller contre les lois pour la mettre en jeu, et que, de plus, elle se trouve déjà, en quelque sorte, ruinée par l'accusateur lui-même. **39** En effet, Polyeucte a reproché à Euxénippe, par voie d'eisangélie, « de ne pas tenir le langage le plus conforme aux intérêts du peuple d'Athènes, parce qu'il recevait de l'argent et des présents des ennemis du peuple
XLVIII d'Athènes ». Si donc, en dehors de notre territoire, il dénonçait l'existence de certaines personnes dont Euxénippe aurait accepté les cadeaux en question pour devenir leur auxiliaire, il lui serait possible de soutenir que, celles-là étant hors d'atteinte, il est nécessaire de châtier les agents qu'elles ont ici. Au lieu de cela, c'est par des Athéniens, dit-il, qu'Euxénippe s'est laissé corrompre. Mais alors ! quand tu tiens dans notre ville les hommes qui se conduisent en ennemis du peuple, tu n'essaies pas d'en tirer vengeance, et c'est à Euxénippe que tu cherches noise !

40 Je n'ai plus qu'un mot à dire sur le vote que vous allez déposer, et je descends. Quand vous serez sur le point,
XLIX juges, d'en venir aux voix, ordonnez au greffier de vous relire l'eisangélie (formulée par Polyeucte), la loi qui régit les eisangélies, et le serment des héliastes. Puis, laissez de côté nos discours à tous ; et, considérant seulement, d'après l'acte d'accusation et d'après les lois, ce qui vous semblera juste et conforme à votre serment, votez en conséquence.

41 Pour moi certes, Euxénippe, je t'ai apporté tout le secours que je pouvais. Il te reste à supplier les juges, à invoquer l'assistance de tes amis, et à faire monter ici tes enfants[1].

1. Le mot παιδία, « enfants tout jeunes », pourrait nous surprendre, puisqu'Euxénippe est vieux (§ 13), et qu'il a au moins une fille mariée (§ 31). Mais c'était sans doute celui dont on se servait couramment dans les écoles de rhétorique (cf. Aristoph., *Guêpes*, 568, 976 ; Plat., *Apol.*, 34 c ; Dém., *Ambass.*, 310 ; Hyp., *C. Philippide*, 9).

στάντας, οὕτω καὶ Εὐξενίππῳ βοηθήσατε, καὶ μὴ περιίδητε αὐτὸν ἐπὶ πράγματι οὐδενὸς ἀξίῳ καὶ εἰσαγγελίᾳ τοιαύτῃ, ᾗ οὐ μόνον οὐκ ἔνοχός ἐστιν, ἀλλὰ καὶ αὐτὴ παρὰ τοὺς νόμους ἐστὶν εἰσηγγελμένη, καὶ πρὸς τούτοις ὑπ' αὐτοῦ τοῦ κατηγόρου τρόπον τινὰ ἀπολελυμένη. 39 Εἰσήγγελκε γὰρ αὐτὸν Πολύευκτος « λέγειν μὴ τὰ ἄριστα τῷ δήμῳ τῷ Ἀθηναίων, χρήματα λαμβάνοντα καὶ δωρεὰς παρὰ τῶν τἀναντία πραττόντων τῷ δήμῳ τῷ Ἀθηναίων ». Εἰ μὲν
οὖν ἔξωθεν τῆς | πόλεώς τινας ᾐτιᾶτο εἶναι, παρ' ὧν τὰ XLVIII
δῶρα εἰληφότα Εὐξένιππον συναγωνίζεσθαι αὐτοῖς, ἦν ἂν αὐτῷ εἰπεῖν ὅτι, ἐπειδὴ ἐκείνους οὐκ ἔστι τιμωρήσασθαι, δεῖ τοὺς ἐνθάδε αὐτοῖς ὑπηρετοῦντας δίκην δοῦναι. Νῦν δὲ Ἀθηναίους φησὶν εἶναι, παρ' ὧν τὰς δωρεὰς εἰληφέναι αὐτόν. Εἶτα σύ, ἔχων ἐν τῇ πόλει τοὺς ὑπεναντία πράττοντας τῷ δήμῳ, οὐ τιμωρῇ, ἀλλ' Εὐξενίππῳ πράγματα παρέχεις;

40 Βραχὺ δ' ἔτι εἰπὼν περὶ τῆς ψήφου ἧς ὑμεῖς μέλλετε φέρειν, καταβήσομαι. Ὅταν γὰρ μέλλητε, ὦ ἄνδρες
δικασταί, διαψηφίζεσθαι, κελεύετε | ὑμῖν τὸν γραμματέα XLIX
ὑπαναγνῶναι τήν τε εἰσαγγελίαν καὶ τὸν νόμον τὸν εἰσαγγελτικὸν καὶ τὸν ὅρκον τὸν ἡλιαστικόν· καὶ τοὺς μὲν λόγους ἁπάντων ἡμῶν ἀφέλετε, ἐκ δὲ τῆς εἰσαγγελίας καὶ τῶν νόμων σκεψάμενοι, ὅτι ἂν ὑμῖν δοκῇ δίκαιον καὶ εὔορκον εἶναι, τοῦτο ψηφίσασθε.

41 Ἐγὼ μὲν οὖν σοι, Εὐξένιππε, βεβοήθηκα ὅσα εἶχον. Λοιπὸν δ' ἐστὶ δεῖσθαι τῶν δικαστῶν, καὶ τοὺς φίλους παρακαλεῖν, καὶ τὰ παιδία ἀναβιβάζεσθαι.

38 4 post μὴ περιίδητε αὐτόν, Frohberger participium aliquod, velut ἀπολλύμενον vel διαφθαρέντα, excidisse putat, quo non opus est || 6 η supra versum additum in A || **39** 8 αὐτοῖς corr. Babington : αυτους A, quod pauci retinent αὐτοῦ (adverbium) dubitanter conj. Schneidewin || 11 τειμωρη A, unde τιμωρῇ edd. plerique : τιμωρεῖ Cobet || **40** 1 Βραχὺ δ' ἔτι Cobet, coll. or. *Adv. Phil.*, § 4, βραχέα δ' ἔτι πρὸς ὑμᾶς εἰπών : βραχὺ δέ τι Babington || **41** 1 Ante Εὐξένιππε dubitat Blass an ὦ exciderit || Subscriptio orationis : Ὑπὲρ Εὐξενίππου εἰσαγγελίας ἀπολογία πρὸς Πολύευκτον.

IV

CONTRE ATHÉNOGÈNE

PREMIER DISCOURS.

(quelques années après 330)

NOTICE

Le papyrus auquel nous devons ce discours nous est parvenu dans un médiocre état de conservation. Le début en est perdu complètement ; viennent alors dix-sept colonnes, qui semblent se succéder sans interruption. Dans les premières, si les lacunes sont assez nombreuses, elles ne sont jamais très étendues ; mais, à partir de la col. XI, les bas de pages, en particulier, sont fort déchiquetés, ou manquent même tout à fait sur une hauteur plus ou moins grande. Cependant la suite du développement se laisse saisir, au moins de façon approximative ; et la col. XVII peut être considérée, presque avec certitude, comme la dernière.

Dans ces conditions, le titre, on le conçoit, fait défaut sur le papyrus ; mais, d'après plusieurs références de lexicographes, il est hors de doute que nous sommes en présence du *Premier discours Contre Athénogène*[1]. Il était célèbre chez les anciens comme un modèle de ceux où, dans les petites causes, se révélait le mieux le talent d'Hypéride.

Le sujet ici ne touche en rien à la politique ; et les adversaires nous sont connus uniquement par notre texte. Le plaignant, Épicrate[2], est un campagnard d'intelligence plutôt bornée (toute sa conduite le montre bien), mais de famille aisée ; car son père, qui vit encore au moment du procès (§ 23), a pu lui abandonner des terres qu'il cultive

1. Hypéride avait écrit aussi un *Deuxième discours Contre Athénogène*, contenant apparemment, dans le même procès, la réplique (assez courte) du demandeur à la défense de l'accusé. Mais ce second discours n'a pas été conservé.

2. Blass propose, avec beaucoup de vraisemblance, de reconnaître son nom dans le § 24, vers la fin.

personnellement (§ 26) ; d'ailleurs, une dépense de quatre mille drachmes, à l'occasion, ne lui paraît pas extraordinaire (§ 7), et il accepte même d'y ajouter, s'il le faut, de menus cadeaux aux personnes qui s'emploient à satisfaire ses fantaisies (§ 2). Pour l'instant, il s'est pris, comme la chose n'a rien de rare dans la Grèce ancienne, d'une vive passion pour un jeune esclave qui, avec son frère et leur père, Midas, tient sur l'agora un magasin de parfumerie pour le compte de leur maître, Athénogène. Afin de l'avoir à lui, il demande à Athénogène de l'affranchir contre remboursement de sa valeur ; mais, pour son malheur, il se heurte à un habile homme, qui comprend tout de suite le parti à tirer pour lui de la situation, et qui n'hésite pas à en profiter sans scrupules. Son portrait se résume en trois mots : c'est « un logographe, un pilier d'agora, et, pour comble, un Égyptien » (§ 3) ; entendons qu'il connaît à fond les ressources de la procédure [1], et, en outre, qu'il unit à la brusquerie d'allures et à la verdeur de langage courantes sur le marché, ce fonds de

1. Nous sommes tout disposés à croire que les logographes, usant et abusant de leur connaissance du droit, en profitaient souvent pour y puiser des arguments, bons ou mauvais, en faveur de leurs clients. Il n'en reste pas moins assez piquant de voir Hypéride en faire grief à Athénogène, dans un procès où lui-même n'intervient qu'à titre de logographe. Quelques années plus tôt, en s'en prenant à Démade, il n'avait pas craint davantage d'émettre ce jugement général sur les orateurs : « Ils ressemblent aux serpents. Ceux-ci sont tous haïssables ; mais, parmi eux, il y a les vipères qui font du mal aux hommes, et une espèce, appelée *pareias*, qui dévore les vipères elles-mêmes » (*C. Démade*, fr. 80). — Pour les deux autres termes qui complètent le portrait d'Athénogène, ἀγοραῖος ne paraît pas viser seulement le fait qu'Athénogène passe sur l'agora le plus clair de ses journées (§ 19). Il a, de plus, un sens nettement défavorable : on le trouve joint souvent à κακός, à πανοῦργος, à κόβαλος, à φαῦλος (cf. Aristoph., *Gren.*, 1015 ; Plat., *Protag.*, 347 c) ; c'est le mot qui résume, dans les *Cavaliers* d'Aristophane (v. 218) la figure du Charcutier digne de devenir le parfait démagogue, comme nous dirions qu'il a « les façons des halles », qu'il est « fort en gueule ». — Quant à Αἰγύπτιος, Hypéride doit suggérer par là l'idée de la fourberie adroite, de la malhonnêteté ingénieuse : Eschyle (fr. 709 Did.) attribuait déjà ce trait de caractère aux Égyptiens, δεινοὶ πλέκειν τοι μηχανὰς Αἰγύπτιοι ; cf. Aristoph., *Thesmoph.*, 920. Théocrite (XV, 48) emploie de même l'adverbe αἰγυπτιστί.

fourberie qui, au dire des Grecs, caractérise son pays d'origine.

Ce n'est pas tout. Pour mieux duper Épicrate, il fait appel à sa maîtresse, Antigona, une étrangère, elle aussi, ainsi qu'il ressort de la désinence de son nom, femme galante dans son jeune temps, maintenant entremetteuse, et toujours fort adroite à détrousser quiconque entre en relations avec elle (§ 3). En se partageant les rôles, le couple amène d'abord Épicrate à payer l'affranchissement non-seulement du garçon qui l'intéresse, mais encore de son frère et de son père. Puis, sous de beaux prétextes, à l'affranchissement pur et simple on substitue un acte de vente, où on englobe par surcroît la parfumerie, avec son actif et son passif[1]. Épicrate, aveuglé par sa passion, accepte tout ce qu'on lui suggère ; mais, au bout de trois mois, il s'aperçoit qu'il a assumé, sans s'en douter, des responsabilités auxquelles il est incapable de faire face.

Bien entendu, Athénogène refuse de résilier de bon gré un contrat si avantageux pour lui, et Épicrate n'a plus d'autre ressource que de lui intenter une δίκη βλάβης[2], c'est-à-dire une action en réparation du tort qu'il subit en ayant à répondre de dettes importantes, dont on lui avait soigneusement dissimulé l'existence. Incapable de soutenir lui-même sa cause, il recourt au talent d'Hypéride. Toutefois, celui-ci ne prend pas la parole en personne ; il se borne, comme dans l'affaire de Lycophron, à écrire la plaidoirie, en laissant à son client le soin de la prononcer devant les juges.

Au moment où elle s'ouvre pour nous, la *narration* est commencée, mais peu avancée encore ; car il s'y agit seulement des entrevues d'Épicrate avec Antigona. Évaluons à deux ou trois colonnes la partie perdue. Comme *exorde*, nous pouvons imaginer quelques phrases où le plaignant aurait exprimé son embarras d'avoir, bien malgré lui et sans expérience des procès, à se présenter devant un tribunal. Mais une raison grave l'y oblige : il croyait, pour 4 000

1. Sur ce point, Midas, le tenancier du magasin, paraît s'être fait le complice de son patron (§ 27) ; sans doute y avait-il son intérêt personnel.

2. C'est l'opinion de Blass, admise aussi par Lipsius ; le procès aurait relevé de la juridiction des *Quarante*.

drachmes, s'assurer la possession d'un esclave qui lui plaisait ; or, finalement, il se trouve acculé à une dette de cinq talents, 30000 drachmes au lieu de 4000 ! Cette double indication était certainement donnée dès le début ; car il y est fait allusion par la suite (§ 9 : ὥστ' εἶναί μοι, ὅπερ καὶ ἀρτίως εἶπον, περὶ πέντε τάλαντα ; — § 24 : τὸν παῖδα, ὅνπερ ἀρτίως εἶπον). Venait alors la *division* : je vous exposerai, point par point, comment les choses se sont passées ; puis je discuterai la thèse de mon adversaire, et je vous montrerai quel genre d'homme vous avez devant vous. Après quoi, Épicrate devait entrer en matière, en racontant ses premières démarches infructueuses auprès d'Athénogène, aboutissant à une sorte de rupture. Nous abordons là le texte même d'Hypéride : voici, en résumé, comment se présente son plaidoyer.

Suite de la narration. Épicrate, ne pouvant parvenir à s'entendre avec Athénogène, s'adresse à Antigona, en qui il croît trouver une alliée sûre, et dont les promesses lui inspirent confiance. Après plusieurs visites, elle lui annonce que, sur ses instances, Athénogène consent à affranchir Midas et ses deux fils pour 40 mines (§ 1-5).

Entrevue d'Athénogène et d'Épicrate, ménagée par Antigona ; réconciliation. Comme preuve de sa bonne volonté, Athénogène, au lieu d'affranchir Midas et ses fils, propose de les céder directement à Épicrate par un contrat, où sera compris en même temps leur magasin de parfumerie (§ 5-7). Précisément, il a sur lui l'acte tout prêt ; il en donne lecture à l'acquéreur, qui ne l'écoute guère ; puis il s'empresse de le sceller avant de quitter la maison, non sans avoir pris soin d'ajouter le nom d'un garant à celui d'Épicrate. Au bout de trois mois, celui-ci est au courant des dettes qu'il s'est si imprudemment mises sur le dos : il en a pour cinq talents (§ 7-10).

Il examine alors le contrat avec ses amis : la plupart des dettes y sont dissimulées sous des formules vagues, ou passées tout à fait sous silence. On va trouver Athénogène, qui se refuse à toute concession ; il ne reste plus qu'à porter le différend devant les juges. Lecture du contrat (§ 10-13).

Discussion juridique. Athénogène se retranchera derrière la loi qui garantit la validité des arrangements conclus d'un commun accord entre deux parties. Prétention inadmissible, réplique Épicrate, si ces arrangements violent la justice ; et, à l'appui de sa façon de voir, il cite quatre cas (transactions sur le marché, ventes d'esclaves, contrats de mariage, testaments), où manifestement le législateur condamne toute tentative de fraude (§ 13-19).

Les faux-fuyants d'Athénogène. Il prétendra avoir ignoré le passif de sa parfumerie (fournitures non payées ou prêts à rembourser) : la chose est bien peu vraisemblable de la part d'un homme aussi avisé d'ordinaire ; et ce n'est pas pour rien non plus qu'il a réclamé un garant de la vente. D'ailleurs, en équité aussi bien qu'en vertu d'une loi de Solon, Épicrate ne saurait être rendu responsable des dettes contractées par Midas en un temps où il ne lui appartenait pas (§ 19-23).

Autre histoire : Athénogène raconte partout qu'il était disposé à céder gratis à Épicrate le frère de l'esclave qui l'intéressait, à condition de garder Midas pour lui ; mais Épicrate aurait tenu à les acquérir tous les trois. Croira-t-on qu'Épicrate ait eu envie d'un commerce de parfumerie où il n'entend rien ? ou plutôt qu'Athénogène et Antigona aient voulu profiter de son aveuglement pour l'amener à prendre à son compte une mauvaise affaire (§ 23-26 milieu) ?

Fausse péroraison. Épicrate implore pour lui la pitié des juges ; car, tandis que ses adversaires n'escomptent que des avantages de leur malhonnêteté, il risque, lui, non seulement d'être ruiné, mais de perdre ses droits civiques (§ 26 milieu-29).

Digression : quelques traits de la vie d'Athénogène. 1° A Athènes, il était heureux de jouir, comme métèque, des avantages qu'on y trouve ; mais, au temps de la guerre contre Philippe, il s'est enfui à Trézène au lieu d'aller se battre à Chéronée. Il a aussi marié ses filles à l'étranger. Et maintenant, tout danger étant disparu, il prétend revenir et reprendre sa vie d'autrefois (§ 29-31).

2° A Trézène, il avait reçu le droit de cité ; néanmoins, préposé à la surveillance du pays par le parti macédonien, il a banni nombre de Trézéniens qui l'avaient accueilli, et s'est rendu si odieux qu'il a été obligé de s'expatrier à nouveau (§ 31-34).

3° Il ne remplit pas mieux ses devoirs envers sa famille : son beau-père atteste qu'il a dilapidé avec Antigona les héritages qui lui venaient de son père et de son frère (§ 34).

Reprise de la péroraison. Tant de vilenies appellent un châtiment. En tout cas, dans ce procès, il ne convient pas de prendre le parti du fourbe contre sa victime, d'autant que les conséquences d'une condamnation doivent être très différentes pour l'un et pour l'autre (§ 35-fin).

Une telle cause ne laissait pas de présenter pour Hypéride de sérieuses difficultés. Évidemment, il n'avait pas de peine à démasquer la malhonnêteté d'Athénogène et de ses complices ; mais Épicrate, de son côté, inspirait-il une sympathie sans mélange ? Aujourd'hui, nous risquerions sans doute d'être indisposés par cette passion inconsidérée qui est à la base de toute l'affaire. Hypéride ne semble pas en être fort gêné ; il la présente même, à plusieurs reprises, comme une sorte d'excuse pour son client. Ainsi, Épicrate s'est fié bien légèrement aux protestations d'amitié d'Antigona ; il s'en tire par une phrase de comédie : « tant l'amour fait sortir un homme de son sens naturel, quand, de plus, il prend à son aide la souplesse artificieuse d'une femme ! » (§ 2). Il aurait dû au moins prêter attention au contrat qu'Athénogène lui présentait : « j'en entendais bien la lecture ; mais j'avais hâte d'avoir réglé la chose pour laquelle j'étais venu » (§ 8). L'euphémisme est joli ; mais on peut juger l'explication insuffisante.

En somme, Hypéride s'applique à faire de son client un faible, un naïf, à défaut d'un innocent. Volontiers, il lui prête un air de surprise candide dans les réflexions qu'il lui suggère. Quand il cite, pour se disculper, sa maxime sur les aberrations de l'amour (§ 2), il ne manque pas de l'accompagner d'un « *paraît-il* » assez comique. Il le répète encore au moment où il découvre le piège où il est tombé : « or là était, *paraît-il*, le guet-apens ourdi contre moi, et la grande machination » (§ 7)[1] ; on croirait qu'il n'en est pas bien sûr. La simplicité d'Épicrate constitue pour son avocat un moyen de défense fort commode ; il lui arrive pourtant d'en abuser. Par exemple, on est un peu surpris de la façon dont il raconte la signature de la convention si funeste à Épicrate : Athénogène, dit-il (§ 8), s'empresse de la sceller, « afin qu'aucun homme de bon sens n'entende parler des clauses qui s'y trouvent inscrites » ; mais il en existe un double exemplaire,

1. La formule ὡς ἔοικεν revient de nouveau aux §§ 18, 19, 29.

et Épicrate un peu plus tard saura bien s'y reporter avec ses parents et ses amis (§ 10). De même, quand Athénogène prend soin d'introduire le nom d'un garant dans son contrat (§ 8), la précaution n'aurait eu pour lui nul intérêt si Épicrate n'avait pas d'abord sollicité et obtenu le consentement de ce Nicon.

Sous ces réserves, on s'accordera à reconnaître le charme et l'habileté de la narration d'Hypéride. Nos divers personnages y apparaissent avec une vie singulière. Antigona, tout en faisant adroitement le jeu de son compère, trouve moyen de soutirer à Épicrate une gratification personnelle « en récompense de son zèle » (εὐνοίας ἕνεκα, § 2 : on croit entendre les considérants d'un décret officiel de proxénie). Épicrate, dès qu'on lui recommande de se hâter pour ne pas laisser à Athénogène le temps de se raviser, est merveilleux d'empressement : « Je rassemble les fonds de toutes parts, j'importune mes amis, je dépose à la banque les quarante mines, et me voilà de retour chez Antigona » (§ 4). Surtout, Athénogène est peint de main de maître. Pour mieux mettre en relief sa fourberie, Hypéride le fait parler lui-même (§ 5-6). En phrases onctueuses, il expose à Épicrate les avantages imprévus qu'il va lui consentir « pour l'amour d'Antigona ». Ses raisons (il n'en est jamais à court) se traduisent par une série de petits traits qui se renforcent les uns les autres : « si, après avoir acheté ces esclaves par un acte en règle, dans ces conditions, plus tard, au moment où il te plaira, tu leur accordes leur liberté, leur reconnaissance envers toi en sera doublée » ; toutefois, s'ils ont quelque fourniture à rembourser, ou si quelque client a déposé de l'argent chez eux, « comme il arrive », Épicrate en répondra ; mais c'est peu de chose vraiment ; et, en compensation, les marchandises ne manquent pas dans le magasin ; il en donne l'énumération.

Au bout de trois mois, Épicrate constate que l'essentiel des dettes lui a été dissimulé ; mais Hypéride n'a garde de le faire éclater lui-même en plaintes, qui peut-être ne nous toucheraient qu'à demi. L'indignation se manifeste chez les gens qui, sur l'agora, entendent discuter la question ; ils parlent d'écharper Athénogène ; ils conseillent de l'arrêter sur-le-champ, comme visant à réduire un homme libre en esclavage (§ 12 : extension imprévue du grief d'ἀνδραποδιστής). Mais Épicrate se refuse à user de ces procédés sommaires : il préfère s'en remettre aux tribunaux par voie de citation régulière ; les juges lui sauront gré de cette marque de déférence à leur égard. Bref, tout cet exposé est fort joliment mené, et soutient sans peine la comparaison avec les meilleures narrations des autres orateurs attiques, celles, par exemple, de Lysias dans le discours *Sur le meurtre d'Ératosthène* ou de Démosthène dans le plaidoyer *Contre Conon*.

Après avoir donné lecture du texte même de la convention, Hypéride est bien obligé d'arriver ensuite à en discuter la valeur. Grave embarras : car, d'abord, comment prêter avec quelque vraisemblance à l'Épicrate, plutôt simple d'esprit, qu'on nous a présenté jusqu'ici, une connaissance approfondie des lois d'Athènes, et, mieux encore, l'art d'en tirer parti subtilement ? Hypéride a beau lui faire dire (§ 13), qu'affolé à l'idée du péril où il se voit, « il s'est mis à les étudier à fond et à les méditer nuit et jour » ; cette précaution oratoire ne trompe personne : l'avocat, pour un moment, (§ 13-19) se substitue à son client.

D'autre part, dans le discours *Pour Euxénippe*, fort voisin en date du nôtre, Hypéride, on s'en souvient, s'attachait à établir qu'il importe pour un tribunal de s'en tenir, sans rien y ajouter, aux prescriptions du législateur. Ainsi, l'*eisangélie* a été instituée pour punir les crimes graves où est mise en question la sûreté de l'État, tels qu'ils peuvent être commis par un général d'armée, un commandant de flotte, un gouverneur de place forte, un orateur parlant pour de l'argent contre les intérêts de sa patrie ; il y a donc abus intolérable à vouloir l'étendre au cas d'un rapport présenté à l'occasion d'une consultation d'oracle. D'un bout à l'autre de son plaidoyer, l'orateur proteste avec chaleur contre un semblable procédé. Maintenant, pour les besoins de sa cause, il adopte juste la thèse opposée : ce n'est plus la lettre, c'est l'esprit des textes qu'il entend considérer. En droit strict, il le sait bien, la position d'Athénogène est inattaquable : Épicrate a eu la sottise de signer, sans l'examiner, une convention désastreuse pour lui ; mais la loi est formelle : « tout arrangement conclu d'un commun accord entre deux parties fait autorité entre elles ». Hypéride essaie de s'en tirer en établissant une distinction : « oui, si les arrangements sont conformes à la justice ; ceux qui ne le sont pas ne sauraient être reconnus » (§ 13); distinction logique, et même souhaitable, mais qu'il imagine pour la circonstance.

En raisonnant par analogie, il arrive à produire quatre textes où se révèle chez le législateur l'intention de punir la mauvaise foi : la fraude est interdite dans les transactions opérées sur le marché ; on ne peut vendre légalement un esclave sans prévenir l'acquéreur de ses infirmités ; aucun mariage, aucun testament n'est valable s'il est entaché de fourberie ; en conséquence, conclut-il, la convention proposée à Épicrate dans les conditions que nous savons est nulle de plein droit. Athénogène n'a pas dû manquer de lui répondre que, le législateur n'ayant pas stipulé de restrictions pour les pactes conclus de gré à gré entre deux parties, c'est donc qu'il y voyait un cas différent des précédents, et n'entendait pas admettre d'assimilation entre eux.

D'ailleurs, il faut bien en convenir, plus d'une fois le sophisme se sent dans l'argumentation d'Hypéride. Ainsi, il est prescrit, dit-il (§ 14), de ne pas tromper sur le marché (ἀψευδεῖν ἐν τῇ ἀγορᾷ) ; or toi, Athénogène, tu as trompé en plein marché (ψευσάμενος ἐν μέσῃ τῇ ἀγορᾷ). Il est difficile de voir là une allusion à la dispute qui a eu lieu sur l'agora (§ 11), et où les parents et les amis d'Épicrate ont dit son fait à Athénogène ; car ce n'est pas sur l'agora, mais à huis clos qu'a été signé le fatal contrat. En français, nous nous tirerions d'affaire par une sorte de calembour : « il est défendu de tromper *sur le marché* ; toi, tu as trompé *en pleine conclusion d'un marché* » ; mais ἀγορά, en grec, n'a pas, je crois, cette double signification. N'en doutons pas, Hypéride joue sur les mots et en force le sens [1].

De même (§ 17), un testament peut être cassé, si le testateur a été victime des intrigues d'une femme ou s'il a cédé à une contrainte quelconque. Or, Épicrate s'est laissé amener par les manœuvres savantes d'Antigona dans le piège que lui tendait Athénogène : voilà déjà, d'après lui, un motif de cassa-

1. Démosthène, pour combattre la loi de Leptine, tire aussi argument du même texte (*C. Leptine*, 9): « Comment ! dans les ventes faites sur le marché, vous punissez la mauvaise foi ; et, dans les affaires publiques, l'État ne trouve pas honteux de manquer à sa parole et de ne pas respecter la loi qu'il impose aux particuliers ! » Mais son raisonnement se justifie beaucoup mieux.

tion ; et il ajoute même : « il y a eu contrainte de la part de ces gens pour m'imposer leur convention » ; ils tombent donc sous le coup de poursuites pour machination frauduleuse (§ 18). Apparemment, les avocats d'autrefois, comme aujourd'hui ceux de nos cours d'assises, comptaient beaucoup sur l'inexpérience des jurys populaires. Ici, en tout cas, en fait de contrainte, Hypéride ne saurait invoquer qu'une contrainte morale, la force de la persuasion, la puissance du verbe ! et il a beau donner au terme de βούλευσις un sens particulier qu'Harpocration est obligé de nous expliquer (ἐνέδρα, ἐπιβουλὴ εἰς χρήματα), il n'est pas en son pouvoir d'introduire contre Athénogène, sous le nom de δίκη ou de γραφὴ βουλεύσεως, une *action de dol* que le droit athénien ne connaît pas.

Une fois sorti tant bien que mal de cette controverse juridique, Hypéride se retrouve plus à l'aise pour réfuter par avance les faux-fuyants dont il soupçonne qu'Athénogène va se servir. A vrai dire, nous le voyons encore, à l'occasion, invoquer de nouveaux textes de lois, toujours en les interprétant à sa manière, dans l'intérêt de son client. P. ex. (§ 22), Solon a stipulé que le maître d'un esclave est responsable des fautes commises par celui-ci ; Hypéride suggère de son chef que le législateur songeait à des ventes fréquentes d'esclaves et aux discussions qu'entraîneraient alors les dettes contractées par eux. Il rappelle ensuite qu'aucun décret, même rédigé régulièrement, ne peut l'emporter sur une loi ; or, toi, s'écrie-t-il, tu prétends faire prévaloir contre toutes les lois une convention malhonnête. En réalité, nous le savons par de nombreuses références à ce texte, Solon entendait empêcher par là toute initiative illégale du Sénat ou du peuple ; or, ici, il s'agit d'un contrat privé qui, dans la forme du moins, respecte les prescriptions du code.

Il importait, je crois, de relever ces petites habiletés de notre logographe ; mais, plus souvent, ses raisonnements sont de bonne logique et pleins de finesse. Ainsi, Athénogène dira-t-il qu'il ignorait le passif de la parfumerie tenue par son esclave ? La chose, en soi, n'est guère croyable de la part d'un homme aussi attentif à ses intérêts ; en tout cas, il s'enlève du coup le droit de soutenir qu'il a prévenu Épicrate des dettes dont celui-ci aurait à répondre (§ 19-20). Admettons même qu'il ait été mal renseigné ; la vente une fois réalisée, est-il juste de s'en prendre au nouveau ou à l'ancien patron de Midas (§ 21-23)? Ici, Hypéride retrouve ce ton de bonhomie qui faisait tout à l'heure le charme de sa narration. Athénogène, pour prouver ses dispositions conciliantes, essaie de répandre de divers côtés le bruit qu'il avait le désir de garder Midas pour lui, et que c'est Épicrate qui a tenu à acquérir le père avec ses deux fils, et leur magasin par surcroît. Mais, réplique Épicrate avec beaucoup de naturel (§ 26), « je ne suis pas parfumeur ; je n'exerce non plus aucune industrie ; mon père m'a abandonné quelques champs ; je les cultive. Croira-t-on, dans ces conditions, que, moi, j'aie eu envie de ton métier, où je n'entends rien, ou que, toi et ta maîtresse, vous ayez convoité mon argent ? » Il aboutit donc, comme à une conclusion qui s'impose, à exprimer l'espoir d'obtenir pour lui l'indulgence et la sympathie du tribunal.

Ce n'est là d'ailleurs qu'une fausse péroraison. Avant de terminer réellement son discours, il tient, comme il arrivait souvent, même dans les plaidoyers politiques, à jeter, autant qu'il le peut, le discrédit sur son adversaire. Or, nous le croyons sans peine, la vie d'Athénogène prêtait beaucoup à la critique. A Athènes, c'est un métèque : il a été heureux d'y fixer sa résidence tant qu'il y trouvait l'agrément d'une vie facile et des avantages pour son commerce ; mais, dès qu'il a senti se préciser la menace d'un conflit avec la Macédoine, au lieu de s'enrôler dans l'armée qui allait se battre à Chéronée, il a préféré partir avec les siens, quitte à revenir ensuite, une fois tout danger disparu[1]. A Trézène, où il

1. Évidemment, Athénogène n'a songé qu'à se mettre en sûreté, et n'a pas manifesté le moindre zèle pour la cause d'Athènes. Toutefois, ici encore, Hypéride n'en prendrait-il pas un peu à son aise avec la législation qu'il prétend lui appliquer ? Au § 29, il lui reproche de s'être enfui « en dépit de la loi qui prescrit de dénoncer et d'arrêter sur-le-champ celui qui a quitté le pays en temps de guerre, s'il veut ensuite y rentrer » ; mais une telle action n'a d'effet que pour châtier l'émigré à son retour ; elle ne s'oppose pas à son départ. Plus loin, au § 33, il fait lire une loi, toute différente, « qui défend aux métèques d'émigrer en temps de guerre ». Celle-là répond bien à notre cas ; mais de quelle époque date-t-elle ? Si elle existait avant Chéronée, elle se serait, à plus forte raison, appliquée aux citoyens ; et Lycurgue, en accusant Léocrate d'avoir abandonné lâchement sa patrie, n'aurait pas eu besoin de recourir à la procé-

s'est réfugié, sa conduite n'a pas été moins odieuse : il y obtient, on ne sait comment, le droit de cité ; et, là-dessus, se mettant avec empressement aux ordres de Mnésias d'Argos, agent du parti macédonien dans la région [1], il persécute et réduit à l'exil nombre de ses nouveaux concitoyens, en particulier des démocrates, à qui Athènes, au contraire, se croit tenue d'ouvrir ses portes, en souvenir de la générosité dont leurs ancêtres avaient fait preuve à son égard au temps des guerres médiques. Enfin, dans sa vie privée, Athénogène n'est pas plus digne d'estime que dans sa vie publique : il dissipe en folles dépenses le patrimoine qu'il aurait le devoir de conserver à sa famille.

Tous ces griefs sont, en réalité, entièrement étrangers à notre procès ; et on n'entend pas sans quelque surprise Hypéride produire ici, entre autres documents, le décret des Trézéniens, rendu cent cinquante ans plus tôt, pour assurer bon accueil chez eux aux Athéniens fuyant l'invasion de Xerxès (§ 33). Mais ce sont des souvenirs de nature à faire impression sur l'esprit des juges ; Hypéride est trop heureux d'y recourir. Chose curieuse, c'est peut-être, dans tout son discours, le morceau où il élève le plus le ton, et il le termine

dure extraordinaire de l'εἰσαγγελία. En réalité, il doit s'agir là des mesures exceptionnelles votées *après Chéronée,* et comprenant, entre autres choses, la levée en masse de toute la population, citoyens, métèques, et même esclaves. Seulement, Athénogène étant parti avant cette date, on ne peut pas l'accuser d'avoir violé le décret en question. Il y a quelque chose d'un peu suspect dans toute cette argumentation.

1. Ce Mnésias s'identifie sans doute avec le Μνασέας que Démosthène cite (*Cour.*, 295) parmi toute une liste de traîtres. Polybe (XVII, 14) proteste vivement contre cette condamnation sommaire de gens qui n'étaient pas tenus, dit-il, de confondre les intérêts de leur pays avec ceux d'Athènes. Il semble toutefois que, trop souvent, ces hommes visaient avant tout à satisfaire leur cupidité et à s'assurer personnellement un pouvoir tyrannique. Une fois forts de l'appui de la Macédoine, ils envoyaient dans toutes les villes de la contrée un *commissaire* chargé de surveiller pour eux les autorités locales (c'est, je crois, au § 31, si on y admet la restitution de Revillout, le sens de ἄρχων) ; et ils ne se montraient pas très difficiles dans le recrutement de ces agents, puisque Mnésias prend, pour le représenter à Trézène, un ancien métèque, fraîchement naturalisé, et dont le passé était au moins douteux.

par une tirade qui ne manque pas d'éloquence (§ 35) : « Eh bien, l'homme qui, dans sa vie privée, est un fripon ; qui a désespéré du salut de votre cité ; qui a déserté de chez vous ; qui a chassé de leurs foyers ceux chez qui il avait émigré, vous le tenez aujourd'hui, et vous ne le châtierez pas ! »[1] Il ne s'anime pas davantage pour s'opposer aux honneurs réclamés par Démade en faveur d'Euthycrate, le traître d'Olynthe (fr. 76), ou pour défendre contre Ménésaichmos la mémoire de Lycurgue (fr. 118).

Tel est ce plaidoyer pour lequel toute l'antiquité, à commencer par l'auteur du *Traité du sublime* (ch. 34), professait une grande admiration. Pour la langue non plus, il n'est, malgré la petitesse du sujet, nullement inférieur aux autres œuvres que nous connaissons d'Hypéride. Sans doute, on peut y relever çà et là de ces négligences habituelles à notre auteur : constructions parfois un peu douteuses (§ 8, σημαίνεται ἵνα μηδεὶς ἀκούσαι), répétitions de mots n'aboutissant à aucun effet littéraire (§ 13, ἐρεῖ ὡς ὁ νόμος λέγει ; § 19, ᾔδει revenant trois fois) ; et, plus souvent encore, antithèses qui sentent un peu trop la rhétorique (§ 20, οὐκ ἀπολόγημα ἀλλ' ὁμολόγημα[2] ; en particulier aux § 29-30, où, en une demi-page, elles s'accumulent pour flétrir l'attitude générale d'Athénogène à Athènes : apparemment, dans son idée, la ville de Trézène était *destinée à survivre* ; la nôtre, il l'avait *condamnée à mort*[3] ; — *au temps de votre prospérité*, il élevait ses filles

1. Cette sortie pathétique, à propos d'un Athénogène, évoque pour nous le souvenir du morceau par où Lysias, dans une cause autrement grave, termine sa longue diatribe contre la mémoire de Théramène (*C. Ératosthène*, 78) : « Alors, après tous ces forfaits et d'autres encore, après tant de vilenies et d'infamies, anciennes et récentes, petites et grandes, l'homme qui en a été l'auteur trouvera des gens pour oser se déclarer ses amis ! les amis de ce Théramène qui n'est pas mort pour votre cause, mais pour sa félonie, qui a été justement puni sous l'oligarchie (car il songeait déjà à la renverser), mais qui l'aurait été justement aussi sous la démocratie (car, par deux fois, il vous a asservis), toujours dédaigneux de ce qu'il avait et désireux de ce qu'il n'avait pas, et, sous le couvert du plus beau nom, nous apprenant à connaître les actes les plus abominables ».

2. A vrai dire, ἀπολόγημα n'est ici qu'une restitution, mais qui paraît extrêmement vraisemblable.

3. Il avait déjà utilisé cette image dans le *disc. C. Philippide*, § 7.

chez vous ; *devant votre infortune,* il est allé les marier à l'étranger ; — d'ordinaire les métèques, *en période de paix,* travaillaient avec vous, et, *à l'heure des dangers,* combattaient à vos côtés ; — après avoir violé le *contrat social* de la cité, il se prévaut vis-à-vis de moi de son *contrat privé,* comme si on pouvait croire, qu'ayant méconnu *ses justes obligations envers vous,* il se soucierait de *justice envers moi*). Hâtons-nous d'ajouter que, d'une façon générale, Hypéride reste plus simple, plus naturel, ce qui ne l'empêche pas de créer ou d'arranger à son usage nombre de locutions fort heureuses.

Ainsi, Antigona, pour capter la confiance d'Épicrate, prend l'air le plus sérieux du monde (§ 2, σπουδάζουσα τῷ ἤθει ὡς ἔνι μάλιστα) ; elle abuse Épicrate par ses jongleries (*ibid.*, φενακίζουσα τὰ μάταια ταῦτα), et arrive à grapiller par surcroît (*ibid.*, προσπεριέκοψεν) une gratification pour elle-même. Dans la famille d'Athénogène, on est parfumeur de père en fils depuis trois générations (§ 19, ἐκ τριγονίας ὢν μυροπώλης) ; lui-même, on le voit installé sur l'agora autant qu'il y a de jours dans l'année (*ibid.*, καθήμενος ἐν τῇ ἀγορᾷ ὅσαι ἡμέραι) ; sa convention est une duperie, un piège tendu au malheureux qui s'est fié à lui (§ 11, ψευδόμενος καὶ ἐνεδρεύσας ἡμᾶς ταῖς συνθήκαις) ; son intransigeance à refuser toute concession à sa victime est telle qu'on parle de l'écharper (§ 12, κατατεμνόντων αὐτόν) ; mais, devant un homme dont il espère obtenir une faveur, il fait le chien couchant (§ 31, ὑποπεσὼν Μνησίαν τὸν Ἀργεῖον). Épicrate, au contraire, se laisse mener comme un enfant (§ 3, ὑπὸ Ἀντιγόνας παιδαγωγηθῆναι) ; il ne s'aperçoit pas qu'on va lui mettre sur le dos toutes sortes de dettes (§ 7, ἐπάξειν μοι ἔμελλεν τοὺς χρήστας καὶ τοὺς πληρωτὰς τῶν ἐράνων) ; il a été poussé de force par ses trop habiles partenaires dans sa fatale acquisition (§ 26, πρὸς τούτων εἰς τὴν ὠνὴν ἐνεσείσθην) ; il s'est trouvé pris, comme un gibier dans une trappe où le chasseur l'a fait trébucher (§ 18, ὥσπερ ὑπὸ θηρευτοῦ ἐν ποδοστράβῃ κατειλημμένον). Par ces traits et d'autres semblables, notre habile avocat a l'art de faire vivre sous nos yeux tous ses personnages.

Sur la façon dont s'est terminé le procès, aucun texte ancien ne nous renseigne. Les juges ont dû se trouver partagés entre deux considérations opposées. En droit strict, Athénogène a pour lui la lettre de la loi ; sa malhonnêteté n'en est pas moins certaine dans le cas présent ; et, d'une façon générale, ni sa vie publique ni sa vie privée ne sont faites pour lui attirer la sympathie. D'autre part, si Épicrate a été sûrement la dupe d'un couple de fripons sans scrupules, comment envisageait-on, dans l'Athènes de son temps, la passion qui l'a aveuglé ? Il serait intéressant pour nous de le savoir ; mais rien ne nous autorise à deviner quel a été, en l'espèce, le verdict du tribunal.

Nous sommes du moins mieux fixés sur l'époque où la cause s'est plaidée. En effet, nous lisons, au § 32, que les Trézéniens, bannis de chez eux par Athénogène, ont été accueillis à Athènes avec empressement, comme jadis les Athéniens eux-mêmes l'avaient été à Trézène, au temps de Salamine, « plus de cent cinquante ans auparavant ». Nous ne pouvons donc pas remonter au delà de 330. Probablement même faut-il songer à quelques années plus tard ; car Athénogène, si nous interprétons bien la fin mutilée de ce § 32, n'est rentré à Athènes qu'au moment où la vie n'était plus tenable pour lui à Trézène : il a dû lui falloir un certain temps après 338, d'abord pour y acquérir une situation assez en vue, puis pour la perdre, par suite soit de ses fautes personnelles soit d'un revirement de l'opinion publique contre la Macédoine et ses agents. C'est pourquoi je serais assez disposé à placer son procès un peu après celui d'Euxénippe.

[CONTRE ATHÉNOGÈNE, 1er Discours.]

. . . .

I à cette femme.] 1 Quand je lui eus conté ce qui s'était passé, qu'Athénogène se montrait intraitable avec moi et ne voulait se prêter à aucune concession raisonnable, elle me répondit qu'à la vérité il était toujours ainsi ; mais, en même temps, elle m'engageait à garder confiance ; car elle serait, elle, en tous points mon alliée. 2 Et cela, elle le disait avec l'air le plus sérieux du monde, et en jurant par les serments les plus solennels que, pour sûr, si elle parlait ainsi, c'était par sympathie pour moi et en toute sincérité ; si bien, juges (car on ne vous cachera rien de la vérité), que j'ai cru fermement à ses protestations. Tant, paraît-il, l'amour fait sortir [un homme] de son sens naturel, quand il prend à son aide la [*souplesse artificieuse*] d'une femme ! Celle-là, en tout cas, en m'abusant par de telles [*jongleries*], sut encore grapiller pour elle-même, [prétendument] afin d'acheter une petite esclave, trois cents drachmes en récompense de son zèle [1].

1. Il paraît difficile de ne pas voir une intention malicieuse dans l'emploi qu'Hypéride fait ici de l'expression εὐνοίας ἕνεκα à propos des services rendus par Antigona à Épicrate ; car c'est juste la formule des décrets honorifiques d'Athènes. De même, au témoignage de Démosthène (*Chers.* 25), εὖνοιαι, au pluriel, « des gratifications amicales », est l'euphémisme dont on use dans les villes d'Asie pour désigner les exactions qu'y commettent souvent les généraux athéniens : φασὶ δ' εὐνοίας διδόναι, καὶ τοῦτο τοὔνομ' ἔχει τὰ λήμματα ταῦτα.

[ΚΑΤ᾽ ΑΘΗΝΟΓΕΝΟΥΣ Α᾽]

. . . .

[τῇ γυναι]κ[ί.] 1 Εἰπόντος δέ μου πρὸς αὐτὴν τά τε I [πραχθέ]ντα, καὶ ὅτι μοι Ἀθηνογένης χαλεπὸς εἴη καὶ οὐδὲν ἐθέλοι τῶν μετρίων συγχωρεῖν, τοῦτον μὲν ἔφη ἀεὶ τοιοῦτον εἶναι, ἐμὲ δ' ἐκέλευε θαρρεῖν· αὐτὴ γάρ μοι πάντα συναγωνιεῖσθαι. 2 Καὶ ταῦτ' ἔλεγεν σπουδάζουσά τε τῷ ἤθει ὡς ἔνι μάλιστα, καὶ ὀμνύουσα τοὺς μεγίστους ὅρκους, ἦ μὴν μετ' εὐνοίας τῆς ἐμῆς λέγειν καὶ ἐπὶ πάσης ἀληθείας· ὥστ' ἐμέ, ὦ ἄνδρες δικα[σταί, (ῥηθ]ήσεται γὰρ πρὸς ὑμᾶς τἀληθές), ταῦτα πεπεῖσθαι. Οὕτως, ὡς ἔοικεν, ἐξίστησιν [τὴν ἀνδρὸς] φύσιν ἔρως, προσλαβὼν γυναι[κὸς ποικιλ]ίαν. Ἐκείνη γοῦν, φενακίζουσα [τὰ μάται]α ταῦτα, προσπεριέκοψεν αὐτῇ, [ὡς δὴ] εἰς παιδίσκην, τριακοσίας δραχμὰς εὐνοίας ἕνεκα.

In principio orationis deesse videntur duæ vel tres columnæ; titulus igitur restituendus fuit. 1 1 Primæ litteræ sunt dubiæ : γυναικί Blass : αὐτήν Jensen. || 2 πραχθέντα Revillout, Jensen : πεπραγμένα Diels, Blass ἄλλα πάντα olim Kenyon || 2 4 ῥηθήσεται Jensen : εἰρήσεται Blass, Kenyon || 6 τὴν ἀνδρὸς φύσιν tento : ἡμῶν τὴν φ — Diels, Weil ἀνθρώπου φ — Blass || 7 Ante IAN, Jensen K vel X dignoscere sibi videtur, Kenyon Λ vel Δ, probante Jouguet. Supplementa plurima proposita sunt : ποικιλίαν Kenyon αἱμυλίαν Weil ἀναίδειαν Blass (quod scriptum esset ἀναίδιαν) πονηρίαν Fuhr πανουργίαν Zingerle συνεργίαν Jensen ἀπιστίαν Bruhn || τὰ μάταια Kenyon : πάντα Weil (brevius) ἅπαντα Diels, Blass (cum hiatu) || 8 ὡς δὴ Diels, Revillout (Kenyon asserit Η pœne certum esse) : ἔτι Jensen μέ τι Blass μ' ἔτι Hager.

3 Peut-être, en somme, juges, n'y a-t-il rien de [par trop] extraordinaire à ce que je me sois laissé de cette manière mener comme un enfant par Antigona. Elle avait été, dit-on, une femme galante des plus redoutables en son jeune temps ; elle n'a pas cessé, à présent qu'elle fait le métier d'entremetteuse[1], [*de déployer la même adresse; et, pour citer un exemple récent,*] elle a dévoré, quoiqu'il ne fût pas [si peu de chose], le bien de . . . . du dème de Cholleidai. Or, du moment où, [par elle seule], elle arrivait à de pareils résultats, que ne doit-elle pas, [je vous le demande], imaginer maintenant de mieux [encore], avec le concours
II d'un homme comme Athénogène, un logographe, un pilier d'agora, et, pour comble, un Égyptien ?[2] 4 Finalement, pour ne pas allonger mon récit, m'ayant de nouveau mandé plus tard, elle me dit, qu'après avoir dépensé bien des paroles auprès d'Athénogène, elle était arrivée, non sans peine, à le rallier à son avis, et à lui faire accepter, pour m'être agréable, d'affranchir sans aucune réserve[3] Midas et ses deux fils à la fois contre la somme de quarante mines ; en même temps, elle me pressait de tenir l'argent prêt au plus vite, avant qu'il ne vînt à Athénogène quelque idée de se raviser. Alors, moi, je rassemble les fonds de toutes parts, j'importune mes amis, je dépose à la banque les quarante mines, et me voilà de retour chez Antigona.

5 Celle-ci nous [ménagea une entrevue], à Athénogène et à moi ; elle nous réconcilia, et nous engagea à nous rendre désormais de bons offices l'un à l'autre. Pour mon compte,

1. Πορνοβοσκοῦσα me semble devoir être construit, non comme attribut de διατετέλεκε, mais comme apposition à un autre participe perdu dans la lacune. En effet, Antigona n'a pas toujours exercé le métier de *lena* : tant que son âge le lui permettait, elle était ἑταίρα, faisant le commerce de ses propres charmes ; maintenant seulement, elle trafique de ceux des autres.

2. Sur la valeur de ces trois termes, cf. p. 184, n.

3. Le simple affranchissement d'un esclave (ἀπελευθέρωσις) pouvait spécifier toutes sortes de réserves au profit du maître, ou même d'autres personnes ; l'ἀπόλυσις implique la disparition totale de ces réserves. On en trouve maint exemple dans les inscriptions de

3 Ἴσως μὲν οὖν, ὦ ἄνδρες δικασταί, οὐδὲν [ὑπερ]θαύμαστόν με ὑπὸ Ἀντιγόνας τὸν τρόπον τουτονὶ παιδαγωγηθῆναι, γυναικὸς ἣ δεινοτάτη μὲν τῶν ἑταιρῶν, ὥς φασιν, ἐφ' ἡλικίας ἐγένε[το, διατ]ετέλεκε δέ, πορνοβοσκοῦσα, [. . . . .]ου οἶκον τοῦ Χολλ⟨ε⟩ίδου οὐ [φαῦλον οὕ]τω ὄντα ἀν(ή)ρηκεν. Καίτοι, [ἥτις καθ' ἑα]υτὴν οὖσα τοιαῦτα διεπράτ[τετο, τί οἴεσ]θ' αὐτὴν νῦν ἐν[νο]εῖν προσ[έτ', ἔχουσαν συ]ναγωνιστὴν Ἀθηνο-
γένην, | ἄνθρωπον λογογράφον τε καὶ ἀγοραῖον, τὸ δὲ μέγισ- II
τον, Αἰγύπτιον; 4 Τέλος δ' οὖν, ἵνα μὴ μακρολογῶ, μεταπεμψαμένη [[γάρ]] με πάλιν ὕστερον, εἶπεν ὅτι, πολλοὺς λόγους ἀναλώσασα πρὸς τὸν Ἀθηνογένην, μόλις εἴη συμπεπεικυῖα αὐτὸν ἀπολῦσαί μοι τόν τε Μίδαν καὶ τοὺς υἱεῖς ἀμφοτέρους τετταράκοντα μνῶν, καὶ ἐκέλευέ με τὴν ταχίστην πορίζειν τὸ ἀργύριον, πρὶν μεταδόξαι τι Ἀθηνογένει. Συναγαγὼν δ' ἐγὼ πανταχόθεν, καὶ τοὺς φίλους ἐνοχλήσας, καὶ θεὶς εἰς τὴν τράπεζαν τὰς τετταράκοντα μνᾶς, ἧκον ὡς τὴν Ἀντιγόναν.

5 Κἀκείνη σ[υνήγα]γεν ἡμᾶς εἰς τὸ αὐτό, ἐμέ τε καὶ [Ἀθηνο]γ[έ]νην, καὶ διή[λλ]αξε, καὶ παρεκελεύσατο τοῦ λοιποῦ εὖ ποιεῖν ἀλλήλους. Καὶ ἔγωγ' ἔφην ταῦτα ποιήσειν,

3 1 Ante θαυμαστόν spatium exstat quattuor litterarum : ἐστι Blass οὕτω Kenyon ; (fortasse ὑπερθαύμαστον) || 2 τουτονί Jensen : τοῦτον edd. || 4 διατετέλεκε Weil || 5 Versus unus et dimidius omnino erasus est || ου ante οἶκον claudebat nomen hominis, cujus patrimonium ab Antigona consumptum est || 6 οὐ φαῦλον οὕτω Blass : οὐδενὸς ἐλάττω Jensen || ανειρηκεν P errore manifesto || 7 ἥτις καθ' ἑαυτήν Blass : ὅπου καθ' ἑ-Jensen, in *add.* εἰ καθ' ἑ-Weil || τί οἴεσθ' αὐτήν Blass : τί χρὴ αὐτήν Weil ; sed Θ ante αὐτήν certum esse asserit Kenyon || 8 νῦν ἐννοεῖν Jensen, verbum ἐννοεῖν agnosci posse credens : νῦν ἐπιτελεῖν Weil, Kenyon νυνὶ ποιεῖν Blass || προσέτ' ἔχουσαν tento : προσλαβοῦσαν Kenyon, Jensen προσδοκᾶν, ἔχουσαν Weil || **4** 2 γαρ deletum et rursus superscriptum P : additum per errorem credit Kenyon, quasi μετεπέμψατο γάρ scribendum esset ; retinetur a Bl., Jens. || 9 ως εις την P, εις postea deleto || **5** 1 συνήγαγεν Revillout, Weil || 3 εγω τ' P, addito Γ super T.

je promis d'en agir ainsi ; et Athénogène, ici présent, prenant la parole à son tour, dit que, si tout s'était arrangé, je devais en savoir gré à Antigona. « Maintenant, ajouta-t-il, pour l'amour d'elle, je vais te montrer quels grands avantages je te ferai. Ainsi, toi, dit-il, tu es disposé à verser ton argent en ne voyant que la liberté [de Midas] et de ses fils ; moi, je te les cèderai par un contrat de vente en bonne et due forme [1], pour éviter d'abord que personne ne vienne importuner ou séduire [le jeune homme qui t'intéresse], et puis que d'eux-mêmes ils n'essaient de se mal conduire en aucune façon :
III chacun aura peur de toi. 6 Mais surtout, avec la présente combinaison, ils risqueraient de croire que c'est moi l'auteur de leur affranchissement ; au contraire, si, après les avoir achetés par un acte en règle, dans ces conditions, plus tard, au moment où il te plaira, tu leur accordes la liberté, leur reconnaissance envers toi en sera doublée. Toutefois, pour ce qu'ils doivent d'argent, le prix d'un peu d'essence à Pancalos et à Proclès, et aussi pour les sommes, s'il y en a, déposées dans la parfumerie par tel ou tel client, comme il arrive [2], cela, dit-il, tu le prendras à ta charge. C'est d'ailleurs peu de chose, vraiment ; et il y a pour beaucoup plus de marchandises dans le magasin, essence, flacons, myrrhe, (il citait encore je ne sais quels autres articles), de quoi [acquitter] tous ces comptes sans peine. »

7 Or là, juges, étaient, paraît-il, le guet-apens ourdi contre moi et la grande machination. En effet, si je versais l'argent pour leur affranchissement, je perdais simplement

Delphes ; cf. P. Foucart, *Mémoire sur l'affranchissement des esclaves par forme de vente à une divinité*, 1867.

1. Ὠνῇ καὶ πράσει (par achat et par vente), formule juridique exprimant un contrat en bonne et due forme. Sur *le contrat de vente à Athènes*, cf. deux articles de E. Caillemer dans *Revue de législation ancienne et moderne*, 1870, p. 631-672, et 1873, p. 5-42.

2. Ce sont les ἔρανοι, dont il va être question un peu plus bas, sortes de prêts consentis à titre amical, sans intérêt ; (l'ἔρανος se distingue ainsi du δάνεισμα). — A leur sujet, cf. l'article ἔρανος dans le *Dictionnaire des Antiquités* de Daremberg-Saglio (par Th. Reinach) ou dans le *Pauly-Wissowa* (par Ziebarth).

καὶ Ἀθηνογένης οὑτοσὶ ὑπολαβὼν εἶπεν ὅτι τῶν πεπραγμένων δεῖ με χάριν ἔχειν Ἀντιγόνᾳ. « Καὶ νῦν, ἔφη, ταύτης ἕνεκα ἤδη σοι ἐνδείξομαι ὅσα σε ἀγα[θὰ] ποιήσω. Σὺ μὲ[ν γάρ,]ἔφη, [τὸ] ἀργύριον ἐπ' ἐλευθερίᾳ καταβαλ[εῖ]ς τ[οῦ Μίδ]ου καὶ τῶν παίδων· ἐγὼ δέ σοι ἀποδώσομαι αὐτοὺς ὠνῇ καὶ πράσει, ἵνα πρῶτον μὲν μηδεὶς [π]α[ρε]νοχλῇ μηδὲ διαφθείρῃ τὸν π[α]ῖδα, [ἔπ[ειτ' αὐτοὶ μὴ ἐγχειρῶσι [πο]νηρε[ύε]σθαι μηδὲν διὰ τὸν φόβ[ον. 6 Τ]ὸ δὲ μέ|γιστον· III
νῦν μὲν ἂν δόξειαν δι' ἐμὲ γεγονέναι ἐλεύθεροι· ἐὰν δέ, πριάμενος σὺ ὠνῇ καὶ πράσει, εἶθ' ὕστερον, ὅτε ἄν σοι δοκῇ, ἀφῇς αὐτοὺς ἐλευθέρους, διπλασίαν ἕξουσίν σοι τὴν χάριν. Ὅσον μέντοι ὀφείλουσιν ἀργύριον, μύρου τέ τινος τιμὴν Παγκάλῳ καὶ Προκλεῖ, καὶ εἴ τι ἄλλο κατέθετό τις ἐπὶ τὸ μυροπώλιον τῶν προσφοιτώντων, οἷα γίνεται, ταῦτα, ἔφη, σὺ ἀναδέξῃ. Ἔστιν δὲ μικρὰ κομιδῇ, καὶ πολλῷ πλείω φορτία ἐστὶν τούτων ἐν τῷ ἐργαστηρίῳ, μύρον καὶ ἀλάβαστροι καὶ ζμύρνα, — καὶ ἄλλ' ἄττα ὀνόματα λέγων, — ὅθεν πάντα ταῦτα δ[ιαλυθ]ήσε[ται] ῥᾳδίως. »

7 Ἦν δέ, ὦ ἄνδρες δικασταί, ὡς ἔοικεν, ἐνταῦθα ἡ ἐπιβουλὴ καὶ τὸ πλάσμα τὸ μέγα. Εἰ μὲν γὰρ ἐπ' ἐλευθερίᾳ καταβάλλοιμι αὐτῶν τὸ ἀργύριον, τοῦτο μόνον ἀπώλλυον

5 4 ante Ἀθηνογένης spatium parvum, sed nulla littera complendum, ut videtur || 7 γάρ, ἔφη, τό Revillout, Diels, Blass || καταβαλ[εῖ]ς Kenyon, Jensen : καταβάλ[λει]ς Blass κατάβαλ[λ]ε Weil (lacuna duarum litterarum est) || 8 τοῦ Μίδου Kenyon, Jensen : τῇ Μίδου Revillout, Diels τοῦ Μίδα Blass (sed A non apparet, Jouguet) || 9 [π]α[ρε]νοχλῇ Blass, Kenyon : [σ]ε [ἐ]νοχλῇ Revillout, Jensen (littera secunda incerta, sed potest fuisse A Jouguet) || 10 τὸν π[α]ῖδα, [ἔπ]ειτ' Jensen : τὸν [Μ]ίδα[ν, εἶ]τ' Blass (mendosi aliquid in papyro suspicans) τὸν Μίδα, ἔπειτ' Scherling || 10-11 πονηρεύεσθαι Weil : θηρεύεσθαι Revillout, Diels || 11 φόβον. Τοῦτο Revillout : φόβον σου. Τό Weil (exspectaretur potius διὰ τὸν σὸν φόβον); vacui aliquantulum post φόβον relictum esse verisimile est || **6** 3 οτε αν P : ὅταν Hager || 5 χαραν P, I alteri A superscripto (χάριν) || 7 γεινεται P || 8 εφηι P || 11 διαλυθήσεται conj. Weil, probabiliter : διοικήσεις Revillout || **7** 2 επιβουλη: P || πλασμα P : dubitat Blass an corrigendum sit πάλαισμα.

ce que je lui aurais donné ; ce n'était pas pour moi une catastrophe. Mais, si je concluais un contrat d'achat en bonne forme, en convenant avec lui de prendre les dettes à ma charge, dans l'idée qu'elles étaient insignifiantes, faute de les avoir connues à l'avance, il allait me mettre sur le dos par la suite les créanciers de la maison et les bailleurs de fonds [1], grâce à l'engagement où je me serais laissé prendre ; et c'est ce qu'il a fait. **8** A peine, ses propositions ainsi formulées, y avais-je donné mon acquiescement, que, tout de suite, il tirait de dessus ses genoux un acte rédigé [à l'avance] et se
IV mettait à le lire. C'était la convention à conclure avec moi. J'en entendais bien la lecture ; mais j'avais hâte d'avoir réglé l'affaire pour laquelle j'étais venu. Alors, il scelle le contrat en y apposant son cachet, à l'instant, dans [cette maison même], pour qu'aucun homme de bon sens n'entende parler des clauses qui s'y trouvaient inscrites, et non sans y avoir, par surcroît, fait figurer avec moi le nom de Nicon de Céphisia [2]. **9** Après être passés par la parfumerie, nous déposons l'acte chez Lysiclès de Leuconoé ; je verse, moi, les quarante mines, et me voilà dûment acquéreur. Mais, là-dessus je vois arriver chez moi les fournisseurs ayant une créance dans la maison de Midas et les gens qui lui avaient avancé des fonds ; on s'explique ; dans l'espace de trois mois, toutes les dettes étaient tirées au clair ; j'en avais, y compris les prêts à rembourser, comme je l'ai dit tout à l'heure [3], pour environ cinq talents.

10 Quand j'eus compris l'étendue de mon malheur, alors, sans plus tarder, je réunis mes amis et mes proches, et nous

1. Par le premier terme (οἱ χρῆσται), j'entends les *fournisseurs* qui ont vendu à Midas et à ses fils les articles divers dont ils ont besoin pour leur commerce de parfumerie. Le second (οἱ πληρωταὶ τῶν ἐράνων) désigne, je crois, les gens qui ont avancé à Midas des sommes d'argent plus ou moins fortes : c'est ce que j'appelle les *bailleurs de fonds*, les *commanditaires* de la maison.

2. Nous avons quelque peine à croire qu'Hypéride ne présente pas ici de façon assez arbitraire les précautions d'Athénogène comme l'irresponsabilité d'Épicrate ; cf. la Notice, p. 188, sq.

3. Sans doute dans le début, aujourd'hui perdu, du discours.

ὃ δοίην αὐτῷ. ἀ[λλ'] οὐδὲν δεινὸν ἔπασχον· εἰ δὲ πριαίμην ὠνῇ καὶ πράσει, ὁμολογήσας αὐτῷ τὰ χρέα ἀναδέξεσθαι, ὡς οὐθενὸς ἄξια ὄντα, διὰ τὸ μὴ προειδέναι, ἐπάξειν μοι ἔμελλεν ὕστερον τοὺς χρ[ήσ]τας καὶ τοὺς πληρωτὰς τῶν ἐράνων, ἐν ὁμολογίᾳ λαβών· ὅπερ ἐποίησεν. 8 Ὡς γάρ, εἰπόντος αὐτοῦ ταῦτα, ἐγὼ προσωμολόγησα, εὐθὺς ἐκ τῶν γονάτων λαβὼν τῶν αὐτοῦ γρα(μ)ματεῖόν τ[ι προ]γεγραμμένον, ἀνεγίγνωσκεν. | Ἦσαν δὲ αὗται συνθῆκαι πρὸς ἐμέ· IV
ὧν ἐγὼ ἀναγιγνωσκομένων μὲν ἤκουον, ἔσπευδον μέντοι ἐφ' ὃ ἧκον τοῦτο διοικήσασθαι. Καὶ σημαίνεται τὰς συνθήκας εὐθὺς ἐν (αὐτῇ τῇ) οἰκίᾳ, ἵνα μηδεὶς τῶν εὖ φρονούντων ἀκούσαι τὰ ἐγγεγραμμένα, προσεγγράψας μετ' ἐμοῦ Νίκωνα τὸν Κηφισ⟨ι⟩έα. 9 Ἐλθόντες δ' ἐπὶ τὸ μυροπώλιον, τὸ μὲν γραμματεῖον τιθέμεθα παρὰ Λυσικλεῖ Λευκονο⟨ι⟩εῖ· τὰς δὲ τετταράκοντα μνᾶς ἐγὼ καταβαλών, τὴν ὠνὴν ἐποιησάμην. Τούτου δὲ γενομένου, προσῄεσάν μοι οἱ χρῆσται, οἷς ὠφείλετο παρὰ τῷ Μίδᾳ, καὶ οἱ πληρωταὶ τῶν ἐράνων, καὶ διελέγοντό μοι· καὶ ἐν τρισὶν μησὶν ἅπαντα τὰ χρέα φανερὰ ἐγεγόνει, ὥστ' εἶναί μοι σὺν τοῖς ἐράνοις, ὅπερ καὶ ἀρτίως εἶπον, περὶ πέντε τάλαντα.

10 Ὡς δ' ᾐσθόμην οὗ ἦν κακοῦ, τότ' ἤδη τοὺς φίλους καὶ τοὺς οἰκείους συνήγαγον, καὶ τὰ ἀντίγραφα τῶν συνθη-

4 ἀλλ' οὐδὲν plerique edd. : ἄλλο δ' οὐδὲν Levi, longius || 5 ἀναδέξεσθαι corr. Blass : αναδεξασθαι P, quod retinent Revillout, Kenyon || **8** 3 γραμματεῖον Diels : πραγματειον P, sed Γ super Π scripto || 3-4 τι προγεγραμμένον ego : ἤδη προγεγ- Weil τι τὸ ἐγγεγ- Blass τὸ ἐγγεγ- Kenyon (post γραμματεῖον, T legitur) || 4 ανεγινωσκεν P || 5 αναγινωσκομενων P || 7 ἐν τῇ αὐτῇ οἰκίᾳ e vestigiis quasi certum in P : melius sensui congruere videtur ἐν αὐτῇ τῇ οἰκίᾳ, i.e. in domo ipsa ubi est, non exspectans dum ad Lysiclem advenerit || 8 ακουσαι P : malis forsitan (post præsens tempus σημαίνεται), ἀκοῦσαι ⟨δύνηται⟩ vel ἀκούσ(η) ; cf. tamen, § 23, μέλλει λέγειν ἵνα δοκοίη ; Dem., *Pr. Cor.*, 27, τὸ ψήφισμα γράφω, ἵν' οὕτω γίγνοινθ' οἱ ὅρκοι || 9 Κηφισιέα corr. Blass : Κηφισεα P || **9** 2 Λευκονοιεῖ corr. Kenyon, ut in inscriptionibus usitatius : Λευκονοει P || 4 προσηεσαν P : προσῇσαν Hager || 5 παρα τῳ Μιδᾳ P : παρὰ τοῦ Μίδα conj. Hager, inutiliter.

nous mêmes à lire la copie de la convention. On y trouvait bien les noms de Pancalos et de P(ro)clès en toutes lettres, avec l'indication de l'essence dont le prix leur était dû : c'était peu de chose, et mes adversaires pouvaient dire que l'essence en magasin représentait la valeur de cette somme. Mais la plupart des fournitures à acquitter, et les plus impor-
V tantes, n'étaient pas désignées nominativement ; elles figuraient, à titre accessoire, comme choses sans importance, sous la forme : « et telle autre dette de Midas, s'il en a ». **11** De même pour les prêts : sans doute il y en avait un d'inscrit, un seul, dont il restait trois termes à rembourser ; celui-là était porté au nom de Dicéocrate[1]. Mais les autres, dont Midas [devait] la totalité (ils avaient été récemment contractés)[2], Athénogène, au lieu de les faire figurer dans la convention, les avait dissimulés. En nous consultant, nous résolûmes d'aller le trouver et de causer de tout cela avec lui. Nous le rencontrons dans le quartier des parfumeries, et nous lui demandons s'il n'a pas honte de nous tromper ainsi et de nous avoir tendu un piège avec cette convention où il n'a pas spécifié les dettes par avance. Il nous répondit qu'il ne connaissait pas les dettes dont nous parlions, qu'il ne se souciait pas de nous, et que du reste il possédait un acte conclu avec moi pour trancher ces questions. **12** Comme beaucoup de gens s'attroupaient autour de nous et écoutaient le récit de l'affaire, parce que la discussion avait lieu sur l'agora, qu'on voulait l'écharper, et qu'on nous pressait de le

1. Les ἔρανοι sont généralement fournis par un groupe de personnes associées pour rendre service à un ami ; mais ils sont mis sous le nom de celui qui s'est employé à grouper les fonds (ἀρχέρανος, ἐρανάρχης), et entre les mains de qui aussi se feront les remboursements. C'est le rôle rempli ici par Dicéocrate.

2. Les prêts doivent être remboursés par échéances échelonnées ; ceux dont plusieurs termes (φοραί) ont déjà été acquittés ne seront peut-être pas très lourds pour Épicrate ; mais, s'il s'en trouve de tout récents (νεοσύλλογοι), la charge entière va en retomber sur lui. Or, les ἔρανοι ne constituent pas seulement une obligation morale ; ils sont susceptibles d'entraîner des poursuites judiciaires (ἐρανικαὶ δίκαι), et même, semble-t-il, d'exiger un règlement particulièrement rapide.

κῶν ἀνεγιγνώσκομεν, ἐν αἷς ἐγέγραπτο μὲν τὸ τοῦ Παγκάλου καὶ τοῦ Π(ρο)κλέους ὄνομα διαρρήδην, καὶ ὅτι μύρων τιμαὶ ὠφείλοντο· ἃ ἦν βραχέα τε, καὶ ἐξῆν αὐτοῖς εἰπεῖν ὅτι τὸ μύρον ἄξιον εἴη τοῦ ἀργυρίου τὸ ἐν τῷ ἐργαστηρίῳ. Τὰ δὲ πολλὰ τῶν χρεῶν, καὶ τὰ μέγιστα, οὐκ ἐνεγέγραπτο ἐπ' ὀνο|μάτων, ἀλλ' ἐν προσθήκης μέρει, ὡς οὐδὲν ὄντα· V « καὶ εἴ τῳ ἄλλῳ ὀφείλει τι Μίδας. » **11** Καὶ τῶν ἐράνων εἷς μὲν οὖν [Δικαιοκράτης] ἐνεγέγραπτο, οὗ ἦσαν λοιπαὶ τρεῖς φοραί· οὗτος μὲν ἐπὶ τοῦ Δικαιοκράτους ὀνόματος ἦν γεγραμμένος. Οἱ δ' ἄλλοι, ἐφ' οἷς (ὤφειλε) πάντα ὁ Μίδας, — νεοσύλλογοι δ' ἦσαν —, τούτους [[δ']]οὐκ ἐνέγραψεν ἐν ταῖς συνθήκαις, ἀλλ' ἀπεκρύψατο. Βουλευομένοις δ' ἡμῖν ἔδοξεν πορεύεσθαι πρὸς τοῦτον καὶ διαλέγεσθαι. Καί, καταλαβόντες αὐτὸν πρὸς τοῖς μυροπωλίοις, ἠρωτῶμεν εἰ οὐκ αἰσχύνοιτο ψευδόμενος καὶ ἐνεδρεύσας ἡμᾶς ταῖς συνθήκαις, οὐ προειπὼν τὰ χρέα. Ὁ δ' ἀπεκρίνατο ἡμῖν ὡς οὔτε τὰ χρέα γιγνώσκοι ἃ λέγομεν, οὔτε προσέχοι ἡμ[ῖν] τὸν νοῦν, γραμματεῖόν τ' εἴη αὐτῷ κείμενον πρὸς ἐμὲ περὶ τούτων. **12** Πολλῶν δ' ἀνθρώπων συλλεγομένων καὶ ἐπακουόντων τοῦ πράγματος, διὰ τὸ ἐν τῇ ἀγορᾷ τοὺς λόγους γίγνεσθαι, καὶ κατατεμνόντων αὐτόν, κελευόντων

10 3 ανεγινωσκομεν P || το του Π. και του Π. ονομα P : τὰ... ὀνόματα corr. Hager || 4 Πολυκλεους P : idem, ut videtur, appellatus est Προκλῆς in § 6 ; formam eamdem hic restituo || **11** 2 secludit Δικαιοκράτης Weil, ut annotationem falso sententiæ insertam, quod feliciter vitare tautologiam puto : μεν ουν, Δικαιοκρατης, P, quod retinent Revillout, Kenyon μέν, οὗ Δικαιοκράτης, Blass, interpretans οὗ = ἐν ᾧ vel ἐφ' ᾧ ; (sed negant N post ΟΥ deletum fuisse Kenyon, Jouguet) οὗ ⟨ἦ⟩ν Δ. Thalheim || 4 εφηοις P || ειληφει παντα P : ὤφειλε π- conj. Weil, probabiliter, quia pecunias mutuanti diebus certis alias post alias afferri nusquam audimus (in universo eo loco de pensionibus subinde solvendis agi videtur) || 5 τούτους δ' ουκ P : δ' secludo || 11 γινωσκοι P || προεχοι ημ[ιν], addito σ supra ε P : προσχοίη μ[οι] Revillout, Weil προσέχοι ἡμ[ῖν] Blass, (verisimilius, inter γιγνώσκοι et εἴη) || **12** 3 γινεσθαι P || in κατατεμνόντων, κατα legi potest, quia charta paululum hic contracta est, Jensen, Jouguet.

traîner nous-mêmes en justice[1], comme visant à réduire un homme libre en esclavage[2], nous ne crûmes pas devoir suivre ce parti ; nous l'avons [assigné][3] devant vous conformément à la loi.

D'abord donc (le greffier) va vous lire la convention :
VI d'après son texte même vous apprendrez la trame ourdie contre moi par l'individu que vous avez là devant vous. Dis-nous la convention.

CONVENTION.

13 Voilà les faits, juges ; vous les avez entendus point par point. Mais Athénogène arguëra devant vous dans un instant que, selon les termes de la loi, « tout arrangement conclu d'un commun accord entre deux parties fait autorité entre elles[4] ». Oui, pour les arrangements conformes à la justice, mon bon ; mais, pour ceux qui ne le sont pas, elle s'oppose, au contraire, à leur validité. Je vais, d'après les lois elles-mêmes, te rendre la chose assez manifeste. Car tu m'as mis dans un tel état, tu m'as si bien inspiré une terreur folle d'être perdu par toi et par ta scélératesse, que j'en viens à les étudier à fond et à les méditer nuit et jour, en rejetant au second plan toute autre affaire.

14 Ainsi, il existe une loi, en particulier, qui ordonne de « ne pas frauder sur le marché[5] » ; et elle édicte là, je pense, la plus morale de toutes les prescriptions ; or, toi, tu as

1. L'ἀπαγωγή est une forme spéciale d'arrestation qui, en cas de flagrant délit, permet au plaignant de se saisir lui-même du coupable et de le traîner devant le magistrat compétent.

2. Extension assez imprévue du terme d'ἀνδραποδιστής ; Épicrate n'a guère dû être tenté d'engager des poursuites par cette voie.

3. Il s'agit cette fois de la πρόσκλησις, citation régulière, opposée à la procédure sommaire de l'ἀπαγωγή.

4. Cette loi est souvent citée (Dém., *C. Phénippos*, 12 ; *C. Evergos et Mnésiboulos*, 77 ; *C. Dionysodoros*, 2 ; Plat., *Banq.*, 196 c). On ajoute parfois au texte d'Hypéride : « en présence de témoins », ou « les deux parties agissant de plein gré ».

5. Harpocration la mentionne (s. v. κατὰ τὴν ἀγορὰν ἀψευδεῖν), en renvoyant justement au *1er Disc. C. Athénogène*.

τε [ἀ]π[άγ]ειν ὡς ἀνδραποδιστή[ν, τοῦτο μὲ]ν οὐκ (ᾠ)όμεθα δεῖν ποιεῖν, πρ[οσεκαλεσά]μεθα δὲ αὐτὸν εἰς ὑμᾶς κατὰ τὸν νόμον.

Πρῶτον μὲν οὖν ὑμῖν τὰς σ[υνθή]κας ἀναγνώσεται· ἐ[ξ αὐτῶ]ν γὰρ τῶν γεγραμμένων | μαθήσεσθε τὴν ἐπιβουλὴν **VI** αὐτοῦ τούτου. Λέγε τὰς συνθήκας.

ΣΥΝΘΗΚΑΙ

13 Τὰ μὲν τοίνυν πεπραγμένα, ὦ ἄνδρες δικασταί, καθ' ἓν ἕκαστον ἀκηκόατε. Ἐρεῖ δὲ πρὸς ὑμᾶς αὐτίκα μάλα Ἀθηνογένης ὡς ὁ νόμος λέγει, « ὅσα ἂν ἕτερος ἑτέρῳ ὁμολογήσῃ, κύρια εἶναι ». Τά γε δίκαια, ὦ βέλτιστε· τὰ δὲ μὴ τοὐναντίον ἀπαγορεύει μὴ κύρια εἶναι. Ἐξ αὐτῶν δέ σοι τῶν νόμων ἐγὼ φανερώτερον ποιήσω. Καὶ γάρ οὕτω με διατέθεικας, καὶ περίφοβον πεποίηκας μὴ ἀπόλωμαι ὑπό σου καὶ τῆς δεινότητος τῆς σῆς, ὥστε τούς τε νόμους ἐξετάζειν καὶ μελετᾶν νύκτα καὶ ἡμέραν, πάρεργα τἆλ[λα π]άντα ποιησάμενον.

14 Ὁ μὲν τοίνυν εἷ[ς] νόμος κελεύει « ἀψευδεῖν ἐν τῇ ἀγ[ορᾷ »], πάντων, οἶμαι, παρά[γγελ]μα κάλ[λιστο]ν παραγγέλλων· σὺ [δέ, ψε]υσάμενο[ς ἐν] μέσῃ τῇ ἀγορᾷ, συν[θήκα]ς κατ' ἐμ[οῦ ἔθ]ου. Ἐπεί, ἐὰν δ[είξῃς προειπ]ὼν ἐμ[οὶ το]ὺς

12 4 τε ἀπάγειν Jensen, e vestigiis verisimiliter : δ' ἀπάγειν Blass, Weil τ' ἀπάγειν Kenyon (T supra Δ scripto in P) || τοῦτο μέν Blass, Weil : θόρυβον conjecerant Diels, Revillout) || ᾠόμεθα corr. Weil, Blass : οιομεθα P || 5 προσεκαλεσάμεθα Blass : προσεγκαλούμεθα Revillout προσεκαλούμεθα Diels, Weil || 7 υμειν P || 7-8 ἐξ αὐτῶν Revillout || 10 αυτου τουτου P : αὐτίκα τὴν τούτου conj. Sitzler || **13** 6 ποιησωι P || 7 διατεθεικας P, quod retinet Kenyon : διατέθηκας corr. Hager, Blass, Jensen || **14** In finem columnæ restituendum particulae apponendae fuerunt, quæ dehiscunt intervallis ; tum plurima in versibus ultimis desunt. || 3-4 suppl. Blass, probante Kenyon : ψευσάμενος δόλους τ' ἐν μέσῃ τῇ ἀγορᾷ συντάξας κατ' ἐμοῦ ἐφηύρου Weil, quod, in initio et in fine, nimium est pro spatio || 4 δείξῃς Weil || προειπών Revillout.

fraudé en plein marché pour établir à ton profit une convention dirigée contre moi[1]. En effet, si [*tu démontres que tu m'avais spécifié à l'avance*] les prêts à rembourser [*et les dettes à éteindre, ou que tu avais inscrit*] dans la convention tous les gens [*dont j'ai depuis appris l'existence, je cesse de discuter*] contre toi, et j'avoue [*être dans mon tort.*

15 *Voici ensuite*] une seconde loi sur les accords [*conclus*
VII *de gré à gré*] : « en vendant un esclave, on est tenu de prévenir de toute infirmité qu'il peut avoir ; sinon, il y a action rédhibitoire à son sujet[2]. » Alors, du moment où les maladies qui résultent du hasard, faute d'avoir été déclarées par le vendeur, donnent le droit de résilier la vente d'un esclave, comment ne dois-tu pas assurer la responsabilité des actes malhonnêtes combinés par toi ? Pourtant la présence d'un esclave épileptique n'a pas pour conséquence de ruiner la fortune du maître qui l'a acheté, tandis que ce Midas, que tu m'as vendu, a ruiné celle même de mes amis[3].

16 Considère maintenant, Athénogène, non seulement à propos des esclaves, mais aussi à propos des personnes libres, comment sont faites nos lois. Tu sais, j'imagine, toi comme tout le monde, que les enfants nés de femmes accordées par contrat[4] sont, et eux seuls, enfants légitimes. Mais, de plus, [*il n'a pas suffi*] au législateur que la femme [*fût accordée*] par son [*père*] ou par son frère ; il a inscrit expres-

1. Sur la façon dont Hypéride joue ici du mot ἀγορά, cf. la *Notice*, p. 191.

2. Il est fait allusion à ce genre d'action, mais de façon assez sommaire, dans Suidas, s. v. ἀναγωγὴ οἰκέτου. Des détails plus précis se trouvent chez Platon (*Lois*, XI, 916 a-c); mais là, comme souvent en pareil cas, il est difficile pour nous de distinguer ce qui est de l'invention du philosophe, ou ce qui, chez lui, s'inspire du droit positif d'Athènes.

3. Épicrate songe sans doute à ses démarches auprès de ses amis (§ 4) pour obtenir d'eux la somme réclamée par Athénogène.

4. L'expression d'ἐγγυηταὶ γυναῖκες vient de ce que le κύριος de la fiancée (son père, son frère du même père, ou son grand-père paternel) a attesté au futur époux, avec serment et devant témoins, la filiation légitime de la jeune fille ; le mariage a été conclu sous cette caution (ἐγγύη).

ἐράνους [καὶ τὰ χρέα, ἢ γράψας ἐν ταῖς συν]θήκαις ὅσους [ἐπ]υ[θόμην, οὐκέτ' ἀντιλέ]γω σοι, ἀλλ' ὁμολογ[ῶ ἀδικεῖν.

15 Μετὰ δὲ τ]αῦτα ἕ[τερο]ς νόμο[ς κεῖται περὶ ὧν
ὁμολογοῦν]|τες ἀλλήλοις συμβάλλουσιν· « ὅταν τις πωλῇ VII
ἀνδράποδον, προλέγειν ἐάν τι ἔχῃ ἀρρώστημα· εἰ δὲ μή,
ἀναγωγὴ τούτου ἐστὶν ». Καίτοι ὅπου, τὰ παρὰ τῆς τύχης
νοσήματα ἂν μὴ δηλώσῃ τις πωλῶν, οἰκέτην ἀνάγειν
ἔξεστι, πῶς τά γε παρὰ σοῦ ἀδικήματα συσκευασθέντα
οὐκ ἀναδεκτέον σοί ἐστιν; Ἀλλὰ μὴν τὸ μὲν ἐπίληπτον
ἀνδράποδον οὐ προσαπολλύει τοῦ πριαμένου τὴν οὐσίαν· ὁ
δὲ Μίδας, ὃν σύ μοι ἀπέδου, καὶ τὴν τῶν φίλων τῶν ἐμῶν
ἀπολώλεκε.

16 Σκέψαι δέ, ὦ Ἀθηνόγενες, μὴ μόνον περὶ τῶν οἰκετῶν, ἀλλὰ καὶ περὶ τῶν ἐλευθέρων σωμάτων, ὃν τρόπον οἱ νόμοι ἔχουσιν. Οἶσθα γὰρ δήπου, καὶ σὺ καὶ ⟨οἱ⟩ ἄλλοι πάντες, ὅτι οἱ ἐκ τῶν ἐγγυητῶν γυναικῶν παῖδες, οὗτοι γνήσιοί εἰσιν. Ἀλλὰ μὴ[ν οὐκ ἀπ]έ[χρ]ησε τῷ νομοθ[έτῃ] τὸ ἐγγ[υηθῆ]ναι τὴν γυναῖκα ὑπὸ [τοῦ πατ]ρὸς [ἢ τοῦ ἀδ]ελφοῦ, ἀλλ' ἔγραψε δι[αρρή]δην ἐν [τῷ νόμ]ῳ· « [ἣν] ἂν ἐγγυήσῃ τ|ις ἐπὶ δικαίοις δάμαρτα], ἐκ ταύτης εἶνα[ι παῖ-

14 5 καὶ τὰ χρέα ἢ ἐγγράψας ταῖς συνθήκαις Kenyon : κ.-τ.-χ.-ἢ γράψας ἐν τ.-σ.- Blass καὶ τοὺς χρήστας ἐν ταῖς σαῖς συνθήκαις Weil || [ὅσους ἐπ]υ[θόμην] Fuhr (exstat litteræ Υ hasta inferior; cf. verbum idem § 19) : ὅσους ηὗρον ὄντας Kenyon, Blass || Postea οὐχ ἀντιλέγω Blass : οὐκέτ' ἐγκαλῶ Kenyon (sed Γ ante Ω satis certum videtur, Jouguet) || 5-6 ὅσους ὕστερον ἔμαθον, οὐ μάχομαι ἐγώ σοι Diels || 6 ἀδικεῖν Kenyon : ὀφείλειν Blass ἀναδέξασθαι Diels || **15** 1 Μετὰ δὲ ταῦτα Blass : Παρὰ δὲ ταῦτα Diels || κεῖται Volckmar : ἐστί Blass || de toto versu, ἄλλα δὲ τοιαῦτα ἕτερος νόμος κελεύει Weil || 2 ὁμολογοῦντες Revillout, Weil : οἱ πωλοῦντες Volckmar || 5 δηιλωσῃ P || 7 επιλημπτον P || **16** 1 Ante σκέψαι, vacui aliquid relictum esse notat Jouguet || 3 οἱ ante ἄλλοι addidit Blass || 5-8 Ab hoc loco lacunæ patescunt; sed pleraque supplementa, quæ jam Revillout proposuerat, pæne certa sunt ex Dem., XLVI, 18, ubi lex laudatur; deinde, usque ad finem columnae, exstant modo, dextra lævaque, extremae partes versuum || 7 ἣν ἂν Revillout : ἐὰν Reinach (ἣν ἂν verisimilius putat Jensen e vestigiis).

sément [*dans la loi :* « *quand la femme*] a été accordée par contrat [*dans les formes régulières, à titre d'épouse*], alors seulement les [*enfants*] issus d'elle sont [*légitimes*[1] » ; *et non*] « si un homme a, par fraude, accordé en mariage, [*comme sa fille, une personne qui ne l'était pas* ». *Ainsi*], les accordailles régulières [*sont valables, les accordailles irrégulières ne le sont pas*] ; telle est la volonté du législateur.

VIII **17** [De même encore, la] loi sur les testaments est analogue aux précédentes : elle stipule « [*qu' on est libre*] de disposer de ses biens, chacun à son gré, à moins d'avoir été privé de ses facultés par la vieillesse, par la maladie, par des troubles mentaux, par les suggestions [*d'une femme*], par la détention en prison ou par une [*contrainte*] quelconque[2] ». Du moment où, même [*à propos de*] nos biens personnels, les testaments faits en violation du droit ne sont pas valables, comment, lorsqu'Athénogène combine [*contre*] ma fortune, à moi, les dispositions de sa convention[3], des actes pareils doivent-ils être [*valables*] ? **18** Si, à ce qu'il paraît, on a subi l'influence de sa propre femme en rédigeant son testament, il sera nul ; mais si, moi, j'ai subi celle de la maîtresse d'Athénogène, ma ruine, là-dessus, doit être définitive, bien que j'aie pour ma défense un argument [*très fort*] dans le texte même de la loi, puisqu'il y a eu contrainte de la part de ces gens[4] pour m'imposer leur convention ! Ainsi, tu [*te prévaux*] d'une convention que vous n'êtes parvenus à sceller qu'en me tendant un piège, toi et ta [*maîtresse*] ! Et, [*dans une affaire où les lois*] prescrivent [*contre*] vous [*des*

1. La loi rappelée ici par Hypéride nous était déjà connue par Démosthène (2e *Disc. C. Stéphanos*, 18 ; *C. Léocharès*, 49), qui la cite à peu près dans les mêmes termes ; cf. encore *P. Phormion*, 32.

2. La loi sur les testaments se retrouve, avec quelques variantes de rédaction, dans Dém., 2e *Disc. C. Stéphanos*, 14.

3. Hypéride utilise la ressemblance des formes διαθήκη (testament) et συνθῆκαι (convention). J'essaie de garder en français quelque chose de cette intention en disant : *disposer* de ses biens et les *dispositions* d'un contrat.

4. Encore un argument assez sophistique ; cf. la *Notice*, p. 192.

δας γνησίους », καὶ οὐ]κ· « ἐάν τις, ψευσ[άμενος, ὡς θυγατέρα ἐγ]γυήσῃ ἄλ[λην τινά ». Ὥστε τὰς μὲν δι]καίας ἐγγύας κ[υρίας, τὰς δὲ μὴ δικαίας ἀκύρους] καθίστη[σιν.

17 Ἔτι δὲ καὶ ὁ περὶ] τῶν διαθη|κῶν νόμος παραπλή- **VIII**
σιος τούτοις ἐστίν· κελεύε[ι γὰρ « ἐξεῖν]αι τὰ ἑαυτοῦ [δια]τίθεσθα[ι ὅπως ἂν] τις βούληται, πλὴν [ἢ γή]ρως ἕνεκεν ἢ νόσου ἢ μανιῶν ἢ γυ[ναικὶ] πειθόμ[ενο]ν ἢ [ὑπὸ] δεσμοῦ ἢ ὑ[πὸ ἀνάγ]κης κ[ατ]αληφθ[έντ]α. » Ὅπου δὲ οὐδὲ [περὶ] τῶν αὐτοῦ ἰδίων αἱ μ[ὴ δ]ίκαιαι διαθῆκαι κύριαί εἰσιν, πῶς Ἀθηνογένει γε, κα[τὰ τῶ]ν ἐμῶν συνθεμένῳ, τοιαῦτα δεῖ [κύρι]α εἶναι; **18** Καί, ἐὰν μέν τι[ς, ὡ]ς ἔοικεν, τῇ ἑαυτοῦ γυναικὶ πειθόμενος διαθήκας γράψῃ, ἄκυροι ἔσονται· εἰ δ' ἐγὼ τῇ Ἀθηνογένους ἑταίρᾳ ἐπείσθην, προσαπολωλέναι [με] δεῖ, ὃς ἔχω μ[εγίσ]την βοήθειαν τὴν ἐν τῷ νόμῳ γεγραμμένην, ἀναγκασθεὶς ὑπὸ τούτων ταῦτα συνθέσθαι; Εἶτα σὺ ταῖς συνθήκαις ἰσ[χυρί]ζῃ, ἅς, ἐνεδρεύσαντές με, σὺ καὶ ἡ ἑ[ταίρα] σο[υ, ἐσ]ημήνασθε· καί, ὑ[πὲρ ὧν οἱ

16 9 καὶ οὐκ Blass : καὶ δὴ οὐκ Revillout ἀλλ' οὐκ Weil || 9-10 ὡς θυγατέρα ἐγγυήσῃ ἄλλην τινά· ἀλλὰ τὰς μὲν δικαίας Fuhr, Jensen, quos sequor præter ὥστε pro ἄλλα subjectum : ὡς αὐτοῦ θυγατέρα ἐγγυήσῃ ἄλλοθεν οὖσαν : ἀλλὰ τὰς μὲν δικαίας Blass (nimium) τὴν γυναῖκα ἐγγυήσῃ· ἀλλ' οὕτως ὁ νόμος τὰς μὲν δικαίας Kenyon || 11 τὰς δὲ μὴ δικαίας ἀκύρους καθίστησιν ὁ νόμος Blass : detrahi potest ὁ νόμος, subaudito nomine ὁ νομοθέτης || **17** 1 Ἔτι δὲ καί Revillout || 2 τούτοις Jensen (certum Jouguet) : τούτῳ Diels || κελεύει γὰρ ἐξεῖναι Blass || 3 ὅπως Fuhr : ὡς Revillout (brevius) || ἢ γήρως parum perspicue discernitur in P, sed ex Dem., XLVI, 14 confirmatur || 5 ὑπὸ ἀνάγκης Blass || ου [περι] P, δε suprascripto || 6 αἱ μὴ δίκαιαι Blass || 7 κατὰ τῶν ἐμῶν Kenyon, Jensen. Contractam hic chartam esse notat Blass, nec quidquam clari apparere confirmat Jouguet ; at καὶ περὶ τῶν ἐμῶν, quod Blass suppleverat, longius esse videtur || **18** 1 τις, ὡς ἔοικεν, τῇ ἑαυτοῦ γυναικί Jensen : τις εἰς διοίκησιν τῶν αὑτοῦ, γυναικί Blass, Kenyon, quod litterarum reliquiis et spatio minus convenire testatur Jouguet || 2 γράψῃ Diels, Jensen : γράφῃ Revillout, Weil || 4 με δεῖ Weil : οὐ δεῖ Diels || μεγίστην Weil : μίαν τήν Revillout μόνον τήν Diels || 7 ἑταίρα σου Diels || Inde usque ad imam col. VIII, pars tantum dextera versuum exstat.

poursuites pour] machination frauduleuse[1], vous [*prétendez*] encore [*en tirer un autre bénéfice* !] Il ne te suffit pas d'avoir touché [*quarante*] mines [*pour prix de tes esclaves ; tu veux m'extorquer de plus jusqu'à*] cinq [*talents, après m'avoir,*] comme un [*chasseur*], pris [*dans une trappe où je suis venu trébucher*[2].

19 *Athénogène dira peut-être*] qu'il ignorait [*non seulement*] que Midas [*eût tant de fournitures à payer,*] mais [*aussi qu'il se fût fait consentir par tant de gens*] des prêts béné-
IX voles[3]. [*Eh bien, moi, sans avoir jusqu'ici jamais rien*] entendu aux choses du commerce, [*dans l'espace de trois*] mois fort exactement, j'étais renseigné sur toutes les dettes et sur tous les [*prêts*] ; mais cet homme, qui est parfumeur comme son père et son grand-père, qu'on voit à demeure sur l'agora tous les jours de l'année, qui posséde trois magasins de parfumerie, et qui s'en fait présenter les comptes mois par mois, n'était pas au courant des dettes ! En toute autre occasion, il n'a rien d'un novice ; mais, vis-à-vis de son esclave, voilà [*le degré de*] naïveté où il en est venu : certaines dettes,

1. Tout ce passage, présentant des lacunes considérables, est complété par les éditeurs de façons assez diverses. Le mot βουλεύσεως, du moins, peut être considéré comme certain d'après une glose d'Harpocration, *s. v.* βουλεύσεως : Ὑπερείδης ἐν τῷ κατ' Ἀθηνογένους α' ἐπὶ ἐνέδρας καὶ ἐπιβουλῆς τῆς εἰς χρήματα ἰδίως κέχρηται τῷ ὀνόματι. Comme il cite le mot au génitif, il semble bien songer là à une forme spéciale d'action judiciaire ; et c'est ce qui me décide à accepter de préférence la restitution de Jensen. — Hypéride mêle avec une grande liberté la 2e pers. du sing. (σὺ ἰσχυρίζῃ, οὐχ ἱκανόν σοι) à la 2e du plur. (ἐσημήνασθε, ὑμᾶς) ; et il va passer ensuite à la 3e du sing. (ᾔδει, οὗτος, ἐστίν, etc.).

2. Ποδοστράβη n'est qu'une restitution, mais garantie aussi par Harpocration, qui, ici encore, spécifie que le mot figurait dans notre discours (*s. v.* ποδοστράβη· Ὑπερείδης ἔν τε τῷ κατ' Ἀθηνογένους καὶ ἐν τῷ κατ' Αὐτοκλέους. Ποδοστράβας ἔλεγον μηχανήματά τινα ὑπὸ τῶν κυνηγητῶν κατασκευαζόμενα). Au propre, ce mot désigne une trappe disposée par des chasseurs pour que le gibier y tombe et s'y torde les pattes ; au figuré, il doit exprimer l'idée d'un piège propre à jeter un adversaire dans une fâcheuse posture, dont il sera incapable de sortir indemne.

3. Le détail de la phrase demeure incertain ; j'y admets deux participes se rapportant à Midas, et rappelant une fois de plus les deux sortes de dettes qu'il a à acquitter, χρέα et ἔρανοι.

νόμοι] β[ου]λεύσεως ὑμᾶς κε[λεύουσιν αἰτίου]ς εἶναι, ἐπὶ τούτοις προσ[λαμβάνειν τι ἀξιοῦ]τε; Καὶ οὐχ ἱκανόν σοί [ἐστιν τετταράκον]τα μνᾶς εἰληφέναι [ὑπὲρ τῶν σῶν δούλων, ἀ]λλὰ καὶ πέντε [τάλαντα προσαφαιρεῖ] με, ὥσπερ [ὑ]πὸ [θηρευτοῦ ἐν ποδοστράβῃ κατ]ειλημμένον.

**19 ['Ερεῖ δ' ἴσως 'Αθηνογένης ὡ]ς οὐκ ᾔδε[ι οὐ μόνου
χρέα τόσα ὀφείλοντα] Μίδαν, ἀλ[λὰ καὶ πρὸς τόσων αὐτὸν
ἐρανι]σθέντα. 'Α[λλ' ἐγώ, ὅ γ' | οὐδὲν πώποτε συν]εὶς τὰ ἐν IX
ἀγορᾷ, ἀτρε[κὲς] δ[ῆτα ἐν τρισὶν] μησὶν ἅπαντα τὰ χρέα
καὶ τ[οὺς ἐράν]ους ἐπυθόμην· οὗτος δέ, ὁ ἐκ τριγονίας ὢν
μυροπώλης, καθ[ήμε]νος δ' ἐν τῇ ἀγορᾷ ὅσαι ἡμέραι, τρία
[δὲ μυ]ροπώλια κεκτη[μένος,] λόγους δὲ κατὰ μῆνα λαμβάνω[ν, οὐκ] ᾔδει τὰ χρέα. 'Αλλ' ἐν μὲν τοῖς ἄλλοις οὐκ ἰδιώτης ἐστίν, πρὸς δὲ τὸν οἰκέτην οὕτ[ως ε]ὐήθης ἐγένετο·**

18 7-9 rest. Jensen in *add.* : καί, ὑπὸ τῆς ὑμετέρας βουλεύσεως, ὑμᾶς οἰόμενος ἀξιοπίστους εἶναι, ἐπὶ τούτοις προσεδεξάμην ἃ ἐβουλεύσατε Revillout, Diels καί, ὑπὸ γυναικείας βουλεύσεως, ὑμᾶς πεισθεὶς εὔνους εἶναι, ἐπὶ τούτοις προσηκάμην οἷς ἠθέλετε Weil (post ὑμᾶς ΚΕ testantur Jensen, Jouguet). || 9 ἐστιν τετταράκοντα ego : ἔδοξεν τὰς τετ. Revillout ἦν τὰς τετ- Weil || 10 ὑπὲρ τῶν σῶν δούλων ego : τὰς ὑπὲρ τῶν δούλων Kenyon ὑπὲρ τοῦ μυροπωλίου Blass, Jensen || 11 προσαφαιρεῖ ego : προσοφείλου Kenyon ἀπεστερήκατε Weil || 11-12 ὑπὸ θηρευτοῦ Richards : ὑποχείριον Revillout ὑπὸ κυνηγετῶν Weil; aliter ὡσπερεὶ ποδοστράβῃ τῇ σῇ πονηρίᾳ κατειλ. Sudhaus; (ποδοστράβη, velut βουλεύσεως paulo supra, ex Harpocratione, qui verbum utrumque in hac oratione inveniri dicit) || **19** 1 'Ερεῖ δ' ἴσως 'Αθηνογένης Jensen : 'Αλλ' ἴσως ἐρεῖ καὶ πρὸς ὑμᾶς Revillout Λέξει δ', ὦ ἄνδρες δικασταί, Blass || 1-3 tentavi : οὐκ ἠδύνατο εἰδέναι, ὅτ' ἐπώλει τὰ πρὸς Μίδαν Revillout οὐκ ἠδύνατο τοὺς ἐράνους εἰδέναι τοὺς πρὸς Μίδαν Weil (sed ΗΔΕ legunt Jensen, Jouguet) οὐκ ᾔδει τοσαῦτα χρέα ὀφείλοντα τὸν Μίδαν, ἀλλ' ὡς ἔλαθεν ἑαυτὸν τὰ δανεισθέντα Jensen in *add.* || post Μίδαν, ἀδήλως Revillout, Weil (ΑΛ potius quam ΑΔ Jensen, Jouguet) || 3 post σθέντα, Blass et Kenyon legunt Λ, Jensen et Jouguet Λ; nullum verbum reperio idoneum, cujus Λ initium sit || ἐγὼ μὲν ὁ οὐδὲ συνιείς Blass ᾧ σπουδὴ οὐδεμία εἰς Revillout ὁ οὐ παιδευθείς vel διδαχθείς Hager || 4 ἀτρεκὲς δὴ ἐγώ Kenyon ἄτρεμα δὴ ἐγώ Revillout ἄτρεμα δ' ἔχων Blass, Jensen || τρισίν rest. e § 9 || 9 οὕτως Blass, probante Kenyon : αὐτίκα Weil αὐτός Revillout αὐτόν Diels.

paraît-il, lui étaient connues ; mais, les autres, il déclare les ignorer, celles qu'il n'a pas envie de connaître ! **20** Un tel langage de sa part, juges, ce n'est pas une [*défense*], c'est une défaite : c'est l'aveu [1] que je n'ai pas à [*acquitter les dettes de Midas*]. Car, du moment où il déclare ne pas connaître [*tout*] le passif, il s'enlève, j'imagine, le droit de soutenir qu'il m'a prévenu des dettes ; or, [*toute dette*] dont je n'ai pas entendu parler par le vendeur, [*il n'est pas juste*] de me la faire payer [2]. Ainsi, tu savais, Athénogène, que Midas devait [*ces diverses sommes*] ; à mon avis, la chose est claire pour tous [*d'après beaucoup de raisons*], et, en particulier, d'après ta demande [*que Nicon*] figure comme garant [*avec*] moi ; car, si [*tu n'avais pas connu l'importance*] de ces dettes, [*l'inscription de mon nom*] t'aurait suffi.

21 Sans admettre ta thèse, [*je veux bien cependant faire face ici à*] ton raisonnement [3]. [*Tu étais donc, dis-tu, dans l'ignorance,*] tu ne savais [*rien* [4] *des fonds qui se trouvaient déposés par tel ou tel chez Midas,*] ni de [*tout le détail des dettes ; alors*
X *examinons l'affaire de la façon*] suivante. [Si] toi, faute de les connaître, tu ne m'as pas prévenu de la totalité des dettes, et si, moi, je croyais, en concluant la convention, que celles

1. Je paraphrase un peu le texte ; mais je cherche à garder quelque chose du jeu de mots, que je crois voulu par l'orateur (ἀπολόγημα, ὁμολόγημα), bien que, à vrai dire, ἀπολόγημα soit seulement une restitution ; Isocrate (*Busiris*, 44) avait rapproché de même ἀπολογία, ὁμολογία.

2. Ici, le raisonnement d'Hypéride est logique : c'est un enthymème.

3. La formule de transition est elliptique. J'entends : certes, je ne crois pas à tes déclarations, (que tu aies réellement ignoré les dettes de Midas) ; je veux bien cependant te suivre sur ton terrain ; (supposons un instant que la convention ait été conclue par toi de bonne foi). — Quant au texte de la phrase, il nous est garanti par la citation qu'en fait Harpocration, d'après notre discours (*s. v.* ὁμόσε ἰέναι). Cette expression signifie le plus souvent : *aller à l'encontre de* ; mais, ici, Harpocration note qu'elle a le sens de παραβάλλεσθαι, μὴ στρέφεσθαι μηδὲ φεύγειν, *affronter la lutte, ne pas se détourner, ne pas fuir la discussion.*

4. La reprise, sous forme négative, d'une idée exprimée d'abord sous forme positive est un procédé bien connu de renforcement chez les Grecs.

καὶ τινα μὲν τῶν χρεῶν, ὡς ἔοικεν, ᾔδει, τὰ δέ φησιν οὐκ εἰδέναι, ὅσα μὴ βούλεται. **20** Ὁ δὲ τοιοῦτο[ς τού]τ[ου] λόγος, ὦ ἄνδρες δικασταί, οὐ[κ ἀπολόγημ]ά ἐστιν, ἀλλ' ὁμολόγημα ὡς οὐ δεῖ [με τὰ χρέα] δ[ιαλ]ύειν. Ὅταν γὰρ φῇ μὴ εἰδέναι ἅ[παντα] τὰ ὀφειλόμενα, οὐκ ἔστιν αὐτῷ δήπου [τόδ'] εἰπεῖν, ὡς προεῖπέ μοι περὶ τῶν χρε[ῶν· ὅσα δ' οὐκ] ἤκουσα παρὰ τοῦ πωλοῦντος, [ταῦ]τ[α οὐ δίκαιός] εἰμι διαλύειν. Ὅτι μὲν οὖν ᾔ[δεις, ὦ Ἀθηνό]γενες, ὀφείλοντα Μ[ίδαν] τὰ [χρήματα ταῦτα,] οἶμαι πᾶσιν εἶναι δῆλ[ον ἐξ ἄλλων τε πολ]λῶν καὶ ἐκ τοῦ αἰτεῖν [σε τὸν Νίκωνα μετ' ἐ]μοῦ ἐγγυητήν· εἰ [γὰρ μὴ ᾔδεις πολλὰ τ]ὰ χρέα ὄντα, ἱκανὸ[ς ἂν ἦν ἐγὼ ἐγγεγραμμέ]νο[ς.]

21 Οὐ μὲν δὴ ἔγω[γ' · ἀλλ' ὀμόσε βούλομαι τῷ] λόγῳ σου τούτ[ῳ ἐλθεῖν. Ὡς οὖν ἀγνοοῦντ]ος καὶ οὐκ εἰδ[ότος σου τίς τί ἔτυχεν καταθέμε]νος καὶ τῶ[ν χρεῶν τὸ καθ' ἕκαστον, σκοπῶμεν τ]ουτονὶ τὸν τ[ρόπον. | Ε]ἰ σὺ μέν, διὰ τὸ X

20 1 τοιοῦτος τούτου λόγος ego : τ-αὐτοῦ λόγος Blass, Jensen : τ-, οἶμαι, λόγος Kenyon (in media parte lacunae Jensen litteram T discernit) || 2 ἀπολόγημα Reinach, Weil, quod apte cum ὁμολόγημα congruit : ἀπολογία Revillout || 3 οὐ δεῖ με τὰ χρέα διαλύειν Blass : οὐδ' εἶχεν οὐδὲν ὑγιὲς εἰπεῖν Weil || 4 ἅπαντα Revillout || δήπου τόδ' Kenyon, Jensen : δήπουθεν Revillout δήπου ἅμα Blass || 5 ὅσα δ' οὐκ Revillout || 6 ταῦτα οὐ Revillout : ταῦτά γ' οὐ Kenyon ταῦτα πῶς Weil || 8 Μίδαν edd : Μιδα P, ut videtur || τὰ χρήματα ταῦτα Blass : τὰ πολλὰ ταῦτα Kenyon πολλὰ καὶ μεγάλα Revillout || δῆλον ἐξ ἄλλων τε πολλῶν Blass : δηλότατον ἔκ τε τῶν πολλῶν Revillout || Inde usque ad finem col. IX, supplementa incertiora sunt ; ea colligo, quæ mihi maxime probanda videntur, ne contextus orationis effluat || 9 αἰτεῖν σε τὸν Νίκωνα μετ' ἐμοῦ ἐγγυητήν Blass, præterquam ὑπὲρ ἐμοῦ scripserat || 10 post ἐγγυητήν spatium satis exiguum in P || 10-11 rest. Thalheim : εἰδότα οὐκ ἂν με πρὸς τὰ χρέα ὄντα ἱκανὸν μόνον ἄνευ ἐκείνου Blass εἰ γὰρ ἔμ' εἶδες πρὸς τὰ χρέα ὄντα ἱκανόν, τί προσέγραψας ἐκεῖνον ; Bruhn || **21** 1-2 Οὐ μὲν... ἐλθεῖν Revillout, ex Harpocratione s. υ. ὁμόσε ἰέναι || 2-4 Ὡς οὖν... τρόπον Blass, quem sequor, paucis mutatis : longe aliter Thalheim Οὐ μὲν δὴ ἐγὼ μάχεσθαι βούλομαι τῷ λόγῳ σου τούτῳ, ὅτ' αὐτὸς ἐξηπατῆσθαι φῂς καὶ οὐκ εἰδέναι, καίπερ κεκτημένος καὶ τῷ ἀνθρώπῳ χρησάμενος, τουτονὶ τὸν τρόπον || 4 Εἰ σύ Blass : Εἰ δὲ σύ Weil, Kenyon (longius ; ceterum, I ante CY apparet, Jouguet).

dont je t'avais entendu parler étaient les seules existantes, auquel de nous deux est-il juste de les imputer ? au dernier acquéreur ou à l'ancien propriétaire, celui [du temps] où les emprunts étaient contractés ? A mon avis, c'est à toi. Mais, si nous sommes en contestation sur ce point, prenons pour arbitre la loi, telle qu'elle a été établie non par des hommes épris d'amour ou par des gens disposés à attenter au bien d'autrui [1], mais par le meilleur des démocrates, par Solon [2].

22 Celui-ci, sachant qu'il se produisait souvent des achats (d'esclaves) dans la cité, institua une loi dont chacun reconnaît l'équité : « tout dommage causé par des esclaves, toute [*faute*] dont ils se sont rendus coupables, doivent être réparés par le maître chez qui ils ont commis l'acte incriminé [3] ». Et cela est naturel ; car, si un [*esclave*] a bien réussi une affaire ou créé une industrie nouvelle, le bénéfice en est pour son maître. [*Or, toi, tu*] écartes cette loi pour nous parler de conventions [*frauduleuses*] ; et encore, tandis que, [*d'après Solon*], « aucun décret, fût-il régulièrement rédigé, ne doit l'emporter [*sur la loi* [4] »,] tu [*prétends*], toi, [*faire prévaloir*] ta convention, même irrégulière, sur [*toutes*] les lois.

23 [*Ce n'est pas tout, juges :*] auprès de mon père [*et*

1. Sous cette forme générale, Hypéride vise évidemment, d'une part Épicrate, et, de l'autre, Athénogène et Antigona.

2. C'était toujours un argument excellent auprès des héliastes que de se référer à Solon et à l'esprit démocratique de ses lois.

3. La loi de Solon à laquelle Hypéride fait allusion nous était inconnue. Ses prescriptions sont fort logiques : si un esclave est poursuivi pour une faute plus ou moins lointaine, il est équitable qu'on déclare responsable non son maître actuel, mais celui dont il dépendait au temps de la faute incriminée. Dans le droit romain, au contraire, l'action, dit-on, « voyage avec l'esclave », c'est-à-dire qu'on s'en prend au maître chez qui il se trouve au moment où le procès s'engage.

4. Hypéride passe d'une loi à une autre, et toujours en étendant, suivant les besoins de sa cause, le sens des textes qu'il cite. Ce dernier se lisait déjà, chez Andocide (*Myst.*, 87) et chez Démosthène (*C. Aristocr.*, 86), sous la forme : ψήφισμα μηδέν, μήτε βουλῆς μήτε δήμου, νόμου κυριώτερον εἶναι. — Sur les réserves que soulève encore dans ce passage le raisonnement d'Hypéride, cf. la *Notice*, p. 192.

μὴ εἰδέναι. μὴ προεῖπάς [μο]ι πάντα τὰ χρέα, ἐγὼ δέ, ὅσα σου ἤκουσα ταῦτα μόνον οἰόμενος εἶναι, τὰς συνθήκας ἐθέμην, πότερος δίκαιός ἐστιν ἐκτεῖσαι; ὁ ὕστερος πριάμενος ἢ ὁ πάλαι κεκτημένος, ὅ[τ'] ἐδανείζετο; Ἐγὼ μὲν γὰρ οἶομαι σέ. Εἰ δ' ἄρ' ἀντιλέγομεν περὶ τούτου, διαιτητὴς ἡμῖν γενέσθω ὁ νόμος, ὃν οὐχ οἱ ἐρῶντες οὐδ' οἱ ἐπιβουλεύοντες τοῖς ἀλλοτρίοις ἔθεσαν, ἀλλ' ὁ δημοτικώτα[τος] Σόλων· 22 ὅς, εἰδὼς ὅτι πολλαὶ ὠναὶ [ποιοῦν]ται ἐν τῇ πόλει, ἔθηκε νόμον δίκαιον, ὡς παρὰ πάντων ὁμολογεῖται, « τὰς ζη[μίας ἃς ἂν] ἐργάσωνται οἱ οἰκέται καὶ τὰ ἀ[δικήμ]ατα διαλύειν τὸν δεσπότην παρ' ᾧ [ἂν ἐργάσ]ωνται οἱ οἰκέται ». Εἰκότως· καὶ γάρ, [ἐάν τι ἀγ]αθὸν πράξῃ ἢ ἐργασίαν εὕρ[ῃ] ὁ ο[ἰκέτης, τ]οῦ κεκτημένου αὐτὸν γίγνεται. [Σὺ δέ, τὸν] νόμον ἀφείς, περὶ συνθ[ηκῶν παρακρου]ομένων διαλέγῃ. Καὶ ὁ [μὲν Σόλων « οὐδ'] ὃ δικαίως ἔγραφεν ψήφ[ισμά τις τοῦ νόμου] » οἴεται « δεῖν κυριώτε[ρον εἶναι· » σὺ δὲ καὶ τ]ὰς ἀδίκους συνθ[ήκας ἀξιοῖς κρατεῖν πάντων] τῶν νόμων.

23 Καὶ π[ρὸς τούτοις, ὦ ἄνδρες δικαστ]αί, τῷ τε

21 5 μοι Revillout : ἐμοί Weil || 8 ὅτ' ἐδανείζετο Blass : ὅς ἐδ- Revillout ὅσ' ἐδ- Weil (T legerunt Jensen, Jouguet) || 11 δημοτικώτατος Σόλων Blass : δημοτικώτατος ὢν Σ. Weil, adversante spatio || 22 1 ποιοῦνται, Jens., in *add* : ψεύδονται Revillout, Diels γίγνονται Blass, Kenyon || 3 ἃς ἂν Blass, Weil : ἐάν Revillout || 3-4 ἀδικήματα Jensen : ἀναλώματα Revillout ἁμαρτήματα Weil || 4 ἂν ἐργάσωνται Weil : ἂν ἐργάζωνται Revillout || 5 ἐάν τι ἀγαθόν Weil : ἐάν τις ἀ. Revillout κἄν τι ἀ. Diels || 6 εὕρῃ ὁ οἰκέτης Blass : εὑροοῦσαν ὁ δοῦλος Revillout εὑροοῦσαν θῇ Diels || 7 παρακρουομένων Weil : ἐπιβουλευομένων Revillout ἐπιβεβουλευμένων Blass παραβαινομένων Diels, Jensen, Kenyon || 8-9 ὁ μὲν Σόλων... εἶναι rest. Jensen : οὐδ' εἴ τις δικαίως Blass (sed littera o certe apparet ante δικαίως Kenyon) || ψήφισμα οὐδενός νόμου Blass, Weil : ψήφισμά τις τῶν γε νόμων Kenyon || 9-10 σὺ δέ... τῶν νόμων rest. Jensen : σὺ δὲ οἴει τὰς ἀδίκους συνθήκας δεῖν κρατεῖν Blass, Kenyon || Post τῶν νόμων spatium est in P ; pergit tamen Revillout καὶ πάντων τῶν δικαίων, fretus fragmento parvulo, quod cum reliqua columna non cohæret || 23 Imæ columnæ X sensum recte interpretatus esse videtur Diels ; supplementa, jam ab illo et ab aliis proposita, componere non sine multa dubitatione conatus sum || 1 καὶ πρὸς τούτοις Blass.

aussi de mes] amis, Athénogène a répandu le bruit [*que, pour son compte, en vue de me faire plaisir,*] il était disposé, [*en m'abandonnant le second*[1] *des enfants*] pour rien, [*à tout*] ar-
XI ranger [*de façon satisfaisante*] ; il m'aurait pressé seulement de lui laisser Midas et de ne pas l'acheter ; mais, moi, je n'y aurais pas consenti ; j'aurais voulu les acquérir tous. Ce langage, il va, dit-on, le tenir également devant vous, pour se donner de faux airs de modération, comme s'il devait s'adresser à des gens stupides, qui ne s'apercevront pas de son impudence. **24** Or, écoutez comment les faits se sont passés ; il le faut ; car manifestement ils vous apparaîtront en harmonie avec le reste de leur [*machination.*] Athénogène m'envoyait l'enfant dont je parlais tantôt[2], pour me faire savoir que je ne [*saurais l'avoir*] auprès de moi, à moins d'affranchir son père et son [*frère.*] Mais, dès que j'eus convenu de verser [*l'argent*] pour eux trois, il s'en alla trouver [*quelques-uns de mes*] amis : « Quelle rage, disait-il, Épicrate[3] a-t-il de se créer des embarras, [*puisqu'il est libre de*] prendre l'enfant et d'en disposer [*à son gré?*[4] » **25** *Moi, je ne soupçonnais pas*] la manœuvre perfide [*à laquelle il*] se livrait ; et, tandis que [*ses discours ne visaient qu'à*] me faire tort et [*à me ruiner,*] j'y ai cru comme [*il me les présentait. Du moment*

1. Le jeune esclave auquel Épicrate s'intéresse a un frère (cf. §§ 4 et 24) : c'est évidemment de ce dernier qu'Athénogène veut parler ici.

2. Cette fois, il s'agit de l'esclave cher à Épicrate ; il y a quelque obscurité dans le récit. Ὅνπερ ἀρτίως εἶπον se rapporte sans doute au début perdu du discours (comme ὅπερ καὶ ἀρτίως εἶπον vers la fin du § 9).

3. C'est le passage d'après lequel Blass, voyant dans Ἐπικράτης un nom propre, propose d'y reconnaître celui de notre plaideur. Revillout, au contraire, tenait ἐπικρατής pour un adjectif : Athénogène, se regardant comme *maître de la situation*, aurait médité de susciter toutes sortes d'ennuis à son adversaire. Kenyon se rallie encore à cette interprétation. A mon avis, celle de Blass s'accorde beaucoup mieux avec le contexte.

4. Depuis le § 18, nous nous heurtions déjà, au bas de chaque colonne, à des lacunes plus ou moins considérables. Jusqu'ici, je m'efforçais de les combler tant bien que mal, dans le texte grec,

πατ[ρὶ τῷ ἐμῷ καὶ τοῖς ἄλλοις ἐπιτ]ηδείοις ἐλ[ογοποίησεν αὐτὸς μὲν ἐμοί γ'] ἐθέλ[ειν, δοὺς τὸν ἕτερον τῶν παίδων δ]ωρεάν, [πάντα εὖ διοι]|κε[ῖν,] τὸν δὲ Μίδαν κελεῦσ[αι] XI
ἐᾶν αὐτῷ καὶ μὴ ὠνεῖσθαι, ἐμὲ δ' οὐκ ἐθέλειν, ἀλλὰ βούλεσθαι πάντας πρίασθαι. Καὶ ταῦτα καὶ πρὸς ὑμᾶς αὐτόν φασιν μέλλει⟨ν⟩ λέγειν, ἵνα δὴ δοκοίη μέτριος εἶναι, ὥσπερ πρὸς ἠλιθίους τινὰς διαλεξόμενος καὶ οὐκ αἰσθησομένους τὴν τούτου ἀναίδ[εια]ν. 24 Τὸ δὲ γενόμενον δεῖ ὑμᾶς ἀκοῦσα[ι· φαν]ήσεται γὰρ ἀκόλουθον ὂν τῇ ἄλλῃ [το]ύτων ἐπιβο[υλῇ.] Τὸν μὲν γὰρ παῖδα, ὅνπ[ερ ἀρ]τίως εἶπο[ν, ἔπε]μπέ μοι λέγοντα ὅτι οὐκ [ἂν συ]νείη μ[οι, εἰ μὴ λ]ύσομαι αὐτοῦ τὸν πατέρα καὶ τὸν [ἀδελφ]όν. Ἤδη δ' ἐμοῦ ὡμολ[ογη]κότος [αὐτῶν κα]ταθήσειν, τριῶν ὄν[των,] τὸ ἀρ[γύριον, προ]σελθὼν ὁ Ἀθηνογένης πρός [τινας τῶν] φίλων τῶν ἐμῶν· « [τί] βούλετ[αι, ἔφη, Ἐπ]ικράτης πράγματα ἔχειν, [ᾧ ἔξεστι, λα]βόντι τὸν παῖδα, [χρ]ῆσθ[αι ὅτι ἂν ἐθέλῃ ; » 25 Καὶ] τὴν μὲν συκοφα[ντίαν. . . . . ἐ]ποιεῖτο, τῷ δὲ λ[. . . . . . . ἀ]δικημάτων κα[ὶ. . . . . ἐπ]ίστευσα ὡς ἐ[. . . . . τὸ]ν

23 2 πατρὶ τῷ ἐμῷ καὶ τοῖς ἄλλοις ἐπιτηδείοις Blass || 2-3 ἐλογοποίησεν αὐτός μὲν ἐμοί γ' ἐθέλειν ego : ἔλεγεν ὡς... ἐθέλοι Blass || 3-4 sensum indicat Diels || 4 διοικεῖν Revillout || κελεῦσαι ego : κελεύοι με Weil, Kenyon (longius quam pro spatio notavit Jensen, confirmat Jouguet) κελεύσας vel κελεύσειε Jensen || 7 μέλλειν corr. Weil : μελλει P || δοκοιη P : δοκῇ van Herwerden ; sed cf. § 8 σημαίνεται... ἵνα μηδεὶς ἀκούσαι || 24 2-3 τῇ ἄλλῃ τούτων ἐπιβουλῇ ego : τ. ἄ. αὐτῶν ἐ, edd. || 4 οὐκ ἂν συνείη μοι Blass || 4-5 εἰ μὴ λύσομαι, sic legunt de Ricci, Jensen, Jouguet : ἂν μὴ ὠνῶμαι Weil || 5 post πατέρα, lacunam brevem notat Jouguet || 6 αὐτῶν καταθήσειν Blass, secundum spatium : ἀντ' αὐτῶν κ. Weil || τριῶν ὄντων, τὸ ἀργύριον Blass : τριῶν ὁμοῦ πᾶν τὸ ἀ. Revillout || 8-9 τί βούλεται... χρῆσθαι rest. Blass callide : ἐπεβούλευσε ὡς ὢν ἐπικρατὴς πρ. Revillout ἐβούλετο, γενόμενος ἐπικρατής, πράγματα ἔχειν ἐμέ... Kenyon ; (nomen hominis adversus Athenogenem causam agentis hoc loco agnoscere melius videtur) || 9-10 ὅτι ἂν ἐθέλῃ Hager || 25 Inde usque ad imam columnam XI, media tantum pars versuum, eaque magis atque magis minuta, manet. Initio, forte τὴν μὲν συκοφαντίαν οὐχ ὑπενόουν ἣν ἐποιεῖτο, τῷ δὲ λόγῳ || Posthæc ἐπίστευσα Jensen : πιστεῦσαι Blass...

où il me] cédait l'enfant [*dont j'avais envie*,] je ne voulais pas [*chicaner sur les conditions de la vente. J'acceptais*] donc [*de payer*] quarante [*mines ; mais, aujourd'hui, c'est de*] cinq talents [*qu'il s'agit, pour solder le passif d'une parfumerie qui*
XII *ne m'intéresse en rien.* **26** *En effet, je ne*] suis [*pas parfumeur*,] et je n'exerce non plus aucune industrie ; mon père m'a donné [1] [*quelques*] champs ; je les cultive ; ce sont ces gens-là qui m'ont lancé dans la présente acquisition. Car enfin, de ces deux hypothèses, laquelle, Athénogène, offre [*de la vraisemblance*], que, moi, j'aie eu envie de ton [*métier*], dont je n'avais nulle expérience, [*ou que, toi et ta*] maîtresse, vous [*en ayez voulu*] à ma fortune ? A mon avis, l'initiative est venue de vous.

Aussi, juges, serait-il [*naturel*] de votre part de me témoigner, à moi, [*de l'indulgence*], si je me suis laissé duper [*par Antigona*], et si j'ai eu la malchance de tomber [*sur un individu*] de cette espèce, mais, par contre, de faire sentir à Athénogène [2] [*le poids de votre colère, pour avoir sciemment*]

soit en m'aidant des restitutions suggérées par mes devanciers, soit en en proposant moi-même de nouvelles. Je continuerai à agir ainsi, là où quelques mots seulement seront perdus ; mais, quand les vides vont prendre une importance croissante, je me bornerai à marquer, dans la traduction, la suite des idées telle que je me la représente. Sur l'incertitude de tels suppléments, mais aussi sur les précautions dont j'essaie de les entourer, et sur l'intention dans laquelle je les propose, je me suis expliqué dans mon Introduction (3e partie, p. 67, sq.). Pour éviter les complications, je conserve la coupure des paragraphes, telle qu'elle a été faite par les premiers éditeurs. Ils sont cependant de longueur assez inégale, si on tient compte de l'étendue des lacunes ; et, chose plus grave, ils ne répondent même pas toujours aux divisions indiquées par le sens : p. ex., la péroraison, ou du moins une fausse péroraison, commence au milieu du § 26. — Je rappelle enfin que, s'il m'arrive d'indiquer « tant de lignes mutilées ou perdues », leur nombre doit s'entendre non des lignes de la présente édition, mais de celles du papyrus (lesquelles comportent, en général, de 28 à 33 lettres).

1. Du terme employé par Hypéride, ἔδωκε et non ἀπέλιπε, Weil concluait déjà que le père d'Épicrate vit encore au moment du procès. D'ailleurs, il est question de lui au début du § 23.

2. Là s'arrête la partie subsistante de la col. XII. Deux fragments

μὲν παῖδα δι|. . . . . . .|ν οὐκ ἤθελο|ν. . . . .|ουν τετ|ταράκοντα μνᾶς. . . . . . . πέν|τε τάλα|ντα. . . . .

26 Οὔτε γὰρ μυροπώλη|ς **XII**
εἰμὶ οὔτ' ἄλλην τέχνην ἐργάζο|μαι, ἀλ|λ' ἅπερ ὁ πατήρ μοι ἔδωκεν χωρία |τινά. τα|ῦτα γεωργῶ, πρ|ὸς] δὲ τούτων ε|ἰς τὴν| ὠνὴν ἐνεσείσθην. Πότερα |γὰρ εἰκός ἐσ|τιν, ὦ Ἀθηνόγενες, ἐμὲ τῆς σῆ|ς τέχνης ἐπιθ|υμῆσαι, ἧς οὐκ ἤμην ἔμπει|ρος, ἢ σε καὶ τ]ὴν ἑταίραν τοῖς ἐμοῖς ἐπι|βουλεῦσαι ;] Ἐγὼ μὲν γὰρ οἴομαι ὑμᾶς.

Δι|όπερ, ὦ ἄνδρες] δικασταί, ἐμοὶ μὲν ἂν εἰ|κότως συγγνώ|μην ἔχοιτ' |ἀ|πα|τη|θῆναι |ὑπ' Ἀντιγόνας| καὶ ἀτυχῆσαι τ|οιού|τῳ |ἀνθρώπῳ περ|ιπεσόντα, Ἀθην|ογένει δὲ ὀργίζοισθε. . . . . . .|ος χρησάμενο|ς. . . . . .|α πεπραγμένο|. . . . . συκοφ|άντης ο|. . . . .|λεκεν ἄλλοι|ς. . . . . τα|ῦτα πέπονθεν

25 4 παῖδα δι: Jensen (alterum ι dubium, Jouguet); forte διὰ ‖ 5 Ante τετταράκοντα, Jensen legit γοῦν (prima littera maxime evanida. Jouguet); forte ἀπετέλουν ‖ Post πέντε τάλαντα desunt omnino versus duo ‖ **26** Columna XII nusquam antecedenti connectitur ; nihil tamen inter eas intercidisse videtur. Versuum 1-12 mediam et dexteram partem composuit Diels e fragmentis duobus ; parvum aliud ad sinistram partem versuum 2-4 rettulit de Ricci ‖ 3 ante γεωργῶ, ειτη vel πιτη vel μιτη legerant Kenyon, de Ricci : ταῦτα Jensen, probante Jouguet ; antea τινά tento, ut lacuna compleatur ‖ πρὸς δὲ τούτων Kenyon : ὑπὸ δὲ τ- Blass ‖ 4 εἰς τὴν ὠνήν Revillout ‖ γὰρ εἰκός ἐστιν Blass : νὴ Δία εἰκός ἐ- Weil πιθανώτερα ἐ- Revillout ‖ 5 σῆς τέχνης Weil : σ- ἐργασίας Revillout ‖ 5-6 οὐκ ἤμην legit de Ricci ‖ 6 ἢ σε καὶ τὴν Weil ‖ 6-7 ἐπιβουλεῦσαι Diels ‖ 8 Incipit fictus epilogus ‖ Διόπερ... ἔχοιτε Blass : Διὰ ταῦτα Kenyon ‖ 9 ἀπατηθῆναι ὑπ' Ἀντιγόνας de Ricci ‖ 10 τοιούτῳ ἀνθρώπῳ Blass : τούτῳ τῷ πανούργῳ Revillout ‖ περιπεσόντα Diels : ἐπιπ- Revillout ἐμπ- Weil ‖ Ἀθηνογένει δὲ ὀργίζοισθε Hager (coll. or. *In Dem.*, col. XXII, 8) ‖ Post hunc locum, fragmenta plura extremæ columnæ tribuuntur ; sunt autem undique trunca, nec quidquam eorum prioribus adhaeret ; immo litteræ multæ nunc desiderantur, leguntur que modo ex imaginibus quondam expressis ‖ 12 συκοφάντης ? Blass ‖ 13 λεκεν ἄλλοις Kenyon, Jouguet : λεν ἐν ἄλλοις Jensen.

agi envers [*moi en malhonnête homme.*] S'étant conduit comme un vrai sycophante, [*il ne devra pas s'étonner si, pour avoir voulu causer du tort*] aux autres, il pâtit [*lui-même de ses propres combinaisons. Il ne s'est pas contenté de me vendre cher des esclaves*] dont je n'avais nul besoin ; [*il veut encore me faire endosser*] les dettes qu'ils avaient [*au moment où*] il les a affranchis. Aucun de vous, juges, [*ne saurait approuver de tels procédés..* . . . .

27 *En effet, admettez-vous que les désagréments survenus*
XIII *par suite de ma simplicité*] doivent tous être pour moi, tandis que de sa fourberie il ne tirera, lui, [*que des avantages ?*] ou que Midas, son [*impudent complice* [1],] dont il prétend s'être défait contre son gré, [*restera à ma charge,*] tandis que, pour l'enfant [*qu'il disait*] naguère me donner gratis, il touchera aujourd'hui [*bien plus*] d'argent qu'il n'en vaut, et cela, non pas même pour qu'il m'appartienne, [*mais pour que, grâce à vous, par l'effet de votre*] sentence, il obtienne sa liberté [2] ? En tout cas, je trouve injuste, moi, d'être, [*pour comble de malheur,*] privé de mes droits civiques par un Athénogène [3]. 28 Car enfin, ce serait pour moi une situation [*par trop*] épouvantable, juges, si [4] [*ce misérable triomphait. Pour mon compte,*] j'ai péché [*par imprudence ; mais, lui, a nettement*

isolés paraissent contenir des débris des 14 lignes suivantes ; les deux dernières manquent complètement.

1. D'après ce passage, Midas se serait prêté au jeu d'Athénogène, sans doute en ne disant rien des dettes contractées par lui : il y gagnait de se trouver ainsi libéré, pour son compte, des conséquences éventuelles de sa mauvaise gestion.

2. Je ne m'explique pas comment la condamnation d'Épicrate, en admettant même qu'il soit déchu de ses droits civiques, doit avoir pour résultat de procurer sa liberté au second fils de Midas. Les restitutions semblent pourtant assez certaines.

3. Si Épicrate ne réussit pas à obtenir l'annulation de son contrat, Athénogène, pour l'obliger à s'exécuter, pourra lui intenter une δίκη ἐξούλης ; et ce nouveau procès risque d'entraîner l'atimie du débiteur insolvable. Hypéride a déjà indiqué cet argument (au § 12) et semble le reprendre encore dans sa péroraison (§ 36).

4. Dix-sept lignes très mutilées ou tout à fait perdues : elles con-

τ[. . . . .]ων ἀναλωμ[άτων. . . . . . .
(*deest versus unus*). . . . .]ἀλυσιτ[ελ. . .
. . . . ὀ]φείλουσ[ι. . . . .] ὁπότε ἀπέ-
λυσεν[. . . . ., ὦ ἄνδ]ρες δικασταί,
[ο]ὐδεὶς ὑ[μῶν. . . . .] γὰρ τοῦ[. . .
. . . .]κα[. . . . .

27 Ἀξιοῦτε γὰρ ὑμεῖς τὰ μὲν συμβάντα τῆς εὐηθείας]|
ἕνε[κα πάθη π]άντα ἐμοὶ εἶναι, τὰ δὲ τῆς ἀπάτ[ης κέρδη XIII
αὐτ]ῷ; καὶ τὸν μὲν Μίδαν τὸν τολ[μῶντα συμπρά]ξαι, ὃν
ἄκων φησὶν ἀπολῦσαι, τοῦτ[ον ἐμὲ ἀναλα]βεῖν, τοῦ δὲ παι-
δός, [ὃν] τότε προῖκ[ά μοι ἔφη] διδόναι, νῦν αὐτ[ὸν λ]αβεῖν
ἀργύρ[ιον πολὺ πλε]ῖον τῆς ἀξίας, οὐχ ὥστε ἐμὸν ε[ἶναι,
ἀλλ' ὥστε ὑ]φ' [ὑμῶν] τῇ ψήφῳ ἐλεύθερον ἀφ[ίεσθαι;
Ἔγωγε μέ]ντοι οὐκ ἀξιῶ πρὸς [τοῖς ἄλλοις καὶ ἀτι]μωθῆ-
ναι ὑπ' Ἀθηνογέν[ους. **28** Λίαν γὰρ ἂν] δεινὸν [συ]μβαί-
νοι, μ[οι, ὦ ἄνδρες δικασ]ταί, εἰ μ[. . . .] ος [. .
. . .] εις [. .] ον ἥμαρτο[ν. . . . . .] δι[. . .

26 16 ὁπότε Jensen : πώποτε Kenyon || 17-18 οὐδεὶς ὑμῶν Jensen : οὐ δεῖ συγγνώμην ἔχειν Kenyon (sed versus post ΔΕΙΣΥ desinit) || 19 κα Kenyon, Jouguet : καυ Jensen || Subter hæc, desunt præterea, ut videtur, versus duo || In alio fragmento, quod Jensen ad eamdem columnam refert, leguntur litteræ ε.... τυ.... σαν.... λφ.... || **27** 1 Initium sententiæ ita restituere conor, ut sequentibus verbis respondeat. Alii aliter : ἐνεδρεύσας πάντα Revillout τὰ μὲν κακὰ τοῦ ὁμολογίᾳ ἐνεχομένου πάντα Weil τὰ μὲν τῇ ἐργασίᾳ ἐνεχόμενα χρέα Vogt || Col. XIII e duobus fragmentis constat, quorum alterum, cohærens cum XII, initia vss. 1-11 continet, alterum, quod reliqua habet, cohæret cum XIV. Fragmentum tertium, minime latum, ad priorem partem vss. 12-18, interposito spatio incerto, pertinere videtur || 2 ἀπάτης κέρδη αὐτῷ Revillout || 3 τολμῶντα συμπράξαι Vogt || 4 τοῦτον συγχωρῶ λαβεῖν Blass || 5 προῖκα μοι ἔφη διδόναι Kenyon : προῖκα ἔφασκε δ. Revillout μοί φησιν δ. Blass || 6-7 εἶναι, ἀλλ' ὥστε ὑφ' ὑμῶν Blass : ἑξῆς εἶναι, ἀλλ' ὥστε ὁμοῦ τῇ Diels ; (sed Φ ante ὑμῶν testatur Weil, litterarumque ΩΝ in ὑμῶν vestigia notat Jensen) || 7-8 ἀφίεσθαι ; Ἔγωγε Jensen : ἀφεθῆναι. Αὐτὸς Diels || 8 τοῖς ἄλλοις καὶ ἀτιμωθῆναι Blass, Weil || **28** 1 Λίαν Diels : Καὶ Fuhr, Jensen || Post hæc, trunca plerumque verba, e quibus raro certa notio apparet || 3 δι Jouguet : διε Jensen.

voulu me] faire tort. [*Et il ne me suffirait pas d'être victime de son*] injustice ! [*il s'y joindrait encore la*] sanction supplémentaire [*de l'atimie ! Songez que je suis*] citoyen ; *je deviendrais ainsi la victime d'un métèque, et quel métèque ! En prononçant ces paroles, loin de moi la pensée de médire d'une classe dont nous nous accordons tous à reconnaître les services. Mais, pour ce qui est d'Athénogène en particulier, laissez-moi, avant de terminer, vous rappeler quelques traits de son attitude politique ; la chose ne sera pas inutile pour fixer votre opinion à son sujet.*

29 *Jadis déjà, il n'avait jamais consenti, dans nos embar-*
XIV *ras, comme tant de*] gens si dévoués de la classe des métèques, [*à y mettre du sien*] pour venir à notre aide ; puis, dans la guerre contre Philippe, peu avant la bataille, il abandonna notre ville ; et, au lieu de faire campagne avec nous jusqu'à Chéronée, il a émigré à Trézène, en dépit de la loi qui prescrit « [*de dénoncer*] et d'arrêter sans délai celui qui a quitté le pays en temps de guerre, s'il veut ensuite y rentrer [1]. » Pour [*se conduire de la sorte*], apparemment, dans son idée, la ville de Trézène était destinée [*à survivre*] ; la nôtre, il l'avait condamnée à mort [2]. Quant à ses filles, au temps de votre prospérité, il les avait élevées auprès de vous ; [*devant votre infortune,*] il est allé les marier [*à l'étranger* ;] et maintenant, nouvelle évolution : [*le voilà revenu chez vous,*] pour y exercer

tenaient la transition à l'examen de la vie publique d'Athénogène. J'y suppose, comme précaution oratoire, quelques mots marquant qu'Épicrate n'entend pas médire de la classe des métèques d'une façon générale. La même idée reparaît encore, semble-t-il, au début du § 30.

1. A la réflexion, l'application de ce texte de loi au cas d'Athénogène ne va pas encore sans difficultés ; cf. la *Notice*, p. 193, note. En somme, l'argumentation d'Hypéride à propos d'Athénogène rappelle celle dont Lycurgue avait fait usage, quelques années plus tôt, contre Léocrate. L'un et l'autre veulent donner l'impression que leur adversaire a sciemment violé des décrets postérieurs à Chéronée, alors que, selon toute vraisemblance, Athénogène et Léocrate avaient déjà quitté Athènes avant le vote de ces décrets. Pour le cas de Léocrate, cf. dans l'édition de F. Durrbach, la Notice préliminaire au *disc. C. Léocrate*, p. 26-27.

2. La même opposition se trouve déjà dans le disc. *C. Philippide*, § 7.

. . . . . .]κος [. . .]μία δὲ κ[. . . .] ου [. . . .
. . . . .] ιος [ἠδί]κηκεν ο[. . . .]ρε. . . . . . .]
ἀδικήσαντ[. . . . . προσ]τίμηματι δ[. . . .
. . .]ται πολιτ[. . . . . .]νος ἐνιότ[ε. . . .

29 Πρότερον μὲν γὰρ οὔποτ' ἠθέλησεν ἀποροῦσιν ἡμῖν,
ὡς τοσοῦτοι προθυ]|μώτατοι τῶν μετοίκων, ἀφ' [ἑαυτοῦ XIV
ἔρ]χεσθαι· ἐν δὲ τῷ πολέμῳ τῷ πρὸς Φίλι⟨π⟩πον, μικρὸν πρὸ
τῆς μάχης, ἀπέ[λιπε τ]ὴν πόλιν· καὶ μεθ' ὑμῶν μὲν οὐ συν-
εστρατεύσατο εἰς Χαιρώνειαν, ἐξῴκησε δὲ εἰς Τ[ροι]ζῆνα,
παρὰ τὸν νόμον ὃς κελεύει « ἔν[δειξιν εἶναι] καὶ ἀπαγωγὴν
τοῦ ἐξοικήσαντος [ἐν] τῷ πολέμῳ, ἐὰν πάλιν ἔλθῃ ». Καὶ
τα[ῦτα ἐποί]ει, τὴν μὲν ἐκείνων πόλιν, ὡς ἔοικ[ε, περιέ]-
σε[σθ]αι ὑπολαμβ[άνω]ν, τῆς δ' ἡμε[τέρας θά]να[το]ν
καταγνο[ύς.] Καὶ τὰς θυγα[τέρας, ἐν] τῇ παρ' ὑμῖν εὐδαι-
[μον]ίᾳ ἐκθρέψα[ς, ἐν τῇ ἀτυχίᾳ] ἐξέδωκε[ν ἄλλοσε,

28 5 ρε Jensen : θε Weil (littera dubia ante E Jouguet) || 6 ἀδικήσαντ Jensen : ἀδικήσας Revillout, Weil || 7 νος ἐνιότε Jensen, probante Jouguet : νος ἐγὼ οτ Blass || Circa finem columnæ, ad initia versuum quorumdam referendæ sunt aliquot litteræ, quæ cum columna antecedente cohærent : ιδια... ἐπιτιμ.... Utique desunt hic circiter versus decem || **29** 1-2 Initium sententiæ effingere conatus sum, coll. Plat., *Protag.*, 321 c || 2 προθυμώτατοι Revillout : ἀπολεμώτατοι Diels χρησιμώτατοι Vogt (littera ante ω potest μ, ν, vel π esse, non κ Kenyon) || ἀφ' ἑαυτοῦ ἔρχεσθαι ego dubitanter : ἀφίκοντο ἐπὶ τὸ μάχεσθαι Revillout (contra spatium) ἀφύλακτοι ἕπεσθαι Diels (sed littera ante εσθαι videtur esse χ Kenyon) ἀφυλάκτως ἔρχεσθαι Jensen || 4 ἀπέλιπε Revillout, Weil, Jensen : ἀπέδρα Kenyon || 6 ἔνδειξιν εἶναι Revillout || 8-9 περιέσεσθαι Weil : περιποιήσεσθαι Revillout, Diels || 9-10 θάνατον καταγνούς Blass : δεῖν θάνατον καταγνῶναι Weil πεφευγέναι τὴν κατάγνωσιν Revillout || 10 ἐν τῇ παρ' ὑμῖν εὐδαιμονίᾳ legit Jensen, confirmat Jouguet || 11 ἐν τῇ ἀτυχίᾳ ego, ut haec verba verbis ἐν τῇ εὐδαιμονίᾳ respondeant || ἐξέδωκεν ἄλλοσε Weil.

son industrie [*frivole*[1],] une fois la paix bien rétablie. **30**[2] [*Non ;*] telle n'est pas [*d'ordinaire*] l'attitude des bons [*métèques*] à votre égard ; [*ceux-là*], dans la paix, [*vous font profiter du fruit de leur labeur* ; et,] dans les dangers, [*ils combattent bravement avec vous, comme ils l'ont fait*] à Platées[3], en confondant [*toujours leurs intérêts avec ceux d'Athènes.*] Athénogène, [*au contraire, n'a jamais songé ici qu'à ses profits personnels : il était heureux de se mettre sous la protection de nos lois, pour jouir du libéralisme de nos institutions et de cette douceur de vie qui ne se trouve en aucune autre contrée de la Grèce*[4]. *Mais, dès qu'il sent un danger, dès qu'il craint d'avoir à payer de sa fortune ou de son sang, il déserte. Et là-dessus,*]
XV après avoir violé [*les lois qui constituent, pour ainsi dire,*] le contrat social de la cité, il se prévaut, vis-à-vis de moi, de son contrat privé, comme si personne pouvait croire qu'un homme qui a méconnu ses justes obligations envers vous se soucierait de justice envers moi !

31 Voyez encore où atteint sa perversité, et à quel point il est partout le même. Quand il est allé à Trézène, et que les Tréséniens lui eurent accordé leur droit de cité, il s'est fait le chien couchant de Mnésias d'Argos[5] ; puis, une fois établi par lui [*comme son commissaire pour la région,*] il a expulsé les citoyens de leur cité, ainsi qu'ils vous en témoigneront eux-mêmes ; car c'est ici qu'ils vivent en exil[6]. **32** Vous,

1. Je donne au verbe παρεργάζεσθαι, qui serait nouveau, le même sens défavorable qu'ont l'adjectif πάρεργος, *accessoire, superficiel*, ou le substantif παρεργάτης, *mauvais ouvrier*.

2. Jusqu'au bas de la col. XIV, huit lignes, dont il reste seulement des débris, suivies de six autres entièrement perdues.

3. Hypéride semble louer ici l'attitude des métèques athéniens à la bataille de Platées. Le fait peut être exact ; mais je ne connais aucun texte pour le confirmer.

4. Un éloge de la douceur de la vie à Athènes était de nature à flatter un auditoire athénien. De plus, Hypéride aurait pu trouver là l'occasion de faire honte à Athénogène de son ingratitude ; il n'avait qu'à se souvenir de la prosopopée des Lois dans le *Criton*.

5. Sur ce Mnésias, cf. la *Notice*, p. 194, note.

6. Athénogène, agent d'un gouvernement à tendances autocratiques, doit favoriser de préférence les nobles et les riches. Ses

δ]ς πάλιν ἥ[κει ὑμῖν παρ]εργασόμε[νος, ἐπ]εὶ εἰρήνη γέ[γονεν. 30 Οὐ] τ[αὐ]τὰ γὰρ ὑμ[ᾶς εἰώθ]ασιν οἱ χρηστ[οὶ μέτοικοι ο]ὗτοι ποι[εῖν, οἳ ἐν] τῇ εἰρήνῃ [. . . . .] ρπων[
. . . .]ἐν τοῖς κιν[δύνοις. . . . . .] ιπ [. . .
. . . . .] μεν ἐν Πλατα[ιαῖς. . . . .
. . . συν]δήσαντες ο[. . . . .
. . . Ἀθη]νογ[ένη]ς π[. . . . .] χειν [. . . .]
νω[. . . . .] το. . . . . .]υθ [. . . .

. . . . Εἶθ' ὁ τάς, ὡς εἰπεῖν,] | κοινὰς τῆς πόλεως XV
συνθήκας παραβὰς ταῖς ἰδίαις πρὸς ἐμὲ ἰσχυρίζεται, ὥσπερ ἄν τινα πεισθέντα ὡς ὁ τῶν πρὸς ὑμᾶς δικαίων καταφρονήσας, οὗτος ἂν τῶν πρὸς ἐμὲ ἐφρόντιζεν.

31 Ὃς οὕτω πονηρός ἐστι καὶ πανταχοῦ ὅμοιος, ὥστε, καὶ εἰς Τροιζῆνα ἐλθών, καὶ ποιησαμένων αὐτὸν Τροιζηνίων πολίτην, ὑποπεσὼν Μνησίαν τὸν Ἀργεῖον, καὶ ὑπ' ἐκείνου κατασ[τα]θεὶς [ἄρχω]ν, ἐξέβαλεν τοὺς πολίτας ἐκ τῆς [πόλ]εως, ὡς ὑμῖν αὐτοὶ μαρτυρήσουσιν· ἐνθάδε γὰρ φεύγουσιν. 32 Καὶ ὑμεῖς μέν, ὦ ἄνδρες δικασταί, ἐκπεσόντας αὐτοὺς ὑπεδέξασθε, καὶ πολίτας ἐποιήσασθε, καὶ τῶν

29 1 2 ὅς πάλιν ἥκει ὑμῖν παρεργασόμενος tento : ὡς πάλιν η [Jensen, Kenyon (ὡς nimis incertum Jouguet) σπ.. ἐργασόμενος Jensen (vestigia litteræ σ in margine sunt, et forte pro maculis habenda, Jouguet). Alii aliter, ex. gr., ἐκθρέψαι οὐκ ἀξιῶν, ἐξέδωκεν Ἄργοσδε, πάλιν ἥκων τὴν ἐργασίαν ἐργασόμενος Vogt || 30 1 In initio sententiæ οὐ addendum esse existimo || ταῦτα Kenyon : forte ταὐτὰ || γὰρ ὑμᾶς ego : γὰρ ὑμ-[Kenyon, Jouguet γὰρ ὑμῖ[ν] Jensen || 1-2 De metœcis agi puto : Τὰ πολλὰ γὰρ ὑμῖν εἰώθασιν οἱ χρήσιμοι αὐτοῖς αὐτοὶ πολεμεῖν ἐν τῇ Weil τάχιστα γὰρ ὑμῖν ἀπορήσασιν οἱ χρησιμώτατοι οὗτοι πολῖται Diels || 3 ἐν τοῖς κινδύνοις Revillout || 4 ἐν Πλαταιαῖς Revillout || Post 7 desunt omnino versus fere sex || Sub fine, initium ultimæ sententiæ excogitare tento || Col. XV, 2 ταις ιδιαις προς P : ταῖς ἰδίαις ⟨ταῖς⟩ πρ- Kenyon || 31 3 Μνησιαν τον Αργειον P : Μνησίᾳ τῷ Ἀργείῳ corr. Diels (sed accusativi post ὑποπίπτειν exempla exstant) || 4 ἄρχων Revillout.

juges, à ces bannis vous avez offert un refuge ; vous les avez adoptés comme vos concitoyens ; vous leur avez donné part à tous vos privilèges, en souvenir des bons offices qu'ils vous avaient rendus en face du barbare, il y a plus de cent cinquante ans, et dans l'idée que les hommes qui, dans vos périls, s'étaient montrés serviables envers vous, [*avaient le droit*], dans leur infortune, d'attendre de vous [*leur salut*]. Mais cet être infâme, qui vous a abandonnés pour aller se faire inscrire sur les registres de Trézène, n'a [*répondu en rien dans sa conduite*] ni à son nouveau droit de cité [*ni à la générosité*] du peuple qui le lui conférait ; au contraire, il a traité si cruellement les gens qui l'avaient [*accueilli*] qu'au bout [1] [*de peu de temps il était mis en accusation*] dans [*leur*] assemblée, [*et que*], là-dessus, [*sentant tout le monde révolté de son*
XVI *attitude, et*] redoutant [*de la part des Trézéniens un châtiment terrible,*] il a eu recours [*une seconde fois*] à la fuite [2].

33 Pour confirmer la vérité de tous mes dires, le greffier va vous lire d'abord la loi qui défend aux métèques d'émigrer en temps de guerre, ensuite le témoignage des Trézéniens, enfin leur décret voté [*jadis en faveur de votre ville*] [3],

adversaires, qu'il expulse, sont des démocrates ; et, comme tels, ils vont naturellement chercher refuge à Athènes. Dans la mesure de ses moyens, Athénogène semble avoir joué un rôle aussi déplaisant qu'Archias de Thourioi, le φυγαδοθήρας, dont parle Plutarque (*Dém.*, 28).

1. La dernière ligne de la col. XV manque complètement, et les deux précédentes sont fort mutilées ; le sens pourtant paraît assez sûr.

2. C'est ainsi qu'il est revenu à Athènes ; cf. § 29 *fin*.

3. Si éloigné que ce document nous paraisse du procès actuel, il est difficile, je crois, de n'y pas voir le décret rendu par les Trézéniens en 480. Nous le connaissons surtout par Plutarque (*Thémist.*, 10). Au moment où les Athéniens, à l'instigation de Thémistocle, décident, avant Salamine, d'abandonner leur ville, la plupart d'entre eux envoient leurs enfants et leurs femmes à Trézène, où ils sont très bien reçus. En effet, les Trézéniens décident de fournir à chaque réfugié un subside de deux oboles par jour, de permettre aux enfants de ramasser dans la campagne tous les fruits qu'ils voudront, et même de leur assurer des maîtres pour leur instruction. Le décret avait été proposé par un certain Nicagoras, dont le nom avait alors été interprété comme un présage de victoire.

ὑμετέρων ἀγαθῶν πάντων μετέδοτε. ἀπομνημονεύσαντες
τὴν εὐεργεσίαν τὴν πρὸς τὸν βάρβαρον δι' ἐτῶν πλειόνων
[ἢ πε]ντήκοντα καὶ ἑκατόν, καὶ οἰόμενοι [δεῖν] τοὺς ἐν
τοῖς κινδύνοις ὑμῖν χρησίμους [γεν]ομένους, τούτους ἀτυ-
χοῦντ[ας π]ερι[σωθῆναι] ὑφ' ὑμῶν. Οὗτος δὲ ὁ μιαρός, [ὁ]
ἀφεὶς [ὑμᾶς κἀ]κεῖ ἐγγραφείς, οὔτε τῆς πολιτεί[ας οὔτε
τοῦ ἤθο]υς τῆς πόλεως οὐδὲν ἐπετή[δευσεν ἄξι]ον, ἀλ[λ'
οὕτ]ως ὠμῶς τοῖς ὑπο[δεξαμένοις α]ὐτὸν [ἐχρ]ήσατο,
ὥστε [μ]ετὰ [βραχὺ κατηγορεῖ]το ἐν τῇ ἐκκλησίᾳ [αὐτῶν,
καὶ. . . . .] κατὰ τοῦτ[ο. . . . . . .
καὶ τιμωρίαν παρὰ τῶν Τροιζηνίων φοβε]|ρὰν δεδ[ιώς, αὖ XVI
πάλ]ιν κατέφ[υγ]εν.

33 Καὶ ταῦτα ὅτι ἀληθῆ λέ[γω, ἀνα]γνώσεται ὑμῖν
πρῶτον μὲν τὸν νόμον [ὃς] οὐκ ἐᾷ τοὺς μετοίκους ἐξοι-
[κεῖ]ν ἐ[ν τῷ π]ολέμῳ, ἔπειτα τὴν Τροιζη[νίων] μαρτυρίαν,
πρὸς δὲ τούτοις τὸ τῶν [Τροιζηνίω]ν ψήφισμα ὃ ἐψηφί-

32 4-5 πλειόνων ἢ πεντήκοντα Blass, Kenyon, Jensen : omittunt ἢ Revillout, Weil (sed spatium flagitat aliquid) || 5 δεῖν Revillout || 7 περισωθῆναι Jensen, in *add.* : χαρισθῆναι Revillout κουφισθῆναι Weil (dubitanter) ξενισθῆναι Reinach περιποιηθῆναι Jensen antea || 7-8 ὁ ἀφεὶς Revillout : ὁ δὴ ἀ- Weil (contra spatium) || 8-9 οὔτε τοῦ ἤθους Jensen : οὔτε τοῦ πλήθους Weil οὔτε ἄντικρυς τῆς Diels οὔτε τῆς εὐνου⟨στά⟩της Blass || 9 οὐδὲν ἐπετήδευσεν ἄξιον Jensen (e vestigiis quæ legit, confirmante Jouguet) : οὐδένα πεφύλαχε νόμον Diels οὐδὲν πεφρόντικε πλέον Weil οὐδὲν ἀπεδείξατο ἄξιον Blass οὐδέν' ἔτι ἐποιεῖτο λόγον Kenyon || 10 ὑποδεξαμένοις αὐτόν Blass || 11 μετὰ βραχὺ κατηγορεῖτο tento || 12-13 Columnæ XV versus ultimus deest. Sententiæ hunc finem fingit Revillout : τὴν ὑμετέραν δεδιὼς τιμωρίαν ἀπέστησεν ; sed Trœzenæ tunc, non Athenis, Athenogenem metuere credo ne pœnas det ; ceterumque Jensen legit κατέφυγεν. Inde, καὶ τιμωρίαν παρὰ τῶν Τροιζηνίων φοβερὰν δεδιώς, αὖ πάλιν κατέφυγεν tento || **33** 1 ταῦτα ὅτι ἀληθῆ λέγω Weil : ταῦτα διετίθη ἀεί Revillout (contra litterarum vestigia ; οτι supra versum additum est in P) || 2 νόμον ὅς Blass : ὅσπερ Revillout (fragmentulum huc falso relatum esse suspicabatur Blass, confirmat Jensen ; columna e duobus partibus constat, quæ paulo nimium nunc distractæ sunt) || 4 Τροιζηνίων ψήφισμα Blass : Τροιζηνίων αὐτῶν ψ- Revillout (longius) αὐτῶν ἐκείνων ψ- Kenyon (sed verbi Τροιζηνίων aliquot litteras dispicit Jensen).

et qui vous a décidés à les [*accueillir*] et à leur donner droit de cité chez vous. Lis[1].

[Loi.] Témoignage. [Décret.]

34 Prends-[*moi encore la déposition*] de son beau-père lui-même[2]. [*Athénogène, dit-il, est entré en possession de deux*] héritages, les biens laissés par son père [*et ceux qui lui sont venus de son*] frère; l'un après l'autre, [*comme il les recevait, il est allé les dépenser entièrement*] auprès [*de sa maîtresse*] Antigona. [*Vous ne manquerez pas de*] témoins [*pour vous confirmer ses prodigalités: il a follement dissipé un patrimoine qu'il avait le devoir de conserver pour sa famille. Bref, d'un bout à l'autre de sa vie vous ne trouverez rien que de répréhensible ; il est juste que vous vous en souveniez pour apprécier, en particulier, sa conduite dans l'affaire présente.*

35 *En tout cas, vous en avez assez entendu, je pense, sur*
XVII *ses*] façons d'agir : vous avez vu à la fois quel genre[3] [*de machinations*] Athénogène [*a imaginé*] contre moi, et comment [*il s'est comporté*] vis-à-vis de vous. Eh bien, l'homme qui, dans sa vie privée, est un fripon, qui a désespéré du salut [*de votre cité,*] qui a déserté [*de chez vous,*] et qui a bouleversé complètement la vie des gens chez qui [*il avait émigré,*] vous le tenez [*aujourd'hui*], et vous ne le châtierez pas ! **36** [*Dans de telles conditions,*] juges, je vous demande [*et je vous con-*

1. Pendant la lecture de ces pièces, on arrête la clepsydre qui délimite le temps accordé à chaque partie ; cf. Arist., Ἀθ. πολ., 67, 3.

2. A partir d'ici, le bas de la col. XVI comprend encore cinq lignes fort mutilées, plus dix ou onze autres entièrement perdues. Pour les premières, je traduis le complément proposé par Blass.

3. De la col. XVII, il ne subsiste pas une ligne intacte ; toutefois, des seize premières nous avons des débris suffisants pour y retrouver le mouvement des phrases avec une certaine précision ; pour la suite, nous en sommes réduits à une reconstitution hypothétique. — Cette colonne paraît avoir été la dernière du discours, et, bien que le nombre des lignes perdues à la fin reste indéterminé, je croirais volontiers qu'elle ne s'étendait pas jusqu'au bas de la page.

σαντ[ο τῇ πόλει τῇ ὑμ]ετέρᾳ, δι' ὃ ὑμεῖς αὐτοὺς [ὑπεδέ-
ξασθε] καὶ πολίτας ἐποιήσασθε. 'Ανά[γνωθι.]

[ΝΟΜΟΣ.] ΜΑΡΤΥΡΙΑ. [ΨΗΦΙΣΜΑ.]

34 Λα[βὲ δέ μοι καὶ τὴ]ν τοῦ κηδ[εστ]οῦ αὐτοῦ μα[ρτυ-
ρίαν, ὃς δύο] μὲν οὐσία[ς φησ]ὶ λα[βεῖν,] πα[τρῷά τε κα]ταλει-
φθέν[τα καὶ παρὰ τοῦ] ἀδ[ελφοῦ, ταῦτα δὲ ἐ]ξῆς πά[νθ']ὡ[ς
προσ]ελ[άμβανεν] πρ[ὸς τὴν ἑταίρα]ν 'Αντιγόν[αν ἀναλῶ-
σαι. . . . .]ε[. . . . . .] μαρτ[υρ. . . . . .

35 'Ακηκόατε μὲν οὖν ἱκανῶς, ὡς οἴομαι, τὰ ὑπ' αὐτοῦ
πρα]|χθέντα, καὶ ὃν τρόπον ἐ[πιβεβούλευκέ] μοι 'Αθηνο- XVII
γένης, καὶ ὡς ὑμῖν π[ροσενήνεκ]ται. Τὸν δὴ καὶ ἰδίᾳ πονη-
ρόν, [καὶ τῆς πόλε]ως τὴν σωτηρίαν ἀπελπίσαν[τα, καὶ ὑμᾶς]

33 5 τῇ πόλει τῇ ὑμετέρᾳ Diels || 5-6 ὑπεδέξασθε Revillout || **34** 1-4 Transcribo, paucissimis mutatis, quæ Blass restituere conatus est, verbis forte interdum aberrans, sed sententiam, ut opinor, recte interpretatus : μαρτυρίαν, ὡς, τὴν μὲν οὐσίαν πέρυσι λαβὼν παρὰ τοῦ πατρὸς καὶ τὰ λειφθέντα ὑπὸ τῶν αὐτοῦ ἀδελφῶν, ταῦτα ἐφεξῆς... ἀνήλωσεν Diels || 1 Λαβέ μοι νῦν Kenyon || 2 ΙΛΑΤ Jensen, ΙΛΑ Jouguet, nullum litteræ Τ vestigium dispiciens || 4 προσ]ελ[άμβανεν ego : ΕΑ Jensen; antea, vestigium litteræ rotundæ discernere se credit Jouguet || 5 Litteræ ΜΑΡΤ, cum a versu superiore non majore intervallo disjungantur, ad orationem ipsam pertinent, non testimonium legendum significant, ut supra || Subinde desunt versus fere decem || **35** 1 Incipit verus epilogus : 'Ακηκόατε μὲν οὖν, ὦ ἄνδρες δικασταί, τὰ ὑπὸ τούτων πραχθέντα Kenyon || Columnæ XVII, non unus versus superest integer ; sedecim tamen primos summatim restituere licet || 2 ἐπιβεβούλευκε Weil, Blass : ἐπεβεβουλεύκει Revillout ἐπεβούλευσεν Kenyon || 3 ὡς ὑμῖν προσενήνεκται Sudhaus, Jensen : ὡς ὑμῖν προδότης ἑώραται Revillout ὡ-ὑ-π- εἴληπται Fuhr ὡ-ὑ-π- εὕρηται Weil, Diels, Kenyon || 4 καὶ τῆς πόλεως Diels || καὶ ὑμᾶς Revillout, Blass : καὶ τὴν χώραν Weil τὸ κοινὸν Kenyon (utrumque nimium pro spatio notat Jensen).

jure de ne pas m'abandonner], en considérant [*qu'il convient*], dans ce procès, de prendre en pitié [*l'homme qui a été trompé du tout au tout,*] non celui qui [*a trompé. Car lui,*] s'il est condamné, [*s'en tirera*] sans aucun dommage [*sérieux,* et,] même alors, [*sans que son châtiment soit*] en proportion [*de ses torts ; mais, moi,*] s'il échappe à mon [*accusation,*] je serai perdu, puisque je serais incapable [*d'acquitter*] même une petite [*part de ces dettes, et que, bien plus, le risque encouru par moi va*] jusqu'à [*la privation de mes droits civiques* [1]. *Vraiment,*] juges, [*en vous rappelant les procédés dont j'ai été victime*] de la part de mes adversaires, [*vous ne voudrez pas leur donner gain de cause, et permettre à des étrangers sans scrupules de réduire à un pareil sort un de vos concitoyens.*]

1. Hypéride semble rappeler ici un argument déjà présenté aux §§ 27-28. Un développement analogue se lit d'ailleurs chez Démosthène, vers la fin du *1er discours Contre Aphobos*, §§ 67 sqq.

ἐγκαταλιπόντα, καὶ παρ' οὓς ἐξ[ῴκησεν ἐξ]αναστάτους ποιήσαντα, [τοῦτον ὑμεῖς νῦν] εἰληφότες οὐ κολάσετε ; 36
Κ[αθ' ἃ ἐγώ, ὦ ἄνδρες δι]κασταί, δέομαι ὑμῶν [καὶ ἀντιβολῶ μὴ προέσθαι] με, ἐκεῖνο σκεψαμέ[νους ὅτι προσήκει ἐν τα]ύτῃ τῇ δίκῃ τ[ὸν φενακισθέντα παντάπα]σιν ἐλεεῖν, οὐ τὸν φ[ενακίσαντα· ἐπεὶ ὁ μέν, ἐὰ]ν ἁλῷ, οὐδὲν πάσχω[ν ἀπαλλάξει ἄξιον, οὐ]δὲ τότ' [ἀν]τίπαλ[α τοῖς ἀδικήμασιν, ἐγὼ] δ', ἂν ἀπ[οφ]ύγῃ μο[υ τὴν κατηγορίαν, ἀπολο]ῦμαι. Οὐ γὰρ ἂν δ[υναίμην τούτων τῶν χρεῶ]ν οὐδὲ [π]ολλοστ[ὸν μέρος ἐκτεῖσαι. . . . . .] αι ἄχρ[ι. . . . . . ., ὦ] ἄνδρ[ες δικ]αστ[αί, ...]υς ἐξ α[ὐτ]ῶν[.] π[.

. . . .

35 5 ἐξῴκησεν ἀναστάτους **Jensen** : ἐξῴκει τούτους ἀν- **Revillout** ἐξῴκησεν πολλοὺς ἀν- **Kenyon** ; **forte** ἐξῴκησεν ἐξαναστάτους || 6 τοῦτον ὑμεῖς νῦν εἰληφότες **Blass** : τὸν τοιοῦτον πῶς εἰλ- **Revillout** τοῦτον κρινόμενον εἰλ- **Weil** τοῦτον ὑποχείριον εἰλ- **Kenyon** τοῦτον ὑμεῖς συνειλ- **Sudhaus, Jensen** || **36** 2 Καθ' ἃ ἐγώ **tento** : καὶ ἐγώ **Blass** κἄγωγε **Kenyon** || δέομαι ὑμῶν καὶ ἀντιβολῶ **Blass** || 3 μὴ προέσθαι με **Vogt** : (ὑμῶν ἐν τῷ παρόντι) μὴ περιιδεῖν ἐμέ **Revillout** ἐλεῆσαί με **Hager, Jensen** || σκεψαμένους ὅτι προσήκει ἐν ταύτῃ τῇ δίκῃ **Blass** : σκεψαμένους τί ἑκάτερος ἐν τ. τ. δ. πείσεται **Diels** || 4-5 τὸν φενακισθέντα παντάπασιν ἐλεεῖν, οὐ τὸν φενακίσαντα· ἐπεὶ ὁ μὲν **ego** : ὑμᾶς τὸν ἐπιβεβουλευμένον ἐλεεῖν, οὐ τὸν ἐπιβεβουλευκότα, ὅς, ἐὰν ἁλῷ **Blass, quod cum vestigiis non satis convenire notat Jensen. Ille, in v. 4, post** οὐ τὸν **legit** Φ ; Φ **dubium, forte** Ψ **Jouguet ; inde aut** φενακισθέντα **et** φενακίσαντα, **aut** ψευσθέντα **et** ψεύσαντα **cogitaveris** || 5-6 οὐδὲν πάσχων ἀπαλλάξει ἄξιον, οὐδὲ τότ' ἀντίπαλα τοῖς ἀδικήμασιν **tento** (οὐδὲν πάσχειν μέλλει **Blass ; sed Kenyon legit** πασχων **in P**) οὐδὲν πάσχων ἀπαλλάξεται **Diels** || 7 ἐγὼ δ', ἂν ἀποφύγῃ μου τὴν κατηγορίαν, ἀπολοῦμαι **Diels** || 7-9 οὐ γὰρ ἂν δυναίμην τούτων τῶν χρεῶν οὐδὲ πολλοστὸν μέρος ἐκτεῖσαι **Blass** || **Columna haec ultima orationis fuisse videtur ; pars inferior complecti potuit versus alios septem aut octo, sed eam credam libentius ante finem paginae desiisse.**

V

CONTRE DÉMOSTHÈNE,

SUR L'ARGENT D'HARPALE.

(début de 323)

NOTICE

Avec ce discours, nous abordons maintenant un sujet beaucoup plus grave ; car il s'agit d'un procès politique pour corruption, et l'accusé est Démosthène, à qui Hypéride reproche d'avoir malhonnêtement prélevé à son profit une portion de l'argent apporté en Grèce par Harpale.

Le plaidoyer d'Hypéride nous est parvenu dans un regrettable état de mutilation ; d'autre part, nous ne possédons rien de la défense de Démosthène ; et l'ensemble de l'affaire, malgré le grand nombre de travaux qui lui ont été consacrés, garde, et sans doute gardera toujours, une certaine obscurité. Je lui avais, après beaucoup d'autres, consacré, il y a déjà quelque temps, une étude assez développée (*Démosthène et l'affaire d'Harpale*, dans *Rev. des Ét. grecques*, XXXVIII, 1925, p. 306-349, et XXXIX, 1926, p. 31-89), et j'en ai résumé l'essentiel en tête d'une première édition de ce discours (*Le discours d'Hypéride contre Démosthène sur l'argent d'Harpale*, dans *Annales de l'Est, Mémoires*, n° 4, 1934). Il serait bien long, et, je pense, assez inutile de reprendre une troisième fois cet exposé. Je me bornerai ici à revenir sur les points qui, à ma connaissance, soit pour le fond même des événements, soit pour l'interprétation de tel ou tel passage, ont soulevé des controverses. Comme on le verra, plus d'une fois je crois devoir corriger ce que j'avais dit tout d'abord ; mais, d'autres fois aussi, je ne me sens pas convaincu par les arguments qui me sont opposés [1].

1. Je répondrai ainsi aux observations de P. Treves qui, dans un article paru à la suite de mon édition de ce discours (*Chronologie de l'affaire d'Harpale*, dans *Rev. des Ét. Anciennes*, XXXVI, 1934, p. 513-520), me fait grief de n'avoir pas mis à profit les travaux postérieurs à ma première étude. Je reconnais mon tort, et je veux essayer de le réparer. Toutefois, dans les circonstances actuelles, mainte publication m'est inaccessible ; et, parmi celles que P. Treves

Je commence par un petit problème qui a son importance en lui-même, mais ne touche que de fort loin à notre procès. Dans la col. XXVIII, l. 14-24, Hypéride, mettant en parallèle, d'une part, la sévérité des orateurs qui requièrent des peines excessives contre de pauvres diables pour des délits insignifiants, et, d'autre part, l'indulgence du peuple envers ses hommes politiques, même s'ils l'ont mené à de graves défaites, prend comme exemple du second cas la confiance témoignée à Lycurgue après Chéronée. Malgré la mutilation de ce passage, j'avais cru pouvoir en tirer quelques indications utiles (*Note sur l'administration financière de l'orateur Lycurgue*, dans *Rev. des Ét. anciennes*, XXX, 1928, p. 189-200). Sans avoir été à même de lire toutes les publications auxquelles renvoie P. Treves (p. 513, n. 2), j'accepte de modifier *en partie* les conclusions où je m'étais arrêté d'abord.

Pour le titre même donné à Lycurgue, d'après la façon dont Hypéride le présente, ἐπὶ τὴν διοίκησιν τῶν αὑτοῦ ἅπασαν ταμίαν ἐχειροτόνησεν (ὁ δῆμος), il ne me semble pas douteux que le mot essentiel ait été ταμίας. Lycurgue est un *trésorier*, comme l'étaient auparavant le trésorier des fonds militaires (ταμίας τῶν στρατιωτικῶν) ou ceux de la caisse des spectacles (οἱ ἐπὶ τὸ θεωρικόν). Ces hommes étaient déjà des personnages importants (cf., p. ex., Esch., *Ambass.*, 149 ; *C. Ctés.*, 25) ; mais Lycurgue a des attributions plus étendues encore. Il est un véritable ministre des finances, contrôlant l'ensemble des revenus et des dépenses de l'État, sans compter que, pour lui comme pour notre Colbert, à qui je le comparais, sa charge principale a dû se cumuler avec d'autres fonctions qui en augmentaient la portée. Son titre complet était peut-être ταμίας ἐπὶ τὴν διοίκησιν (διοίκησις devant s'interpréter par διοίκησις τῶν χρημάτων), *trésorier ayant la direction générale des finances* ; mais la formule d'Hypéride, *trésorier préposé à toute l'administration des affaires publiques*, est un

tient à signaler, il en est qui, à mon avis, n'ont d'autre intérêt que de grossir sa bibliographie. Par exemple (p. 514, n. 2), il renvoie à Andreadès, *BCH.*, LIII, 1929, p. 1 sqq. ; vérification faite, il est traité là de deux trésoriers d'Alexandre, Antimène de Rhodes et Cléomène de Naucratis ; Harpale n'intervient que de façon tout incidente, en manière d'introduction ; et l'auteur visiblement ne prétend rien apporter de nouveau sur son compte.

commentaire personnel et inexact d'avocat, visant à renforcer de son mieux sa thèse du moment[1].

Une question plus délicate est celle de la date initiale de cette charge. A la l. 16, Jensen avait lu : [τοῦ δ]ὲ ἐπιόν-[τος . . . .] ; et, bien que le papyrus, à cet endroit, soit assez effacé, cette lecture a été jugée parfaitement acceptable par MM. Bell et Milne qui, à ma demande, l'ont tout exprès vérifiée sur deux photographies de l'original. Jensen songeait alors à [τοῦ δ]ὲ ἐπιόν[τος ἔτους], et j'avais adopté son supplément : Lycurgue aurait été ainsi mis à la tête des finances d'Athènes l'année qui suivit Chéronée, c'est-à-dire au mois Hécatombaion (Juillet) 337. A cela on objecte que, Lycurgue ayant occupé ce poste, soit sous son nom personnel soit sous le couvert d'un homme de paille, pendant trois pentétérides successives, et ayant été, en 326, remplacé par Ménésaichmos, il a dû, à moins de supposer sa première pentétéride incomplète, entrer en fonctions en 338, non en 337. Cette solution a l'avantage, bien que la règle ne soit pas absolue, de le faire débuter dans une année de Grandes Panathénées (Ol. 110, 3). J'abandonne donc la restitution : [τοῦ] ἐπιόν-[τος ἔτους.] Y substituer [τοῦ] ἐπιόν[τος χρόνου] serait bien vague ; je proposerais maintenant [τοῦ] ἐπιόν[τος μηνός] : la bataille de Chéronée ayant eu lieu le 7 Métageitnion (2e mois de l'année attique : 2 Août ou 1er Sept. 338), Lycurgue aurait été nommé dans le courant du 3e mois, Boédromion (Septembre), avec trois mois de retard sur la date normale. Dans des circonstances aussi graves, une dérogation aux usages traditionnels est assez compréhensible. Mais, ce que je me refuse à croire, c'est que sa nomination soit antérieure à la bataille de Chéronée : qu'on la place au 1er Hécatombaion, début de l'année civile, ou au 28 du même mois, date

1. Dans le décret de Stratoclès conférant à Lycurgue des honneurs posthumes (*X Orat.*, p. 852 b), Lycurgue est désigné comme γενόμενος τῆς κοινῆς προσόδου ταμίας τῇ πόλει ; et Hypéride lui-même, dans son *disc. Pour les enfants de Lycurgue* (fr. 118), use d'une expression moins large qu'ici, ταχθεὶς ἐπὶ τῇ διοικήσει τῶν χρημάτων. En tout cas, il s'agit d'une magistrature extraordinaire ; car Aristote, dans son Ἀθ. πολ., ne la mentionne ni au ch. XLIII, 1, parmi les fonctions électives, ni au ch. LXII, 3, parmi celles où on peut être nommé plusieurs fois.

des Panathénées, de toute façon on se heurte au témoignage d'Hypéride, qui, manifestement, la présente comme postérieure au désastre athénien (ἐν τῷ μετὰ ταῦτα χρόνῳ, τοῦ δὲ ἐπιόντος. . . .), et comme constituant une marque de reconnaissance pour des services éminents rendus alors, probablement l'obtention de prêts volontaires à l'État (ὑπολαμβάνων χάριν αὐτῷ παρ' ἡμῶν ὀφείλεσθαι, ὅπερ δίκαιον ἦν)[1].

Une autre lacune, non moins fâcheuse, se trouve au bas de la col. XVIII. Elle nous intéresse plus directement ; car elle a trait à la mission de Nicanor aux Jeux Olympiques de 324. Là aussi, j'avais espéré saisir l'indication d'un fait nouveau ; mais mon interprétation du passage a provoqué de la part d'A. Aymard (*Un ordre d'Alexandre,* dans *Rev. des Ét. anciennes,* XXXIX, 1937, p. 5-28) des remarques importantes dont, sur deux points du moins, j'estime nécessaire de tenir compte. 1° Il m'avait semblé voir, dans la communication apportée par Nicanor, deux ordres d'Alexandre : l'un, certain, sur le rappel des bannis, et un autre, dont les premiers mots seuls sont conservés, mais que je me représentais comme visant la dissolution des assemblées fédérales des Achéens, des Arcadiens et des Béotiens. C'eût été un moyen de réduire à l'impuissance ces trois κοινά, et sans doute aussi l'ensemble des κοινά de la Grèce continentale. J'estimais une semblable mesure assez conforme aux tendances qu'Alexandre manifeste alors vers un absolutisme sans contrôle, peu soucieux de ménager les traditions, ni même les droits légitimes du synédrion de Corinthe et de ses membres. Mais Aymard a montré qu'en réalité les κοινά spécialement désignés ici subsistent après 324 ; il a dû en être de même pour tous les autres. — 2° Dans notre papyrus la mention des Béotiens est loin d'être assurée ; car, si Kenyon transcrit, sans aucun crochet, 'Αχαιῶν τε καὶ 'Αρκάδων καὶ Βοιωτῶν, Blass donne [καὶ Β]οιωτῶ[ν], et Jensen se borne à [καὶ Β]οι[ω]τῶ[ν]. En somme, le mot Βοιωτῶν est seulement une restitution conjecturale ; et, de plus, à la réflexion, celle-ci ne va pas sans soulever de sérieuses difficultés historiques.

Jusque-là nous sommes sur un terrain solide, et je

1. Sur toutes ces questions, cf., dans le *Lycurgue* de la Collection G. Budé (1932), la *Préface* de Durrbach, p. xx sqq.

reconnais le bien-fondé des observations d'Aymard. Je me sens moins disposé à le suivre quand il essaie à son tour de se représenter le contenu de notre lacune. D'abord, pour la contexture générale du morceau, je m'en tiens à ma première impression : après une incise assez longue, Hypéride concluait à la possibilité d'une révolte générale contre Alexandre, où la Grèce aurait même eu l'appui des satrapes de l'Asie Mineure. La suite du développement (τοὺς μὲν Ἕλληνας, . . . τοὺς δὲ σατράπας) me paraît exiger que ces deux termes aient déjà été indiqués dès le bas de la col. XVIII ; et nous n'avons plus ensuite que l'espace indispensable pour nous relier à la col. XIX, à peu près sous cette forme : « l'occasion était superbe ; mais, comme toujours, nous l'avons perdue par ta faute ».

Cela posé, il est clair que la première ligne de notre lacune en est aussi la plus importante : là était spécifié l'ordre concernant les assemblées de certains peuples, en particulier des Achéens et des Arcadiens. Aymard, à titre d'hypothèse, y introduirait volontiers, dit-il, la question des honneurs divins, qui aurait été posée par Nicanor avec celle du rappel des bannis. A mon avis, les honneurs divins avaient déjà été réclamés plus tôt par Alexandre, apparemment dès son retour à Suse, au printemps de 324. En effet, on connaît assez l'opposition indignée de Lycurgue à leur sujet : « Quelle sorte de dieu sera-ce donc, s'il faut se purifier en sortant de son sanctuaire ? » Lycurgue a dû mourir d'assez bonne heure au cours de l'année 324, puisque, à notre connaissance, personne ne lui prête aucun rôle dans le procès de Démosthène. S'il avait vécu jusque-là, il n'aurait sans doute pas manqué de s'entremettre entre Démosthène et Hypéride, tous deux ses amis ; et, que son intervention eût réussi ou non, il en serait bien demeuré quelque souvenir [1]. Quant à Démosthène, sa première réaction avait été de même un mouvement de protestation : « de tels honneurs, disait-il, sont réservés par la loi aux seules divinités nationales ». Mais, plus tard, après des hésitations, qu'Hypéride naturelle-

1. Au reste, l'auteur des *Vies des X Orat.* (*Hyp.*, p. 848 f, § 8) spécifie bien qu'Hypéride a engagé son action contre Démosthène seulement après la mort de deux de leurs amis communs, Nausiclès et Lycurgue.

ment interprète de façon malveillante (col. XXXI), il en vint à penser, avec Démade, qu'il était peut-être sage de ne pas perdre la terre dans le désir de garder le ciel ; et finalement il soutint devant le peuple qu'on pouvait accorder à Alexandre « d'être fils de Zeus ou de Poseidon, s'il en avait envie ». Il avait, j'imagine, décidé l'Assemblée à rendre un vote dans ce sens avant le mois de Septembre ; car, sans cela, quelle monnaie d'échange eût-il eu à offrir à Nicanor pour négocier avec lui à Olympie, et pour en obtenir au moins un sursis à l'exécution du décret concernant la réintégration des bannis et, par suite, le sort des clérouques de Samos ?

Dès lors, dans cette lacune malencontreuse de notre col. XVIII, je me demande maintenant si la mention des Achéens et des Arcadiens, au lieu d'être la trace d'un deuxième ordre apporté par Nicanor, n'appartiendrait pas simplement à une sorte de complément ajouté au premier. Diodore (XVIII, 8), en présentant celui-ci sous la forme d'une lettre royale, le termine ainsi : « Nous avons écrit à Antipater que, si des villes refusent de laisser rentrer leurs bannis, il les y contraigne par la force. » Hypéride ne ferait-il pas ici, en des termes différents, allusion à la même menace ? L'édit lu par Nicanor à Olympie aurait énoncé d'abord la décision prise en haut lieu d'assurer partout le retour des bannis dans leurs foyers, et il aurait ajouté ensuite que le roi entendait n'admettre aucune résistance à sa volonté : défense était faite par avance aux ligues, quelles qu'elles fussent, de soulever sur ce sujet des discussions dans leurs assemblées. En somme nous aurions là, si l'on veut, un communiqué en deux articles, mais ne formant, à vrai dire, qu'un seul ordre [1].

En admettant cette explication, quelques points de détail restent encore à préciser. Dans les σύλλογοι dont parle Hypéride, surtout avec l'épithète κοινοί, il me paraît difficile de voir, d'une façon vague, des réunions populaires quelconques ; sous ce nom, j'entends plutôt les assemblées fédérales, organes supérieurs des κοινά, ayant seules qualité pour voter

1. On objectera peut-être qu'Hypéride dit τῶν ἐπιταγμάτων παρ' Ἀλεξάνδρου, au pluriel. Mais nous lisons de même chez lui (col. I) οἱ νόμοι, τὰ ψηφίσματα, là où il ne s'agit certainement que d'*une* loi et d'*un* décret ; il n'y aurait ici de même, en réalité, qu'*un* rescrit.

des décrets et prendre des décisions qui engagent toute leur nation. — Si les Achéens et les Arcadiens sont spécialement désignés, c'est sans doute parce que ces deux peuples, à de rares exceptions près, ont appuyé la révolte d'Agis ; Alexandre n'en a pas perdu le souvenir, et il les prend comme types des Grecs turbulents, dont il ne tolèrera plus les velléités d'indépendance. — Mais alors, on a lieu d'être surpris de trouver, à côté d'eux, la mention des Béotiens, qui, bénéficiaires de l'abaissement de Thèbes, en 335, n'ont aucune raison, au contraire, de faire preuve d'hostilité envers la Macédoine. On comprendrait qu'il fût question, à leur place, des Étoliens ou des Athéniens, qui vont être le plus lésés par l'édit sur les bannis ; mais ni Αἰτωλῶν ni Ἀθη-ναίων ne s'accommodent des traces de lettres discernées sur le papyrus. Aymard observe que ces lettres n'appartiennent pas forcément à un nom propre, mais peuvent provenir du verbe nécessité par la tournure περὶ τοῦ. Je croirais de préférence à un troisième génitif pluriel faisant suite à Ἀχαιῶν et à Ἀρκάδων ; faute de mieux, à [Β]οι[ω]τῶ[ν], je propose de substituer [τ]οι[ού]τω[ν] : « Défense est faite aux assemblées générales des Achéens, des Arcadiens, et autres peuples également suspects d'allures indépendantes, de s'insurger contre les décisions prises par Alexandre. »

Ainsi entendu, le début de notre lacune ne nous révèle plus, à proprement parler, de fait nouveau, comme je l'avais espéré d'abord. Mais il n'en marque pas moins une atteinte formelle aux libertés reconnues jadis à la Ligue de Corinthe ; et, comme tel, il avait de quoi provoquer une vive émotion, selon l'expression d'Hypéride, « dans le Péloponnèse et dans le reste de la Grèce ».

J'arrive au fond même du débat : comment Démosthène a-t-il eu en mains vingt talents de l'argent d'Harpale ? et, pour ce fait, a-t-il mérité, oui ou non, d'être taxé de concussion ? Ici encore, je suis disposé à modifier dans une certaine mesure ma première façon de me représenter les choses ; mais, dussé-je à nouveau être qualifié de « rhéteur », (en bonne compagnie d'ailleurs, puisque ce reproche s'adresse également à Blass et à son *Histoire de l'éloquence attique*), je ne saurais accorder à P. Treves (p. 514) que la question de l'honnêteté de Démosthène soit « presque entièrement dépourvue de réel intérêt ». Sans doute, il importe de ne pas négliger le cadre historique du procès, l'atmosphère dans laquelle il s'est engagé et où il s'est dénoué. Je ne crois pas être tombé dans ce défaut. Non seulement je n'ai pas cherché à dissimuler les fautes ou les imprudences de Démosthène (silence sur la disparition d'une partie importante de l'argent d'Harpale ; silence ensuite sur l'incurie ou la corruption des gardiens préposés à la garde du trésorier ; acceptation anticipée, sans aucune réserve et quelque peu théâtrale, des résultats de l'enquête de l'Aréopage) ; mais, de plus, j'ai insisté sur le côté politique de l'affaire, sur cette étrange collusion des extrémistes du parti national avec les éléments pro-macédoniens ; et j'ai marqué aussi, en présence des réclamations énergiques des représentants de la Macédoine[1], quand des rumeurs inquiétantes circulent à Athènes sur les intentions d'Alexandre, le trouble, assez humain, dont sont saisis nombre de citoyens, à la pensée d'avoir bientôt peut-être à prendre les armes, ou au moins à payer un supplément d'impôts considérable. Tout cela nous explique le verdict rendu par les héliastes ; mais s'en suit-il qu'il s'impose à nous sans appel, et que nous soyons tenus de considérer Démosthène comme tombé, sur la fin de sa vie, par amour du lucre, au rang d'un Démade ou d'un Aristogiton ?

J'en conviens, cette pensée me serait pénible ; j'ai cherché, je cherche encore le moyen d'y échapper. J'avais supposé jadis que Démosthène s'était refusé à rien accepter d'Harpale, mais que, après la fuite du trésorier, il s'était décidé à prendre sur son argent, déposé à l'Acropole, une somme de vingt

1. J'avais parlé d'une demande d'*extradition* introduite soit par Philoxène, l'amiral qui commande en Cilicie (col. VIII), soit par Antipater, le vice-roi de la Macédoine, soit par Olympias, la mère d'Alexandre. On objecte (p. ex., Bikerman, *Notes et discussions,* dans *Rev. de Philologie*, LXIII, 1937, p. 57-61) que le droit des gens grec n'admettait pas l'extradition des réfugiés. Mais dans quelle mesure les Macédoniens étaient-ils disposés, d'une façon générale, à se préoccuper de la lettre du droit grec ? Et surtout, dans le cas présent, peut-on s'étonner de les voir réclamer la livraison d'un haut fonctionnaire coupable d'avoir abandonné son poste, d'avoir emporté avec lui tout ce qui lui restait de l'argent confié à sa garde (après en avoir déjà auparavant dépensé beaucoup en folles prodigalités), et, qui plus est, de vouloir s'en servir pour susciter une révolte contre son roi ?

talents. A la réflexion, je reconnais, comme Grote l'avait déjà remarqué, qu'il ne lui était guère facile de puiser à son gré dans une caisse dont il n'avait pas la gestion. Je me demande donc maintenant s'il n'aurait pas choisi de préférence l'instant où les sept cents talents d'Harpale avaient déjà été fortement entamés par celui-ci, mais où ce qui en subsistait n'était pas encore porté au Parthénon. De toute façon, il a dû y avoir, dans sa conduite, quelque chose d'obscur, et même d'irrégulier au point de vue strictement légal ; mais, qu'il se soit rendu coupable de vénalité, de malhonnêteté, ce qui constituerait la faute contre l'honneur, la preuve, je crois, n'en a jamais été établie contre lui.

Laissons de côté, comme une invention postérieure, l'anecdote de la coupe qu'il aurait fort admirée chez Harpale, et que celui-ci se serait empressé de lui offrir, en la garnissant de vingt talents ; car il n'y est fait aucune allusion au cours des débats. Négligeons de même, en sens inverse, le témoignage de l'intendant d'Harpale, qui, mis à la torture par Philoxène, n'aurait pas cité Démosthène parmi les bénéficiaires des libéralités de son maître : nous le trouvons seulement mentionné assez tard, chez Pausanias. Tenons-nous-en à ce que nous voyons de l'accusation. A aucun moment, ni Dinarque ni Hypéride n'apportent la preuve de la participation de Démosthène aux distributions intéressées d'Harpale ; l'un comme l'autre, ils affectent de se retrancher derrière les déclarations de l'Aréopage. En vain Démosthène réclame-t-il des précisions : « dans quelles circonstances a-t-il reçu cet or ? qui le lui a donné ? et en quel endroit ? » On lui répond par un mot plaisant : « il va sans doute falloir te dire aussi quel usage tu en as fait ; c'est un compte de banque que tu nous demandes ! » (col. III), ou par un argument de vraisemblance : « Harpale, n'est-ce pas ? a tenu à acheter des orateurs de second ordre ? mais toi, dont il connaissait l'influence à Athènes, il t'a négligé ! » (col. XII). Il y a là de quoi produire d'habiles effets d'audience ; ce n'est pas une démonstration.

Passons au jugement : Démosthène est frappé d'une amende de cinquante talents, somme fort considérable sans doute ; mais, puisqu'on lui reprochait de s'être approprié vingt talents, et étant donnée la position prise d'avance par lui-même, normalement, du moment où il était reconnu coupable, on devait aboutir soit à une condamnation à mort, soit à une amende de deux cents talents. J'en avais conclu, sans chercher plus loin, que le jury avait, en quelque sorte, voulu lui accorder le bénéfice des circonstances atténuantes. Une solution plus précise a été proposée depuis par G. Mathieu (*Quelques remarques sur Démosthène, à propos d'études récentes*, dans *Rev. des Ét. anciennes*, XXXIX, 1937, p. 375-380). Il observe qu'une γραφὴ δώρων, comme c'est le cas ici, rentrant dans la catégorie des procès ἀτίμητοι, le jury n'est pas libre d'y fixer la peine à son gré. Peut-être donc les accusateurs, ne se sentant pas bien sûrs d'emporter le verdict de culpabilité, auraient-ils cru prudent, au dernier moment, de modifier leurs conclusions ; ils auraient admis que Démosthène avait suffisamment justifié l'emploi de quinze talents au service de l'État, mais maintenu qu'il en avait conservé cinq pour son usage particulier ; d'où le chiffre de cinquante talents adopté en fin de compte. Ce n'est là, comme le dit G. Mathieu, qu'une hypothèse ; mais elle aurait du moins l'avantage d'expliquer un fait qui, sans cela, demeure obscur ; et, à ce titre, elle mérite d'être retenue.

En somme, dans cette malheureuse affaire, il semble bien qu'il y ait eu, de la part de Démosthène, des contradictions, des réticences, des demi-aveux, dont ses ennemis n'ont pas manqué d'abuser contre lui, et dont il était difficile pour ses juges de ne pas ressentir une impression fâcheuse. Ainsi, il commence par nier avoir rien reçu d'Harpale (col. II) : vérité, si l'on veut, mais avec cette restriction mentale qu'il s'est permis ensuite de prélever, sans en rien dire, vingt talents sur son argent [1]. D'ailleurs, il ne peut pas maintenir longtemps son premier système de défense ; il allègue alors,

1. Je me demande même si le verbe λαμβάνειν, qui revient si souvent dans ce discours, ne recouvre pas, avec son double sens de *recevoir* ou de *prendre*, une véritable équivoque, dont Démosthène et Hypéride auraient joué l'un et l'autre. Démosthène, je le crois, ne ment pas en disant : οὐκ ἔλαβον, à condition d'entendre : « je n'ai touché aucune subvention de la main d'Harpale ; je ne me suis pas mis à sa solde. » Et, quand Hypéride va répétant : ἃ ἔλαβες, ἃ εἴληφας, il nous laisse libres de comprendre : « l'argent dont tu t'es emparé », ou « l'argent que tu as accepté », ou simplement « l'argent que tu détiens ». Ces petites roueries sont-elles invraisemblables de la part d'avocats, et d'avocats grecs ?

ou ses amis allèguent pour lui, que c'était de sa part « un emprunt provisoire, fait, dans l'intérêt du peuple, pour remplir la caisse du théorique [1], ou pour subvenir aux besoins financiers du gouvernement » (col. XIII). L'explication est plus satisfaisante ; toutefois, après examen, on estime que, sur les vingt talents en question, il en a gardé cinq par devers lui. A nos yeux, aujourd'hui, la chose ne laisse pas d'être grave ; elle le paraissait probablement moins autrefois ; car, dans une société où l'État ne payait ni ses ministres ni ses ambassadeurs, c'était presque une nécessité pour les hommes politiques, à moins de leur supposer à tous une grande fortune personnelle, de profiter de leur situation pour se procurer les ressources indispensables à l'exercice de leurs fonctions ; et Hypéride lui-même en convient de façon assez curieuse : « Vous voulez bien, dit-il aux héliastes, laisser vos généraux et vos orateurs s'assurer toutes sortes de profits, pourvu que ce ne soit pas contre vos intérêts » (col. XXV). Ainsi s'explique sans doute, — et aussi se justifie, dans une certaine mesure, — la conduite de Démosthène.

Au reste, les motifs ne lui manquaient pas pour souhaiter d'avoir à sa disposition une réserve de « fonds secrets ». Il a pu, comme je l'ai supposé, en avoir besoin pour assurer le succès de sa mission à Olympie ; surtout, dans l'état de tension où l'on vivait alors, il a dû songer à prendre les mesures les plus urgentes pour mettre, à tout hasard, Athènes en état de défense ; (Bikerman, dans l'article rappelé plus haut, en cite plusieurs adoptées vers ce moment). Hypéride, en signalant chez Démosthène des velléités belliqueuses intermittentes, les subordonne aux fluctuations de l'enquête de l'Aréopage (col XXXI). L'explication est évidemment tendancieuse et malveillante ; il n'est pas difficile d'en

1. Le théorique avait d'abord été institué, vers 410, pour payer aux citoyens pauvres leur entrée au théâtre. Au cours du IVe siècle, sous l'administration d'Eubule, il avait servi à couvrir toute espèce de dépenses (cf. Eschine disant, dans son discours *C. Ctésiphon*, 25, à propos des trésoriers de cette caisse, σχεδὸν τὴν ὅλην διοίκησιν εἶχον τῆς πόλεως). Mais, depuis 339, grâce aux efforts de Démosthène lui-même, il semble avoir été réduit à des proportions modestes. Dès lors, en parlant de vingt talents destinés au théorique, Démosthène laisse suffisamment entendre qu'il s'agit de « fonds secrets », dont il est souhaitable de ne pas discuter l'emploi en public.

trouver d'autres, qui traduiraient simplement l'attention très naturelle d'un chef de gouvernement aux rumeurs assez inquiétantes qui circulent en Grèce au cours de l'année 324 (projet d'une grande campagne en Occident, et, plus spécialement, d'une expédition punitive contre Athènes ; toasts enflammés d'officiers macédoniens ; allusions menaçantes dans un drame satyrique joué en Asie avec l'assentiment, et même, disait-on, avec la collaboration du roi). En tout cas, ce que je ne crois pas, c'est que son désir le plus cher ait été de voir alors un soulèvement éclater contre la Macédoine. Telle est, je le sais bien, l'idée de P. Treves ; il la soutient avec force dans son *Demostene e la liberta greca* (1933) ; il parle de même ici (p. 516) « des tenaces efforts de Démosthène, poursuivis pendant environ quinze ans, pour déclencher l'insurrection en Grèce... Il la désirait à un tel point, et il l'avait préparée avec un tel acharnement qu'il refusa de livrer Harpale ». Mais, à cet égard, Démosthène s'accorde avec Phocion, qui certes ne pousse pas à la guerre. On veut faire de lui un adversaire irréductible de la Macédoine ; pourquoi, s'il en est ainsi, tient-il tant, à Olympie, à négocier avec Nicanor un compromis acceptable sur la double question des honneurs divins et du rappel des bannis ? Surtout, comment expliquer alors la rupture éclatante de ses relations avec Hypéride et l'hostilité si vive que celui-ci manifeste contre lui, au point de le représenter (col. XVII) comme « servant, aux yeux de tous, dans ses discours, les intérêts d'Alexandre ? » Je m'en tiens donc à ce que j'avais dit d'abord : Démosthène certes ne renonce pas à l'espoir de voir un jour la Grèce recouvrer son indépendance ; mais, à Chéronée, il a reconnu la supériorité de l'armée de Philippe et la fragilité des coalitions helléniques ; maintenant, il sent dans Alexandre un adversaire plus redoutable encore. Alors, tant qu'il le sait vivant, il évite de laisser Athènes s'engager à fond ; il veut bien, de façon plus ou moins dissimulée, préparer des fournitures d'armes ou d'argent ; mais toujours il refuse de passer aux hostilités proprement dites [1] ; et c'est ce que ne lui pardonnent pas les ultras du parti patriote.

1. Son attitude, dans l'affaire d'Harpale, n'est pas sans analogie avec celle qu'il a tenue, en 335, lors du soulèvement de Thèbes. A ce moment, sa conduite ambiguë a déjà provoqué une enquête de

Deux remarques encore pour en finir avec ces additions, corrections, ou explications diverses. Parmi les motifs propres à susciter l'inquiétude à Athènes au temps de l'enquête de l'Aréopage, j'avais mentionné un drame satyrique, au titre énigmatique, *Agen*, que l'on attribuait à Python de Byzance, orateur et diplomate au service de Philippe, puis d'Alexandre, et auquel le roi lui-même passait pour avoir mis la main. Nous connaisons, au cours de l'année 324, deux séries de grandes représentations dramatiques données en Asie, l'une au printemps, à Suse, l'autre, en automne, à Ecbatane ; à laquelle faut-il rapporter l'*Agen* ? J'avais, à la suite de Droysen, pensé à la première, parce qu'Athénée, notre unique source à ce sujet (XIII, ch. 67-68), place l'événement sur l'Hydaspe (ce qui nous ferait remonter à l'été 326), tout en parlant lui-même, comme d'une chose déjà connue, de la défection d'Harpale et de sa fuite sur mer (fin 325-début 324). Cette erreur manifeste pourrait s'expliquer par une confusion de sa part entre l'Hydaspe et le Choaspe, fleuve de Suse. La plupart des historiens préfèrent l'autre solution. Je n'ai pas été à même de lire leur argumentation ; elle repose, je pense, sur la seconde des citations d'Athénée : deux interlocuteurs rappellent un envoi de blé fait jadis par Harpale aux Athéniens, à l'instigation d'une de ses maîtresses, Glycéra (probablement pendant la disette de 327 ou 326), générosité qui lui a valu de se créer des relations à Athènes et d'y obtenir le droit de cité ; et l'un deux conclut, qu'en fin de compte, le blé de Glycéra risque de coûter cher aux Athéniens. Or, au printemps de 324, Alexandre doit être encore mal renseigné sur les suites de la trahison d'Harpale ; en automne, au contraire, il a eu le temps d'apprendre que son trésorier a réussi à se faire ouvrir les portes d'Athènes, et qu'il s'y livre à de larges distributions d'argent, dans des buts évidemment suspects. J'en viens donc maintenant, moi aussi, à placer la représentation de l'*Agen* à Ecbatane, non à Suse.

Quant à ce qu'on pourrait appeler l'épilogue de l'affaire,

l'Aréopage, qui l'a sauvé ; peut-être en espère-t-il encore le même service en 324 ; mais, cette fois, l'Aréopage subit une forte pression politique, qui lui enlève beaucoup de sa liberté. — Quant aux diverses occasions où Démosthène s'est abstenu d'agir, Eschine les énumère déjà dans le procès de la Couronne ; cf. p. 253, n. 3.

il y a lieu de corriger sur un point et de compléter quelque peu par ailleurs ce que j'en disais. Après Démosthène, le personnage le plus en vue parmi les autres accusés était Philoclès, qui, en qualité de stratège de Munychie, avait autorisé, lors de sa seconde tentative, le débarquement d'Harpale en Attique. A sa sortie de charge, il était devenu cosmète des éphèbes pour l'année 324/3 ; mais, au cours de l'enquête de l'Aréopage, il avait été suspendu de ses fonctions par ἀποχειροτονία ; et d'un passage d'une des lettres attribuées à Démosthène (III, 31) j'avais conclu qu'il avait été, lui aussi, réduit à s'exiler. Or, en reprenant une inscription d'Oropos publiée d'abord par Léonardos (Ἀρχ. Ἐφημ., 1918, p. 73-100), G. Mathieu a fait ressortir (*Notes sur Athènes à la veille de la Guerre Lamiaque*, dans *Rev. de Philologie*, LV, 1929, p. 159-183) que Philoclès a été couronné par les éphèbes de la tribu Léontis en Août 323. Il y a donc tout lieu de croire qu'il avait été acquitté en Janvier ou Février, et, en conséquence, réintégré aussitôt après dans son poste. — Sur les procès annexes, je ne vois aucune indication nouvelle à signaler : le sycophante Aristogiton, nous dit-on, a été absous ; Polyeucte de Sphettos a dû l'être de même, puisqu'il sera bientôt chargé d'une mission officielle dans le Péloponnèse ; et, si Démade a été frappé d'une amende, elle était sans doute assez légère, puisqu'on le trouve à Athènes au moment de la mort d'Alexandre.

Bref, tout ce procès nous apparaît comme ayant été essentiellement le résultat d'une manœuvre politique dirigée contre Démosthène. Ses ennemis ont soin de l'amener le premier devant le tribunal ; son châtiment, disent-ils, doit servir d'exemple ; l'épargner, ce serait provoquer un acquittement général (col. VII), et, pour les juges, attacher à leur mémoire une honte ineffaçable (col. XXXIX). Mais, sa condamnation une fois obtenue, ils ne se soucient plus guère du reste des citoyens désignés par l'Aréopage ; et l'agitation, plus ou moins factice, de la multitude s'apaise du même coup. Peut-être même un véritable revirement s'est-il produit assez vite dans les esprits ; car nous constatons, en un court espace de temps, une série de faits plutôt imprévus. D'abord, Démosthène, jeté en prison comme débiteur de l'État, ne tarde pas à s'évader, avec la complicité, semble-t-il, d'une partie au moins de ses gardiens. Puis, l'étrange coalition qui s'était formée pour assurer sa perte se disloque peu à peu : un de ses adversaires, Pythéas, est exilé et va chercher refuge auprès d'Antipater ; mieux encore, Hypéride lui-même entre en lutte contre Ménésaichmos, un autre de ses alliés de la veille, à propos des poursuites intentées aux enfants de Lycurgue ; et, au mois d'Août 323, quand les éphèbes de la tribu Léontis couronnent les chefs sous les ordres de qui ils viennent de passer l'année 324/3, parmi eux nous trouvons à la fois, d'une part, Léosthène, stratège du territoire, le grand organisateur de la lutte contre la Macédoine, et, d'autre part, le cosmète Philoclès, poursuivi naguère avec Démosthène, sans compter un sophroniste, Thymocharès, qui est un cousin-germain de ce dernier. Dans ces conditions, la réconciliation de Démosthène avec Hypéride devient chose possible ; et elle s'accomplit en effet lorsque, une fois affranchi de la crainte que lui inspirait Alexandre, Démosthène renonce à sa politique d'expectative, et, de son propre mouvement, avant même d'avoir été relevé de sa condamnation, vient aider en Arcadie l'action des orateurs qui, au nom d'Athènes, appellent la Grèce à la liberté.

Dans ma première édition de ce discours d'Hypéride, j'avais estimé commode de résumer en un tableau sommaire les principaux événements de l'année 324 et du début de 323 en liaison avec notre procès. Je le reproduis ici sans y introduire d'autres modifications que celles dont j'ai parlé ci-dessus. En effet, à mon avis (et c'est un point de plus sur lequel je reste en désaccord avec P. Treves), il faut, de deux choses l'une, ou admettre, comme je l'ai fait, qu'Harpale a débarqué à Athènes en un temps où Philoclès était encore stratège de Munychie (c'est-à-dire avant la mi-Juin, et probablement en Mai), ou, avec Adams-Körte, sur la foi d'ailleurs d'Hypéride, reculer sa venue après celle de Nicanor (c'est-à-dire en Septembre). Je ne vois pas de raison pour chercher un compromis entre les deux combinaisons, et, après avoir accepté la première date comme point de départ, pour vouloir, par exemple, prolonger pendant plusieurs mois le séjour d'Harpale à Athènes, ou retarder jusqu'en Mars le jugement de Démosthène. J'y trouverais au contraire plusieurs inconvénients. Il était difficile de laisser longtemps sans réponse les demandes d'extradition présentées par les autorités macédoniennes ; Harpale a donc dû être arrêté de bonne heure (cf. col. IX) ; et, dès lors, la prudence lui conseillait de chercher à s'évader au plus tôt ; — au moment où se juge le procès de Démosthène, on est encore sans nouvelles des esclaves d'Harpale envoyés à Babylone avec l'ambassade décidée après les Jeux Olympiques (Din., I, 68 : τοὺς παῖδας τοὺς νῦν ὡς ἑαυτὸν [᾽Αλέξανδρον] ἀνακεκομισμένους) ; — pour l'incarcération de Démosthène, nous n'avons pas à tenir compte de la 9e prytanie : son amende ne risquant pas d'être doublée, il a été vraisemblablement arrêté aussitôt après sa condamnation ; et, quand il s'est enfui, il est naturel de réserver, avant la mort d'Alexandre, un espace de quelques mois pendant lequel il erre tristement à Égine et à Trézène ; — il n'y a pas davantage intérêt à faire descendre trop bas l'acquittement de Philoclès, si on veut lui ménager, une fois rétabli dans sa charge de cosmète, un temps suffisant pour justifier la couronne qui lui sera décernée par les éphèbes. Toute cette chronologie, j'en conviens une fois de plus, reste sujette à discussion, faute d'indications précises dans les auteurs anciens ; mais, d'une façon générale, je ne crois pas nécessaire, pour mon compte, d'en modifier les grandes lignes.

fin 325		Harpale, apprenant qu'Alexandre revient de l'Inde en châtiant les fautes ou les abus de pouvoir de ses hauts fonctionnaires, s'enfuit de Babylone à Tarse avec 5 000 talents.
324	Février	Retour d'Alexandre à Suse : Harpale se hâte de quitter l'Asie et de chercher un refuge en Grèce.
	fin Février	Première tentative pour entrer à Athènes avec une flotte et une armée : Démosthène s'y oppose. Harpale se retire, mais laisse en Grèce des agents qui travaillent pour lui.
	Mars-Avril	Les Grandes Dionysies. D'après le *Délos* de Timoclès, la comédie accuse déjà de corruption divers orateurs, mais en est réduite à des données de fantaisie (Hypéride cité à côté de Démosthène, en compagnie d'autres personnages dont il ne sera plus question par la suite).
	Mai	Deuxième tentative d'Harpale, avec deux ou trois navires seulement et sans soldats ; il réussit à se faire accepter.

324	Juin	Harpale est réclamé par les autorités macédoniennes ; Démosthène, d'accord avec Phocion, refuse de le livrer ; mais il fait décider qu'on s'assurera de sa personne et de son trésor, en attendant l'arrivée d'un mandataire d'Alexandre.
	avant la fin de Juin	Quand on veut porter le trésor à l'Acropole, la moitié en a disparu. (Pour son compte, Démosthène n'avait sans doute rien accepté de la main d'Harpale ; mais, avant le transport du trésor, il a pu y faire un « emprunt » de 20 talents, avec l'intention d'en user, comme de fonds secrets, au mieux des circonstances.)
	Juillet	Harpale s'évade ; Démosthène ne rédige aucun rapport ni sur le déficit du trésor ni sur la négligence des gardiens d'Harpale. Personne, sur l'instant, ne semble manifester d'indignation. Après coup, l'opinion publique, travaillée par les partis politiques, s'émeut et désigne des coupables. Démosthène propose l'ouverture d'une enquête générale confiée à l'Aréopage, en spécifiant qu'il accepte la peine de mort s'il est convaincu de concussion.
	Août	Il est choisi comme archithéore à Olympie. Avant de partir, pour avoir une base acceptable de négociations à offrir à Nicanor, il fait voter par le peuple, avec l'aide de Démade, l'octroi des honneurs divins réclamés par Alexandre.
	Septembre	Les Jeux Olympiques. Proclamation de Nicanor sur le retour des bannis, avec défense aux ligues grecques de s'opposer au décret royal. Démosthène, en promettant qu'Athènes et les autres villes enverront des ambassades à Babylone, obtient qu'Antipater n'interviendra pas avant d'avoir reçu de nouveaux ordres.
	Octobre	Mécontentement à Athènes, où l'on juge humiliantes les concessions acceptées par Démosthène.
	Novembre	L'ambassade cependant est votée, et part en emmenant avec elle les esclaves d'Harpale. Rumeurs alarmantes à Athènes : (on parle, pour l'année suivante, d'une campagne

		d'Alexandre en Occident; toasts belliqueux d'officiers macédoniens; menaces contre Athènes dans un drame satyrique, *Agen*, représenté à Ecbatane, et auquel Alexandre lui-même passe pour avoir mis la main).
		Suspension de Philoclès, comme cosmète des éphèbes, en raison des soupçons dont il est l'objet.
	fin Décembre (ou début de Janvier 323)	L'Aréopage, au bout de six mois, conclut son enquête par une déclaration désignant un certain nombre de citoyens comme ayant reçu de l'argent d'Harpale; Démosthène est porté sur cette liste pour 20 talents.
323	Janvier	Tous les accusés sont traduits en justice devant un jury de 1 500 membres; dix orateurs, nommés par le peuple, soutiennent la prévention. Démosthène, cité le premier, est condamné à une amende de 50 talents; (peut-être estime-t-on qu'il a justifié suffisamment l'emploi de 15 talents au service de l'État, mais en a gardé 5 pour lui).
	Février	Procès connexes : terminés, en général, avec beaucoup d'indulgence (Philoclès, en particulier, est acquitté).
		Démosthène lui-même, jeté en prison, ne tarde pas à s'évader; il reste dans le voisinage de l'Attique, à Égine ou à Trézène.
	Printemps	La coalition politique, formée pour le perdre, se désagrège : Pythéas est exilé; Hypéride entre en lutte avec Ménésaichmos, quand celui-ci veut poursuivre les enfants de Lycurgue.
	Juillet	On apprend en Grèce la mort d'Alexandre (survenue le 13 juin, à Babylone). Démosthène croit maintenant à la possibilité d'une guerre de libération; de lui-même, il part en Arcadie combattre les orateurs promacédoniens; il va pouvoir se réconcilier avec Hypéride.
	Août	Les éphèbes couronnent leurs chefs de l'année 324/3. Parmi eux, à coté de Léosthène, organisateur de l'insurrection, figurent Philoclès, le stratège poursuivi avec Démosthène, et un cousin de ce dernier. L'union nationale se reconstitue.

En résumé, pour l'exposé d'ensemble de l'affaire d'Harpale, je renvoie le lecteur à mon article de la *Revue des Études grecques*, en le priant seulement d'y apporter les corrections sur lesquelles je me suis expliqué ici ; et, pour le commentaire littéraire du discours même d'Hypéride, je m'en tiens à ce que j'en ai dit dans la 4e partie de mon édition antérieure. Je me borne, en terminant, à rappeler le plan suivi par l'orateur, tel que je me le représente après m'être efforcé de combler les lacunes du papyrus dans la mesure du possible [1].

I. *Exorde. Position de la question* (col. I à col. VII, 23) [2].

L'accusation ayant déjà été soutenue par deux orateurs au moins, Stratoclès et le client de Dinarque, Hypéride peut commencer *ex abrupto*; aussi son début ressemble-t-il à celui du discours *P. Euxénippe*, où il se bornait de même au rôle de synégore.

L'affaire, dit-il, n'a rien d'exceptionnel ni de compliqué. Il y a une loi stipulant que toute convention acceptée par les parties doit être respectée, et un décret, pris sur l'initiative de Démosthène en personne, pour renvoyer devant les héliastes tout citoyen qui serait dénoncé par l'Aréopage. Tirez les conséquences de ces prémisses, et la cause est entendue, comme, dans les contestations privées, après une sommation à fin de compromis ou d'arbitrage (I — II, 10).

En effet, Démosthène, accusé d'avoir reçu 20 talents, l'a d'abord nié, et s'en est remis au jugement de l'Aréopage, ajoutant qu'il acceptait par avance la peine de mort, s'il était reconnu coupable. Maintenant que l'enquête a tourné contre lui, il cherche des chicanes à l'Aréopage, et prétend l'obliger à répondre à une série de questions (II, 10 — III, 27).

Hypéride, au contraire, voudrait bien savoir pourquoi l'Aréopage s'est prononcé contre Démosthène, sinon dans

1. Sur les considérations dont j'ai tenu compte pour rétablir, au moins de façon approximative, le sens des nombreuses parties perdues de notre discours, je me suis expliqué dans ma première édition (*Ann. de l'Est*, 1934, p. 37 sqq.).

2. Vu l'importance des lacunes de ce discours, il m'a paru impossible de le couper, comme les autres, en paragraphes désignés par des numéros. Le chiffre qui suit l'indication des colonnes répond aux lignes, telles qu'elles se présentent dans le papyrus (leur répartition se trouve conservée dans les éditions de Blass et de Jensen).

la conviction qu'il s'est laissé corrompre, et qu'ainsi il compromettait Athènes. Sans doute, Démosthène va dire que le tribunal n'est pas tenu par la déclaration de l'Aréopage, et que celui-ci paraît user de procédés arbitraires, dont on a le droit de se méfier. Au contraire, il ne s'est décidé que sous la pression plusieurs fois répétée du peuple, et il a soin de laisser au jury la décision finale (III, 27 — V, 27).

D'ailleurs, toutes les déclarations de l'Aréopage, dans ce procès, ont été faites de la même manière. Y soustraire Démosthène, c'est acquitter tous les accusés. En prononçant sur son compte, il s'agit non de 20 talents, mais de 400 : il est mis en avant, parce qu'il est le coupable le plus en vue (V, 27 — VII, 23).

II. *Transition : but du discours* (VII, 23 — VIII, 10).

La question de fait est suffisamment établie par la déclaration de l'Aréopage. Hypéride s'attachera à montrer pour quelles raisons Démosthène s'est approprié l'argent d'Harpale, et dans quels dangers il a ainsi jeté Athènes.

III. *Exposé et commentaire des faits incriminés* (VIII, 10 — XV, 1).

a) *Narration proprement dite.* — Dès l'entrée d'Harpale en Attique, Philoxène réclame son extradition. Démosthène soutient devant le peuple qu'il ne convient ni de livrer Harpale ni de s'exposer pour lui au courroux d'Alexandre : on se saisira de sa personne et de son argent, mais en attendant pour cela le lendemain. On fait spécifier par Harpale le montant de son avoir ; tout le monde est convaincu du zèle de Démosthène. Seulement, le lendemain, on ne trouve plus que 350 talents au lieu de 700, et Démosthène ne dit rien (VIII, 10 — X, 24).

b) *Apostrophe à Démosthène.* — Comment ! la moitié des sommes annoncées par toi a disparu, et tu ne t'en inquiètes pas ; puis Harpale lui-même s'évade, et tu n'intentes non plus aucune poursuite contre ses gardiens. Diras-tu que tu n'as rien reçu pour cela ? Harpale sans doute a tenu à subventionner des orateurs sans influence ; et toi, chef du gouvernement, il t'a négligé ! (X, 24 — XII, 20).

c) *Les explications successives de Démosthène.* — Démosthène a d'abord reconnu avoir eu en mains 20 talents de l'argent d'Harpale, mais à titre d'emprunt provisoire, fait dans l'intérêt de l'État, pour des buts qu'il valait mieux laisser secrets. Puis, quand le peuple s'indigne d'être ainsi mis en cause, il change son système de défense : l'Aréopage, dit-il, voudrait le perdre pour plaire à Alexandre, comme si on avait besoin de supprimer celui qu'il est possible d'acheter ! (XII, 20 — XV, 1).

IV. *Argumentation* (XV, 1 — XXXVII, vers le milieu).

A. *Dangers qu'offre la vénalité des orateurs.*

a) *En général.* — Ses conséquences s'étendent aux affaires les plus importantes. Tous ceux qui veulent attenter à l'indépendance de la Grèce écrasent les petites villes par la force, et, dans les grandes, achètent les citoyens influents. Philippe a ainsi édifié sa puissance en répandant l'argent de tous côtés ; Alexandre, après lui, a usé des mêmes procédés (XV, 1 — XVI, vers la fin).

b) *Application particulière à Démosthène.* — Tu nous dis des merveilles de ta politique ; mais, en prétendant parler dans l'intérêt du peuple, en réalité tu as toujours servi Alexandre. Jadis tu as fait échouer la révolte de Thèbes en t'appropriant l'argent mis à ta disposition par le Grand Roi. Maintenant, l'arrivée d'Harpale, coïncidant avec l'ordre apporté par Nicanor de rappeler partout les bannis sans que les assemblées fédérales aient le droit d'en discuter, constituait une circonstance exceptionnellement favorable. Tu l'as perdue comme l'autre ; et tu as abouti à ce double résultat, que les Grecs subissent l'humiliation d'avoir tous à envoyer des ambassades à Alexandre, et qu'ils n'ont pas pu utiliser les bonnes dispositions des satrapes, prêts à se joindre à eux (XVI, fin — XIX, fin).

B. *L'évolution de Démosthène justifie l'attitude actuelle d'Hypéride à son égard.* — Démosthène va peut-être vanter le rôle joué par lui au temps de Philippe ; il prétendra se parer de sympathies illustres, et se poser en chef des patriotes. Mais il n'a jamais eu de continuité dans ses vues. Aujourd'hui, il prend ses collaborateurs parmi les gens qu'il avait d'abord méprisés, et il les charge de missions auprès des Macédoniens (XIX bis — XX, 25).

Apostrophe pressante à Démosthène. — Là-dessus, tu oseras me reprocher d'avoir trahi notre amitié. Non : c'est toi qui l'as rompue, du jour où tu as accepté de l'or pour desservir ta patrie, et où tu es devenu un autre homme. Tu t'es rendu ridicule pour ton compte ; tu as déshonoré ceux qui te suivaient, et, à plus de soixante ans, tu te trouves cité en justice par de tout jeunes gens ! (XX, 25 — XXII, 6).

La condamnation de Démosthène s'impose. — Démosthène, après avoir connu jadis une gloire et une fortune assez belles, perd, au seuil de sa vieillesse, le respect de sa patrie. Sans doute, autrefois on vous a vus hésiter à punir, à la face de toute la Grèce, des citoyens éminents ; et cependant, quand la chose vous a paru nécessaire, vous avez frappé même un Timothée. Le procès actuel est plus grave encore, et les coupables sont nombreux. Etablissez, si vous le voulez, des distinctions entre eux ; mais, pour Démosthène, aucune excuse n'est admissible (XXII, 6 — XXIV, 1).

C. *Indignité des orateurs ou des généraux accessibles à l'argent.* — La faute n'est pas la même, s'il s'agit de simples particuliers ou de personnes investies de fonctions publiques ; c'est d'ailleurs ce que marque la loi. Le peuple laisse ses orateurs et ses généraux s'assurer toutes sortes de profits : Démosthène, comme Démade, n'y a pas manqué. Mais, si cela ne leur suffit pas, s'ils font tort à l'État pour s'enrichir, il n'y a aucune pitié à ressentir pour eux (XXIV, 1 — XXV, 28).

Contraste entre la sévérité outrée des orateurs contre les hommes du commun, à propos de vétilles, et la mansuétude du peuple envers ses chefs, même quand ils l'ont mené aux pires catastrophes. Ainsi, après Chéronée, il n'a pas défendu aux représentants du parti national de reparaître devant lui ; il a confié à Lycurgue ses finances, avec la direction générale de ses affaires ; il a constamment sauvé les orateurs des nombreuses accusations dirigées contre eux ; même dans le cas présent, il ne laisse pas Démosthène succomber automatiquement, bien qu'il ait déclaré accepter la mort si l'Aréopage le jugeait coupable (XXV, 28 — XXX, 6).

Cette bonté du peuple devrait entraîner, de la part des orateurs, une reconnaissance, un dévouement allant jusqu'à la mort. Démosthène ignore de tels sentiments : dans cette affaire d'Harpale, il se moque du peuple, et ne songe qu'à montrer son éloquence. Sans nulle grande idée pour le diriger, il est prêt, suivant les fluctuations de l'enquête, à lancer Athènes dans une guerre contre la Macédoine, ou à accorder à Alexandre les honneurs divins ; il accepte de dresser sur l'agora une statue du roi; il présente des rapports au peuple sur des demandes d'Olympias; etc. (XXX, 6 — XXXIII, milieu).

Pour lui, il s'agit uniquement de satisfaire sa cupidité. La preuve, c'est que, le peuple offrant l'impunité à quiconque restituerait volontairement l'argent d'Harpale, Démosthène est de ceux qui aiment mieux parler d'enquêtes et de châtiments éventuels (XXXIII, milieu — XXXIV, 15).

D. *Il ne faut pas compromettre la sûreté de l'État pour sauvegarder les profits malhonnêtes de quelques particuliers.* — Absoudre Démosthène et ses pareils, c'est accepter la responsabilité de ses fautes. Il peut en résulter une guerre avec Alexandre; le bruit en a déjà couru; or, Athènes ne doit se battre que pour des intérêts plus nobles, pour recouvrer son rang d'autrefois. [Dans ce morceau, dont nous n'avons que des débris, Hypéride semble avoir repris, avec une grande violence de langage, les principaux reproches qu'il a déjà adressés à Démosthène : chez lui, la cupidité étouffe tout sentiment généreux; c'est un caractère méprisable; et sa défense, essentiellement artificieuse, manque de solidité. Avec un tel homme, on est loin des héros qui ont fait jadis la grandeur d'Athènes, et qui, même dans les circonstances les plus graves, sauvegardèrent au moins son honneur; lui, n'est qu'un lâche; et, dans le cas présent, suivant son propre décret, il devrait déjà être mis à mort] (XXXIV, 15 — XXXVII, vers la fin : avec une lacune considérable).

V. *Péroraison* (XXXVII, fin — XL, fin).

L'heure est venue pour chacun de prendre ses responsabilités. Le peuple nous a chargés, nous autres accusateurs, de soutenir la prévention; l'Aréopage a dressé la liste des coupables; c'est à vous, juges, de prononcer leur condamnation, en songeant qu'un acquittement, dans de telles conditions, resterait à jamais attaché à votre mémoire (XXXVII, fin — XXXIX, 8).

Votre devoir est de châtier ces hommes, en considérant non leurs belles paroles, mais l'intérêt de l'État (XXXIX, 8 — XL, 3).

Vous n'avez pas non plus à vous laisser attendrir par les larmes de leurs amis ou par les leurs; ils n'avaient qu'à ne pas toucher à l'argent d'Harpale (XL, 3 — fin).

[CONTRE DÉMOSTHÈNE SUR L'ARGENT D'HARPALE]

Fragment I.

I Pour moi, juges, comme je le disais [à l'instant] aux citoyens [assis à mes côtés], un fait ici m'étonne : c'est que, par Zeus, Démosthène soit le seul homme dans Athènes vis-à-vis de qui on ne reconnaisse d'autorité [ni] aux lois stipulant la validité de toute convention conclue par un citoyen à son propre détriment, ni aux décrets du peuple d'après lesquels vous avez juré d'apporter votre suffrage [1], décrets qui n'ont été proposés par aucun des ennemis de Démosthène, mais par lui-même, et que le peuple a votés à son instigation, je dirai presque avec son consentement volontaire à son arrêt de mort. [*Pourtant, qu'on oublie la personnalité de l'accusé,*
II *qu'on s'en tienne à la règle commune ; et*] le bon droit, juges [2],

1. Hypéride dit, au pluriel, οἱ νόμοι, τὰ ψηφίσματα, sans doute pour produire plus d'effet. En réalité, il s'agit de *la loi* stipulant que toute convention acceptée par accord mutuel fait autorité entre les parties (cf. *C. Athén.*, 13) et *du décret*, si souvent rappelé au cours du procès, par lequel Démosthène a fait confier à l'Aréopage l'enquête sur l'argent d'Harpale, en stipulant qu'il acceptait pour lui la peine de mort s'il était reconnu coupable. — Il pourrait bien en être de même, à la col. XVIII, avec les ἐπιτάγματα παρ' Ἀλεξάνδρου apportés à Olympie par Nicanor, où je serais disposé à ne voir *qu'un seul rescrit* ; cf. la *Notice*, p. 224 sqq.

2. Un mouvement de phrase analogue se trouve déjà dans Démosthène (*Amb.*, 179 : Ὁρᾶτε τοίνυν τὰ μετὰ ταῦτα : ἁπλοῦς γάρ ἐσθ' ὁ μέλλων λόγος οὑτοσὶ πρὸς ὑμᾶς ἤδη).

[ΚΑΤΑ ΔΗΜΟΣΘΕΝΟΥΣ ΥΠΕΡ ΤΩΝ ΑΡΠΑΛΕΙΩΝ]

Fragm. I.

Ἀλλ' ἐγώ, ὦ ἄνδρες δικασταί, [ὅπερ καὶ] πρὸς τοὺ[ς I
παρακαθη]μένους [ἀρτίως ἔ]λεγον, θαυ[μάζω] τουτὶ τὸ πρᾶ[γμα, εἰ δ]ὴ νὴ Δία κατὰ Δημοσθένους μόνου τῶν ἐν τῇ πόλει [μήτε ο]ἱ νόμοι ἰσχύου[σιν οἱ] κελεύοντες κύ[ρια εἶν]αι ὅσα ἄν τις αὐτὸς καθ' αὑτοῦ διάθηται, μήτε τὰ ψηφίσματα τοῦ δήμου, καθ' ἃ ὑμεῖς μὲν ὀμωμόκατε τὴν ψῆφον οἴσειν, ἔγραψεν δὲ αὐτὰ οὐδεὶς τῶν ἐχθρῶν τῶν Δημοσθένους, ἀλλ' αὐτὸς οὗτος, ἐψηφίσατο δὲ ὁ δῆμος, τούτου κελεύοντος [καὶ μόνον] οὐχ ἑκου[σίως αὐτὸν ἀπο]λλύ[οντος. Καίτοι . . . .

Titulus exstat in fragmento Londin., indicem præbente trium orationum quæ volumine II-A continentur || Col. I maximam partem restituit Blass || 1 Similiter exorditur *Euxenippea* || 2 θαυμάζω τουτὶ Jensen : θαῦμα τηλικουτὶ νομίζω τουτὶ restituerant Blass et Kenyon, cum fragm. parvum errore huc referrent || 3 Post πρᾶγμα punctum inserunt Bl., Jens., sicilicum Ken., quod malo, εἰ ἰσχύουσι pendere e θαυμάζω credens || εἰ δὴ Jens. : εἰ μὴ Bl., Ken. || 4 ἰσχύουσιν οἱ κελεύοντες Bl. : ἰσχύουσι κελεύοντες Egger || 5 cf. Harpocr., *s. v.* διάθεσις : διαθέσθαι ἀντὶ τοῦ συνθέσθαι Ὑπ. κατὰ Δημ. || 7 Post οἴσειν, sicilicum (ut Bl., Jens.), non punctum (ut Ken.) pono ; αὐτά enim vice fungitur alterius relativi cum καθ' ἃ conjuncti || 9 καὶ μόνον οὐχ ἑκουσίως, quod Blass restituerat, rursus recipio, sententiamque, per satis longum verborum ambitum continuatam, post ἀπολλύοντος finiri existimo || Deinde versus tres desunt in ima col. I (versibus scilicet intelligendis, ut supra jam dictum est, non hujus editionis, sed papyri).

n'est pas compliqué, je pense, à établir : il est pour nous contre Démosthène. Comme, en cas de plaintes privées, bien des difficultés se tranchent au moyen de sommations lancées par les parties, de même cette affaire aussi se trouve toute tranchée dès maintenant.

En effet, juges, considérez les choses de la façon suivante. Le peuple[1], ô Démosthène, t'a accusé d'avoir touché[2] vingt talents contre l'intérêt de l'État et contre les lois. Toi, tu as nié les avoir touchés ; et tu as introduit devant le peuple une sommation rédigée en forme de décret, où, t'en remettant pour les inculpations qui pesaient sur toi [*à l'arbitrage*] de l'Aréopage[3], [*tu te disais prêt à subir la peine de mort, s'il te*

Fragm. II.

III *dénonçait comme ayant touché quoi que ce fût de l'argent d'Harpale. Il y avait donc là une convention dont tu prenais le peuple à témoin ; et le décret, ainsi rédigé sur ton initiative, a été déposé au Métrôon avec tous les actes publics. Maintenant l'enquête n'a pas répondu à tes espérances : tu figures au nombre des orateurs inculpés de corruption. Alors tu reviens sur ta parole ;*] tu cherches des chicanes à l'Aréopage, en développant des sommations, et en demandant dans ces sommations[4] à la

1. En fait, c'est l'Aréopage qui a mis en cause un certain nombre de citoyens comme détenant une part de l'argent d'Harpale ; le peuple s'est borné à renvoyer devant les héliastes les personnes ainsi désignées. Faudrait-il entendre, par ὁ δῆμος, « la rumeur publique » ? De toute façon, l'expression d'Hypéride n'est pas nette ; et ce manque de précision n'est peut-être pas involontaire de sa part.

2. Le verbe λαμβάνειν va se lire souvent dans ce discours. Comme, avec son double sens de *recevoir* et de *prendre*, il prête aisément à équivoque (cf. la *Notice*, p. 230, n.), il me semble difficile d'adopter, pour le rendre, un terme unique qui convienne à tous les passages. Et pourtant on voudrait aussi ne pas laisser disparaître dans la traduction l'insistance avec laquelle Hypéride revient à satiété sur le même mot.

3. Entre les fragm. I et II, l'idée générale du développement paraît assez sûre ; cf. Dinarque, 1, 8, 81, 104, et surtout 85-86.

4. Le mot *sommations*, répété à dessein par Hypéride, n'a cepen-

. . . . τὸ] | δίκαιον, ὦ ἄνδρες δικασταί, ἁπλοῦν II
ὑπολαμβάνω ἡμῖν εἶναι πρὸς Δημοσθένη. Ὥσπερ γὰρ ἐπὶ τῶν ἰδίων ἐγκλημάτων πολλὰ διὰ προκλήσεων κρίνεται, οὕτως καὶ τουτὶ τὸ πρᾶγμα κέκριται.

Σκέψασθε γάρ, ὦ ἄνδρες δικασταί, οὑτωσί. Ἠιτιάσατό σε, ὦ Δημόσθενες, ὁ δῆμος εἰληφ[έναι] εἴκοσι τάλαντ[α ἐπὶ] τῇ πολιτείᾳ κ[αὶ τοῖς] νόμοις. Ταῦτα σ[ὺ ἔ]ξαρνος ἐγένου μ[ὴ] λαβεῖν, καὶ πρόκλησιν γράψας ἐν ψηφίσματι προσήνεγκας τῷ δήμῳ, ἐπιτρέπων ὑπὲρ ὧν τὴν αἰτίαν ἔσχες τῇ βουλῇ τῇ ἐξ Ἀρείου πά[γου τὴν δίαιταν, . . .

Fragm. II.

III

καὶ συκοφαντεῖς τὴν βουλήν, προκλήσεις ἐκτιθείς, καὶ

Col. II, 1-2 Modus idem affirmationis invenitur jam apud Demosthenem (*de fals. leg.*, 179) || 7 ἐπὶ τῇ πολιτείᾳ rest. Egger, recte, ut opinor, quanquam ἐπὶ satis poetice pro *contra* dicitur; sed cf. *ibid.*, col. XXV, ἐπ' αὐτῷ τῷ σώματι τῆς πόλεως δῶρα εἰλήφασι || σὺ ἔξαρνος Blass : οὐκ ἔξαρνος Egger, quod et sensui et grammaticæ minus aptum videtur || 10 post πάγου libenter τὴν δίαιταν vel τὴν ζήτησιν suppleam || Desunt versus circiter tres in ima col. II, undeviginti in summa col. III || Col. III. Fragm. II cum verbis ἣν σοι ὁ δοῦ; incipit; antecedentia e rhetore Alexandro Noumenii f. (περὶ σχημ., VIII, 457 Walz) sumuntur, qui locum omnem, a καὶ συκοφαντεῖς usque ad παρὰ τῆς βουλῆς ἀπαιτῶν, ut exemplum διασυρμοῦ affert. In ea parte, quæ simul apud rhetorem et in hac papyro servatur, notabis, ut sæpius, satis incuriose veteres exscribere quæ legerent solitos esse || Col. III 1 Alex. mss. modo ἐκτιθείς modo προτιθείς præbent.

suite de quelles circonstances tu as touché l'or en question, qui est-ce qui te l'a donné, et en quel endroit. A la fin, peut-être vas-tu demander aussi quel usage tu as fait de l'or, après l'avoir touché, comme si c'était un compte de banque que tu réclamais à l'Aréopage [1].

IV Moi, au contraire, [j'aimerais à apprendre] de toi pour quelle raison l'Aréopage t'aurait dénoncé [*au peuple comme ayant touché*] cet or d'une façon malhonnête, et en produisant ses affirmations [*avec une telle netteté, s'il n'avait pas eu la conviction absolue de ta culpabilité. Au reste, il ne se trompe pas, et telle est bien aussi l'impression générale : tu as cédé une fois de plus à ton insatiable cupidité ; et, satisfait de t'enrichir, tu ne t'es pas demandé si tu n'exposais pas Athènes entière à des responsabilités redoutables.*

Sans doute, tu vas soutenir dans un instant que les Aréopagites ont une façon spéciale de mener leurs enquêtes sans contrôle ;

Fragm. III.

V *que leurs procédés sont ceux de maîtres absolus ; et qu'un citoyen, dans de telles conditions, est assez fondé à craindre que toutes les garanties*] de la justice [*n'aient pas entouré*] leurs décla-

dant pas partout exactement la même valeur. D'abord (II, 7) il s'agit, d'une façon générale, des sommations lancées, dans les contestations privées, à fin de compromis. Plus loin (II, 19), quand Démosthène demande qu'on soumette son cas à l'Aréopage, sa proposition est assimilée à une sommation à fin d'arbitrage ; c'est un sens assez voisin. Mais, en dernier lieu (III, 16 et 18), il s'agit de sommations faites en vue de provoquer des explications, des témoignages : c'est autre chose.

1. Tout ce passage (III, 15-27) était cité par les rhéteurs anciens comme type du διασυρμός, c'est-à-dire de cette figure qui consiste, pour mettre en pièces (διασύρειν) l'argumentation d'un adversaire, à la grossir plaisamment ou à la réduire à rien, de façon, en tout cas, à provoquer le rire de l'assistance. Hypéride y excellait ; cf., p. ex., *P. Lycophron*, 5-8 (invraisemblance de l'attitude prêtée à Lycophron par ses accusateurs), *P. Euxénippe*, 1-3 (abus ridicules de l'eisangélie), *P. Phryné*, fr. 173 (l'impiété de Tantale ne saurait entraîner la condamnation de Phryné).

ἐρωτῶν ἐν ταῖς προκλήσεσιν πόθεν ἔλαβες τὸ χρυσίον, καὶ τίς| ἦν σοι ὁ δούς, καὶ ποῦ. Τελευτῶν δ' ἴσως ἐρωτήσεις καὶ ὅτι ἐχρήσω λαβὼν τῷ χρυσίῳ, ὥσπερ τραπεζιτικὸν λόγον παρὰ τῆς βουλῆς ἀπαιτῶν.

Ἐγὼ δὲ τοὐναντίον | [ἡδέως ἂ]ν παρὰ σοῦ [πυθοίμ]ην IV
τίνος [ἂν ἕν]εκα ἡ ἐξ Ἀρείου [πάγου βου]λὴ ἔφη[νε τῷ δήμῳ] σ' ἀδίκ[ως εἰληφό]τα τὸ χρυ[σίον, ὅτε] φησὶ του[. . . . ωτατις . . . .

Fragm. III.

V

. . . . .]ε δικαστ[. . . . .]αν ἐνοι[. . . .]εσθαι ἐμ[. . . . . δι]καίως τω[. . . .] τὰς ἀποφάσεις. Οὐκ ἔστι ταῦτα, ἀλλὰ πάντων φανήσονται μάλιστα δημο-

Col. III 2 ἐν om. Vindob. || 3 που H : πῶς Alex. || τελευτων H : τελευταῖον Alex. || 4 οτι εχρησω H : εἰ ἐχρήσω Alex. εἰς τί ἐχρήσω corr. Egger, inutiliter || λαβών omittit Alex. || Col. IV 1-2 rest. Blass, adjungens parvam particulam chartæ || 2 ἔφηνε τῷ δήμῳ σ' ἀδίκως εἰληφότα τὸ χρυσίον prop. Fuhr ; forte, post hæc, ὅτε φησί || Deinde versus viginti in col. IV, decem in col. V desunt, vel valde lacerati sunt ; nulla saltem columna inter fragm. II et III deperdita esse videtur || Col. V : initii columnæ reliquiæ incertiores || 1 Post αν, spatium vacuum est in H ; dubito tamen num sententia ibi finem habuerit || 2 Post δικαίως, Blass legit τω potius quam το vel πε : εἰπεῖν ὡς οὐ δικαίως πεποίηται τὰς ἀποφάσεις Sauppe || 3-4 δημοτικώτατα Sauppe, qui etiam in 4-5 pleraque restituit.

rations. Il n'en est rien ; loin de là, mieux que personne, ils ont, on le reconnaîtra, observé dans cette affaire l'attitude la plus respectueuse de la démocratie. Car, s'ils ont dénoncé les coupables, ils ne l'ont pas fait de leur propre mouvement, mais sous la pression plusieurs fois répétée du peuple[1] ; et, pour le châtiment de ces coupables, ils n'ont pas pris sur eux de le fixer, mais ils vous ont remis, comme ils le devaient, le soin d'en décider souverainement.

VI D'ailleurs, ce n'est pas seulement dans sa propre cause que Démosthène croit devoir vous donner le change, en calomniant la déclaration de l'Aréopage ; il cherche aussi à étouffer tous les autres procès engagés par la cité. Faites-y bien attention aujourd'hui dans vos délibérations, il le faut ; et ne vous laissez pas duper par lui à la faveur de son éloquence. En effet, ces déclarations au sujet de l'argent d'Harparle, l'Aréopage les a faites toutes d'une manière uniforme ; ce sont les mêmes pour tous les accusés ; à aucune il n'a ajouté ses raisons de conclure contre tel ou tel ; il s'est borné à inscrire sommairement : « Un tel a touché tant d'or ; qu'il soit donc responsable pour cette somme[2]. » Démosthène va-t-il

VII vraiment trouver auprès de vous [*plus*] de crédit que la déclaration [*qui l'incrimine ? A ce compte, si vous refusez de recevoir la déclaration, il n'y a plus personne qui ait touché ; c'est l'acquittement général*[3].] Car, j'imagine, une telle décision ne vaudra pas pour Démosthène [*seul*,] et non pour les autres. [Ainsi, en ce moment,] ce n'est pas sur [vingt] talents que vous

1. A nos yeux, la pression extérieure ainsi exercée sur l'Aréopage serait plutôt de nature à affaiblir la démonstration de la culpabilité de Démosthène ; mais Hypéride y voit sans doute, avant tout, une occasion de flatter le jury populaire.

2. La formule d'Hypéride, ὀφειλέτω, prête à équivoque. Nous devons comprendre, non pas que les coupables seront tenus de *rembourser* les sommes indûment touchées par eux, mais qu'ils encourront une *amende proportionnelle* à ces sommes. Cette amende, en cas de corruption, est fixée au décuple ; (cf. Aristote, 'Αθ. πολ., LIV, 2, confirmé d'ailleurs, en la circonstance, par Dinarque, I, 60).

3. J'écris cette phrase en italique, parce que la part des restitutions y est considérable ; mais le sens général me paraît sûr.

[τικώ]τατα τῷ πράγματι κεχρημένοι. Τοὺς μὲν γὰρ ἀδικοῦντας ἀπέφηναν, καὶ ταῦ[τ' οὐ]χ ἑκόντες, ἀλλ' ὑπὸ [τοῦ δ]ήμου πολλάκις [ἀναγ]καζόμενοι· τὸ [δὲ κο]λάσαι τοὺς ἀδι[κοῦντα]ς οὐκ ἐφ' αὐτοῖς [ἐποί]ησαν, ἀλλ' ὑμῖν [ἀπέδ]οσαν τοῖς κυρίοις.

Δ[η]μοσ[θένης] δ' οὐ μόνον ἐπὶ τοῦ | αὐτοῦ ἀγῶνος οἴεται VI
δεῖν ὑμᾶς παρακρούσασθαι, διαβαλὼν τὴν ἀπόφασιν, ἀλλὰ
καὶ τοὺς ἄλλους ἀγῶνας ἅπαντας ἀφελέσθαι ζητεῖ τοὺς τῆς
πόλεως· ὑπὲρ οὗ δεῖ ὑμᾶς νυνὶ βουλεύσασθαι προσέχοντας
τὸν νοῦν, καὶ μὴ τῷ λόγῳ ὑπὸ τούτου ἐξαπατηθῆναι. Τὰς
γὰρ ἀποφάσεις ταύτας τὰς ὑπὲρ τῶν χρημάτων Ἁρπάλου
πάσας ὁμοίως ἡ βουλὴ πεποίηται καὶ τὰς αὐτὰς κατὰ
πάντων, καὶ οὐδεμιᾷ προσγέγραφεν διὰ τί ἕκαστον ἀπο-
[φαί]νει, ἀλλ' ἐπὶ κεφαλαίου γράψασα· « ὁπόσον ἕκαστος
εἴληφεν χρυσίον, τοῦτ' οὖν [ὀφε]ιλέτω ». [Ἢ] ἰσχύ[σει
Δημοσθ]ένης παρ' ὑ|μ[ῖν τῆς κατ' αὐτοῦ] ἀπο[φάσεως VII
μᾶλλον ;] Οὐκ ἄ[ρ'] ἔσ[τιν, ἐὰν ὑμεῖς] ἀπογι[γνώσκητε τὴν]
ἀπόφα[σιν, οὐδεὶς ὅστις] ἔλαβεν, [καὶ ἀποφεύγου]σι καὶ οἱ
ἄλ[λοι πάντες.] Οὐ γὰρ δή[που Δημο]σθένει [μὲν ἔσται
τοῦ]το ἰσχυρὸ[ν μόνῳ, τοῖς] δ' ἄλλοις ο[ὔχ. Ὥστε νῦν] οὐχ
ὑπὲρ [εἴκοσι τα]λάντων δ[ικάζετε,] ἀλλ' ὑπὲρ τ[ετρακο]σίων,
οὐδ' ὑ[πὲρ ἑνὸς] ἀδικήματο[ς, ἀλλ' ὑ]πὲρ ἁπάντ[ων. Πλὴν

Col. V 7-8 Rest. Blass, insertis hoc loco parvulis fragm. ex Egg. sumptis || Col. VI 2 Librarius scripserat primum διαλαδών ; corr. postea διαβαλών || 3 τοὺς² delere vult Blass || 8 διὰ τί Blass : δι' ὅτι legit Kenyon || 10 ὀφειλέτω supp. Bœckh || Ἢ ἰσχύσει ego : ἢ ἰ. edd. || Col. VII 1 παρ' ὑμῖν Blass : παρ' ὑμῶν Bab. || ἀποφάσεως μᾶλλον Blass : ἀ- μεῖζον Fuhr || 2-3 Οὐκ ἄρ' ἔστιν, ἐὰν ὑμεῖς ἀπογιγνώσκητε τὴν ἀπόφασιν, οὐδεὶς ὅστις ἔλαβεν Fuhr : οὐ γὰρ ἔστιν ὁ λαβών, ἀπογιγνωσκόντων τὴν ἀπόφασιν ὡς οὗτος οὐκ ἔλαβεν Blass || 3-4 καὶ ἀποφεύγουσι καὶ οἱ ἄλλοι πάντες Blass || 4-5 Οὐ γὰρ δήπου Δημοσθένει μὲν ἔσται τοῦτο ἰσχυρόν Ken., cui addo tantum μόνῳ || 5 Ὥστε νῦν ego : Νῦν τοίνυν Blass Καὶ γὰρ Jensen Οὕτως Kenyon || 6 εἴκοσι Bœckh || δικάζετε Sauppe || τετρακοσίων Bœckh, Bab. : τριακοσίων Sauppe || 7 ἑνὸς ἀδικήματος Bœckh || Πλὴν ego (cf. *Or. fun.* 2) : Καὶ γὰρ Sauppe Ἡ γὰρ Kenyon, Jensen.

avez à rendre votre arrêt, mais sur [quatre] cents[1] ; ce n'est pas sur une faute [unique,] mais sur toutes à la fois. [Seulement,] avec ta folle conduite, ô Démosthène, tu es aujourd'hui, pour [tous] les coupables, au premier rang du péril comme tu l'es au premier rang de l'impudence.

A mon avis, que tu aies pris l'or d'Harpale, les juges en trouvent un indice suffisant dans la condamnation prononcée
VIII contre toi par l'Aréopage, à qui tu t'en étais remis [toi-même. Mais les raisons qui t'ont amené] à le prendre, et, [*de plus*,] les accusations [*auxquelles tu as par là exposé notre*] cité, [*voilà, en produisant les preuves de tes honteuses prévarications, ce que je veux, comme je l'ai dit, mettre maintenant en lumière*[2].]

Quand, juges, Harpale fut arrivé en Attique[3], et qu'en même temps les envoyés de Philoxène[4], qui réclamaient son extradition, eurent été introduits devant [le peuple, à ce moment Démosthène, [montant à la tribune, s'étendit] en un long discours. Il n'était, disait-il, ni honorable pour notre cité de [livrer] Harpale aux émissaires de Philoxène, ni convenable de laisser, [à cause de lui,] le peuple fournir aucun grief
IX aux réclamations d'Alexandre ; le plus sûr, pour Athènes, était de prendre en garde à la fois le trésor et l'homme, et de faire monter sur l'Acropole tout l'argent avec lequel Harpale avait débarqué en Attique ; l'opération aurait lieu le lendemain ; mais, sur le champ, Harpale déclarerait la valeur de

1. Le début du mot étant perdu, on peut hésiter à restituer 300 ou 400 talents. En réalité, il manquait sur l'argent d'Harpale un peu moins de 350 talents (*X Or.*, p. 846 b, d'après Philochore). Comme Hypéride (col. X. 16) donne le même chiffre, il est vraisemblable qu'il a voulu ici le grossir plutôt que le diminuer.

2. Pour toute la col. VIII, nous n'avons que la moitié droite des lignes ; cependant le début seul reste un peu incertain.

3. Il s'agit évidemment de la deuxième tentative d'Harpale, celle où il a été autorisé à débarquer sans troupes. Hypéride ne dit rien de la première, où Démosthène lui avait fait refuser l'entrée du Pirée.

4. Philoxène est le satrape de la région Sud-Ouest de l'Asie Mineure, investi en même temps d'un rôle important dans l'administration des finances de l'Empire. Hypéride force sans doute un peu la vérité en faisant coïncider sa démarche (ἅμα) avec l'arrivée d'Harpale.

ἡ] σὴ ἀπόνοι[α, ὦ Δημό]σθενες, ὑπ[ὲρ ἁπάντων] τῶν ἀδι-
κούντων νῦν προκινδυνεύει καὶ προαναισχ[υν]τεῖ.

Ἐγὼ δ' ὅτι μὲν ἔλαβες τὸ χρυσίον ἱκανὸν οἶμαι εἶναι
σημεῖον τοῖς δικασταῖς τὸ τὴν βουλήν σου καταγνῶναι, |
[ἣ σαυτὸν ἐ]πέτρεψας· [τίνων δὲ ἕ]νεκα ἔλαβες, [ἔτι δὲ VIII
τ]ίσιν αἰτίαις [ἔνοχον τὴ]ν πόλιν κα[τέστησας, ἐκθέμ]ενος
[τοῦ αἰσχρῶς] χρυσί[ου ληφθέντ]ος τοὺς [ἐλέγχους, ὥσ]περ
εἶ[πον, ἤδη φανε]ρὸν ποι[ήσω.

Ἐπ]ειδὴ γὰρ ἦλ[θεν, ὦ ἄν]δρες δικα[σταί, Ἅρπα]λος
εἰς τὴν [Ἀττικὴ]ν, καὶ οἱ πα[ρὰ Φιλοξέ]νου ἐξαι[τοῦντες
α]ὐτὸν ἅμα [προσήχθησ]αν πρὸς [τὸν δῆμον, τότε παρελθὼν
Δημ]οσθένης [διεξῆλθεν] μακρὸν [λόγον, φά]σκων οὔτε
[τοῖς παρ]ὰ Φιλοξέ[νου ἐλθο]ῦσι καλῶς [ἔχειν τὸν]
Ἅρπαλον [ἐγδοῦναι τ]ὴν πόλιν, [οὔτε δεῖν] αἰτίαν οὐ[δε-
μίαν τ]ῷ δήμῳ [δι' ἐκεῖνο]ν παρ' Ἀ[λεξάνδρ]ου κατα-
λεί|πεσθαι, ἀσφαλέστατον δ' εἶναι τ[ῇ πόλει] τά τε χρή- IX
ματα [καὶ τὸν] ἄνδρα φυλάτ[τειν,] καὶ ἀναφέρει[ν τὰ
χρή]ματα ἅπα[ντα] εἰς τὴν ἀκρόπολιν, ἃ ἦλθεν ἔχων
Ἅρπαλος εἰς τὴν Ἀττικήν, ἐν τῇ αὔριον ἡμέρᾳ, Ἁρπαλ[ον
δ' ἤ]δη ἀποδεῖξαι τὰ [χρή]ματα ὁπόσα ἐστίν· οὐχ ὅπως

Col. VII 9 προαναισχυντεῖ, verbum novum, sed manifesto ad similitudinem verbi προκινδυνεύει creatum || Col. VIII 1 ἣ σαυτὸν ἐπέτρεψας Blass || τίνων δὲ ἕνεκα Blass || 1-2 ἔτι δὲ τίσιν Blass : καὶ ἐπὶ τίσιν Jensen || 2 ἔνοχον τὴν πόλιν κατέστησας Müller : πᾶσαν τὴν πόλιν κατῄσχυνας Blass || 2-3 ἐκθέμενος τοῦ αἰσχρῶς χρυσίου ληφθέντος tento : ἐκθέμενος περὶ τοῦ πάλαι χρυσίου ληφθέντος Blass || 3 τοὺς ἐλέγχους Blass || 3-4 ὥσπερ εἶπον Blass (hæc Hyperidem suspicor in ima col. IV, nunc deperdita, prius indicavisse) || 4 φανερόν Kenyon διὰ βραχέων Blass || ποιήσω Fuhr : ποιήσομαι Blass || 5-12 Usque ad finem columnæ pleraque rest. Sauppe et Blass || 7-8 post πρός, unus versus totus et dimidia pars versus sequentis desunt; τὸν δῆμον, τότε παρελθὼν Δημ. Jensen : τὸν δῆμον, μέμνησθε ὡς τότε Δημ. Blass || Col. IX Pleraque conjunxerat Sauppe; fragm. novum in initio columnæ add. Kenyon || 5 δ' ἤδη Schäfer : δὲ δὴ Sauppe || 5-7 ὅπως πύθοιτο... ἵνα εἰδῇ; legitimum utrumque puto, optativum ut interpretatio significetur quam orator non probat, subjunctivum ut argumentum expromat cui apud judices fidem vult facere.

son avoir : non pas que Démosthène, semble-t-il, tînt à être renseigné sur l'importance de ce chiffre, mais il voulait savoir sur quelles sommes il devait percevoir sa rémunération personnelle.

Il était assis dans le bas (de la Pnyx), au pied de l'entaille creusée dans le rocher[1], à sa place habituelle ; et de là il faisait demander à Harpale par M[nés]ithéos, le choreute, combien il y avait d'argent à porter sur l'Acropole. Harpale
X répondit : sept[2] [*cents talents*. . . . .

. . . .

. . . .

Jusque-là, on pouvait croire, chez Démosthène, au souci de sauvegarder de son mieux l'honneur et la sécurité d'Athènes. Seulement,] après avoir lui-même si bien spécifié devant vous, dans l'Assemblée[3], le montant du trésor en question, au moment où l'on ne trouvait plus à transporter que [trois] cent cinquante talents au lieu de sept cents, content d'en avoir touché vingt, il n'a pas eu un mot[4], [*ni sur le chiffre des sommes disparues, ni sur la négligence des gardiens.*

Ainsi, Démosthène,] dans l'Assemblée du peuple tu as annoncé l'existence de sept cents talents ; maintenant tu n'en
XI présentes que la moitié ; et[5] [*tu n'as même pas fait cette réflexion*] que, si tout l'argent [indiqué] d'abord [*n'a pas*] été monté [*régulièrement*] à l'Acropole, [*la raison doit en être que ce*

1. Malgré les hésitations des lexicographes anciens sur l'interprétation du mot κατατομή, il me paraît bien difficile de songer ici aux gradins supérieurs du théâtre. A mon avis, il ne peut s'agir que du mur du fond de la Pnyx, taillé dans le roc, à côté de la tribune.

2. Il manque les 12 premières lignes de la col. X. Peut-être y avait-il là d'abord quelque autre détail sur l'attitude de Démosthène.

3. Hypéride, tout en s'adressant aux juges du procès actuel, pense aux citoyens qui ont assisté à l'Assemblée tenue lors de l'arrivée d'Harpale. Cf. une confusion analogue, *P. Lycophr.*, 17.

4. Trois lignes perdues.

5. La col. XI est très mutilée. On a pu essayer d'y restituer quelques membres de phrase (l. 1-4 ; 11-17) ; mais les l. 5-11 ont tout à fait disparu ; et, pour les autres, il n'en reste que l'extrémité droite, le plus souvent réduite à trois ou quatre lettres, qui ne laissent même pas toujours deviner à quels mots elles appartenaient.

πύθο[ιτο] τὸν ἀριθμὸν αὐτῶν, ὡς ἔοικεν, ὁπόσα ἦν, ἀλλ' ἵνα εἰδῇ ἀφ' ὅσων αὐτὸν δεῖ τὸν μισθὸν πράττεσθαι.

Καὶ καθήμενος κάτω ὑπὸ τῇ κατατομῇ, οὗπερ εἴωθε καθῆσθαι, ἐκέλευε Μ[νησί]θεον τὸν χορευτὴν ἐρωτῆσαι τὸν Ἅρπαλον ὁπόσα εἴη τὰ χρήματα τὰ ἀνοισθησόμενα εἰς τὴν ἀκρόπολιν. Ὁ δ' ἀπεκρίνατο ὅτι ἑπτα|[κόσια X
τάλαντα . . . .

. . . . τὰ χρήματα εἶναι τη]λικ[αῦτα] αὐτὸς ἐν τῷ δ[ήμῳ] πρὸς ὑμᾶς ε[ἰπών,] ἀναφερομέν[ων τρια]κοσίων ταλά[ντων] καὶ πεντ[ήκοντα ἀν]θ' ἑπτακοσίων, λ[αβὼν] τὰ εἴκοσι τάλα[ντα, οὐ]δένα λόγον ἐπ[οιήσα]το[. . . .

Οὐκοῦν, ὦ Δημόσθενες,] ἐν τῷ δήμῳ ἑ[πτα]κόσια φήσας
εἶναι τάλαντα, νῦν τὰ ἡμίση ἀναφέρεις, κα[ὶ οὐ|δ' ἐλογίσ]ω XI
ὅτι τοῦ [μὴ ἀν]ενεχθῆναι [ὀρθῶς] εἰς ἀκρόπολιν [πάντα ταῦ]τα τὰ πρ[οειρημένα . . . .

Col. IX 8-9 εἴωθε καθῆσθαι conjecerat Müller : certum putat Blass || 9 Μνησίθεον Blass || Col. X Desunt, in initio, versus duodecim, deinde versus tres post λόγον ἐποιήσατο ; ceteroqui, quod superest magna ex parte rest. Blass || 5 Post οὐδένα λόγον ἐποιήσατο, placeret satis, ut Blass indicaverat, notari peccata utraque quæ Demostheni objiciebantur (cf. *Vit. X Or.* 846[b] : αἰτίαν ἔσχεν ὁ Δημοσθένης δωροδοκίας, καὶ διὰ τοῦτο μήτε τὸν ἀριθμὸν τῶν ἀνακομισθέντων μεμηνυκώς, μήτε τὴν τῶν φυλασσόντων ἀμέλειαν). Lacunam forte breviorem existimabis ; sed certe crimen prius protinus memoratur, posterius in col. XII exprobrabitur || 7 e mutatis personis (ἀναφέρεις post ἐκέλευε, ἀπεκρίνατο, ἐποιήσατο) manifestum est Demosthenem ipsum nunc compellari || Col. XI valde dilacerata est ; aliquantillum quod legitur opera præsertim Bl. refectum est || 2-3 τοῦ μὴ ἀνενεχθῆναι ὀρθῶς εἰς ἀκρόπολιν πάντα ταῦτα ego : τοῦ πάντα ἀνενεχθῆναι ὀρθῶς εἰς ἀκρόπολιν καὶ ταῦτα Blass || προειρημένα ego : πράγματα Jens. || Postea desunt omnino versus quinque.

qui en manque est resté entre les mains de certaines gens, et a servi à des usages qu'on a le droit d'estimer suspects; car, autrement,] Harpale n'aurait pas acheté [*les concours qu'il a trouvés,*] et notre ville ne serait pas en butte [*aux accusations*] et aux calomnies. Mais tout cela, ô Démosthène, [*était bien, dans la circonstance, le dernier de tes soucis; aucune pensée ne pouvait t'arrêter dans tes honteux calculs : tu*] déshonorais [*ta patrie; mais tu te procurais*] de l'or. [*En effet, nous le savons à présent, un autre*[1] *a eu pour sa part quinze talents; Démade*]
XII a reçu cinq mille statères [*d'or.*] Et toi, dont le décret avait institué la prise en garde de la personne d'Harpale, mais qui ne t'inquiétais ni, quand la surveillance se relâchait, d'y mettre bon ordre, ni, quand elle a fait défaut, de poursuivre les coupables, c'est pour rien évidemment que tu as réglé à ta façon tout ce concours de circonstances! Harpale versait son or aux orateurs de second plan, maîtres seulement de lui assurer du tapage et des criailleries; mais toi, qui présidais à toute la politique d'Athènes, il t'a négligé! A qui penses-tu le faire croire?

D'ailleurs, juges, Démosthène a montré tant de désinvolture dans cette affaire, ou plutôt, s'il faut parler avec franchise, vis-à-vis de vous et des lois, que d'abord, semble-t-il,
XIII il [reconnaissait avoir eu en mains] la somme incriminée, mais en soutenant qu'il l'avait employée entièrement pour vos intérêts, et que c'était là un emprunt provisoire destiné à remplir la caisse du théorique[2]. En même temps, Cnosion[3] et ses autres amis allaient de tous côtés, disant que notre

1. J'emprunte cette indication à Dinarque (I, 89), qui d'ailleurs ne précise pas quel est « l' autre » en question; pour Démade, il lui attribue 6 000 statères d'or.

2. L'explication de Démosthène, εἰς τὸ θεωρικόν, semble avoir quelque chose de volontairement imprécis et obscur; celle de Cnosion, εἰς τὴν διοίκησιν, doit exprimer la même idée d'une façon plus nette; cf. la *Notice*, p. 231 et note.

3. Parmi les amis de Démosthène, ce n'est peut-être pas sans une intention malveillante qu'Hypéride choisit ici Cnosion; car il courait sur la nature de leurs relations des bruits assez fâcheux. Au temps du procès de l'Ambassade, en 343, Cnosion était un jeune homme

. . . .] ἔκρινον τ[. . . . ., οὔτ]' ἂν ἐπρί[ατο Ἅρπαλ]ος τὰς [ὠ]φε[λείας, ο]ὔτ' ἂν ἡ πόλις [ἐν αἰτίαις] καὶ διαβο[λαῖς ἦν.] Ἀλλὰ πάν[των τούτων, ὦ Δημόσ[σ-θενες, ...] ἐστὶν [. . . .]μως εγ[. . . . . .]στους [. . . α]ἰσχυν[. . . .] νει[. . . . χρ]υσίον [. . . .] γὰρ ὅτι [. . . .]νοιω [. . .]του [. . . . χρυσοῦ] πεν[τακισχιλίους σ]τατῆ|ρας ἔλαβε. XII

Σὺ δ', ὁ τῷ ψηφίσματι τοῦ σώματος αὐτοῦ τὴν φυλακὴν καταστήσας, καὶ οὔτ' ἐγλειπομένην ἐπανορθῶν οὔτε καταλυθείσης τοὺς αἰτίους κρίνας, προῖκα δηλονότι τὸν καιρὸν τοῦτον τεταμίευσαι; Καὶ τοῖς μὲν ἐλάττοσι ῥήτορσιν ἀπέτινεν ὁ Ἅρπαλος χρυσίον, τοῖς θορύβου μόνον καὶ κραυγῆς κυρίοις, σὲ δὲ τὸν ὅλων πραγμάτων ἐπιστάτην παρεῖδεν; Καὶ τῷ τοῦτο πιστόν;

Τοσοῦτον δ', ὦ ἄνδρες δικασταί, τοῦ πράγματος καταπεφρόνηκεν Δημοσθένης, μᾶλλον δέ, εἰ δεῖ μετὰ παρρησίας εἰπεῖν, ὑμῶν καὶ τῶν νόμων, ὥστε τὸ μὲν πρῶτον, ὡς [ἔοι]κεν, | ὁμο[λογεῖν μὲν εἰληφέ]ναι τὰ χρήματ[α, ἀλλὰ] XIII
κατακεχρῆσθαι αὐτὰ ὑμῖν, προδεδανεισμένος εἰς τὸ θεωρικόν. Καὶ περιιὼν Κνωσίων καὶ οἱ ἄλλοι φίλοι αὐτοῦ ἔλεγον ὅτι ἀναγκάσουσι τὸν ἄνθρωπον οἱ αἰτιώμενοι εἰς τὸ

Col. XI 5 τὰς ὠφελείας tento || 8-9 Forte hic aliquomodo opponebantur : *patriæ maculam imprimebas* et *tibi aurum parabas* || Sub finem, eadem (nisi quod numerus staterum dispar est) Hyperides retulisse potuit, quæ apud Dinarchum (I, 89) legimus : ἐὰν σὺ μὲν εἴκοσι τάλαντα λαβὼν ἔχῃς ἰδίᾳ, ἕτερος δὲ πεντεκαίδεκα, Δημάδης δὲ ἑξακισχιλίους χρυσοῦ στατῆρας, ἕτεροι δὲ ὅσα δή ποτε ἀποπεφασμένοι εἰσί || Col. XII 7 Ad hunc locum, potius quam ad XXVI, 22, libenter referam glossam Harpocrationis, s. v. ἐπιστάτης : ἐλέγετο δ' ἐν τοῖς κοινοῖς καὶ ὁ ἐφεστηκὼς πράγματι ὁτῳοῦν, ὡς Ὑπερείδης τε ἐν τῷ κατὰ Δημοσθένους καὶ Αἰσχίνης ἐν τῷ κατὰ Κτησιφῶντος φανερὸν ποιοῦσιν || 9 Rursus ad judices oratio vertitur || 11-12 ὡς ἔοικεν, vestigia certa Ken. ; ceterum his verbis Hyperides facilius utitur || Col. XIII 1 εἰληφέναι jam Bœckh : μέν præmittit Blass, recte, ut videtur (μέν contra ἀλλὰ posito) || 3 περιων H pro περιιών ; eadem scriptura reperitur *P. Lycophr.* 2.

homme serait contraint par ses accusateurs d'exposer au grand jour ce qu'il voulait taire, et d'expliquer comment, dans l'intérêt du peuple, il avait emprunté cette somme à titre provisoire pour les besoins du gouvernement.

Mais ensuite, comme, à de tels propos, ceux de vous qui les entendaient s'indignaient bien plus encore à voir ainsi mettre en cause votre démocratie, puisque Démosthène, non content de s'être laissé corrompre personnellement [1], [*croyait devoir encore couvrir le peuple de honte, en osant soutenir*
XIV *que l'intérêt général de l'État l'avait seul décidé à prendre vingt talents sur l'argent d'Harpale, devant cette réprobation il a changé son système de défense. Il essaie cette fois de se tirer d'affaire en suspectant l'impartialité de l'Aréopage :*] dans ses discours, il accuse ce Conseil de vouloir sa perte par complaisance pour Alexandre ; comme si vous ne saviez pas tous que personne ne songe à supprimer celui qu'il est possible d'acheter ! Mais, qu'un homme ne se laisse ni persuader ni corrompre à prix d'argent, voilà celui dont on vise à se débarrasser par tous les moyens. Or, il y a des chances, n'est-ce pas ? pour que toi, ô Démosthène, tu sois inflexible aux prières et inaccessible à la persuasion devant des présents à recevoir [2] !

XV N'allez pas croire que la vénalité de vos orateurs n'entraine

que Démosthène logeait chez lui, et qui aurait été ou son mignon ou l'amant de sa femme (cf. Esch., *Ambass.*, 149, et les scolies à ce passage).

1. Il manque les trois dernières lignes de la col. XIII ; et les huit premières de la col. XIV sont réduites à quelques lettres inutilisables.

2. Les derniers éditeurs (Kenyon, Jensen) considèrent la fin de la col. XIV et le début de la col. XV comme appartenant à une seule phrase. Outre que je m'explique mal alors le mélange de l'indicatif εἶ et du subjonctif νομίζῃ (ils écrivent tous deux : ἦ μὴ νομίζῃ τις), le sens du passage ainsi présenté ne me semble même pas très net. Je propose donc de mettre après πρὸς δωροδοχίαν un point d'interrogation ou d'exclamation, de terminer le paragraphe sur ce sarcasme à l'adresse de Démosthène, et de voir dans ce qui suit un développement nouveau, flétrissant, d'une façon générale, tous ces hommes politiques (τούτων) dont la vénalité prépare la ruine de leur patrie.

φανερὸν ἐνεγκεῖν ἃ οὐ βούλεται, καὶ εἰπεῖν ὅτι τῷ δήμῳ προδεδάνεισται τὰ χρήματα εἰς τὴν διοίκησιν.

Ἐπειδὴ δ' ὑμῶν οἱ ἀκούσαντες πολλῷ μᾶλλον ἠγανάκτουν ἐπὶ τοῖς κατὰ τοῦ πλήθους τοῦ ὑμετέρου λόγοις, εἰ μὴ μόνον ἱκανὸν εἴη αὐτῷ ἰδίᾳ δεδωροδοκηκέναι, [ἀλλὰ καὶ τὸν δῆμ]ον [οἴοιτο δεῖν ἀνα]πιμ[πλάναι αἰσχύνης . . .

XIV

. . . .]λέγων καὶ αἰτιώ[με]νος ὅτι Ἀλεξάνδρῳ χαριζομένη ἡ βουλὴ ἀνελεῖν αὐτὸν βούλεται· ὥσπερ οὐ πάντας ὑμᾶς εἰδότας ὅτι οὐδεὶς τὸν τοιοῦτον ἀναιρεῖ, ὃν ἔστιν πρίασθαι. Ἀλλ' ὅντινα μήτε πεῖσαι ἔστιν μήτε χρήμασιν διαφθεῖραι, τοῦτον δ[ὴ σ]κοποῦσιν ὅπως ἐκ παντὸς τρόπ[ου ἐκ]ποδὼν ποιήσουσιν. Κίνδυνος δ', ὡς ἔ[οι]κεν, ἐστὶν μὴ σύ, ὦ Δημόσθενες, ἀπαραίτητος καὶ ἄπειστος εἶ πρὸς δωροδ[οκίαν.] |

Μὴ νομίζ[ετε δὲ διὰ] τῆς τούτω[ν δωρο]δοκίας τὰ XV

Col. XIII 5 οὐ a corr. supra versum additum || 9-10 ἀλλὰ καὶ τὸν δῆμον οἴοιτο δεῖν ἀναπιμπλάναι rest. Blass ; post hæc Fuhr addit αἰσχύνης (cf. Dem., *C. Lept.* 28) || Desunt versus tres in fine col. XIII ; versusque octo, in initio col. XIV, vix litteras aliquot præbent || Col. XIV cum col. XIII conjungi docuit Sauppe, probante Bl. || 5 τοῦτον·δὴ Kenyon, qui antea δέ suppleverat || 7 ἄπειστος edd. : απιστος H || 8 δωροδοκίαν Kenyon. Sententia speciem irrisionis et interrogationis præbere, et post δωροδοκίαν concludi mihi videtur || Col. XV, rejectam primum inferius, in hunc locum inseruit Blass ; assentiuntur Kenyon, Jensen, et ego eos sequor. Sed illi periodum unam continuant, quæ e verbis κίνδυνός ἐστι pendeat (κίνδυνος δ' ἐστὶν μὴ σὺ ... ἀπαραίτητος καὶ ἄπειστος εἶ..., ἢ μὴ νομίζῃ τις) ; ego contra suspicor verbum νομίζειν distrahendum esse a κίνδυνός ἐστι, atque etiam argumentum aliud inde oriri, de universo genere oratorum qui, auro capti, rempublicam perdunt || 1 Μὴ νομίζετε δὲ ego : ἢ μὴ νομίζητε Blass primum, postea ἢ μὴ νομίζει τις, parum certum notans utrum η an ε exstet in H ἢ μὴ νομίζῃ τις Kenyon, Jensen || 1-2 τὰ τυχόντα τῶν Bœckh, Sauppe.

[la ruine] que des affaires sans importance. Ce n'est pas [un mystère] que [tous] ceux qui conspirent contre la puissance de la Grèce s'annexent les petites villes par les armes et les grandes en y achetant les citoyens influents. On ne l'ignore pas non plus : si Philippe est monté si haut, c'est pour avoir [dès le début] distribué de tous côtés l'argent dans le Péloponnèse, en Thessalie et dans le reste de la Grèce [1], et pour avoir [*corrompu*] ceux qui détenaient [*l'autorité*] dans les cités et y occupaient le premier rang [2]. [*Depuis, Alexandre a continué les mêmes pratiques qui avaient si bien réussi à son père ; et usant tantôt de la crainte, tantôt de la corruption,*

Fragm. IV.

[XVI] *il est parvenu à donner à la Macédoine, vis-à-vis des Grecs comme vis-à-vis des barbares, une puissance qu'on n'aurait jamais crue concevable autrefois, et telle que notre génération pourra, à bon droit, faire l'étonnement de la postérité. Ce n'est pas que la Grèce du moins n'ait pas songé à défendre sa liberté, ni que les occasions favorables ne se soient jamais présentées pour elle. Mais toujours le manque d'union entre nos cités, les hésitations de nos généraux, les discours trompeurs de nos orateurs ont réduit à néant nos plus belles espérances.*

Ce que je dis là, en général, s'applique tout particulièrement à toi, ô Démosthène ; car nul n'a été plus funeste à son pays. Je me bornerai à deux exemples [3]. *Sans doute, pour vanter ton rôle*

1. Comme il arrive souvent chez les orateurs, les faits ne sont pas rappelés ici dans leur ordre chronologique.

2. Il manque les 4 ou 5 dernières lignes de la col. XV, et, à mon avis, la col. XVI tout entière. Je reviens en effet à l'arrangement de Blass (suivi aussi par Kenyon), qui reconstituait la col. XVII en ajoutant aux 16 lignes du fragm. Harris V*a* un des petits morceaux recueillis par Raphaël (II^{b}=XVI^{b} de Jensen). J'estime en effet la suite des idées satisfaisante de la sorte ; et l'obligation d'admettre ainsi une colonne de 30 lignes ne constitue pas, je crois, un obstacle insurmontable ; (la col. XXIV a certainement cette longueur).

3. Eschine (*C. Ctés.*, 163-168) énumère trois autres occasions où il

τυ[χόντα τῶν] πραγμάτω[ν ἀναλίσ]κεσθαι. Ο[ὐ γὰρ ἄδηλόν] ἐστιν ὅτι [πάντες] οἱ ἐπιβουλεύοντες τοῖς ἑλληνικοῖς πράγμασιν τὰς μὲν μικρὰς πόλεις τοῖς ὅπλοις συσκευάζονται, τὰς δὲ μεγάλας τοὺς δυναμένους ἐν αὐταῖς ὠνούμε[νοι, ο]ὐδ' ὅτι Φίλιππος [τηλικ]οῦτος ἐγένετο, [ἐξ ἀρχ]ῆς χρήματα δια[πέμψα]ς εἰς Πελο[πόννη]σον καὶ Θετ]ταλίαν] καὶ τὴν ἄλλην [Ἑλλάδα,] καὶ τοὺς ἐν [τέλει τε] ὄντας ἐν [ταῖς πόλε]σιν καὶ προ[εστῶτας αὐτῶν διαφθείρας . . . .

Fragm. IV.

[XVI]

Col. XV 2 ἀναλίσκεσθαι ego : ἁλίσκεσθαι Blass[3] παρέλκεσθαι Bl.[2] ἀνατρέπεσθαι Sauppe || ἄδηλον Sauppe : ἀφανές Bœckh || 3 πάντες Sauppe : ἐκεῖνοι Bœckh || 6 τηλικοῦτος Blass : γε τοσοῦτος Sauppe || 6-7 ἐξ ἀρχῆς Bœckh : δεσπότης Babington || 7 διαπέμψας Sauppe : διαδιδούς Bœckh || 8 ἐν τέλει τε Babington : ἐν τέλει Sauppe ἐν δυνάμει Blass || 9 ἐν ταῖς πόλεσιν Blass || καὶ προεστῶτας αὐτῶν Blass : προστάτας τοῦ δήμου Sauppe || 9-10 διαφθείρας Fuhr, Kenyon || Desunt versus quatuor vel quinque in ima Col. XV || 2 Col. XVI vix extremos ductus paucorum versuum exstare puto (Raphaël II a = Jensen XVI a), e quibus nihil percipi possit.

XVII *à la tête de nos affaires, tu nous contes des merveilles*], et tu t'imagines qu'il n'est pas manifeste aux yeux de tous qu'en prétendant parler dans l'intérêt du [peuple], manifestement tu servais dans tes discours les intérêts d'Alexandre [1]. [A mon avis], jadis déjà il avait été [reconnu] par tout le monde que telle avait été ta conduite à propos des Thébains, comme dans tous les autres cas. L'argent fourni par [l'Asie pour appuyer le soulèvement de Thèbes,] tu te l'es approprié [2], et [tu en as dépensé la plus grande partie pour ton usage personnel ;] avec lui, tu fais du commerce maritime, tu prêtes à la grosse aventure [3] ; et, après avoir acheté une [*maison, qui soit pour toi comme un port de refuge où tu puisses te retirer discrètement au bon moment,*] tu ne diras pas que tu fixes ton domicile au Pirée, tu prends le large hors d'Athènes [4]. Or, pour un chef du peuple digne de ce nom, le devoir est de se faire le sauveur de [*sa patrie, non de la déserter.*

XVIII *A présent, Harpale*] est tombé en Grèce [*si brusquement*]

était loisible à Démosthène d'agir utilement, s'il l'avait voulu, pour reprendre la lutte contre la Macédoine : en 334, quand Alexandre passait en Asie ; en 333, avant la bataille d'Issos ; et, en 331, au moment de la révolte d'Agis. Ici, Hypéride semble se limiter à deux circonstances, le soulèvement de Thèbes en 335, et la venue d'Harpale en 324.

1. Dinarque, après Eschine, représente de même, en plusieurs passages de son discours, Démosthène comme un ami des Macédoniens. Il est difficile de ne pas voir beaucoup de parti-pris dans de semblables affirmations.

2. D'après Eschine (*C. Ctés.*, 239-240), Démosthène aurait détourné à son profit, sur l'or du Grand Roi, 70 talents, sans rien faire pour aider les Thébains ; Dinarque (I, 18) parle de 30 talents. Ces faits ne sont rapportés que par les ennemis de Démosthène ; et leurs chiffres, on le voit, sont loin de concorder.

3. Ce genre de placement pouvait rapporter de gros bénéfices (cf. Xén., *des Revenus*, 3, 9), mais était assez mal considéré (cf. Plut., *Compar. de Dém. et de Cic.*, 3).

4. Dinarque (I, 69) fait allusion aussi à la maison que Démosthène possédait au Pirée. Mais ici Hypéride s'inspire directement d'Eschine (*C. Ctés*, 209) ; il reproduit même, mot pour mot, le trait d'esprit méchant imaginé par celui-ci : ἐκλιπὼν τὸ ἄστυ, οὐκ οἰκεῖς, ὡς δοκεῖς, ἐν Πειραιεῖ, ἀλλ' ἐξορμεῖς ἐκ τῆς πόλεως.

. . . τερα||τεύῃ, καὶ οὐχ ἅπασιν οἴει φανερὸν εἶναι XVII
ὅτι, φάσκων ὑπὲρ τοῦ [δήμου] λέγειν, ὑπὲρ [Ἀλεξά]νδρου
φανερῶς [ἐδημηγ]όρεις. Ἐγὼ γὰρ [οἶμαι καὶ] ἔμπροσθεν
[γνῶναι] ἅπαντας ὅτι [τοῦτ' ἐ]ποίησας καὶ περὶ Θη[βαί]ων
καὶ περὶ τῶν [ἄλ]λων ἁπάντων, καὶ ὅτι χρήματα εἰς
[Θήβας] δοθέντα ἐκ τῆς [Ἀσίας α]ὐτὸς σαυτῷ, [ἰδίᾳ
περιπ]οιησάμε[νος, κατανήλω]σας τὰ [πλεῖστα· ἐξ ὧν ναυ]-
τικοῖς ἐργάζῃ χ[ρήμα]σιν καὶ ἐκδόσεις δί[δως,] καί,
πριάμενος ο]ἰκί]αν [ὕφορ]μο[ν ὅπο]ι ὑπά[γοις ἐ]ν τῷ
[και]ρῷ, οὐκ οἰκεῖς ἐ[ν Π]ειραιεῖ, ἀλ⟨λ⟩' ἐξορμεῖς ἐκ τῆς
πόλεως. Δεῖ δὲ τὸν δίκαιον δημαγωγὸν [σω]τῆρα τῆς
[ἑαυτοῦ πατρίδος εἶναι, μὴ δραπέτην.

Νῦν δὲ Ἅρπαλος οὕτως ἐξαίφνης] | πρὸς τὴν Ἑλλάδα XVIII

Columnam XVII ita composuerat Blass, ut fragmento Harris Va (vv. 1-16) fragmentum aliud (Raphaël II b = Jensen, XVI b, vv. 18-27) subjiceret. Hanc structuram recepit Kenyon. Jensen vero negat aptum sententiarum connexum sic effici (quod mihi non apparet), prætereaque col. XVII, nisi longius producatur, cum col. XVIII in unum conjungi posse. Sed columnæ aliæ (XXV, XXVI) versus viginti novem continent, atque etiam col. XXIV triginta versus habet; non majore spatio nobis opus est. Quare in eo quod Blass protulerat persto || 1 τερατεύῃ Blass: τί γάρ, ὦ Δημόσθενες, πραγματεύῃ Sauppe || 2 δήμου Babington || 3 ἐδημηγόρεις Sauppe : δημηγορεῖς Bœckh || οἶμαι καὶ ἔμπροσθεν γνῶναι Sauppe : εἶπον ἔμπροσθεν καὶ πρὸς πάντας Bœckh || 4 τουτ' εποιησας correctum in H, ut videtur, supra πεποιηκας, prima manu scriptum || 5-6 εἰς Θήβας ego : εἰς ταῦτα Blass εἰς πόλεμον Schœfer εἰσφέροις Bœckh || 6 ἐκ τῆς Ἀσίας αὐτὸς Blass, asserens τος certum esse : ἐκ τῆς διοικήσεως Schœfer ἐκ τῆς Θηβῶν ἁλώσεως Müller || ἰδίᾳ Blass || 7 περιποιησάμενος Sauppe || κατανήλωσας Blass : κατηνάλωσας Fuhr || τὰ πλεῖστα· ἐξ ὧν ego : τὰ πολλά, καὶ νῦν δέ Blass || 8 χρήμασιν Jensen : τισίν Blass ; (ἐκδόσεις δίδως non multum a ναυτικοῖς ἐργάζῃ χρήμασιν differt ; cf. enim Harpocr. s. v. ἔκδοσις· ναυτικὸν δάνεισμα) || 9-10 οἰκίαν ὕφορμον, ὅποι ὑπάγοις ἐν τῷ καιρῷ tento || 11-12 σωτῆρα τῆς πατρίδος εἶναι Kenyon : Jensen addit ἑαυτοῦ || 12 μὴ δραπέτην Blass, egregia verborum oppositione sententiam finiens || 13 Νῦν δὲ ego : Ἐπειδὴ δὲ νῦν Blass (utique νῦν δέ ad καὶ ἔμπροσθεν [col. XVII, v. 3] respondet || Ἅρπαλος οὕτως ἐξαίφνης Blass || Col. XVIII 1 Ἑλλάδα, litteris λα in H supra ελπιδα scriptis.

que personne n'avait rien pressenti. Dans le Péloponnèse et dans le reste de la Grèce il a trouvé l'effervescence telle, — par suite de l'arrivée de Nicanor [1] et des ordres que cet homme était venu apporter de la part d'Alexandre [2] sur le rappel des bannis et sur [*l'interdiction signifiée*] aux assemblées générales des Achéens, des Arcadiens et [3] [*autres ligues analogues de s'insurger contre les décisions royales, — qu'on pouvait espérer un soulèvement unanime de la Grèce, appuyé même par les satrapes de l'Asie Mineure. Mais, cette occasion pleine de promesses, tu nous l'as fait perdre comme les précédentes.*]

XIX Voilà les résultats que tu nous as procurés avec ton décret, en ordonnant l'arrestation d'Harpale : les Grecs, tu les as réduits à envoyer tous des ambassades à Alexandre ; car ils n'avaient plus aucun autre recours ; et les [satrapes] qui, eux aussi, seraient venus [volontiers] se joindre à nos forces, avec ce qu'ils avaient chacun d'argent et de soldats [4], non seulement tu les as empêchés, tous en bloc, par suite de l'arrestation d'Harpale, de faire défection à Alexandre, mais encore tu les as [amenés,] chacun en particulier [5], [*à manifester à*

1. On connait plusieurs personnages de ce nom au temps d'Alexandre. Il s'agit ici de Nicanor de Stagire, gendre d'Aristote, dont il avait épousé la fille aînée, Pythias. Il avait dû être élevé, avec Alexandre et quelques autres jeunes gens du même âge, dans le petit cercle de Miéza placé sous la direction d'Aristote. Après avoir suivi le roi dans sa campagne, il est chargé, à l'approche des Jeux Olympiques de 324 (ὑπογύων ὄντων τῶν 'Ολυμπίων, Diod., XVIII, 8), d'aller signifier officiellement aux Grecs l'ordre de réintégrer leurs bannis. Sa mission, comme on le verra par la suite, comportait d'ailleurs des pouvoirs assez étendus.

2. C'est le passage sur lequel on s'est basé parfois (Adams, Körte, Berve) pour estimer qu'Harpale n'est pas entré à Athènes avant le mois de Septembre 324. Hypéride, je crois, ne se fait pas scrupule de brouiller plus d'une fois les dates et les faits. En tout cas, sur les difficultés que je trouve à accepter cette vue, cf. la *Notice*, p. 235, sq.

3. Lacune de 12 ou 13 lignes au bas de la col. XVIII. Pour son interprétation, cf. la *Notice*, p. 224 sqq.

4. Il y a sans doute une bonne part d'illusion dans cet espoir d'une révolte générale des satrapes.

5. Il manque environ 6 lignes au bas de la col. XIX et 10 en haut de la col. XX. Le développement dans ces deux colonnes étant

προσέπεσεν, ὥστε μηδένα προαισθέσθαι· τὰ δ' ἐν Πελοποννήσῳ καὶ τῇ ἄλλῃ Ἑλλάδι οὕτως ἔχοντα κατέλαβεν ὑπὸ τῆς ἀφίξεως τῆς Νικάνορος καὶ τῶν ἐπιταγμάτων ὧν ἧκεν φέρων παρ' Ἀλεξάνδρου περί τε τῶν φυγάδων καὶ περὶ τοῦ τοὺς κοινοὺς συλλόγους Ἀχαιῶν τε καὶ Ἀρκά[δ]ων [καὶ τ]οι[ού]τω[ν . . .

. . . . .| Ταῦτα σὺ πα[ρεσκεύ]ακας τῷ ψηφ[ίσματι,] συλλαβὼν τὸ[ν Ἅρπα]λον· καὶ τοὺς μὲ[ν Ἕλ]ληνας ἅπαντας [πρεσ]βεύεσθαι πεπ[οίη]κας ὡς Ἀλέξανδ[ρον,] οὐκ ἔχοντας ἄλλ[ην] οὐδεμίαν ἀποσ[τρο]φήν, τοὺς δὲ σ[ατράπας,] οἳ αὐτοὶ ἂν ἧκο[ν ἑκόν]τες πρὸς ταύτη[ν τὴν] δύναμιν, ἔχοντες τὰ χρήματα καὶ τοὺ[ς] στρατιώτας ὅσους ἕκαστος XIX

Col. XVIII 6 κοινους correctum in H, pro κοινωνους || 7 καὶ τοιούτων ego : καὶ Βοιωτῶν restituerat Blass, probantibus Kenyon, Jensen ; sed Aymard notavit (*Rev. des Ét. anc.*, 1937, p. 5 sqq.) supplementum illud valde incertum esse, ceterumque minime apparere cur Bœoti juxta Achaios et Arcades memorarentur. De toto hoc loco, cf. quæ exposui supra, p. 224 sqq. Mihi persuaseram olim Nicanorem edicta duo Alexandri Olympiam attulisse, unum de revocandis exsulibus, alterum de dissolvendis civitatum græcarum societatibus aut saltem conventibus ; at hæ societates, ut Aymard docuit, post annum 324 perstant. Credo nunc igitur de uno tantum edicto agi, quo civitates recipere exsules juberentur, simulque monerentur ne contra ea, quæ regi placuissent, in suis publicis contionibus controversias instituerent || Desunt versus circiter duodecim vel tredecim in fine col. XVIII. Initium lacunæ summatim sic mihi affingo : καὶ περὶ τοῦ τοὺς κοινοὺς συλλόγους Ἀχαιῶν τε καὶ Ἀρκάδων καὶ τοιούτων μὴ ἐξεῖναι, ἅττ' ἂν βασιλεῖ δόξῃ, τούτοις ἀνθίστασθαι, ὥστε... || Col. XIX 1 παρεσκεύακας Jensen : παρῄρησαι Blass πάντ' ἔγραψας ἐν Bœckh ; sed extremas litteras Jensen legit στας vel ακας || 2 Ἕλληνας Schäfer || 3 πρεσβεύεσθαι Bœckh || 4 σατράπας Sauppe : ἄλλους Bœckh βαρβάρους Babington || 5 ἧκον ἑκόντες πρὸς ταύτην Bœckh : ἧκον πάντες Körte ἧκον φέροντες πρὸς ταὐτὸ Babington ἀποδόντες πρὸς ταύτην Sauppe.

l'envi leur zèle envers leur roi, et, en conséquence, à agir en ennemis vis-à-vis de nous.

[XIX *bis*] *Peut-être, pour nous donner le change, vas-tu, une fois de plus, vanter devant nous le patriotisme avec lequel autrefois tu as combattu Philippe, et te targuer des citoyens honorables qui t'accordaient leur amitié. Tu prétendras nous faire croire qu'il y a toujours eu chez toi une unité de vues, une continuité de politique, s'inspirant du bien public. Admettons que tu aies mérité naguère les éloges que tu te donnes ; comme les temps ont changé ! Jadis,*] montrait-on quelque intempérance à boire, on te chagrinait ; [*il n'en est certes plus de même aujourd'hui ;*] au contraire, tu appelles à ton aide les jeunes gens que tu injuriais, que tu outrageais du sobriquet de « grandes coupes à vin pur ». [*Jadis, tu criais à la trahison dès qu'on entrait en relations avec des Macédoniens ; aujourd'hui, grâce à toi,*

Fragm. V.

XX *on voit Athènes représentée auprès de tous les amis, de tous les parents d'Alexandre. Vous en avez comme preuves, entre autres, près d'Héphestion Aristion de Samos* [1],] envoyé [*par*] Démosthène [*lui-même pour le réconcilier avec le roi,*] et, près d'Olympias, Callias de Chalcis, le frère de Taurosthène [2] :

tout à fait différent, il me paraît nécessaire de supposer entre elles une colonne perdue. J'y insère deux citations de grammairiens, qui, tout en étant données expressément comme provenant de notre discours, ne se retrouvent pas cependant dans les parties conservées du pap. Harris.

1. La mention, dans ce discours, d'Aristion et de sa mission auprès d'Héphestion nous est attestée par Harpocration (*s. v.* Ἀριστίων). Comme Harpocration l'appelle Σάμιος ἢ Πλαταιεύς, on peut supposer qu'il était de Samos, et que Démosthène lui avait fait obtenir à Athènes la situation de « Platéen », laquelle comportait presque tous les avantages du droit de cité. D'après Eschine (*C. Ctés.*, 162), Aristion se serait entremis auprès d'Alexandre lui-même en faveur de Démosthène, apparemment au printemps 331, quand Alexandre, après sa campagne d'Égypte et avant de s'enfoncer à l'intérieur de l'Asie, reçoit à Tyr un grand nombre d'ambassades grecques.

2. Sur Callias et Taurosthène, Eschine s'étend (*C. Ctés.*, 85-106)

αὐτῶν εἶχεν, τούτους σύμπαντας οὐ μόνον κεκώλυκας ἀποστῆναι ἐκείνου τῇ συλλήψει τῇ Ἁρπάλου, ἀλλὰ καὶ [αὐτῶν ἕ]καστον [πεποίηκας . . .

[XIX *bis*]

. . . . Τὸ πρὶν γάρ,] εἰ μέν τις ἀκρατέστερον ἔπινεν, ἐλύπει σε· [νῦν δ' οὐ πάνυ γ' ἔθ' οὕτως ἔχει,] ἀλλὰ τοὺς νεωτέρους ἐπὶ βοήθειαν καλεῖς, οὓς ὕβριζες καὶ ἐλοιδοροῦ, ἀκρατοκώθωνας ἀποκαλῶν, [. . . . (Ath. X, 424) (Prisc. XVI 25, 23)

Fragm. V.

XX

. . . . Τούτων τεκμήριον ὑμῖν παρὰ μὲν Ἡφαι-

Col. XIX 9 αὐτῶν ἕκαστον πεποίηκας ego : καὶ πεποίηκας τὸν Blass ἕκαστον αὐτῶν Jensen (utique, post σύμπαντας, ἕκαστον apte apponi videtur) || Col. XIX *bis*. Desunt versus circiter sex in fine col. XIX et decem in initio col. XX. Cum de rebus longe aliis utrimque sermo sit, nullam viam reperio qua, in spatio angustiore, sententiarum junctura expedite fiat. Quare suspicor inter fragm. IV et V columnam unam omnino periisse, quam voco XIX *bis*, ne mutentur numeri qui sequentibus columnis tribui solent. Huic columnæ insero fragmenta duo, quæ apud veteres, ut excerpta e nostra oratione, servata sunt, neque tamen in pap. H leguntur. Prius ab Athenæo, X, 424 D laudatur ; posterius habet Priscianus XVIII, c. 25, § 235. Ea proxima inter se fuisse existimo. (In priore, ἔπινεν pro ἔπιεν conj. Meineke ; in posteriore, verbum ἀκρατοκώθωνες memoratur etiam ab Athenæo, XI, 483 E, ut ex hac oratione sumptum).

ces gens-là, Démosthène en a fait des Athéniens par décrets ; ils sont ses auxiliaires préférés entre tous. A cela, rien d'extraordinaire ; car, incapable, je crois, de s'en tenir jamais aux mêmes idées, il a naturellement des amis aussi changeants que le courant de l'Euripe [1].

Et là-dessus, à propos de notre amitié, [*dans un instant*] tu
XXI oseras [*t'emporter contre moi : tu diras que je n'ai pas trouvé honteux de la trahir, quand*] c'est toi-même qui l'as rompue, du jour où tu as accepté de l'or pour en user contre les intérêts de ta patrie, et où tu as si bien évolué. Par là, tu t'es rendu ridicule pour ton propre compte, et tu es devenu la honte de ceux qui tout d'abord avaient adhéré plus ou moins à ta politique. [Nous] pouvions jouir de la situation la plus brillante auprès du peuple, et, pour le reste de notre vie, marcher escortés d'un renom de bon aloi. De tous ces avantages, tu n'as rien laissé debout ; et tu ne rougis pas aujourd'hui, à ton âge, d'être traîné en justice par des gamins, pour crime de corruption. Pourtant ce devrait être à vous, au contraire, à faire l'éducation des orateurs, vos cadets, et, s'ils com-
XXII mettaient un acte trop inconsidéré, à les reprendre et à les

en une longue diatribe, où il les accuse de s'être mis indifféremment au service de Philippe, de Thèbes ou d'Athènes. Dinarque, sans doute d'après lui (*C. Dém.*, 44), reproduit des reproches analogues ; mais le scoliaste d'Eschine note déjà le caractère très tendancieux de telles allégations. En réalité, ces deux hommes avaient bien provoqué, en 348, la révolte de Chalcis contre Athènes ; mais plus tard, en 341, ils s'étaient entendus avec le parti national d'Athènes pour expulser de l'Eubée les tyrans favorables à la Macédoine, comme Philistide à Oréos et Clitarque à Érétrie. Dans ces conditions, leur accorder le droit de cité à Athènes pouvait être, de la part de Démosthène, un acte de sage opportunisme politique. — Sur la démarche de Callias auprès d'Olympias nous n'avons aucun renseignement ; en la supposant, comme celle d'Aristion, aux environs de 330, c'est le moment où Hypéride insiste au contraire (*P. Eux.*, 24) sur le zèle qu'il a déployé dans l'Assemblée pour résister à des réclamations de la reine-mère.

1. La comparaison avec l'Euripe était, pour ainsi dire, proverbiale ; pourtant, ici encore, Hypéride pourrait bien s'être inspiré d'Eschine (*C. Ctés.*, 90), qui représente Callias comme changeant

στίωνι Ἀριστίων ὁ Σάμιος, διαλλαγῶν ἕνεκα ὑπ' αὐτοῦ τοῦ Δη]μοσθένο[υς ἀπο]σταλείς, παρὰ [δ' Ὀλυμ]πιάδι Καλλίας ὁ [Χαλ]κιδεύς, ὁ Ταυροσθένους ἀδελφός· τούτους γὰρ ἔγραψε Δημοσθένης Ἀθηναίους εἶναι, καὶ χρῆται τούτοις πάντων μάλιστα. Καὶ οὐδὲν θαυμαστόν· οὐδέποτε γάρ, οἶμαι, ἐπὶ τῶν αὐτῶν μένων, εἰκότως φί[λους] τοὺς ἀπ' Εὐρίπου κέκτηται.

Εἶτα σὺ περὶ [φιλ]ίας πρὸς ἐμὲ τολ[μήσεις αὐτίκα μά]λα
[ἐκφέρεσθαι, ὡς οὐκ | αἰσχρὸν νομίσαντα προδοῦναι XXI
αὐτήν, ἣν σύ γε διέ]λυσας αὐ[τό]ς, ὅ[τε χρ]υσίον κατὰ
τῆς [πατρ]ίδος ἔλαβες καὶ [μετ]εβάλου. Καὶ καταγ[έλα]στον μὲν σαυ[τὸν] ἐποίησας, κατῄ[σχυν]ας δὲ τοὺς ἐκ τῶν [ἔμπρ]οσθεν χρόνων [τῶν αὐ]τῶν τί σοι προ[ελομέ]νους. Καί, ἐξὸν [ἡμῖν] λαμπροτάτοις [εἶναι] παρὰ τῷ δήμῳ, [καὶ τὸ]ν ὑπόλοιπον [βίον ὑ]πὸ δόξης χρη[στῆς πα]ραπεμφθῆν[αι, ἅπα]ντα ταῦτα ἀνέτρ[εψας· κα]ὶ οὐκ αἰσχύνει νυνί, τηλικοῦτ[ος] ὤν, ὑπὸ μειρακίων κρινόμενος περὶ δωροδοκίας. Καίτοι ἔδει τοὐναντίον ὑφ' ὑμῶν παιδεύεσθαι τοὺς νεωτέρους τῶν ῥητόρων, καί, [εἴ] τι προπετέστερον |

Col. XX 1-2 Hoc loco de Aristione agi vidit Sauppe, qui conf. Harpocrationem, *s. v.* Ἀριστίων: Ὑπ. κατὰ Δημ· οὗτος Σάμιος μέν ἐστιν ἢ Πλαταιεύς, ὡς Δίυλλός φησιν, ἐκ μειρακυλλίου δ' ἑταῖρος Δημοσθένους· ἐπέμφθη δ' ὑπ' αὐτοῦ πρὸς Ἡφαιστίωνα ἕνεκα διαλλαγῶν, ὥς φησι Μαρσύας ἐν τῷ ε' τῶν περὶ Ἀλεξάνδρου. Inde sententiam effingere conatus sum. Transitus a secunda ad tertiam personam sæpius fit apud Hyperidem || 7-8 φίλους τοὺς ἀπ' Εὐρίπου. Hanc imaginem quoque, ut videtur, Hyperides haurit ex Æschine, qui de Callia sic loquitur (III, 90): πλείους τραπόμενος τροπὰς τοῦ Εὐρίπου, παρ' ὃν ᾤκει. || 9 φιλίας Blass || 9-10 μάλα ἐκφέρεσθαι ego : μάλα λέγειν Blass πολλὰ λέγειν Kenyon || 10-11 ὡς οὐκ αἰσχρὸν νομίσαντα προδοῦναι αὐτὴν addo, ut verborum continuationem, quibus col. XX et XXI inter se conjungantur, efficiam || Col. XXI 2 ἣν σύ γε διέλυσας ego : ταύτην τὴν φιλίαν διέλ- Kenyon ταύτην τὴν φιλίαν οὐ διαλύσας Blass || ὅτε Blass || 3 πατρίδος Bœckh || 3 μετεβάλου Blass || 3-4 καταγέλαστον Babington || 4-8 κατῄσχυνας... ἀνέτρεψας pleraque rest. Blass || 6 ἡμῖν Blass : ὑμῖν suspicatur Kenyon, coll. infra ὑφ' ὑμῶν παιδεύεσθαι.

châtier. Mais maintenant, à l'inverse, ce sont les jeunes gens qui mettent à la raison les hommes de plus de soixante ans [1].

Aussi, juges, pouvez-vous à bon droit faire sentir votre colère à Démosthène puisque, après avoir, grâce à vous, joui pour sa part d'une gloire assez belle et d'une fortune considérable, il ne garde même plus, au seuil de la vieillesse, le souci de ses devoirs envers la patrie. Vous du moins, [*naguère, en déposant votre vote,*] vous aviez honte, devant ceux des Grecs qui faisaient cercle autour de vous, de prononcer des condamnations si, comme aujourd'hui, des chefs du peuple, des généraux, des gens préposés à la garde des affaires publiques [2] [*étaient reconnus par vous coupables de fautes sur lesquelles il était impossible de fermer les yeux ; pourtant vous*
XXIII *obéissiez à votre conscience*; *et un Timothée même, malgré son titre de fils de Conon et toutes ses victoires personnelles, a été frappé d'une amende de cent talents, quand il a été convaincu d'avoir reçu de l'argent de Chios et de Rhodes. Mais Démosthène, lui, s'est-il laissé arrêter par aucun scrupule, du moment où il s'est agi pour lui de s'enrichir? Par sa faute, un scandale reten-*

plus aisément de sens, dans sa politique, que l'Euripe auprès duquel il habitait. — En insistant ainsi sur la versatilité de Démosthène, Hypéride prépare la justification de sa rupture avec lui ; mais, dès l'antiquité, il n'avait pas convaincu tout le monde de l'excellence de sa cause (cf. Luc., *Él. de Dém.*, 31) ; Plutarque aussi (*Dém.* 13) proteste vivement contre le même reproche adressé par Théopompe à Démosthène.

1. Démosthène, né en 384, a, au moment de notre procès, légèrement dépassé la soixantaine. Pour les μειράκια (XXI, 21), les νέοι (XXII, 4) qui lui sont opposés, il ne faut sans doute pas prendre ces mots trop à la lettre ; p. ex., Pythéas, parmi eux, avait alors environ 32 ans.

2. Il manque les 3 ou 4 dernières lignes de la col. XXII ; et, dans la col. XXIII, nous n'avons que les premières lettres de chaque ligne ; (tout au plus, y devine-t-on les mots ἀδικεῖν et κινδυνεύειν). Hypéride, j'imagine, rappelait d'abord un autre procès, où un accusé illustre avait été frappé, pour conclure que Démosthène doit l'être de même, en raison justement de sa haute situation dans l'État. Ces deux développements se retrouvent d'ailleurs dans Dinarque (*C. Dém.*, 14 sqq., et 27). J'ajoute que le ὑμεῖς μὲν ᾐσχύνεσθε (XXII, 15) semble appeler un ἐκεῖνος δέ (Démosthène, lui, n'a eu aucune

ἔπραττον, ἐπιτιμᾶσθαι καὶ κολάζεσθαι. Νῦν δὲ τοὐναντίον οἱ νέοι τοὺς ὑπὲρ ἑξήκοντα ἔτη σωφρονίζουσιν. XXII

Διόπερ, ὦ ἄνδρες δ[ικα]σταί, δικαίως ἂν ὀργίζοι[σθ]ε Δημοσθένει, εἰ, καὶ δόξης ἱκανῆς [καὶ] πλούτου πολλοῦ δ[ι' ὑ]μᾶς μετεσχηκώς, μηδ' ἐπὶ γήρως [ὀ]δῷ κήδεται τῆς πατρίδος. Ἀλλ' ὑμεῖς μὲν ᾐσχύνεσθε ἐπὶ τῆς [ποτε ψήφο]υ τοὺς περιεστηκότας [τῶ]ν Ἑλλήνων, ὅτε [τινῶ]ν κατεχειρο[τον]εῖτε, εἰ τοιούτο[υς καὶ] δημαγωγοὺς κα[ὶ στρ]ατηγοὺς καὶ φύλα[κα]ς τῶν πραγμ[άτων τοιάδ' ἀδι]κή[σαντας ἕλοιτε . . . .

XXIII

Col. XXII 2 νέοι : νεοιοι H, litteris οι perperam duplicatis posteaque transfixis || 4 καὶ δόξης ἱκανῆς. De hoc loco Blass refert ad Plut., *Dem.* 12 : ὁμολογεῖν δὲ καὶ τοὺς ἀπεχθανομένους ὅτι πρὸς ἔνδοξον αὐτοῖς ἄνθρωπον ὁ ἀγών ἐστι· καὶ γὰρ Αἰσχίνης καὶ Ὑπερείδης τοιαῦτα περὶ αὐτοῦ κατηγοροῦντες εἰρήκασιν || 5 ἐπὶ γήρως ὀδῷ Blass, Kenyon, Jensen : οὐδῷ Sauppe (ὀδῷ cum spatio melius convenit ; ceterumque cf. Poll. II, 15 : λέγοιτο δ' ἂν καθ' Ὑπερείδην καὶ ἐπὶ γήρως ὀδῷ). Manifesto Hyperides Homeri recordatur ἐπὶ γήραος οὐδῷ, *ad ipsum senectutis terminum* ; sed verba poetæ in atticum sermonem transcribit. Item Lyc., *C. Leocr.*, 40 ; et, ubi nihil manet dubitationis, Soph., *Œd. Col.*, 57, 1590, apud quem ὀδός pro οὐδός (*limen*, non *via*) in fine trimetrorum iambicorum legitur || κήδεται τῆς πατρίδος Müller || 6-7 ἐπὶ τῆς ποτε ψήφου tento : ἐπὶ τῆς οἰκάδ' ὁδοῦ Blass. Num quæsiverit Hyperides verba quodam modo verbis ἐπὶ γήρως ὀδῷ pariter respondentia incertum est || 7 περιεστηκότας Babington, de corona eorum cogitans, qui judicio aderant || τινῶν Blass || 8 τοιούτους καὶ Blass : τοιούτους μὲν Sauppe || 9 φύλακας Sauppe || post πραγμάτων, forte [τοιάδ' ἀδι]κή[σαντας ἕλοιτε] : [ἔχειν δο]κοῖ[τε] suppl. Blass ; sed potius κτ vel κη exstare in H notat Jensen || Desunt versus tres vel quatuor in ima col. XXII || E Col. XXIII, quæ versus viginti novem continebat, supersunt tantum primæ litteræ cujusque versus, unde vix verba ἀδικεῖν et κινδυνεύειν licet suspicari.

tissant a éclaté dans notre cité. Sans doute, l'Aréopage vous a dénoncé un certain nombre de coupables ; et, vous le sentez bien, vous ne sauriez les laisser impunis sans attirer sur vous les plus graves dangers. Toutefois, entre ces accusés, il en est un, en particulier, dont chacun attend le châtiment de votre justice : c'est l'homme que vous avez devant vous en ce moment].

Fragm. VI.

XXIV En effet, la [gravité] du délit n'est pas tant d'avoir pris, mais d'avoir pris où il n'[eût pas fallu] ; et la faute non plus n'est pas égale à détenir l'or en question, s'il s'agit de citoyens sans fonctions publiques, ou bien d'orateurs et de généraux. Pourquoi cela ? parce que aux citoyens sans fonctions Harpale a fait don de son or, pour qu'ils le gardent (à leur usage personnel [1]); au contraire, les généraux et les orateurs l'ont reçu en vue d'actes à accomplir. D'ailleurs, la loi prescrit, en cas de faits délictueux, des amendes [*simples*], mais, en cas de [*corruption*], des amendes décuples à payer ; et il n'est possible d'appliquer [*la peine de mort*], d'après [*la loi*], que dans ce dernier cas [*seulement*] : tant les [*châtiments*] fixés par vous prennent, vis-à-vis de tels coupables, [*plus de gravité*] [2].

C'est que, — et je l'ai déjà dit dans l'Assemblée du
XXV peuple, — juges, vous voulez bien laisser vos généraux et

pudeur). En tout cas, nous devons aboutir à cette conclusion : la faute est beaucoup plus grave pour un homme politique en vue que pour un citoyen quelconque. — Comme Hypéride, au lieu de démontrer la culpabilité de Démosthène, s'en tient volontiers à des considérations générales, le détail de son argumentation, surtout dans la seconde partie, si mutilée, de son discours, reste souvent difficile à reconstituer de façon précise.

1. Évidemment ἔδωκε φυλάττειν s'oppose à πράξεων ἕνεκα εἰλήφασιν, mais le terme φυλάττειν manque quelque peu de netteté.

2. Sur ces différentes sortes d'amendes, cf. Aristote, 'Αθ. πολ., LIV, 2 ; celui-ci distingue ἀδικεῖν, κλέπτειν et δῶρα λαβεῖν ; de même Plutarque *Pér.*, 32. 'Αδικεῖν semble indiquer de simples irrégularités, n'entachant pas à proprement parler l'honneur du coupable, comme il arrive, au contraire, pour les détournements d

Fragm. VI.

. . . .| Ο]ὐ γάρ ἐστιν ὁμοίως [δεινό|ν, εἴ τις ἔλα|βεν,] XXIV
ἀλλ' εἰ ὅθεν μὴ [χρῆν, ο]ὐδέ γ' ὁμοίως [ἀδι]κοῦσιν οἱ ἰδιῶται
[οἱ λαβ|όντες τὸ χρυσίον [καὶ] οἱ ῥήτορες καὶ οἱ [στρατ]ηγοί.
Διὰ τί ; ὅτι τοῖς [μὲν] ἰδιώταις Ἅρπα[λος ἔ]δωκεν
φυλάτ[τειν τ]ὸ χρυσίον, οἱ δὲ [στρατη]γοὶ καὶ οἱ ῥήτο|ρες
πρ]άξεων ἕνεκα [εἰλή]φασιν. Οἱ δὲ νό[μοι τ]οῖς μὲν ἀδι-
κοῦ[σιν ἁπλ]ᾶ, τοῖς δὲ δω|ροδοκοῦσι]ν δεκαπλᾶ [τὰ ὀφλ|ή-
ματα προστάτ[τουσιν] ἀποδιδόναι, [καὶ θάνατο]ν τὸ τίμη|μα
τιμῆ]σαι ἔστιν ἐκ [τῶν νόμ]ων τούτοις [μόνοι]ς· οὕτω καὶ
[αἱ ζημία]ι παρ' ὑμῶν [καθεστᾶ]σι κατ' αὐτῶν [δεινό-
τερ]αι.
Ὅπερ γὰρ [ἤδη ἐν τ]ῷ δήμῳ εἶ[πον, πο]λλὰ ὑμεῖς, ὦ
[ἄνδρ]ες δικασταί, δί[δοτε ἑ]κόντες τοῖς | στρατηγοῖς καὶ XXV

Col. XXIV 1 δεινόν Sauppe : ἄδικον Bœckh || 2 χρῆν ego : ἐξῆν Bœckh δεῖ Sauppe (imperfectum melius cum ἔλαβεν congruere videtur) || ἀδικοῦσιν Sauppe, Jensen : ἔχουσιν Blass, Kenyon || 3 οἱ λαβόντες Blass : λαβόντες Sauppe λαμβάνοντες Bœckh || 6 πράξεων Blass : ἀδικημάτων Schæfer ἀπατῶν Müller || εἰλήφασιν Babington || 7 ἁπλᾶ Blass[3] : prius restituerat διπλᾶ, Dinarchum secutus, qui (I, 60) legem nimis incerte commentatur. Mulcta duplex ea tantum conditione imponitur, si quis mulctam principalem ad finitum lege tempus non exsolverit. Immo errat plane Dinarchus (II, 17), dum asserit iis tantum, qui pretio corrupti sint, mulctam decemplicem indici : pœnas easdem dant qui pecuniam publicam averterunt. De his omnibus, cf. Aristot., Ἀθ. πολ., LIV, 2 || 8-10 καὶ θάνατον τὸ τίμημα ... κατ' αὐτῶν δεινότεραι rest. Blass, quem sequor : ὥσπερ οὖν τὸ τίμημα Jensen (quo modo ὥσπερ οὖν et οὕτω καὶ inter se opponantur male intelligo) || 9 ante οὕτω καί aliquantum spatii vacuum relictum est in H || 12 Ὅπερ γὰρ ἤδη Sauppe : ὅπερ γὰρ καὶ Blass || 13 δίδοτε ἑκόντες Sauppe || Col. XXV omni ex parte sine lacunis servata est.

vos orateurs s'assurer toutes sortes de profits ; cette latitude ne leur vient pas des lois ; elle est un effet de votre bonté, de votre humanité. Vous n'y mettez qu'une réserve : vous veillez à ce que l'argent reçu le soit avec votre consentement et non à votre détriment [1]. Or, Démosthène et Démade, rien qu'avec les décrets et les proxénies votés dans votre cité, ont, je pense, touché plus de soixante talents chacun, sans compter les sommes venues du Grand Roi et d'Alexandre. Eh bien ! si, de ces deux sources de bénéfices, ni l'une ni l'autre ne leur suffit, mais que maintenant ils ont accepté des cadeaux pour attenter à la vie même de l'État, comment ne serait-il pas juste de les punir ?

XXVI Cependant qu'un homme du commun, l'un de vous, dans l'exercice d'une magistrature, commette quelque délit par ignorance ou [par inexpérience], le malheureux, accablé des flots de leur éloquence, trouvera au tribunal une sentence de mort ou d'exil ; mais eux, malgré l'étendue de leurs crimes envers la République, ils ne connaîtront aucun châtiment ! Conon de Pæania, pour avoir touché l'indemnité de spectacles au nom de son fils alors absent d'Athènes, (c'était une affaire de cinq drachmes), malgré les supplications qu'il vous adressait, a été condamné à un talent devant le tribunal, sur leur accusation. Ou encore Aristomaque, l'ancien surveillant de l'Académie, pour avoir transporté une bêche de la palestre dans son jardin, qui était tout proche, et s'en

XXVII être servi pour son usage, en disant [2] [. . . . .

fonds ou les faits de corruption. Aussi, l'amende, simple dans le premier cas, est-elle portée au décuple dans les deux autres.

1. Il y a là une indication curieuse sur la vie politique à Athènes ; cf. ce que j'en disais dans ma première édition du discours, p. 90 sqq. Démosthène a pu user de telles libertés, comme les autres orateurs ; mais nous n'en conclurons pas avec Hypéride, bien que la même affirmation se retrouve dans Dinarque (I, 41 sqq., et surtout 103-104), qu'il faille l'assimiler à Démade.

2. Il manque toute la col. XXVII, sauf quelques débris de lettres au commencement des dernières lignes, et les sept premières lignes de la col. XXVIII. — Sur la façon dont je me représente le contenu de la lacune, cf. les notes critiques.

τοῖς ῥήτορσιν ὠφελεῖσθαι, οὐ τῶν νόμων αὐτοῖς δεδωκότων τοῦτο ποιεῖν, ἀλλὰ τῆς ὑμετέρας πραότητος καὶ φιλανθρωπίας, ἓν μόνον παραφυλάττοντες, ὅπως δι' ὑμᾶς καὶ μὴ καθ' ὑμῶν ἔσται τὸ λαμβανόμενον. Καὶ Δημοσθένη καὶ Δημάδην ἀπ' αὐτῶν τῶν ἐν τῇ πόλει ψηφισμάτων καὶ προξενιῶν οἶμαι πλείω ἢ ἑξήκοντα τάλαντα ἑκάτερον εἰληφέναι, ἔξω τῶν βασιλικῶν καὶ τῶν παρ' Ἀλεξάνδρου. Οἷς δὲ μήτε ταῦτα ἱκανά ἐστιν μήτ' ἐκεῖνα, ἀλλ' ἤδη ἐπ' αὐτῷ τῷ σώματι τῆς πόλεως δῶρα εἰλήφασι, πῶς οὐκ ἄξιον τούτους κολάζειν ἐστίν ;

Ἀλλὰ τῶν μὲν ἰδιωτῶν ὑμῶν ἐάν | τις, ἀρχήν τιν[α XXVI
ἄρχων,] δι' ἄγνοιαν ἢ [δι' ἀπει]ρίαν ἁμάρτῃ τ[ι, οὗτος] ὑπὸ τούτων κ[αταρρη]τορευθεὶς ἐν τῷ [δικα]στηρίῳ ἢ απο[θανεῖ-]ται ἢ ἐκ τῆς πατ[ρίδος] ἐκπεσεῖται· αὐτ[οὶ δέ], τηλικαῦτα ἀδικ[ήσαν]τες τὴν πόλιν, οὐδεμιᾶς τιμωρία[ς τεύ]ξονται ; Καὶ Κόν[ων] μὲν ὁ Παιανιεύς, [ὅτι] ὑπὲρ τοῦ ὑοῦ ἔλαβ[εν] τὸ θεωρικὸν ἀπ[οδη]μοῦντος, πέντ[ε δρα]χμῶν ἕνεκεν, [ἱκε]τεύων ὑμᾶς, τάλαντον ὦφλεν ἐν τῷ δικαστηρίῳ, τούτων κατηγορούντων. Καὶ Ἀριστόμαχος, ἐπιστάτης γενόμενος τῆς Ἀκαδημείας, ὅτι, σκαφεῖον ἐκ τῆς παλαίστρας μετενεγκὼν εἰς τὸν κῆπον τὸν αὐτοῦ πλησίον ὄντα, ἐχρῆτο, καὶ
ἔφη | [. . . . XXVII

Col. XXVI 2 ἄρχων Bœckh : ἄρξας Sauppe || 2 δι' ἀπειρίαν Babington : δι' ὀλιγωρίαν Bœckh οὐ πονηρίαν Sauppe || ἁμάρτῃ τι Blass || οὗτος Sauppe || 3 καταρρητορευθείς Sauppe || 6 Κόνων Bœckh, Sauppe || ὅτι Babington || 6-8 Dinarchus quoque (I, 56) de cive quodam loquitur vocato in judicium, quia drachmas quinque nomine absentis auferre voluisset ; sed, apud eum, reum citat Areopagus, absolvit populus ; num credendum est causam eamdem tam dissimili modo memorari ? Ceteroqui Demosthenem nusquam audimus lites tales suscepisse ; immo quandoque oratores plane vituperat, qui eas intendere solent (cf., ex. gr., *C. Timocratem*, 123-124) || 10 Ἀκαδημείας Westermann : Ακαδημιας H || 12 ἔφη Bœckh : Sauppe de ephebis cogitare mavult || E Col. XXVII manent tantum vestigia satis inania ultimorum versuum (leguntur σθο vel σθε, et μετ : forte Δημοσθένης et μετά ?) ; desunt insuper septem primi versus col. XXVIII. In initio

Quel contraste, citoyens, entre cette sévérité et la mansuétude dont vous avez fait preuve vous-mêmes envers vos orateurs dans des occasions autrement graves ! Pardonnez-moi d'évoquer des souvenirs aussi pénibles que ceux de notre défaite à Chéronée ; vous aviez voulu, fidèles aux traditions de votre cité, combattre au premier rang pour la liberté de la Grèce ; vos orateurs (j'en étais avec Démosthène et Lycurgue) vous y avaient poussés de toutes leurs forces ; mais, si votre courage égalait

Fragm. VII.

XXVIII *celui des vainqueurs de Salamine et de Platées, le succès cette fois n'a pas été le même ; la fortune n'était pas pour Athènes. Cependant on ne voyait pas*] le peuple, au lendemain de ces événements, nous interdire de nous présenter devant lui ni de l'entretenir de nos propositions ; au contraire, il faisait de nous ses conseillers et ses [*porte-parole*[1]. *A ce moment, c'est Lycurgue qu'il prit pour chef de préférence ;*] et, dès le [*mois*] suivant, il l'investit à mains levées de [*l'administration*] générale de ses affaires, avec le titre de

1. Nous connaissons mal, dans le détail, ce qui s'est passé à Athènes après Chéronée ; du moins, nous voyons le parti national rester à la tête des affaires. Hypéride propose d'accorder des pouvoirs extraordinaires au Conseil, et de faire appel non seulement à tous les citoyens présents dans la ville, mais encore aux bannis, aux métèques et aux esclaves. Démosthène répare les murs, organise le service de garde, achète des approvisionnements, et s'offre pour aller réclamer les contributions des membres de la Ligue maritime ; c'est lui, on le sait, qui est chargé officiellement de prononcer l'*Oraison funèbre* des morts de Chéronée. Quant à Lycurgue, il s'occupe de la flotte et des arsenaux ; grâce à la confiance qu'il inspire, il arrive à obtenir des particuliers des prêts importants en faveur de l'État ; et, dans les années suivantes, il va exercer à Athènes, comme on l'a dit, une « manière de principat ».

Fragm. VII.

XXVIII

. . . . Οὐ μέντοι] ἡμᾶς ὁ δῆμ[ος ἐν τῷ] μετὰ ταῦτα χρ[όνῳ] οὐκ εἴα προσ[ιέναι] αὐτῷ οὐδὲ δια[λέγε]σθαι, ἀλλὰ καὶ συ[μβούλοις ἐχ]ρῆτο καὶ σ[υνηγόροις. Τότε δὴ Λυκοῦργον προστάτην μᾶλλον εἵλετο· τοῦ δ]ὲ ἐπιόν[τος μηνός, ἐ]πὶ τὴν δι[οίκησιν τῶ]ν αὑτοῦ ἅπασαν [ταμ]ίαν ἐχειροτό-

lacunæ memorari potuit tertius civis ingenti pecunia, rogantibus oratoribus, pro peccato minimo mulctatus. Deinde, ut his factis contraria opponantur, libenter credam prædicatum fuisse quam benigno animo, post cladem apud Chæroneam acceptam (ἐν τῷ μετὰ ταῦτα χρόνῳ), populus se erga oratores gesserit, inter quos tunc Demosthenes ipse cum Hyperide et Lycurgo erat (ἡμᾶς) || Col. XXVIII 1 Ante ἡμᾶς solerte dispexit Blass negationem supplendam esse, cui omnis sententia subjiceretur ; inde οὐ μέντοι ἡμᾶς || 1-3 Οὐ μέντοι ... συνηγόροις suppl. Blass. Deinde de Lycurgo agi monuit ille, cui unusquisque assentietur, ut opinor, quanquam oratoris nomen non servatum est || 3-4 Post συνηγόροις, evanuerunt tantummodo versus duo, nec plures (litteræ circiter triginta quinque) : Τότε δὴ Λυκοῦργον προστάτην μᾶλλον εἵλετο, ex. gr., propono || 4 τοῦ δ]ὲ ἐπιόν[τος agnovit Jensen ; eamque lectionem, ut ad vestigia quadrantem, acceperunt Bell et Milne : [π]λείστων Blass || post ἐπιόντος suppleo nunc μηνός : ἔτους Jensen, quod et mihi placuerat prius. De hoc loco, cf. quæ exposui supra, p. 222, sqq.|| 5 διοίκησιν Blass || ταμίαν Kenyon.

[*trésorier*,] dans la pensée que nous avions vis-à-vis de lui une dette de reconnaissance ; et c'était justice[1].

En outre, quand, plus tard, des procès nous furent intentés en grand nombre à la suite de notre action dans
XXIX ces circonstances et de la guerre elle-même, [jamais] les Athéniens ne rendirent un vote contre nous[2] ; ils nous sauvèrent de toutes les accusations, ce qui est le [*signe*] le plus éclatant et le plus sûr de la faveur [*populaire*[3]. *De même encore*,] ô [*Démosthène, quand tu as osé*] proposer [*contre toi-même la peine de mort, au cas où l'Aréopage te déclarerait coupable d'avoir reçu quelque argent d'Harpale, et que, cette déclaration s'étant produite*,] ton décret [*se trouvait*] entraîner fatalement ta [*condamnation*], les Athéniens n'ont pas pris [*à leur compte, telle quelle*], la procédure des Aréopagites ; [*ils t'ont donné des juges, et ils ont tenu à ce qu'aucune décision ne fût arrêtée à ton égard que par un tribunal régulier. Telle a toujours été, avec nous autres, orateurs*,] la conduite de votre démo-
XXX cratie : dépouillée elle-même par la fortune de sa couronne (de gloire), elle n'a pas voulu pour cela nous dépouiller de celle qu'elle nous avait donnée.

Et alors, quand le peuple s'est comporté de la sorte vis-à-vis de nous, nous ne serions pas à sa disposition pour

1. Pour l'ensemble du passage consacré ici à Lycurgue, cf. la *Notice*, p. 222 sqq.

2. Le plus fameux de ces procès est celui *de la Couronne*, qui, soulevé dès 337, ne fut plaidé qu'en 330. Démosthène (*Cour.*, 248-250) fait allusion aux accusations nombreuses et violentes dirigées contre lui, mais dont il est toujours sorti vainqueur. On peut citer encore les attaques du sycophante Aristogiton contre le décret d'Hypéride ordonnant la levée en masse de tous les combattants disponibles, sans distinction d'origine ; Hypéride fut acquitté, lui aussi.

3. La col. XXIX n'a conservé que ses huit premières lignes sur le fragm. VII. Mais Blass y insère ensuite un des petits morceaux retrouvés par Babington (*Bab. III*) : nous aurions là alors une allusion au fameux ψήφισμα καθ' αὑτοῦ. Sans doute, on pourrait envisager à cet endroit d'autres exemples de la mansuétude du peuple vis-à-vis de ses orateurs : mais l'hypothèse de Blass, avec son apostrophe directe à Démosthène, me paraît séduisante ; et j'accepte aussi le supplément proposé par lui pour réunir ce morceau à l'ensemble du développement.

νησ[εν, ὑπ]ολαμβάνων χάριν αὐτῷ παρ' ἡμῶν ὀφείλεσθαι· ὅπερ δίκαιον ἦν.

Καὶ πρὸς τούτοις, ἀγώνων ἡμῖν ὕστερον πολλῶν γεγενη-
μένων [ἐξ ἐ]κείνων τῶν [πραγ]μάτων [καὶ αὐ|τοῦ τοῦ XXIX
π]ολέμου, οὐδε[πώποτε ἡ]μῶν οὗτοι [κα]τεψηφίσαντο, ἀλλ'
ἐκ πάντων ἔσωσαν, [ὅπερ μ]έγιστον καὶ [ἀξιοπι]στότατον
τῆς [τοῦ δήμ]ου [εὐ]νοίας [σημεῖον. Καὶ γρά]ψαι, ὦ
[Δημόσθενες, τολμήσαντος σοῦ κατὰ σαυτοῦ θάνατον τὴν
ζημίαν, ἐὰν ἀποφήνῃ σ' ἡ βουλὴ εἰληφότα τι παρ' Ἁρπά-
λου, ἐπειδὴ ἀπέφηνεν, καὶ συνέβαινεν ὑ]πὸ το[ῦ ψη]- (Bab. III)
φίσματος [ἡλωκέ]ναι σε αὐτόμ[ατον, οὐ]κ ἐποιήσαν[τ' αὔτως
τὸ]γενόμεν[ον ἐφ' αὐτοῖς, ...

. . . . Τοιαῦτα γὰρ ἀεὶ τοὺς ῥήτορας ἡμᾶς ὁ
ὑμέτερος δῆ]|μος ἐποίησεν, ὥστ' αὐτός, ὑπὸ τῆς τύχης XXX
ἀφαιρεθεὶς τὸν στέφανον, ἡμῶν ὃν ἔδωκεν οὐκ ἀφείλετο.

Οὕτως οὖν ἡμῖν τοῦ δήμου προσενηνεγμένου, οὐ πάντα

Col. XXVIII 6 ὀφείλεσθαι : οφιλεσθαι H || 7 Ante ὅπερ δίκαιον ἦν spatium vacuum in H || 9 ἐξ ἐκείνων τῶν πραγμάτων Kenyon || καὶ αὐτοῦ τοῦ Jensen : καὶ περὶ τοῦ Blass καὶ ἔτι τοῦ Radermacher || Col. XXIX 2-3 οὐδεπώποτε ἡμῶν... κατεψηφίσαντο ... ὅπερ Blass || 3 ἀξιοπιστότατον Kenyon || 4 εὐνοίας Fuhr, Jensen : διανοίας Blass, Kenyon || σημεῖον Blass || Hæc columna versus tantum octo habet in H. Sed, paulo infra, suspicatus est Blass fragm. Bab. III (ὑπὸ τοῦ ψηφίσματος ... τὸ γενόμενον) inserendum esse, quod cum antecedentibus sic conjunxit, ut supra, eum secutus, transcripsi (v. 4-7 : Καὶ γράψαι ... συνέβαινεν ὑπὸ τοῦ ψ-) || 8 Post αὐτόματον, conjicio οὐκ ἐποιήσαντ' αὔτως τὸ γενόμενον ἐφ' αὐτοῖς : οὐκ ἐποίησαν οὗτοι τὸ γενόμενον ἐπ' αὐτοῖς Blass || Inde, usque ad imam columnam, desunt versus circiter octo. In fine, ut totius argumentationis conclusio inducatur, tento, ex. gr. : Τοιαῦτα γὰρ ἀεὶ τοὺς ῥήτορας ἡμᾶς ὁ ὑμέτερος δῆμος ἐποίησεν || Col. XXX 2 στέφανον. Hoc vocabulum, (*palmam, pretium virtutis* significans), etsi interdum in oratione soluta invenitur (Lyc., *C. Leocr.*, 50 ; Hyper., *Epitaph.*, 19), videtur potius poetice dici, et proprie spirare tragicum (cf. Soph., *Ajax*, 465 ; Eur., *Iph. Aul.*, 194 ; *Troj.* 401) || 3-4 πάντα τὰ δίκαι' ἂν Fuhr, Jensen : πάντ' ἂν δικαίως Blass, Kenyon πάντα δικαίως ἂν Sauppe.

tous les services auxquels il a droit, et, au besoin, prêts à mourir pour lui ! Si, à mon avis. Seulement, toi, tu méprises[1] [*les devoirs les plus sacrés ; tu ne t'imagines pas que, pour les cœurs bien placés, il n'y a pas*] de bienfaits qu'ils n'aspirent à [*rendre en échange de ceux qu'ils ont reçus* ;] car ce n'est pas à la patrie des autres qu'ils veulent faire du bien, mais à la leur, ni en fixant des limites à leur reconnaissance, [*mais de tout cœur, sans restrictions.*

Pour toi, au contraire, dans cette affaire,] tu n'as jamais
XXXI cessé de montrer [*à la fois l'impudence de ton caractère*] et les ressources de ton éloquence. Ainsi, quand tu pensais que l'Aréopage allait dénoncer les détenteurs de l'or d'Harpale, tu devenais belliqueux et prêt à bouleverser la République, afin d'éluder l'enquête ; mais, quand ce Conseil différait ses déclarations, en disant qu'il n'avait pas encore trouvé les coupables, alors, dans l'Assemblée, tu accordais à Alexandre d'être fils aussi bien de Zeus ou de Poseidon, s'il en avait envie[2]. Puis, après l'arrivée [*de Nicanor*[3].. . . . .

1. De la col. XXX nous avons seulement avec certitude les 13 premières lignes. Au-dessous, à peu de distance, je placerais volontiers, toujours avec Blass, le débris *Bab. II*, en y rattachant de plus la citation d'Harpocration, *s. v.* παραγραφή. Ensuite, il ne reste plus qu'un espace assez restreint avant d'atteindre la col. XXXI.

2. Hypéride n'a sans doute pas tort de noter chez Démosthène des variations d'attitude au cours des derniers événements ; mais le commentaire qu'il en donne est tendancieux. D'abord, si, comme je le crois, la question des honneurs divins a été posée par Alexandre avant celle du rappel des bannis, Démosthène, après y avoir été hostile au début, pouvait, à la réflexion, estimer nécessaire de céder sur ce point, pour avoir quelque concession à offrir à Nicanor en négociant avec lui à Olympie. Et puis, sans désirer la guerre, n'était-il pas assez naturel de songer à des précautions militaires, en présence des menaces qu'on sentait alors peser sur Athènes ? (cf. la *Notice*, p. 232.)

3. Il manque une dizaine de lignes en bas de la col. XXXI ; on entrevoit seulement ensuite deux membres de phrase dans la première moitié de la col. XXXII ; et il ne subsiste de la col. XXXIII que de rares fins de lignes inutilisables. La lacune est donc considérable, et paraît avoir contenu des allusions à un certain nombre de faits particuliers que rien ne nous permet de deviner.

⟨τὰ⟩ δί[κα]ι' ἂν αὐτῷ ἡμεῖς [ὑπη]ρετοῖμεν, καί, εἰ δ[έοι, ἀ]ποθνήσκοιμεν [ὑπὲρ] αὐτοῦ; Ἐγὼ [μὲν οἶμαι. Ἀλλὰ σ]ὺ κατα[φρονεῖς . . . .

. . . . . . ἀνταποδίδοσ]θαι εὐεργετήματα· οὐ γὰρ τὴν ἑτέρων πατρίδα εὖ ποιεῖν αὐτούς, ἀλλὰ τὴν ἑαυτῶν, οὐδὲ μέχρι παραγραφῆς, [. . . (Bab. II) (Harp., s. παραγραφή)

. . . . τήν τε τοῦ τρόπου ἀναί-
δει]|αν καὶ λόγου δύναμιν ἀποδεικνύμενος διατετέλεκας· XXXI
καί, ὅτε μὲν ἡγοῦ τὴν βουλὴν ἀποφανεῖν τοὺς ἔχοντας τὸ χρυσίον, πολεμικὸς ὢν καὶ ταράττων τὴν πόλιν, ἵνα τὴν ζήτησιν ἐκκρούοις· ἐπειδὴ δὲ ἀναβάλοιτο τὸ ἀποφῆναι ἡ βουλή, οὔπω φάσκουσα εὑρηκέναι, τότ' ἐν τῷ δήμῳ συγχωρῶν Ἀλεξάνδρῳ καὶ τοῦ Διὸς καὶ τοῦ Ποσειδῶνος εἶ[ναι, εἰ βούλ]οιτο. [Κα]ί, ἀφι[κομένου τοῦ Νικάνορος, . . .

Col. XXX 4 ὑπηρετοῖμεν Blass || εἰ δέοι Bœckh, Babington || 5 ἐγὼ μὲν οἶμαι· ἀλλὰ σύ Fuhr || 6 καταφρονεῖς ego : κατὰ τοῦ δήμου Jensen || Post κατα[φρονεῖς, nihil jam habet columma in H ; sed infra, haud longo intervallo, refero, sicut Blass, fragm. Bab. II (]θαι εὐεργετήματα ... οὐδὲ μ[), cui adjungo verba οὐδὲ μέχρι παραγραφῆς, ab Harpocratione laudata, ut ex nostra oratione sumpta, cum hac explanatione : οὐδὲ μέχρι τινὸς ὡρισμένου χρόνου καὶ παραγεγραμμένου, ὅ ἐστι περιγεγραμμένου. Forte claudebatur sententia, ut paria paribus membra responderent, ex. gr., hoc modo : οὐδὲ μέχρι παραγραφῆς, ἀλλ' ὅλῳ καὶ παντὶ ἀφειδῶς || Dein, spatium satis exignum vacat ante finem col. XXX || Col. XXXI Initio, ἀναίδειαν conj. Sauppe : forte τήν τε τοῦ τρόπου ἀναίδειαν καὶ || 2 ἀποφανεῖν corr. Blass : αποφαινειν H || 6 εἶναι υἱῷ, εἰ βούλοιτο Sauppe : υἱῷ subtrahit Blass, propter spatium. Utique, nullus alius deus post καὶ τοῦ Διὸς καὶ τοῦ Ποσειδῶνος nominabatur, ut primi edd. crediderant. Forte, dum concedit Alexandro filium Jovis esse, si velit, Demostheni succurrit regis peregrinatio ad Ammonis fanum, hieme 332/1, et salutatio qua tunc excepit eum propheta ; addit per jocum nomen insignis alterius dei ; sed certe oblitus est, vel negligit, jam anno 335, Pythiis, a Philodamo Scarphæo Alexandrum « Novum Dionysum » appellatum esse (cf., de pæane illius poetæ, Delphis reperto, quæ profuse disseruit W. Vollgraff in *Bull. Corr. Hellén.*, 1924, 1925, 1926 et 1927) || 7 καὶ ἀφικομένου Blass, Jensen (conjicio τοῦ Νικάνορος) : καὶ ἃ φίλον εἴη αὐτῷ ἀπενήνοχασθαι Sauppe || Desunt circiter v. v. decem in ima columna.

. . . . *On reconnaît bien là l'homme qui a*
XXXII *toujours fait passer son intérêt avant celui d'Athènes. C'est lui qui*] voulait ériger [*sur l'agora*] une statue du roi Alexandre, le dieu invincible, [. . . . . .

. . . . . . *On l'a vu encore, quand Olym-*] pias nous envoyait ce message[1] [*où*. . . . . .

. . . . . .] présenter un rapport [*au peuple pour lui recommander de ne pas mécontenter la reine. De même*. . . . . . .

Fragm. VIII.

XXXIII

. . . . *Dans tout cela d'ailleurs il n'oubliait jamais ses profits personnels ; car la cupidité est un trait essentiel de son caractère. Mais vous en avez la preuve la plus manifeste dans le procès soumis aujourd'hui à votre tribunal. A quelle attitude humiliante ne s'est-il pas abaissé, comme le dernier des citoyens compromis avec lui, pour ne pas renoncer à des richesses mal acquises ? Le peuple offrait à ceux qui avaient*
XXXIV *reçu de l'argent d'Harpale d'être déchargés de toute*] accusa-

1. Dans ce message, avons-nous une nouvelle allusion à la mission de Callias de Chalcis (cf. col. XX, 12) ? Traitait-il de l'extradition d'Harpale, réclamée par la reine-mère de concert avec Antipater (suivant Diod., XVII, 108) ? Visait-il les discussions soulevées par Olympias à propos de la réfection par les Athéniens d'une statue de Dioné dans le sanctuaire de Dodone (cf. Hyp., *P. Eux.*, 24 sqq.) ? S'y agissait-il d'une tout autre chose ? Nous en sommes réduits aux hypothèses.

. . . .]|οστους [. . . . .] ἐβούλετ[ο ἐν τῇ XXXII
ἀγορᾷ] στῆσαι εἰκό[να Ἀλεξάν]δρου βασιλ[έως, τοῦ ἀνι]-
κήτου θε[οῦ, ...
. . . .] καί, ἐ[πειδὴ τὴν
ἀγ]γελίαν [ἔπεμπεν Ὀλυμ]πίας,. . . . . .
. . . . .] ἀπήγ[γειλε τῷ δήμῳ . . . .

Fragm. VIII.

XXXIII

. . . . ἀφεῖσθαι πάντων τῶν
ἐγ]|κλημάτων, καὶ κήρυγμα περὶ [τού]των ἐποιήσατο· οἱ XXXIV

Col. XXXII E priore parte hujus col. vix duæ sententiæ summatim dispiciuntur || 1-2 ἐν τῇ ἀγορᾷ ego ; cætera rest. Sauppe || 2-3 τοῦ ἀνικήτου θεοῦ Sauppe (H habet, prima manu, κητησθε cum emendationibus satis obscuris) : προσθήκη τῇ τοῦ θεοῦ Bœckh || 4-5 ἐπειδὴ τὴν ἀγγελίαν ἔπεμπεν tento : ἀγγελίαν ... Ὀλυμπίας Blass || Hujus columnæ pars posterior prorsus deperdita est || E Col. XXXIII nihil aperti servatum est || Col. XXXIV Initio, ἀφεῖσθαι πάντων τῶν ἐγκλημάτων suppl. Sauppe || 1 Verbi ἐποιήσατο subjectum ὁ δῆμος fuisse videtur || 1-2 τούτων et ἀντί Sauppe.

tion, et il avait fait faire à ce sujet une proclamation par la voix du héraut[1]; or eux, au lieu de se mettre hors de cause en restituant ce qu'ils avaient pris, proposaient contre eux-mêmes des peines et des enquêtes. Eh bien ! quand des gens ont commencé par agir malhonnêtement et par se laisser corrompre, et qu'ensuite, même avec le bénéfice de l'impunité, ils ne rendent pas l'or détenu par eux, que devons-nous leur faire ? les laisser sans châtiment ?

Mais il serait honteux, juges, pour des griefs encourus par tels ou tels citoyens personnellement, de mettre en péril le salut de l'État[2]. Non, vous n'avez pas le droit de les absoudre par votre vote, à moins de vouloir aussi prendre leurs fautes à votre charge[3]. [*Songez-y bien : il ne s'agit pas ici d'une cause ordinaire, où se trouverait en jeu seulement le sort d'un*
XXXV *individu ; notre responsabilité commune est engagée. Si la Macédoine veut rentrer en possession des sommes apportées par Harpale, tous, tant que vous êtes, sans en avoir profité en rien, vous serez mis à contribution pour les reconstituer sur votre fortune particulière. Pis encore, vous avez entendu, comme moi, les rumeurs belliqueuses qui nous viennent de l'Orient ; vous pourriez, au printemps prochain, par la faute de ces hommes (je prie les dieux de vous épargner ces malheurs), voir le roi*] Alexandre [*attaquer*] l'Attique et [*la ruiner de fond en comble*]. N'allez donc pas, juges, [vous soucier] de leur cupidité [plus que de] votre propre [salut] ; et ne faites pas la guerre pour sauvegarder des profits honteux, mais pour servir des

1. Dinarque (I, 4), paraît faire allusion aussi à cette proclamation, mais en restant plus vague qu'Hypéride.

2. L'idée qu'il ne faut pas sacrifier l'existence d'Athènes à l'intérêt de quelques hommes revient plusieurs fois aussi dans Dinarque (p. ex., I, 2, 68, 93).

3. Il nous manque entièrement les 4 dernières lignes de la col. XXXIV et les 15 premières de la col. XXXV. Dans les 5 lignes qui viennent ensuite (15-19), on entrevoit l'idée d'une campagne d'Alexandre contre l'Attique. Après quoi, la fin de la col. XXXV, bien que les lignes 20-28 n'y aient guère conservé que leur moitié gauche, présente un ensemble au moins fort vraisemblable dans la restitution proposée par Blass.

δ', [ἀντὶ] τοῦ ἀποδόντες ἃ ἔλαβον ἀπηλλάχθαι, τιμωρίας καθ' αὑτῶν καὶ ζητήσεις ἔγραφον. Τοὺς δὴ τὸ μὲν ἐξ ἀρχῆς ἀδικήσαντας καὶ δωροδοκήσαντας, ἀδείας δ' αὐτοῖς δοθείσης, μὴ ἀποδόντας τὸ χρυσίον τί χρὴ ποιεῖν; ἐᾶν ἀτιμωρήτους;

'Αλλ' αἰσχρόν, ὦ ἄνδρες δικαστ[αί, ἰ]δίων ἕνεκα ἐγκ[λη-]μάτων πόλεως σωτηρίαν κιν[δυ]νεύειν· οὐ γὰρ ἔ[στι]ν ὑμᾶς τούτων [ἀπ]οψηφίσασθαι, μὴ [ἐθέλοντας] ἀναδέξα[σθαι καὶ τὰ ἀδική]μα[τα αὐτῶν . . .

XXXV

. . . . σ . . . . ε . . .

. . . .] ὑπ[ὸ βασιλέως 'Αλεξάν]δρο[υ . . . . .] 'Αττ[ικη. . . . .] κ[. . . . .] Μ[ὴ τοίνυν, ὦ ἄνδρες] δικασ[ταί, προτιμᾶτε] τὴν τούτω[ν πλεο]νεξίαν τ[ῆς ὑμετέ]ρας αὐτῶν [σωτηρί]ας· μηδὲ

Col. XXXIV 2 Post ἀπηλλάχθαι, lineola transversa in H, interpunctionem indicans, ne τιμωρίας tanquam genitivus cum ἀπηλλάχθαι conjungatur || Verba τιμωρίας καὶ ζητήσεις ad illud ψήφισμα καθ' αὑτοῦ spectant, quod tam libenter testantur Demosthenis inimici (cf. Din., I, 61, et, in hac oratione, col. I, II-III et XXIX) || 8-9 οὐ γὰρ ἔστιν suppl. Bœckh, Sauppe : οὐ γὰρ ἐχρῆν Babington, quod legi non posse æstimat Blass || 9-10 μὴ ἐθέλοντας ἀναδέξασθαι καὶ τὰ ἀδικήματα αὐτῶν Thalheim, Jensen : μὴ οἰομένους ἀναδέξασθαι δεῖν ἀδικήματα Blass, Kenyon μὴ ὀκνησάντων δέξασθαι παρ' 'Αρπάλου χρήματα Egger || Desunt postea v. v. circiter quatuor in ima col. XXXIV et quindecim in summa col. XXXV || Col. XXXV 1-2 Mediam partem columnæ e paucis servatis litteris sic, exempli gratia, mihi fingo : ὥστε διὰ τούτους τάχ' ἂν δύναι]σ[θ' ὑμεῖς, (ἃ μὴ γένοιτο),]ἐ[πανιόντος τοῦ ἦρος,]ὑπ[ὸ βασιλέως 'Αλεξάν]δρο[υ ἐπιχειρουμένῃ τῇ] 'Αττ[ικῇ παραγίγνεσθαι] κ[αὶ διεκπορθουμένῃ]. Μ[ὴ τοίνυν... || 2-5 Pleraque restituit Blass, proxima veris, ut opinor.

XXXVI intérêts plus nobles, et pour vous assurer le retour à une condition [meilleure[1]. . . . . . .

Étant donnée l'ampleur de la présente lacune, je renonce à en proposer une restitution suivie. Toutefois, voici comment je m'en représente le contenu. Par chance, à la fin de la col. XXXV, Hypéride a annoncé les deux points qu'il va traiter : 1° ne sacrifiez pas votre propre sûreté pour sauvegarder les intérêts d'hommes avides d'argent à tout prix, 2° si vous vous décidez à faire la guerre, que ce soit du moins au service d'une cause honorable. Or, bien que le pap. Janda ne nous offre à peu près aucun mot complet et qu'on n'arrive pas à y remettre debout un seul membre de phrase, j'y
XXXVI *bis* *relève, à plusieurs reprises, le verbe* λαμβάνειν *: il doit s'agir de l'argent touché ou pris par Démosthène. Celui-ci juge avantageux de tout garder pour lui* (προύργου... ἅπαντα... διαφυλάττεσθαι) *; il ne faut pas lui demander de sentiments nobles* (μηθὲν... καλῶς) *; il préfère recourir à une défense artificieuse* (τεχνικῶς)*, sans force véritable* (οὐδεμίαν... ἔχει... δύναμιν) *; c'est un caractère méprisable* (κακοήθης) *; son éloquence n'a rien de solide* (οὐθὲν ὑγιὲς λέγει)*. Tout cela (col. XXXVI et XXXVI bis) répond bien à ce que j'ai appelé le premier point d'Hypéride, sans que d'ailleurs, à côté des violences de langage, nous y voyions apparaître aucune idée nouvelle ; à cet égard, je donnerais même volontiers la préférence à un morceau assez analogue de Dinarque (I, 68-72). Le second point remplissait,*
XXXVI *ter* *je pense, la col. XXXVI ter et une bonne moitié de la col. XXXVII.*

1. De la col. XXXVI, qui termine le fragm. VIII, il subsiste tout juste des débris des deux premières lignes, et, de la col. XXXVII, avec laquelle commence le fragm. IX, un lambeau de phrase (aux l. 7-9). Telle quelle, la perte serait déjà considérable pour nous; mais si, de plus, comme il le semble, le n° 80 des *Papyri Jandanæ* signalé dans l'*Introduction* (p. 54, sq.) provient aussi de notre discours, je ne vois guère d'autre place à lui attribuer que de l'intercaler ici.
En effet, il comprend la partie inférieure de deux colonnes conservées sur une assez grande hauteur (14 lignes pour celle de gauche, 16 pour celle de droite), mais seulement sur un tiers environ de leur largeur (5 à 8 lettres sur la col. gauche, 5 à 10 sur la col. droite). En tablant sur des colonnes de 28 lignes, comme c'est le cas le plus fréquent, il nous faut donc trouver quelque part un vide comportant, pour deux colonnes voisines, à gauche la perte de toutes les fins de lignes, de la l. 15 à la l. 28, et à droite celle de tous les débuts de lignes, de la l. 13 à la l. 28. Or, ces conditions ne sauraient, je crois, être réalisées en dehors des deux grandes lacunes de la fin du discours, avant ou après le fragm. VIII. J'écarte la première,

λη[μμάτων] αἰσχρῶν ἕν[εκα τὸν] πόλεμον, ἀλ[λὰ πρα]γμάτων ἀξιω[τέρων | καὶ] μεταλλα[γῆς ἀμείνονος] ποιή[σησθε **XXXVI**

. . . . .

XXXVI *bis*

XXXVI *ter*

E Col. XXXVI vix primi duo versus supersunt in H ; sed, siquidem fragmentum novum quod, in *Papyris Jandanis*, fasc. V, sub n. 80 inscriptum, partem inferiorem duarum columnarum adjacentium habet, e nostra oratione distractum est, nusquam illud puto aptius quam ad hunc locum referri posse. Ergo, sicut in annotatione gallica exponebam, sinistram papyri Jandanæ columnam columnæ nostræ XXXVI partem fuisse præsumo, et, post eam, columnis insuper duabus opus esse (XXXVI *bis* et XXXVI *ter*), ut cum

On peut se le représenter d'après une autre tirade de Dinarque (I, 37-41), en y faisant intervenir, à l'adresse de Démosthène, le reproche de lâcheté, de façon à utiliser le mot ἄνανδρος, cité par Photius (éd. Reitz. p. 116, 22) comme provenant de notre discours, sans que nous le trouvions dans aucune des parties conservées [1]. *Puis s'amorçait la péroraison. En somme, la fin du développement se dessine de façon assez nette ; et, à partir du fragm. IX, j'essaie d'en donner une réduction au moins approximative.*

Fragm. IX.

XXXVII . . . . *Maintes fois certes, au cours de notre histoire, nous avons accepté des luttes redoutables, contre la Perse, contre Sparte, contre Philippe ; et,*] dans ces occasions, nous n'avons conclu la paix qu'à des conditions [*à tout le moins honorables. Agissons de même aujourd'hui encore, voilà*

parce que la col. XXXII du pap. Harris présente, jusqu'à la l. 22, des débris de lettres qui ne se raccordent pas à la col. gauche du pap. Janda, sans compter qu'on n'entrevoit entre elles nul rapport de sens. Au contraire, la col. XXXVI n'a gardé que deux lignes ; et, à cet endroit, un développement sur la cupidité de Démosthène ou de l'ensemble des accusés répond bien à notre attente. Je suis donc disposé à regarder la col. gauche du pap. Janda comme le bas de la col. XXXVI du pap. Harris.

Tout serait simple si la col. droite du pap. Janda s'intégrait de même dans notre actuelle col. XXXVII. Mais tel ne saurait être le cas ; car, vers le haut de cette col. XXXVII, il semble s'agir des conditions dans lesquelles Athènes jadis acceptait de se battre ; et, dans le bas, s'amorce déjà la péroraison, comme le prouve indubitablement la col. XXXVIII ; rien de tout cela n'apparaît dans la col. droite du papyrus Janda. J'en arrive ainsi à envisager la disparition de deux colonnes insoupçonnées dans nos éditions ; je les appelle XXXVI *bis* et XXXVI *ter*, pour ne pas changer le reste de la numérotation. Dans cette hypothèse, la col. XXXVI *bis* (dont la col. droite du papyrus Janda serait une partie), continuerait le thème de la colonne précédente (indignité de Démosthène et faiblesse de sa défense) ; la col. XXXVI *ter* (dont rien ne nous est parvenu) aurait commencé à exalter le seul genre de guerre qu'Hypéride regarde comme honorable pour Athènes. Je l'estime nécessaire, mais probablement suffisante, pour nous relier à la col. XXXVII.

1. Bref, avec des proportions réduites, je verrais volontiers dans ce morceau le pendant des diatribes passionnées dont Eschine et Démosthène s'accablent réciproquement dans le procès de l'*Ambassade* ou dans celui de la *Couronne*.

Fragm. IX.

XXXVII

. . . . .]εσαλε[. . . . . . ὑ]πὲρ αὐτῶν ἐ[πί γ'
ἀξί]οις τὴν εἰρή[νην] ἐπ]οιησάμεθα [. . . . .] βου-

columna XXXVII sententiarum junctura idonea fiat. Utique, papyrum Jandanam hic exscribo, qualis a J. Sprey edita est :

Col. sinistra (p. 188).	Col. dextera (p. 189).
	(XXXVI *bis*)
	- - - - - - - - - - - -
XXXVI)	ποκρειν[- - - - - -
- - - - - - - - - - - - - .	τὸ μηθὲν [- - - - -
- - - - - - - - - -]σα	καλῶς εἰ μ[- - - - -
- - - - - -]γήση τῷ	τεχνο[- - - - - - -
- - - - ἄ]λλο τί μου	- - σθαι[- - - - - -
- - - - -]ασι ἢ δια-	ρας τοὺς ἀκ[- - - -
[φυλάττε]σθαι τοὺς	υς [υς] γὰρ ορ[- - - -
- - - - - -]μὲν γὰρ	τεχνικῶς [- - - - - -
- - - - - -]γχανου-	θους κακὰ α[- - - - οὐ-]
- - - - - - - -]οις ἤθε-	δεμίαν ἐχ[- - - δύνα-]
[σι - - - - -]μων προ[υρ]-	μιν· δεινο[- - - - - - -
[υργ - - - -]ς ἅπαντα	λαμβανεν[- - - - - -
- - - - - -]ν διαφυ-	κακοηθ[- - - - - - -
[λα - - - τ]ὴν φιλί-	τοὺς δε[- - - - - οὐ-]
[αν - - - ἔλαμ]βανε μὲν	θὲν ὑγιὲς λ[έγει - - -
- - - - - - -]ωπους	ἀλλὰ τοὺς τα[- - - -

Fragm. IX. — E Col. XXXVII superest tantum pars dextera vv. 6-12, ita lacerata ut satis incerte dispiciamus quæ fuerit in eis subjecta sententia || 1 εσαλε Blass : σσαλ Jensen ; sed cur hic Thessalorum mentio facta esset, non liquet || 1-2 ὑπὲρ αὐτῶν ἐπί γ' ἀξίοις tento : ὑπὲρ αὐτῶν ἐκείνοις Sauppe ἐπὶ τούτοις Bœckh.

mon] conseil ; [*notre devoir est de ne pas protéger des hommes qui, manifestement coupables, mériteraient, d'après leur propre décret, d'être mis à mort depuis longtemps.*

Je ne veux pas m'étendre davantage. Vous êtes suffisamment éclairés sur les fautes de Démosthène, sur leur gravité, sur les conséquences qu'elles peuvent entraîner pour Athènes. A présent, l'heure est venue pour vous de prendre vos responsabilités.

XXXVIII *Le peuple, dans ce procès, a bien marqué*] ce qu'il attend de chacun de nous. Accuser devant le tribunal et confondre les hommes qui ont reçu l'argent d'Harpale, et qui se sont laissé acheter pour agir contre leur patrie, voilà la mission assignée à nous autres, accusateurs [*nommés par votre choix*]. Déclarer ceux qui ont touché, [*il en avait remis le soin, comme il convenait*], au Sénat de l'Aréopage ; et celui-ci les a [*dénoncés*] au peuple. Maintenant, [*punir les*[1] *coupables, les empêcher de jouir du fruit de leurs prévarications et d'exposer l'État, avec eux, aux pires dangers, tel est votre rôle à vous, juges vous n'avez pas le droit de vous y dérober. Au reste, si vous les condamnez, vous ne ferez que donner une sanction à l'enquête*
XXXIX *de l'Aréo*]page ; mais, si votre vote ne répond pas aux lois et à la justice, un tel acquittement, juges, restera pour toujours attaché à votre mémoire.

Votre devoir donc à tous[2], [*pour remplir dignement la fonction que le peuple vous a assignée, c'est, en songeant*] au salut de la cité, à la vie agréable d'ailleurs que ce pays assure à tous en général comme à chacun en particulier, et aux tombes de vos ancêtres, de châtier les coupables dans l'intérêt commun de la République, et, sans vous arrêter ni à la séduction de leur parole[3] [*ni à l'éloge grandiloquent de leurs*

1. Il manque 11 lignes au bas de la col. XXXVIII.
2. Lacune de 4 lignes.
3. Il manque 3 ou 4 lignes au bas de la col. XXXIX. Dans l'ensemble, la phrase se reconstitue de façon assez sûre, parce qu'elle forme une période fort exactement équilibrée. Pour le sens, on peut en rapprocher un passage analogue chez Dinarque (I, 108-112). L'agrément de la vie à Athènes est déjà un des points que Thucydide met en relief dans son oraison funèbre (II, 37-38).

λεύω[. . . . .]ων χρη[. . . . .]εν χε[. . . .

. . . . . ὁ δῆμος διώρισεν ἃ δεῖ] | αὐτῷ παρ' ἑκάστου XXXVIII
ἡμῶν γίγνεσθαι. Καὶ τὸ μὲν κατηγορεῖν ἐν τῷ δικαστηρίῳ καὶ ἐξελέγχειν τοὺς εἰληφότας τὰ χρήματα καὶ δεδωροδοκηκότας κατὰ τῆς πατρίδος ἡ[μῖν] προσ[έτ]αξεν [τοῖς ῃρημένοις] κατη[γόροις·] τὸ δ' ἀπ[οφῆναι τοὺς ε]ἰληφότας [ἀπέδωκεν τ]ῇ βουλῇ [τῇ ἐξ Ἀρείου] πάγου, ἣ [τούτους εἰς τ]ὸν δῆ[μον ἀπέδει]ξεν· τὸ [δὲ κολάσαι τ]οὺς [ἀδικοῦντας . . . .

. . . . . ἐξ Ἀρείου] | πάγου· ἐὰν δὲ ἡ ψῆφος μὴ ἀκό- XXXXI
λουθος γένηται τοῖς νόμοις καὶ τοῖς δικαίοις, τοῦτο δή, ὦ ἄνδρες δικασταί, παρ' ὑμῖν ἔσται καταλελειμμένον.

Διόπερ δεῖ πάντας ὑμᾶ[ς, ...

. . . ., ἀποβλέψαντας

Col. XXXVIII Initio, ὁ δῆμος διώρισεν ἃ δεῖ suppl. Blass || 2-8 Totius sententiæ ordinem recte agnovit Sauppe ; verba pleraque supplevit Blass || 4-5 ἡμῖν προσήκει, ξένους τε καὶ φίλους κατηγοροῦσιν Sauppe ἡ βουλὴ προσέταξεν ἡμῖν, τοῖς αὐτῶν κατηγόροις Bœckh ἡμῖν προσέταξεν ἡ βουλὴ τοῖς κατηγόροις· τὸ δὲ κρίνειν τοὺς Schäfer || 7-8 τὸ δὲ κολάσαι τοὺς ἀδικοῦντας Fuhr : κολάσαι τοῖς δικασταῖς ὑμῖν Blass (Jensen legit τοὺς ; verba τοῖς δικασταῖς ὑμῖν, spatio quodam interjecto, insequebantur) || Desunt v. v. undecim in ima col. XXXVIII || Col. XXXIX 1 E verbis ἐὰν δὲ, in præcedentibus versibus ἐὰν μὲν exstitisse existimo || 4 Post ὑμᾶς desunt v. v. quatuor || 5 ἀποβλέψαντας εἰς τὴν conj. Bœckh (cf. Din. I, 110).

actions, de ne pas laisser échapper impunis ceux qui ont accepté]
XL des présents pour agir en ennemis de la patrie et des lois.

N'allez pas non plus prêter attention aux larmes d'Hagnonidès[1]. Réfléchissez que si, pour celui qui a commis une faute accidentelle[2], [*toute pitié n'est pas interdite, et, qu'après avoir bien considéré les faits, on peut, au moins dans certains cas, admettre en sa faveur des circonstances plus ou moins atténuantes, capables de constituer pour lui, en quelque sorte,*] un viatique [*auprès de vous,*] par contre, cet homme-ci n'a vraiment aucun droit à venir pleurer ici ; il est comme les pirates qui pleurent sur la roue : il leur était facile de ne pas monter sur leur bateau ! De même pour Démosthène, quelle bonne raison donnera-t-il à ses larmes ? il n'avait qu'à ne pas prendre[3] [*l'argent d'Harpale, en dépit de toute conscience.*]

1. Ce personnage (Ἁγνωνίδης Νικοξένου Περγασῆθεν) est de physionomie assez douteuse. Ici, il vient assister Démosthène ; et peut-être d'ailleurs était-il lui-même impliqué dans ce procès (Dinarque aurait composé un discours contre lui, si la conjecture de Reiske, καθ' Ἁγνωνίδου au lieu de κατὰ Γνωσίου, est exacte). En 322, il sera signalé comme adversaire de la Macédoine, et exilé d'Athènes ; mais, grâce à Phocion, il obtiendra du moins l'autorisation de rester dans le Péloponnèse. Cela ne l'empêchera pas, en 318, d'accuser son bienfaiteur auprès de Polysperchon, et de contribuer ainsi à sa perte. Plutarque (*Phocion*, 29) le qualifie de sycophante. — Hypéride ne prévoit pas l'intervention éplorée des enfants de Démosthène ; c'est que celui-ci avait perdu sa fille unique en 336, vers le temps de l'assassinat de Philippe (Esch., *C. Ctés.*, 77). En 323, s'il s'est reconstitué une famille, elle ne comprend que des enfants adoptés ou les enfants d'une hétaïre (Din., I, 71 ; Athén. XIII, 592 E).

2. Lacune de 9 lignes.

3. La col. XL ne peut avoir contenu ensuite que deux lignes (trois, au plus).

εἰς τὴ]ν σωτη[ρίαν τῆς π]όλεως καὶ τὴν ἄλ[λη]ν εὐδαιμονίαν τὴν ὑπάρχουσαν ὑμῖν ἐν τῇ χώρᾳ καὶ κοινῇ πᾶσι καὶ ἰδίᾳ ἑνὶ ἑκάστῳ, καὶ εἰς τοὺς τάφους τοὺς τῶν προγόνων, τιμωρήσασθαι τοὺς ἀδικοῦντας ὑπὲρ ἁπάσης τῆς πόλεως, καί, μήτε λόγου παράκλησιν [μήτε . . .

. . . τοὺς εἰληφό]|τας **XL**
δῶ[ρα κατὰ τῆς] πατρίδος καὶ τ[ῶν] νόμων.

Μηδ]ὲ τοῖς] δακρύοις τοῖς Ἁγ[νω]νίδου προσέχετε [τὸν] νοῦν, ἐκεῖνο λο[γιζό]μενοι, ὅτι ἀτυχ[ήσαν]τι μὲν ο[. . .

. . . . ἐ]φόδι[ον πρὸς ὑμᾶς·] οὗτος δ' ἂν [κλαίων] οὐ δίκαια ποιήσ[ειεν], ὥσπερ καὶ οἱ λ[ῃσταὶ] οἱ ἐπὶ τοῦ τροχ[οῦ κλαί]οντες, ἐξὸν αὐ[τοῖς] μὴ ἐμβαίνε[ιν εἰς] τὸ πλοῖον. Οὕτω καὶ Δη[μο]σθένης τί προσ[ῆκον] κλαιήσει, ἐ[ξὸν αὐτῷ] μὴ λαμ[βάνειν . . .

Col. XXXIX 6 καὶ τὴν ἄλλην εὐδαιμονίαν Blass, deleto altero τὴν quod habet H (την αλλην την ευδαιμονιαν) : καὶ γῆν, ἀλλὰ καὶ τὴν Bœckh || 10 Post παράκλησιν desunt versus tres vel quatuor in ima col. XXXIX. Supplerem libens, ut est in ea sententia verborum certe quadrata compositio, μήτε ἔργων μεγαλαυχίαν σκοποῦντας, μὴ ἀφεῖναι ἀκολάστους τοὺς εἰληφότας : aliter Sauppe, μήτε τὰς τῶν ἐξαιτουμένων δεήσεις ἐᾶτε σῶσαι τοὺς εἰληφότας || Col. XL 4 ἀτυχήσαντι Bœckh : ἀδικοῦντι Babington (ἀτυχήσαντι μὲν ὀδύρεσθαι προσήκει prop. Fuhr) || Deinde desunt versus novem || 5-6 ἐφόδιον πρὸς ὑμᾶς tento (verbo ἐφόδιον sæpius utitur Hyperides : cf., *Pr. Eux.*, 19 ; *Or. fun.*, 27 ; fr. 219 a) || 8 Ante καὶ Δημοσθένης, Αγνωνιδης, scriptum prius in H, punctis deinde deletum est || 8-9 τί προσῆκον Blass : τί πρὸς θεῶν Müller τί πρὸς ὑμᾶς Schäfer τί πρὸς ταῦτα Sauppe || 9 ἐξόν αὐτῷ Sauppe : δέον αὐτόν Blass || Post μὴ λαμβάνειν, vel nulla vel paucissima verba addita fuisse crediderim (ex. gr., τὰ Ἁρπάλεια ἀνοσίως).

VI

ORAISON FUNÈBRE DES MORTS DE LA PREMIÈRE ANNÉE DE LA GUERRE LAMIAQUE

(début du printemps 322)

NOTICE

L'*Oraison funèbre* d'Hypéride a été prononcée lors des funérailles publiques des soldats morts dans la première année de la Guerre Lamiaque[1].

On sait comment s'est engagée cette guerre. En étudiant le discours précédent, nous avons vu qu'Alexandre, dans ses dernières années, tendait manifestement à l'absolutisme : non seulement il prétendait se faire rendre les honneurs divins ; mais de plus, aux jeux Olympiques de 324, il avait enjoint à toutes les cités de réintégrer leurs bannis, en ajoutant même, semble-il, qu'il leur interdisait de mettre ses ordres en discussion[2]. L'autonomie reconnue aux Grecs dans la Ligue de Corinthe n'était plus qu'un mot : d'alliés ils passaient au rang de sujets ; d'où une inquiétude, un mécontentement assez naturels. Une résistance ouverte ne se serait peut-être pas produite tant qu'Alexandre était

1. Sur cette oraison funèbre, on continuera avec profit à se reporter au travail de J. Girard, présenté dès 1860 comme mémoire à l'Académie des Inscriptions, et repris ensuite par son auteur, avec des remaniements, dans ses *Études sur l'éloquence attique*, 1874, p. 181-233 : *Hypéride, discours funèbre*. Plus récemment, on y est revenu de divers côtés, par exemple, W. Schlau, *de Hyperidis oratione funebri*, Diss., Leipzig, 1913, et H. Hess, *Textkritische und erklärende Beiträge zum Epitaphios des Hypereides*, dans les *Klassisch-philologische Studien* de Bickel et Jensen, Heft 11, Leipzig, 1938. J'ai, moi aussi, publié sur ce sujet, une étude assez développée, *l'Oraison funèbre d'Hypéride ; ses rapports avec les autres oraisons funèbres athéniennes*, dans *Rev. des Études grecques*, 1938, p. 209-266 et 305-394 ; on me permettra d'y renvoyer plus d'une fois, pour l'établissement du texte comme pour son commentaire.

2. Cf., ci-dessus, *C. Dém.*, col. XVIII, et l'interprétation que je propose de ce passage malencontreusement mutilé (p. 224 sqq.).

vivant; mais il meurt à l'improviste au mois de Juin 323. Dès que la Grèce en est informée (et elle dut l'être avant la fin de Juillet), l'effervescence va croissant. Sans doute, la Macédoine garde des partisans, plus ou moins intéressés; et de bons citoyens, comme Phocion, par défiance des forces ou de l'esprit de suite de leurs compatriotes, recommandent la prudence. Mais, depuis la condamnation de Démosthène, le parti de l'action triomphe; et, élargissant son programme, il ne se contente même plus de vouloir résister à l'intervention de la Macédoine dans les affaires d'Athènes; il rêve, en outre, de profiter des circonstances pour décider la Grèce entière à revendiquer sa liberté.

Hypéride, on le devine, soutient cette politique avec chaleur; mais, pour préparer et organiser la lutte, il fallait un général; ce fut Léosthène, dont le rôle paraît avoir été plus considérable qu'on ne l'a cru pendant longtemps[1]. Nous sommes mal renseignés sur le début de sa carrière. Il était probablement fils de ce Léosthène qui, poursuivi par voie d'eisangélie après une stratégie malheureuse (cf. Hyp., *P. Euxén.*, 1), s'enfuit d'Athènes en 361, et alla chercher un refuge auprès de Philippe. Notre Léosthène aussi vécut un certain temps à l'étranger; peut-être a-t-il commandé un corps de troupes grecques au service de quelque satrape d'Asie-Mineure. Pourtant, ce n'était pas un simple aventurier, comme on l'a dit parfois; il restait en contact avec sa patrie, et il y était tenu en estime; car, au début de 324, nous le voyons élu stratège du territoire (στρατηγὸς ἐπὶ τῇ χώρᾳ) pour l'année 324/3. Pendant cette période, déjà si agitée, il a dû, au moins à titre privé, nouer des relations avec les mercenaires sans emploi stationnés au Ténare. Il y avait là d'abord ceux qui provenaient des armées particulières rassemblées par les satrapes et dissoutes sur l'ordre d'Alexandre, puis les hommes qu'Harpale avait amenés avec lui et qu'Athènes n'avait pas voulu recevoir dans ses murs.

1. A cet égard, on notera quelques indications supplémentaires dans l'article de G. Mathieu auquel j'ai déjà renvoyé à propos du discours *C. Démosthène* (*Notes sur Athènes à la veille de la Guerre lamiaque*, dans *Rev. de Philol.*, LV, 1929, p. 159-183). L'auteur y utilise, en particulier, deux documents nouveaux, un fragment de papyrus et une inscription éphébique.

La situation ne laisse pas d'être assez étrange. Officiellement, Athènes est en paix avec la Macédoine; et, en son nom, Démosthène s'efforce de négocier à Olympie, auprès de Nicanor, un arrangement amiable; cependant un de ses stratèges se préoccupe d'avoir sous la main, au besoin, des forces auxiliaires considérables; et peut-être même, dès ce moment, leur fait-il passer, de façon plus ou moins secrète, de l'argent et des armes.

Quoi qu'il en soit, au printemps 323, Léosthène est réélu stratège pour l'année 323/2, et probablement même stratège principal (στρατηγὸς ἐπὶ τοὺς ὁπλίτας), c'est-à-dire désigné pour conduire, s'il y a lieu, des opérations au dehors. Démosthène étant écarté, son activité a le champ libre. Il réussit ainsi à s'assurer des concours chez les peuples de la Grèce centrale, en particulier chez les Étoliens; et, dès qu'on est sûr de la mort d'Alexandre, de concert avec Hypéride il lutte contre Phocion pour entraîner le peuple à se faire une fois de plus le champion de la liberté hellénique [1]. La

1. A priori, nous songerions plutôt à opposer, comme orateur, Hypéride à Phocion. C'est bien ainsi que les choses semblent avoir été présentées par Dexippos dans les fragments qui nous restent de son ouvrage intitulé τὰ μετ' Ἀλέξανδρον (*Frag. hist. græc.*, Didot, III, p. 669-670). Mais, dans le papyrus signalé par G. Mathieu (Grenfell et Hunt, *the Hibeh Papyri*, I, nº 15, p. 55), papyrus où l'on propose de voir une page d'Anaximène de Lampsaque, c'est Léosthène qui décide le peuple à entrer en guerre contre la Macédoine. Bien entendu, d'un côté comme de l'autre, nous ne pouvons pas nous flatter d'entendre les paroles mêmes de l'orateur : suivant la méthode mise en vogue par Thucydide, les historiens anciens se bornent à résumer, dans une harangue de leur façon, les arguments qu'ils estiment avoir été décisifs à un moment donné. Toutefois, comme Anaximène est contemporain d'Alexandre, tandis que Dexippos écrit seulement au IIIe siècle de notre ère, le premier avait chance de savoir mieux qui avait réellement emporté le vote d'où est sortie la Guerre Lamiaque. Cette constatation a pour nous une certaine importance; car elle tendrait à nous montrer que, même après avoir renversé Démosthène, Hypéride n'arrive pas à faire vraiment figure de chef de gouvernement; ce serait Léosthène le personnage de premier plan. D'ailleurs, Hypéride lui-même reconnaît bien l'importance du rôle joué par Léosthène (*Or. fun.*, 3) : « pour la décision initiale, il a été l'inspirateur de la cité, comme, pour la conduite de la campagne, il a assumé le commandement des citoyens ».

guerre est votée; on puise dans le trésor laissé par Harpale les fonds nécessaires; sans tarder, Léosthène, traversant le golfe de Corinthe avec ses mercenaires, leur adjoint en Étolie un contingent de près de 7000 hommes, et va, avant tout, occuper en force les Thermopyles, afin de barrer à Antipater l'accès de la Grèce.

De son côté, Athènes lève une armée nationale; une première victoire, remportée près de Platées sur la garnison de la Cadmée et ses auxiliaires, assure la jonction des deux troupes. Réunies, celles-ci battent Antipater, probablement aux environs d'Héraclée Trachinienne, et le contraignent à s'enfermer dans Lamia, où elles le bloquent. Malheureusement, le siège traîne en longueur ; et, dans l'hiver 323/2, au cours d'une reconnaissance, Léosthène est blessé à mort d'un coup de fronde. En même temps, des lassitudes commencent à se manifester parmi les confédérés; et, quand approche un premier secours amené par Léonnatos, Antiphilos, le successeur de Léosthène, est obligé de lever le siège de Lamia pour se porter à sa rencontre. Les Grecs sont encore une fois victorieux; Léonnatos est même tué (print. 322); mais son armée n'est pas détruite; Antipater, sortant de Lamia, peut la rejoindre dès le lendemain, puis, l'incorporant à la sienne, remonter, sans être inquiété, vers la Macédoine pour y attendre de nouveaux renforts. Ceux-ci lui seront amenés bientôt par Cratère; après quoi, en Août ou Sept. 322, les Macédoniens gagneront à Crannon uue bataille qui marquera pour toute la Grèce la fin de son indépendance.

D'après ces données, nous pouvons assez bien fixer la date où Hypéride a écrit son *Oraison funèbre*. Il y fait allusion aux deux victoires de Léosthène (§ 11 et 12), à sa mort (§ 13), et au succès obtenu encore par son successeur (§ 14); mais, sans aucun doute, il ne soupçonne pas le revirement, pourtant prochain, de la fortune, et garde pleine confiauce dans les heureux résultats du soulèvement provoqué par lui (§ 16, 26, 39). Il a donc dû prendre la parole peu après la défaite de Léonnatos, avant la reprise de la seconde campagne, c'est-à-dire vers le début du printemps 322 [1].

1. On affirme assez couramment que le discours funèbre, à Athènes, faisant partie de la fête des *Epitaphia*, devait être prononcé au mois d'Octobre; il paraît impossible de placer à cette date celui d'Hypéride.

Voici, dans ses grandes lignes, le plan de son discours. — *Exorde* (bref) : l'orateur veut honorer, sur la tombe ouverte devant lui, les héros les plus vaillants, les exploits les plus magnifiques qu'on ait jamais vus. Il compte sur la bienveillance de son auditoire pour suppléer, s'il le faut, à l'insuffisance de sa parole (§§ 1-3).

Division du sujet (assez mal respectée d'ailleurs par la suite) : il convient de louer Athènes de la noble résolution qu'elle montre une fois de plus, les morts de leur courage sur les champs de bataille, et Léosthène du double mérite qu'il a eu à prendre l'initiative de la campagne et à la conduire comme il l'a fait (§ 3).

Thèmes traditionnels : Hypéride s'en débarrasse très vite. Pour l'éloge général d'Athènes, il renonce à s'étendre sur ses services passés ; il se contentera de comparer, en une phrase, son rôle dans le monde grec à celui du soleil dans l'univers (§§ 4-6). De même, non sans quelque ironie à l'adresse de ses devanciers, il déclare qu'il ne s'attardera pas à vanter la naissance ou l'éducation des morts qu'il doit célébrer ; il s'en tiendra à leur conduite dans la présente guerre (§§ 6-10).

Cela dit, il aborde, à proprement parler, sa matière. *Éloge de Léosthène :* il s'est donné tout entier à sa patrie, comme sa patrie s'était donnée à la Grèce, pour la cause de la liberté. Victorieux en Béotie, puis aux Thermopyles, il avait enfermé Antipater dans Lamia et gagné à sa cause beaucoup de peuples ; le destin l'a frappé prématurément ; mais son œuvre survit, et ainsi on peut encore lui attribuer l'honneur de la victoire remportée depuis (sur Léonnatos) §§ 10-15.

Éloge des soldats : leur souvenir ne doit pas être séparé de celui de leur général (§§ 15-17). Raisons multiples qui soutenaient leur enthousiasme : en livrant leur bataille de Béotie, ils avaient sous les yeux le spectacle des ruines accumulées à Thèbes par Alexandre ; et, aux Thermopyles, ils songeaient qu'à chaque session amphictyonique, les Grecs viendraient, comme en pèlerinage, sur le théâtre de leurs exploits (§§ 17-20). Ils réfléchissaient aussi à ce qu'aurait été le sort de leur patrie, si la Macédoine avait réussi à substituer au règne de la loi l'arbitraire de sa domination (§§ 20-23). Tous, hommes et chef (Hypéride tient à ramener l'attention sur Léosthène), ont accepté les fatigues d'une dure campagne, dans la pensée qu'il n'est pas de bonheur sans l'indépendance, ni de sécurité sans le respect de la loi; ils ont fait le sacrifice de leur vie pour sauver Athènes et la Grèce d'un joug déshonorant (§§ 23-27).

Glorification solennelle de leur dévouement. Désormais, tous leurs parents sont assurés de la considération générale; et, pour eux-mêmes, au lieu de parler de leur mort, il faut dire qu'ils sont entrés dans l'immortalité, et que la gloire leur a conféré une seconde naissance, supérieure à la première, puisque d'emblée ils reçoivent l'hommage dû à leur valeur (§§ 27-30).

En effet, en ce monde, dans quelles circonstances risquera-t-on de les oublier? au milieu de la prospérité publique, ou dans le bonheur de la vie privée (§ 30)? Quel âge leur refusera le tribut de son admiration, vieillards, contemporains ou jeunes gens (§§ 32-33)? Quels écrivains seront à court d'éloges pour les célébrer, en vers ou en prose, pour le plaisir ou pour l'utilité de leurs auditeurs (§§ 33-35)?

Et, aux Enfers, qui donc, parmi les morts les plus illustres, ne serait pas empressé à leur faire bon accueil? Sera-ce les vainqueurs de Troie? Sera-ce les combattants des guerres médiques? Sera-ce les fondateurs de la liberté, Harmodios et Aristogiton? Vis-à-vis de tous, d'après Hypéride, la comparaison est toujours, par quelque point, à l'avantage des héros de la Guerre Lamiaque (§§ 35-40).

Quelle audace! Quelle résolution! Quelle intrépidité admirable chez ces braves (§ 40)!

[Notre papyrus s'arrête là. On peut supposer que les exclamations ainsi accumulées amorçaient un grand mouvement oratoire, terminant le discours avec éclat avant la péroraison proprement dite. J'imagine ainsi une *exhortation aux survivants*, où, reprenant la pensée capitale de son discours, Hypéride les aurait engagés à rester fidèles au rôle traditionnel d'Athènes, et à accepter tous les sacrifices afin de mener jusqu'au succès final la lutte entreprise pour leur propre indépendance et pour celle de la Grèce entière.]

Péroraison. Stobée nous a conservé au moins l'essentiel de la *consolation*. En dépit d'un chagrin bien naturel, il faut avoir du courage, et penser non à la mort, mais à la gloire de ceux qui sont disparus. Qu'ils aient laissé ou non des enfants, ils ne seront pas oubliés ici-bas. Et, dans l'autre monde, ou bien, s'ils doivent retomber dans le néant, ils seront à l'abri de tous les maux ; ou bien, si le souvenir du passé ne s'y perd pas, ils ont le droit de compter sur la sollicitude des dieux, dont ils se sont faits les défenseurs (§§ 41 à 43 inclus).

[L'oraison funèbre ne comportait sans doute plus ensuite qu'un petit nombre de phrases traditionnelles[1] pour inviter les assistants, après avoir pleuré leurs morts comme il convient, à se retirer chez eux.]

Les circonstances où Hypéride a pris la parole étant suffisamment connues, comme aussi la façon dont il a disposé sa matière, on entrevoit tout de suite qu'il existe dans son discours un mélange de sentiments sincères, inspirés par les circonstances, et de développements plus ou moins conventionnels. Pour apprécier avec quelque précision la part de ces deux éléments, il faudrait reprendre dans son ensemble l'histoire de ce genre d'éloquence à Athènes, et passer en revue les autres exemples que nous en possédons. Ce travail, je l'ai tenté au début de mon Étude de la *Revue des Études grecques*[2] ; il ne saurait s'agir de le recommencer ici ; je me borne à en résumer très brièvement les points essentiels.

Rappeler sur la tombe d'un homme ou d'un groupe d'hommes illustres les vertus qui les ont distingués pendant leur vie était chose toute naturelle : l'épopée déjà n'y manque pas à la mort de Patrocle ou à celle d'Hector ; le lyrisme célèbre de même les héros des Thermopyles ou de Salamine ; et la tragédie, à son tour, saisit volontiers l'occasion d'insérer dans la trame de ses drames un éloge d'Agamemnon, d'Œdipe, ou des Sept chefs venus devant Thèbes. N'en concluons pas cependant que l'Athènes du Ve siècle accepte chez elle l'usage de l'oraison funèbre personnelle. Un peuple où domine l'aristocratie, comme celui de Rome, pouvait bien, pendant des siècles, autoriser ses familles nobles à se glorifier elles-mêmes à chaque décès de leurs membres. La démocratie athénienne se trouva vite blessée dans ses instincts égalitaires par une semblable ostentation. Au dire de Cicéron, qui s'appuie sur l'autorité de Démétrius de Phalère, Solon déjà se serait préoccupé d'imposer des limites au faste des funérailles ; et, peu après, la loi interdit à la fois de bâtir des tombeaux trop

1. Cf. Thuc. II, 46 ; Plat., *Ménéx.*, 249 c ; Dém., *Or. fun.*, 37.
2. 1938, p. 211-245.

somptueux et d'accorder à un citoyen, quels qu'eussent été ses mérites, des honneurs particuliers. L'État se réservait le privilège de rendre un hommage public, mais collectif, aux hommes qui l'avaient bien servi.

Aucun texte ne nous renseigne sur l'époque à laquelle remonte cet usage. Il suppose, semble-t-il, un temps où Athènes commençait à faire figure dans le monde grec ; il est difficile d'y songer avant la tyrannie glorieuse de Pisistrate, c'est-à-dire avant la seconde moitié ou le dernier quart du VIe siècle. Quant au discours funèbre, Thucydide spécifie qu'il a été ajouté seulement après coup ; on s'accorde à en placer l'institution après les guerres médiques (peut-être au moment où, Cimon ayant rapporté de Scyros des ossements attribués à Thésée, on organisa la fête des *Theseia*, ce qui nous mènerait aux environs de 475).

De 475 à 322, les occasions n'ont pas dû manquer aux Athéniens d'entendre, au Céramique, de semblables harangues. Mais, en dehors de celle d'Hypéride, il y en a seulement cinq dont l'antiquité nous ait conservé le souvenir, sous les noms de Périclès (chez Thucydide), à la fin de la première année de la Guerre du Péloponnèse, hiver 431/0 ; de Gorgias, aux environs de la paix de Nicias, vers 421 ; de Lysias, à propos de la Guerre de Corinthe, vers 392 ; de Platon (c'est le *Ménéxène*), vers 386 ; et de Démosthène, après Chéronée, dans l'hiver 338/7. Toutes les cinq ont été, d'une façon ou d'une autre, suspectées par les critiques, anciens ou modernes ; leurs dates aussi, au moins pour plusieurs d'entre elles, sont discutées[1]. Pourtant, telles quelles, elles ne sont pas sans nous laisser une impression d'ensemble assez nette.

Avant tout, on ne peut manquer d'être frappé du cadre plutôt rigide où elles s'enferment. Au début, dans un exorde plein de modestie, l'orateur exprime la crainte de rester inférieur à son sujet et sollicite l'indulgence de l'auditoire ; pour terminer, il adresse à toute l'assistance des exhortations, et, plus spécialement aux parents, des consolations tirées

1. Sur ces difficultés et sur la nature particulière de chacune de ces oraisons funèbres, on trouvera un certain nombre d'indications dans la partie de mon étude à laquelle je renvoyais tout à l'heure. Pour le discours attribué à Démosthène, cf., plus spécialement, p. 368-386.

surtout de la gloire immortelle acquise à leur famille, sans oublier, puisqu'il parle au nom de l'État, le souci que celui-ci ne manquera pas de prendre des veuves et des orphelins de guerre. Convenons-en, ce commencement et cette fin s'imposaient presque, et il était malaisé de les modifier ; mais le centre, la partie essentielle du discours, aurait dû avoir le champ libre : les hauts faits des héros du jour en formaient la matière tout indiquée. Ici intervient cette jalousie assez mesquine de la démocratie athénienne, dont nous parlions un peu plus haut. Pendant longtemps, en célébrant les morts d'une campagne, il n'est permis de citer aucun d'entre eux par son nom ; on ne dira pas en quelle occasion particulière ils ont fait le sacrifice de leur vie : il faut tout ramener à l'éloge général de la cité. Alors, on se réfugie dans les temps mythiques : on vante, chez les Athéniens, le privilège unique d'avoir toujours vécu sur le même sol ; on les montre, dès l'origine, comblés des dons des plus grands dieux, Athéna, Poseidon, Déméter ; on rappelle les luttes qu'ils ont soutenues, pour leur propre défense ou pour celle des autres, contre Eumolpe et contre les Amazones, contre Eurysthée et contre Créon. On est libre encore de s'étendre sur les guerres médiques ; mais on glissera vite sur les événements postérieurs ; et, quoi qu'il arrive, que les faits s'y prêtent ou non, on fera voir inlassablement dans Athènes la protectrice des faibles, le champion infatigable de la liberté et de la justice, le peuple dont le gouvernement est supérieur à celui de tous les autres. Sans doute, en dépit de ces conditions défavorables, un grand homme d'État, un penseur réfléchi pourra glisser parfois, à côté des lieux communs inévitables, de hautes considérations historiques ou des réflexions personnelles et suggestives ; mais, trop souvent, une éloquence ainsi comprise aboutit à des redites multiples et à des flatteries sans scrupule vis-à-vis du peuple.

Voilà pour le fond. Quant à la forme, elle ne sera guère moins conventionnelle. En effet, l'oraison funèbre, avons-nous dit, avait trouvé ses premiers modèles dans la poésie ; et, par une évolution des genres qui n'est pas particulière à la Grèce, elle prenait, en particulier, la succession du lyrisme ; elle va donc spontanément s'attacher à conserver, en prose, le plus possible des allures de la grande poésie. En outre, sous l'influence de la rhétorique et de la sophistique, elle en vient à substituer des procédés d'école à l'inspiration véritable, à grossir les faits ou à les déformer, à rechercher les accumulations ou les oppositions de mots, les membres de phrase qui se balancent, les assonances qui se font écho. Bien entendu, d'un orateur à l'autre, on constate des différences de degré, plus ou moins de discrétion ou d'habileté ; mais un Thucydide lui-même, malgré le sérieux de sa pensée, ne sait pas toujours, à notre gré, se défendre assez de ces défauts. Au bout d'un siècle, nous avons, je crois, le type de l'oraison funèbre athénienne dans le *Ménéxène*, où Platon, sous le couvert d'un de ces pastiches où il excelle, fait la critique à la fois d'un genre qu'il regarde comme essentiellement faux et du public qui s'y complaît[1].

S'il en est bien ainsi, il est clair qu'Hypéride, en composant son oraison funèbre, s'est, au moins dans certaines parties, fort écarté de ses devanciers. Dès ses premiers mots, il annonce l'intention de consacrer son discours à la mémoire de Léosthène et des citoyens tombés avec lui dans la présente guerre (§ 1) En effet, réduisant à une phrase unique le rappel général du rôle joué par Athènes dans le monde grec (§ 5), et passant très vite, sous forme de prétérition, sur les thèmes courants de l'autochtonie (§ 7) et de l'éducation (§ 8), il se hâte d'arriver, dès le § 10, à ce qui constitue dans son esprit son véritable sujet. D'abord, l'éloge du général : Hypéride met en plein relief son rôle personnel, et rappelle par des faits précis tous les services qu'il a rendus, l'attitude énergique prise par lui dès le début, les alliances qu'il a su conclure, les deux batailles livrées avec succès sous son commandement pour aboutir à enfermer Antipater dans Lamia ; et il lui attribue même encore l'honneur de la troisième victoire, remportée après sa mort en exécution de ses plans (§§ 10-15). Vient ensuite l'hommage aux soldats : cette fois, pour éviter sans doute de se répéter, l'orateur insiste plutôt sur les raisons psychologiques qui les ont déci-

1. A mon avis, l'intention ironique, malgré quelques pages d'inspiration sérieuse, est assez manifeste dans cet opuscule. Chose singulière, la majorité des Athéniens ne semble pas s'en être rendu compte, s'il est vrai, comme le dit Cicéron, que, de son temps encore, c'est le *Ménéxène* qu'ils continuaient à se faire lire, le jour de la fête des morts, de préférence à toute autre oraison funèbre.

dés à agir. Il revient donc, à un point de vue nouveau, sur le combat de Béotie (§ 17) et sur celui des Thermopyles (§ 18) ; il nous montre ses héros se représentant avec horreur le sort réservé à leur pays sous une domination étrangère, capable de tous les excès, et qui manifestement tendait déjà à ne plus respecter aucune loi, divine ni humaine (§§ 20-23). Peut-être termine-t-il par des allusions à des scandales récents, dont le souvenir précis est perdu pour nous, à d'étranges abus de pouvoir commis dans des villes grecques par des partisans de la Macédoine (§ 25). Bref, l'actualité occupe évidemment une place inaccoutumée dans les deux parties de ce développement.

Il est vrai que, depuis le *Ménéxène*, une soixantaine d'années s'est écoulée, et que, durant ce temps, une évolution sensible s'est produite en Grèce dans les idées et dans les mœurs : peu à peu, on a pris l'habitude de lire, chez divers écrivains, le panégyrique de tel ou tel personnage ; on s'est mis à élever des statues aux hommes illustres ; et, qu'il s'agisse de sculpture ou de peinture, de plus en plus les artistes, en faisant un portrait, visent, au lieu d'idéaliser leur modèle, à reproduire ses traits avec une exactitude minutieuse [1]. Dans ces conditions, la volonté de concentrer l'attention sur les hommes et les faits du jour causait peut-être, en réalité, moins de surprise que nous ne serions tentés de le croire à première vue. Néanmoins, il y avait bien quelque audace à introduire une telle innovation dans une harangue prononcée en public, au nom de l'État ; et c'est ce qui constitue à nos yeux le mérite propre de cette oraison funèbre [2].

1. On trouvera réunis, dans mon travail de la *Revue des Ét. grecques* (p. 249-263), un certain nombre de faits, pris dans la littérature et dans l'art, où se marque assez bien, je crois, cette évolution vers l'individualisme.

2. Notons, dans la partie centrale de l'Oraison funèbre des morts de Chéronée, telle qu'elle nous est parvenue (en particulier, §§ 19-25), l'esquisse déjà de la même tendance. A vrai dire, aucun nom propre n'y est prononcé ; mais on y trouve des allusions transparentes aux conditions relativement douces de la paix qu'Athènes vient d'obtenir, comme à la supériorité du commandement macédonien et à la fougue du prince royal sur le champ de bataille de Chéronée. En dépit de tous les doutes élevés sur la nature et sur la date de ce discours, je

Ajoutons encore, à l'honneur d'Hypéride, qu'en maints endroits de son discours nous sentons une émotion, une passion, qui nous touche et qui nous entraîne. Aujourd'hui, même avec le recul du temps, les jugements ne laissent pas d'être fort partagés sur l'œuvre politique d'Alexandre. Sans doute, les panégyristes ne manquent pas au roi de Macédoine, les uns admirant en toute sincérité le héros qui a su porter la civilisation grecque jusqu'aux limites du monde connu, les autres, avec des arrière-pensées plus intéressées, cherchant à trouver, dans l'épopée d'un des conquérants les plus fameux de l'antiquité, la justification anticipée d'ambitions contemporaines, et comme l'illustration de théories, chères à tous les impérialismes, qui fondent le droit sur la force, et accordent à quelques êtres d'exception, les surhommes, le privilège de n'avoir à connaître d'autre loi que leur volonté. En sens inverse, il reste aussi des esprits pour s'accommoder mal de cette glorification, de cette sanctification du succès et de la violence ; ceux-là estiment que la Macédoine n'a pas apporté aux Grecs une vie nouvelle et meilleure, qu'elle s'est beaucoup moins souciée de les régénérer que de les exploiter à son profit, et qu'en somme, en comprimant les plus nobles de leurs qualités natives, elle a surtout contribué à leur abaissement et à leur décadence irrémédiable. En 322, il était beaucoup trop tôt pour trancher pareil débat ; et on ne saurait demander à un orateur athénien, en particulier à Hypéride, d'en avoir eu même l'idée. Forcément, il ne peut voir dans les Macédoniens que les ennemis, les oppresseurs de son pays ; à maintes reprises, il a constaté leur brutalité, qui n'épargne même pas les femmes et les enfants (il y revient par deux fois, §§ 20 et 36) ; maintenant il sent menacées sa religion et ses lois, et entrevoit, en frémissant, les pires humiliations (§§ 21-22). Du moins, Athènes, à sa voix, vient d'avoir un sursaut d'énergie, et, à l'heure où il parle, il est convaincu du triomphe du soulèvement dont il a pris l'initiative ; il croit voir sa cité reprenant son rôle d'autrefois à la tête des Grecs, assurant, comme il dit, leur commune liberté (§ 24, *fin*), les délivrant à jamais de leurs craintes (§ 26, *fin*), humiliant la puissance formidable qui dominait

verrais là volontiers un argument digne de considération en faveur de son authenticité.

l'Europe et l'Asie (§ 35, *fin*). Son discours, suivant la remarque très juste de J. Girard, est un discours de combat, une œuvre d'actualité ; nous lui savons gré d'oser, au lieu de se perdre dans des banalités, protester, comme il le fait, contre une domination qu'il juge insupportable, et exprimer son admiration pour ceux qui lui semblent être, au péril de leur vie, les héros de l'indépendance hellénique.

Cet hommage étant rendu aux qualités originales de notre oraison funèbre, il faut bien convenir que la rhétorique y tient aussi une place que nous souhaiterions moins considérable. La chose est sensible surtout dans la seconde partie du discours (à partir du § 27), où, après avoir exalté Léosthène et ses soldats, Hypéride s'applique à montrer les récompenses que ces hommes peuvent attendre de leur sacrifice : cette fois, nous sommes moins frappés de la sincérité du patriote que de l'effort déployé par l'orateur pour rajeunir de son mieux des thèmes qui ne sont pas neufs. Par exemple, il veut reprendre cette idée, souvent exprimée avant lui, que des citoyens tombés au champ d'honneur ne sont pas morts, comme on pourrait le croire, mais vivent à jamais dans toutes les mémoires ; seulement il tient à lui donner un tour piquant et inédit ; alors, il aboutit à faire de l'immortalité une seconde vie, éclose brusquement dans tout son éclat, et, par là, fort supérieure à la première, où l'homme avait besoin de tant d'années pour arriver à donner sa mesure (§§ 28-30) : nous songeons un peu aux subtilités de Gorgias. Après quoi, revenant au souvenir impérissable de ses héros, Hypéride en tire une sorte de développement à tiroir, fort symétriquement divisé en deux parties, dont chacune comporte trois points : ici-bas, en quelles circonstances, à quel âge de la vie, chez quels écrivains, poètes ou prosateurs, risqueront-ils d'être oubliés ? (§§ 30-35) ; et, dans l'autre monde, qui donc, parmi les morts les plus illustres, ne serait pas disposé à leur faire l'accueil le meilleur ? sera-ce les vainqueurs de Troie, ou ceux des guerres médiques, ou les fondateurs de la liberté, Harmodios et Aristogiton ? (§§ 35-40). A cette cascade d'interrogations succède une série d'exclamations (§ 40) : artifice, d'un côté comme de l'autre. Si de là nous passons à la *consolation*, notre impression ne varie guère. Le morceau ne devait pas déplaire aux anciens, puisque Stobée l'a recueilli dans son *Anthologie* ; pourtant, on y chercherait en vain, je crois, une idée personnelle ; son mérite principal consiste dans l'adroite utilisation de réminiscences diverses, et dans le balancement harmonieux, mais, à notre gré, trop étudié, des phrases et des mots. Même le paragraphe final, où Hypéride aborde par tradition le problème de l'au delà (§ 43), se réduit à deux hypothèses, présentées aussi brièvement l'une que l'autre, et où celle qui contient l'idée de la survivance de notre être et de la préoccupation qu'auraient les dieux de nous assurer un sort répondant à notre vie passée ne trouve, pour s'exprimer, qu'une formule banale et incertaine [1].

L'influence de la rhétorique apparaît surtout, avons-nous dit, dans la seconde partie du discours. Mais, bien entendu, elle n'est pas absente non plus de la première : témoin tant de phrases au tour périodique, pleines d'oppositions ou d'accumulations de mots qui ne répondent pas toujours à un besoin précis de la pensée, riches en termes poétiques ou rares, avec çà et là une pointe de préciosité, et souvent des emprunts de toutes sortes à d'autres écrivains antérieurs ou contemporains.

Sans y insister davantage [2], je voudrais seulement signaler

1. Je ne me dissimule pas que d'excellents esprits, comme A. Croiset, estiment qu'une des nouveautés de notre oraison funèbre est de « renfermer dans ses dernières lignes une véritable profession de foi à l'immortalité de l'âme ». Mais il me paraît difficile de souscrire à un tel jugement, et je me rallie beaucoup plutôt à celui de J. Girard sur ce morceau comme sur celui où Hypéride, un peu plus haut (§§ 35-40), se représentait la réception réservée à Léosthène dans les Enfers : « l'imagination et l'esprit y sont pour une plus grande part que l'émotion religieuse ». — D'une façon générale, sur ce que pouvait penser la majorité des Grecs du IVe siècle au sujet de la vie future, cf. mon étude de la *Rev. des Ét. gr.*, 1938, p. 333-356.

2. Pour plus de détails, je renvoie à la même étude (*Rev. des Ét. gr.*, 1938, p. 359-368), où j'ai essayé de donner une appréciation d'ensemble de la langue d'Hypéride dans ce discours, en tenant compte à la fois de ses qualités et de ses défauts. — A propos des réminiscences, on trouvera dans le travail de H. Hess cité plus haut une foule de rapprochements entre Hypéride et d'autres auteurs. Il était intéressant de les noter ; toutefois il n'en faudrait pas conclure qu'Hypéride s'est borné ici, sans nulle originalité, à composer un centon. Et nous en retiendrons que l'argument du *centon*, appliqué à d'autres oraisons funèbres (à celle de Démosthène, en particulier),

en terminant, parce qu'ici nous touchons au fond des choses, un certain nombre d'inexactitudes, de contradictions ou d'omissions, contre lesquelles il importe de nous tenir en garde en lisant notre discours. De ces libertés prises avec les faits, deux peuvent passer pour involontaires, et n'ont probablement pas d'autre cause qu'une insuffisance d'information ou un certain dédain de la précision chez Hypéride. Ainsi, au § 12, nous lisons que Léosthène va occuper les Thermopyles après la bataille de Béotie ; en réalité, il semble qu'il y était déjà installé auparavant, qu'il les a momentanément abandonnées, avec une partie de ses troupes, afin d'ouvrir le passage à l'armée athénienne en marche pour le rejoindre, et qu'ensuite il s'est borné à regagner ses positions. De même, au § 13, on voit mal dans quel ordre sont cités les alliés d'Athènes, Thessaliens, Phocidiens, Étoliens, etc. Les Étoliens s'étaient joints à Léosthène dès le début, et c'est en traversant leur pays qu'il avait pu se rendre aux Thermopyles. Au contraire, les Thessaliens avaient été contraints d'abord de suivre Antipater ; mais, plus tard, ils lui avaient fait défection, et leur excellente cavalerie représentait pour Léosthène un appoint précieux ; est-ce pour cette raison qu'ils sont nommés en premier lieu ?

Dans les autres cas, les inexactitudes d'Hypéride n'ont rien de fortuit : elles sont destinées à produire un effet oratoire. Par exemple, aux §§ 17 et 18, il veut montrer comment le lieu même où Léosthène a remporté ses deux victoires était particulièrement propre à exciter l'ardeur de ses soldats. La première s'est livrée sur le territoire de Platées ; Hypéride dit simplement « en Béotie » ; de la sorte, il peut évoquer le spectacle lamentable du traitement infligé à Thèbes par la Macédoine. La seconde semble avoir eu lieu aux environs d'Héraclée Trachinienne ; notre orateur la situe à dessein, d'une façon très vague, « dans la région des Thermopyles et de Lamia », et il déclare qu' « en se rendant deux fois par an à la session amphictyonique des Thermo-

pour en démontrer le caractère apocryphe, n'a rien de décisif ; car ce genre d'éloquence comporte fatalement des emprunts fréquents aux discours antérieurs prononcés dans des circonstances analogues ; et, de plus, les anciens ne semblent pas avoir eu les mêmes scrupules que nous en matière d'imitation littéraire.

pyles, la Grèce entière viendra en pèlerinage au lieu illustré par la vaillance de ces héros ». Mais, d'abord, l'Amphictyonie delphique était loin de représenter « la Grèce entière » ; ensuite, une seule de ses deux assemblées annuelles se tenait aux Thermopyles (l'autre siégeait à Delphes) ; enfin, celle même des Thermopyles ayant lieu dans le sanctuaire de Déméter, à Anthéla, on ne devait pas de là voir le champ de bataille de Léosthène, sans compter que, sauf les représentants des pays du Nord, beaucoup d'Amphictyons n'avaient pas à traverser cette région pour arriver à Anthéla[1]. — De même, au § 39, Hypéride cherche à faire ressortir la supériorité de Léosthène et de ses hommes sur Harmodios et Aristogiton : « les uns ont renversé les tyrans de leur patrie, les autres ceux de toute la Grèce ». L'antithèse est expressive et termine bien le développement. Mais, d'une part, le coup de main d'Harmodios et d'Aristogiton constituait moins, en réalité, un acte politique qu'une vengeance privée. D'autre part, il n'eut pas pour résultat de supprimer la tyrannie : des deux fils de Pisistrate, un seul fut tué en 514, Hipparque ; or, ce n'était pas lui qui avait succédé à son père, mais Hippias ; et ce dernier se maintint au pouvoir jusqu'en 510, date où il fut renversé par les Alcméonides aidés des Lacédémoniens. Tout cela avait été bien établi par Thucydide, au liv. I, ch. 20, et, avec plus de détails encore, au liv. VI, ch. 53 à 59. On croira difficilement qu'Hypéride l'ait ignoré ; mais la tradition populaire se prêtait mieux à lui fournir un trait brillant ; il lui a, sans hésiter, donné la préférence.

Ailleurs, il est victime d'un autre procédé, cher aussi à la rhétorique, le grossissement (δείνωσις). On s'en aperçoit dès son exorde : il veut, dit-il, célébrer « des hauts faits supérieurs aux plus grands qu'aucun homme ait encore contemplés, et tels que, même dans toute la suite des siècles, il n'y a jamais eu ni héros plus vaillants ni actions plus magnifiques » (§ 1) ; à l'entendre, la révolte d'Athènes contre l'hégémonie macédonienne est « égale et même supérieure,

1. Sur le site d'Anthéla, dans un enfoncement à l'Est de la passe occidentale des Thermopyles, cf. Y. Béquignon, *La vallée du Sperchios des origines au IVe siècle* (*Bibl. des Écoles d'Athènes et de Rome*, CXLIV, 1937), p. 181 sqq.

en noblesse et en beauté, à tous ses actes passés » (§ 3). On voit le ton ; seulement l'hyperbole systématique a ses dangers. Nous hésitons déjà à nous fier à Hypéride, quand il proclame qu'en aucun pays, en aucun temps, on n'avait connu campagne plus dure ni plus méritoire (§ 23) ; mais décidément nous nous refusons à croire. sur sa parole, que « jamais hommes auparavant n'avaient combattu ni contre des adversaires plus puissants, ni avec des ressources plus faibles » (§ 19). Car, même en laissant de côté le souvenir des guerres médiques, s'il est vrai que l'empire d'Alexandre représentait une puissance formidable, néanmoins, en fait, jusqu'à l'arrivée de Léonnatos et de Cratère, les Grecs avaient l'avantage du nombre : Antipater disposait de peu de troupes ; il devait en distraire une partie pour se prémunir contre les menaces qu'il sentait peser sur les frontières de Thrace, d'Illyrie et d'Épire ; et la Macédoine, épuisée par les levées ordonnées pour l'armée d'Orient, n'avait plus guère de recrues à lui fournir.

Au reste, dans ses affirmations, Hypéride en arrive à se contredire lui-même : comparant les héros de la guerre de Troie à Léosthène, il déclare « qu'à eux, il a fallu le concours de la Grèce entière pour s'emparer d'une unique ville, tandis que lui, avec les seules forces de sa propre patrie, a humilié toute la puissance qui commandait à l'Europe et à l'Asie » (§ 35). Or, un peu plus haut, au § 13, il a loué Léosthène d'avoir su faire entrer dans son alliance nombre de peuples de la Grèce, et il a cité expressément par leur nom les principaux d'entre eux.

Notons enfin chez lui une omission, qui ne doit pas être involontaire : il prend soin de vanter les trois victoires remportées sur terre par Léosthène et par Antiphilos ; mais il ne dit pas un mot de la lutte sur mer[1]. C'est qu'elle s'an-

1. A propos même des opérations terrestres, Hypéride compte comme un succès la bataille livrée par Antiphilos. Elle a, il est vrai, abouti à la mort de Léonnatos, mais non à la destruction de son armée. En fait, aussitôt après, Antipater n'est plus enfermé dans Lamia ; il peut grossir ses effectifs des renforts amenés par Léonnatos, et attendre sans être inquiété l'arrivée de ceux que Cratère rassemble de son côté. Dans ces conditions, y a-t-il lieu vraiment de dire avec Hypéride (§ 14) qu' « on édifie ainsi l'œuvre de l'avenir sur les fondements posés par Léosthène » ?

nonce décidément peu favorable pour les Grecs. Au début des hostilités, la flotte athénienne dominait de beaucoup celle d'Antipater; elle aurait dû être capable à la fois de contribuer au blocus de Lamia et de surveiller l'Hellespont, pour arrêter tout transport de troupes d'Asie en Europe. Or, autant que nous pouvons nous en rendre compte [1], vers la fin de 323, une escadre macédonienne de renfort, amenée de Phénicie par Clitos, a infligé aux Athéniens un grave échec près d'Abydos, et elle a opéré ensuite sa jonction avec la flotte d'Antipater. Désormais, c'est la Macédoine qui a la maîtrise de la mer; les alliés n'ont pas su empêcher Léonnatos de venir au secours d'Antipater ; il est à craindre qu'ils ne soient pas plus heureux à l'avenir, en pareil cas : Hypéride juge prudent de garder le silence sur cet aspect fâcheux de la situation.

En somme, on le voit, l'oraison funèbre d'Hypéride n'est pas à l'abri de toute critique ; mais n'oublions pas pour cela ce qu'elle offre de neuf et de méritoire : la grande place donnée pour la première fois, dans un panégyrique officiel, aux événements du jour, et la sympathie ardente avec laquelle l'orateur en parle. Sans doute, nous préférerions aujourd'hui, pour exprimer cette sympathie, plus de simplicité et moins d'artifices ; toutefois, reconnaissons-le aussi, la langue d'Hypéride garde presque toujours une élégante facilité, et, plus d'une fois, elle arrive à un véritable bonheur d'expression. Ses défauts doivent se découvrir plus à la lecture qu'ils ne se sentaient à l'audition. Peut-être même, tels quels, n'étaient-ils pas pour déplaire aux Athéniens ; et, en fait, les critiques anciens ont, en général, considéré ce discours comme un des chefs-d'œuvre de l'éloquence épidictique.

1. Les sources anciennes nous renseignent assez mal sur ce côté de la Guerre Lamiaque. Deux défaites athéniennes paraissent certaines, l'une à Abydos vers la fin de 323, l'autre à Amorgos dans l'été de 322 ; peut-être faut-il, entre les deux, en ajouter une troisième, près des îles Lichades, peu après celle d'Abydos, et dont le résultat aurait été de débloquer la flotte d'Antipater. — Cf. Th. Walek, *Les opérations navales pendant la Guerre Lamiaque*, dans *Rev. de Phil.*, XLVIII, 1924, p. 23-30.

S. Col. I

VI

[ORAISON FUNÈBRE.]

I 1 A l'appui des paroles qui [vont] être consacrées sur cette tombe au stratège Léosthène et aux autres citoyens tombés avec lui dans la présente guerre, pour commémorer leur bravoure, [*prenons à*] témoin le Temps, qui [*connaît bien dans leur réalité*] ces hauts faits, [*supérieurs aux*] plus beaux qu'[*aucun*] homme ait encore contemplés, [*et tels que, même*] dans toute la suite des siècles, il n'y a [*jamais*] eu, [*nous devons le croire,*] ni héros [*plus vaillants*] que nos morts, ni actions plus magnifiques[1]. 2 [*De là chez moi en ce moment la crainte*] très vive qu'il n'arrive à ma parole de paraître

1. Le sens général de ce début paraît assez sûr; mais, dans le détail, sa restitution demeure quelque peu incertaine. A mon avis, la phrase se termine à la ligne 20, et il n'y a pas à supposer, avec Bücheler, de lacune dans le papyrus. Invoquer le Temps comme témoin fidèle de nos actions est une idée familière aux poètes, lyriques ou tragiques (cf., p. ex., Pind., *Ol.* X, 53 : ὅ τ' ἐξελέγχων μόνος ἀλάθειαν ἐτήτυμον Χρόνος, ou Soph. fr. 280 Nauck : ὁ πάνθ' ὁρῶν καὶ πάντ' ἀκούων πάντ' ἀναπτύσσει Χρόνος). Elle se retrouve aussi dans une épigramme consacrée aux morts de Chéromée (*I. G.*, II, 1680 : ὦ Χρόνε, παντοίων θνητοῖς πανεπίσκοπος δαίμων); et Hypéride lui-même exprime ailleurs une idée analogue (*P. Lycoph.*, 14 : ὁ παρεληλυθὼς χρόνος μάρτυς ἐστὶν ἑκάστῳ τοῦ τρόπου ἀκριβέστατος). — Je ne crois pas qu'il y ait lieu de rapporter à cet exorde, comme Sauppe y avait songé, les mots τὸν ἀγήρατον χρόνον cités par Pollux (= fr. 221).

VI

[ΕΠΙΤΑΦΙΟΣ.]

1 Τῶν μὲν λόγων τ[ῶν μελ]λόντων ῥηθήσεσ[θαι ἐπὶ] τῷδε τῷ τάφῳ [περί τε] Λεωσθένους τοῦ στ[ρατη]γοῦ καὶ περὶ τῶν ἄ[λλων] τῶν μετ' ἐκείνου [τετελ]ευτηκότων ἐν τ[ῷ πολ]έμῳ, ὡς ἦσαν ἄν[δρες ἀ]γαθοί, μάρτ[υς ἔστω ὁ Χ]ρόνος ὁ σ[υνειδὼς ἔργ]ῳ τὰς πρ[άξεις, ὧν οὐδεὶ]ς ἄνθρω[πος οὐδεμία]ν πω κα[λλίω καθεώ]ρακε, ὥ[στ' οὐδ' ἐν τῷ π]αντὶ αἰῶ[νι νομιστέον γ]εγενῆ[σθαί ποτ' οὔτ'] ἄνδρας [ἀμείνους τῶν] τετελε⟨υ⟩τ[ηκότων τῶνδε] οὔτε πρ[άξεις μεγαλ]οπρεπεστέρ[ας. 2 Διὸ] καὶ μάλιστα [νῦν φοβοῦ]μαι μή μοι συμ[βῇ τὸν λ]όγον ἐλάττ[ω φαίν]εσθαι τῶν ἔρ[γων] τῶν γεγενημένων. Πλὴν κατ' [ἐκεῖ[νό γε I

Titulus deest in S. — 1 Exordium illud valde mutilatum multi reficere contenderunt ; attamen nunc etiam supplementorum quædam dubia manent. Quibus argumentis ea confirmare nitar quæ hic propono, vide in *Rev. des Ét. gr.*, 1938, p. 263-265 || vv. 1-3 satis certi || 4 μάρτυς ἔστω ὁ Χρόνος tento, coll. Pind., *Pyth.* IV, 297 : μάρτυς ἀκριβὴς Bücheler μ- ἄριστος Hess μ- αὐτὸς ὁ Χρ- Sudhaus || 5 ὁ συνειδὼς ἔργῳ ego, verbo ἔργῳ verbis τῶν λόγων respondente : ὁ σῴζων ἐπαίνῳ Sudh., Hess || τὰς πράξεις Bab. : τὰ ὅπλα Ken. || ὧν οὐδεὶς Büch. || 6 ὥστε Büch., feliciter, ut opinor, ut prooemium, satis magnifice dictum, sententia una comprehendatur || 5-7 Aliter Sudhaus : τὰς πρ[άξεις· οὐ γάρ τι]ς ἀνθρώ[πων προαίρεσ]ίν πω κα[λλίω τῆσδ' ἑώ]ρακε ὧ[ν ἴσμεν, οὐδ' ἐν π]αντὶ αἰῶ[νι πεπύσμεθα γ]εγενη[μένους || 9 In verbo μεγαλοπρεπεστέρας, fragmenta duo, e quibus Bl. columnam I composuit, cohærent inter se ; nullus igitur versus desideratur, ut Büch. crediderat || 2 1-2 νῦν φοβοῦμαι Jens. in *add.* : πεφόβημαι Herwerden || 2 φαίνεσθαι Cob. : γενέσθαι Bab. || 3 ἐκεῖνο... ὅτι Cob.

manifestement au-dessous des exploits accomplis par eux [1]. Toutefois une pensée, par contre, me rassure : c'est que, si je commets des omissions, vous, qui m'écoutez, vous y suppléerez : car mon discours ne sera pas prononcé devant un auditoire de hasard, mais devant les témoins mêmes des
II grandes actions de ces braves.

3 Il est juste [2] de louer notre ville de la résolution adoptée par elle, résolution égale et même encore supérieure en noblesse et en beauté à tous ses actes passés ; nos morts de leur courage dans cette guerre, où ils n'ont pas fait honte aux vertus de leurs ancêtres ; et le stratège Léosthène de ces deux mérites à la fois : car, pour la décision initiale, il a été l'inspirateur de la cité, comme, pour la conduite de la campagne, il a assumé le commandement des citoyens [3].

4 Au sujet de notre ville, une revue détaillée [*des services*] que, dans le passé, elle a rendus à la Grèce entière dépasse le temps dont je dispose ; d'ailleurs, le moment se prête mal aux longs discours ; et il n'est pas facile non plus à un seul orateur d'aborder tant et de si grandes actions et d'en évoquer le souvenir. 5 Mais, pour me résumer, je n'hésiterai pas à dire d'elle : de même que le soleil
III parcourt l'univers entier en y distribuant les saisons [*comme il convient*], en créant [*partout un ordre*] harmonieux, et en prenant soin d'assurer aux gens [*raisonnables, aux braves gens*] la naissance [*et la croissance*] des fruits de la terre, et, en général, de toutes les choses utiles à la vie, de même notre cité s'emploie sans cesse à punir les méchants et à [*secourir*]

1. Une telle précaution oratoire est de tradition dans les oraisons funèbres (Th., II, 35, 2 ; Lysias, *Or. fun.*, début), et, en général, chez tous les orateurs qui abordent — ou pourraient aborder — de grands sujets (Isocr., *Panég.*, 13 ; Dém., *Phil.* II, 11 ; etc.) : c'est la *captatio benevolentiæ*.

2. Transition un peu brusque ; mais la formule ἄξιόν ἐστι est courante chez Hypéride (ici, 20, 35 ; *C. Philip.*, 10 ; *P. Lyc.*, 3).

3. Hypéride indique bien les différents points qu'il a l'intention de traiter ; mais, comme on va le voir, il ne s'astreindra pas à les présenter dans l'ordre qu'il semble annoncer.

πάλι⟨ν⟩ θα[ρρῶ, ὅ]τι τὰ ὑπ' ἐμοῦ ⟨ἐ⟩κ[λει]πόμενα ὑμεῖς οἱ
ἀκούοντες προσθήσετε· οὐ γὰρ ἐ⟨ν⟩ τοῖς τυχοῦσιν οἱ λόγοι
ῥηθήσονται, ἀλλ' ἐν αὐτοῖς τοῖ⟨ς⟩ μάρτυσι τῶν ⟨ἐκ⟩είνοις |
πεπραγμένων. II

3 Ἄξιον δέ ἐστιν ἐπαινεῖν ⟨τ⟩ὴν μὲν πόλ⟨ι⟩ν ἡμῶν
⟨τ⟩ῆς προαιρέ[σεω]ς ἕνεκεν, τὸ προε[λέσθ]αι ὅμοια καὶ ἔτι
σε[μνό]τερα καὶ καλλίω τῶν [πρότ]ερον αὐτῇ πεπρα[γμέ]-
νων, τοὺς δὲ τετε[λευ]τηκότας τῆς ἀνδρείας τῆς ἐν τῷ
πολέμῳ, τὸ μὴ καταισχῦναι τὰς τῶν προγόνων ἀρετάς, τὸν
δὲ στρατηγὸν Λεωσθένη διὰ ἀμφότερα· τῆς τε γὰρ προ-
αιρέσεως εἰσηγητὴς τῇ πόλει ἐγένετο, καὶ τῆς στρατείας
ἡγεμὼν τοῖς πολίταις κατέστη.

4 Περὶ μὲν οὖν τῆς πόλεως διεξιέναι τὸ καθ' ἕκαστον
ὧν πρότερον πᾶσαν τὴν Ἑλλάδα ⟨εὐεργέτηκεν⟩ οὔτε ὁ
χρόνος ὁ παρὼν ἱκανός, οὔτε ὁ καιρὸς ἁρμόττων τῷ μακρο-
λογεῖν, οὔτε ῥᾴδιον ἕνα ὄντα τοσαύτας καὶ τηλικαύτας
πράξεις (ἐ)πελθεῖν καὶ μνημονεῦσαι. 5 Ἐπὶ κεφα-
λαί[ου] δὲ οὐκ ὀκνήσω εἰπεῖν περὶ αὐτῆς· ὥσπερ [γὰρ] ὁ
ἥλιος πᾶσαν | τὴν οἰκουμ[ένη]ν ἐπέρχεται, τὰ[ς μὲν] ὥρας III
διακρίνων [κατὰ τὸ π]ρέπον καὶ καλῶ[ς πάντα καθ]ιστάς,
τοῖς δὲ σ[ώφροσι καὶ ἐπ]ιεικέσι τ[ῶν ἀνθρώ]πων ἐπιμ[ε-
λούμενος κ]αὶ γεν[έσεως καὶ αὔξη]ς καὶ [καρπ]ῶν κ[αὶ τῶν

2 4 εμουκ... πομενα S : ἐκλειπόμενα Sauppe, Hess παραλειπόμενα Ken. || 6 ἐκείνοις Sauppe || **3** 2 τοῦ προελέσθαι (similiterque. v. 5, τοῦ μὴ καταισχῦναι) proposuit Volckmar, haud necessario || **4** 2 των προτερον πασαν την Ελλαδα S, ubi aliquid certe omissum est. Unde supplementa varia ; secutus sum Sauppe, Jens. : τῶν πρότερον ⟨διασωσάντων⟩ Comp. τῶν πρότερον ⟨ἀνὰ⟩ πᾶσαν τὴν Ἑλλάδα ⟨πεπραγμένων⟩ Cob., Ken. || 5 ἐπελθεῖν Bab. : απελθειν S διελθεῖν Sauppe διεξελθεῖν Cob. || **5** 1-2 κεφαλαίου Bab. : κεφαλαίων Cob. || 2 γὰρ Bab. || 4 κατὰ τὸ πρέπον Ken. : εἰς τὸ πρέπον Bl. || πάντα καθιστάς Cob. || 5 σώφροσι Bl. : σπουδαίοις Sitzler, quod lacuna longius esse observat Jens. || 6 αὔξης Fuhr : τροφῆς Bl. || Vv. 3-6 alii longe aliter restituunt, ex. grat. Jens. in *add.* : τὰ[ς μὲν] ὥρας διακρίνων, [καὶ τὸ π]ρέπον καὶ καλῶ[ς ἔχον παρ]ιστάς, τοῖς δὲ σ[ώφροσι καὶ ἐπ]ιεικέσι π[λείω παρέχ]ων ἐπιμ[έλειαν, ὥστε κ]αὶ γεν[έσθαι σίτων αἴτιο]ς καὶ [καρπ]ῶν.

les justes ; à [*répandre*] partout le règne de l'égalité au lieu de l'[*autorité despotique*] ; et, en acceptant pour son compte personnel [*les périls*] et les dépenses, à garantir la [*sécurité commune*] de la Grèce[1].

6 [*Bref,*] comme [*je l'ai déjà dit*[2]*,*] je m'abstiendrai [*d'exposer l'œuvre*] générale de notre cité : c'est à Léosthène et à ses compagnons que je veux [*tout de suite*] consacrer mes paroles. [*Seulement,*] par où dois-je commencer [*mon discours,*] et quelle est pour moi la première chose à rappeler ? Vais-je m'étendre sur la famille de chacun d'eux ? il y aurait, j'imagine, à cela de la naïveté. 7 En effet, si on entre-
IV prend l'éloge d'autres populations quelconques, qui, après s'être rassemblées de toutes sortes de côtés dans une seule ville, l'habitent en apportant chacune dans la communauté les traits caractéristiques de sa race, dans ce cas, il faut bien, homme par homme, faire la généalogie de chacun ; mais, du moment où l'on parle d'Athéniens, qui, fils de leur propre sol[3], puisent dans cette commune naissance une noblesse inégalable, c'est, à mon avis, prendre un soin superflu que de célébrer en particulier une série de familles. 8 Évoquerai-je alors le souvenir de leur éducation ? Dirai-je par quelle discipline pleine de sagesse a été nourrie et

1. Ce développement, d'allure assez poétique, semble avoir été remarqué, même chez les écrivains latins : on en trouve un écho dans Cic., *Tusc.*, I, 28, 68 ou Sén., *de benef.*, VII, 31, 3, décrivant le spectacle du monde comme preuve de l'existence et des bienfaits des dieux. Quant à l'éloge d'Athènes, Hypéride laisse délibérément de côté le rôle de sa patrie dans les temps mythiques ou à l'occasion des guerres médiques : il ne perd pas de vue la lutte actuelle contre la Macédoine ; ses dernières lignes rappellent même, au moins dans son esprit, la conclusion du décret rendu par Athènes au début de la guerre (Diod., XVIII, 10, 3 : ὁ δῆμος... νῦν οἴεται δεῖν ὑπὲρ τῆς κοινῆς τῶν Ἑλλήνων σωτηρίας καὶ σώμασι καὶ χρήμασι καὶ ναυσὶ προκινδυνεύειν). — Quoi qu'il en soit, la comparaison établie par l'orateur entre l'action du soleil et celle d'Athènes dans le monde ne laisse pas d'être un peu subtile. Sur la façon dont je la comprends, cf. *Rev. des Ét. grecques*, 1938, p. 265-266.

2. Au § 4.

3. Tout en se défendant de développer le thème, si courant, de

ἄ]λλων ἁ[πά]ντων τῶν εἰς τὸν β[ίο]ν χρησίμων, οὕτως καὶ ἡ πόλις ἡμῶν διατελε[ῖ το]ὺς μὲν κακού⟨ς⟩ κολάζο[υσα, τοῖς] δὲ δικαίο⟨ι⟩ς β[οηθοῦσα,] τὸ δὲ ἴσον ἀν[τὶ τῆς δεσποτ]είας ἅπασιν [ἀπονέμουσα, τ]οῖς δὲ ἰδί[οις κινδύνοις κα]ὶ δαπάναι[ς κοινὴν ἄδει]αν τοῖς Ἕλλη[σι παρασκευ]άζουσα.

6 [Ἀλλὰ περὶ μὲ]ν τῶν κοινῶ[ν ἔργων τῆς πόλ]εως, ὥσπερ [προεῖπον, φρά]σαι ⟨παρ⟩αλεί(ψ)ω, περ[ὶ δὲ Λεωσθέν]ους καὶ τῶν ἄ[λλων τοὺς λόγ]ους ποιήσομ[αι ἤδη. Νῦ]ν δὲ πόθεν ἄρξωμα[ι λέγων], ἢ τίνος πρῶτον μνησθῶ ; Πότερα περὶ τοῦ γένους αὐτῶν ἑκάστου διεξέλθω ; ἀλλ' εὔηθες εἶναι ὑπολαμβάνω. 7 Τὸ⟨ν⟩ μὲν ⟨γὰρ⟩ ἄλλους τιν(ά)ς ἀνθρώπους ἐγκωμιάζοντα, | οἵ, πολλαχόθεν εἰς IV
μίαν πόλιν συνεληλυθότες, οἰκοῦσι, γένος ἴδιον ἕκαστος συνεισενεγκάμενος, τοῦτον μὲν δεῖ κατ' ἄνδρα γενεαλογεῖν ἕκαστον· περὶ δὲ Ἀθηναίων ἀνδρῶν τού⟨ς⟩ λόγου⟨ς⟩ ποιούμενον, οἷς ἡ κοινὴ γένεσις α[ὐτόχ]θοσιν οὖσιν ἀνυπέρβλητον τὴν εὐγένειαν ἔχει, περίεργον ἡγοῦμαι εἶναι ἰδίᾳ τὰ γένη ἐγκωμιάζειν. 8 Ἀλλὰ περὶ τῆς παιδείας αὐτῶν ἐπιμνησθῶ, καὶ ὡς ἐν πολλῇ σ[ωφρο]σύνῃ παῖδες ὄντ[ες ἐτρά]φησαν καὶ ἐπαιδε[ύθησαν,] ὅπερ εἰώθασίν

5 9 βοηθοῦσα Piccolomini || 9-10 δεσποτείας ego : ἀδικίας Jens., Hess πλεονεξίας Bab. || 10 ἀπονέμουσα Kaibel, Hess : φυλάττουσα Bl. || 11 κοινὴν ἄδειαν Bl. e Lyc., *adv. Leocr.*, 104 : τὴν ἐλευθερίαν Cob. || **6** 1 Ἀλλὰ περὶ μὲν Bl., Ken. : Περὶ μὲν οὖν Jens. || 2 ὥσπερ προεῖπον, φράσαι παραλείψω Ken. : CAIAΛΙΦΩ S || 1-2 [Ἀλλ' ἔπαινο]ν τῶν κοινῶ[ν ἔργων τῆς πόλ]εως, ὥσπερ [ἀρτίως εἶπον], παραλείψω Hess || 4 ἤδη. Νῦν Bab. : Ἀπορῶ δέ Cob., Hess, coll. Isocr., *Antid.*, 140 et Dem., *Cor.*, 129 ; sed, ante δέ, N potius quam Ω exstat Ken., Jens. || πρωτον S : πρώτου Cob., coll. iisdem locis || 5 ἑκάστου Bab. : εκαστω S ἑκάστων Ken. || **7** 1 Τὸν μὲν γὰρ ἄλλους Bab. : Το μεν αλλους S || 2 τινάς : τινους S || 4 τοῦτον Cob. : τουτων || 5 τοὺς λόγους Cob. : του λογου S || 6 ποιουμενον S : -μενος Cob. -μένου Bursian || **8** 3 ἐπαιδεύθησαν Bab. : επεδε[.... S || 3-4 εἰώθασίν τινες ποιεῖν Jens., Hess : ἐ- παιδεύειν Sauppe, Blass ἐ- ἐλεύθεροι μαθεῖν Müller. Utique Hyperidem non dixisse opinor, ad extollendam puerorum Athenis institutionem, eos formari sicut mos est cæteris Græcis aut ceteris ingenuis.

formée leur enfance [1], comme on se plaît [*parfois à le faire* [2]] ? Mais, je pense, tout le monde sait que notre but, en élevant nos enfants, est de produire des gens de cœur ; si nos morts, à l'âge d'hommes, ont montré dans cette guerre une vaillance exceptionnelle, c'est la preuve manifeste qu'au temps de leur enfance ils avaient reçu une bonne éducation. **9** Le plus simple donc, selon moi, est de passer en revue les actes de courage qu'ils ont accomplis durant cette campagne et les services si nombreux dont leur sont redevables leur patrie et le reste de la Grèce. Je commencerai, en premier lieu, par le général : c'est justice.

10 Léosthène, voyant la Grèce entière abaissée, et, [*pour*
V *ainsi dire*,] courbée par la crainte, dans l'état de ruine où l'avaient amenée les gens subventionnés par Philippe et par Alexandre pour agir contre leurs propres patries [3], et sentant que notre ville avait besoin d'un homme, comme la Grèce entière d'une ville capable d'avoir la haute main sur la direction des affaires, fit spontanément le don de lui-même à sa patrie, comme celui de sa cité à la Grèce pour la cause de la liberté. **11** Il s'était déjà constitué un corps de mercenaires ; mais, de plus, à la tête des forces nationales d'Athènes, dès qu'il rencontra les premières troupes entrées en ligne pour faire obstacle à l'indépendance hellénique, Béotiens, Macédoniens, Eubéens, et leurs alliés, il les défit dans un combat en Béotie [4]. **12** De là, il gagna les Thermopyles [5], et, en occupant les passages par où jadis les barbares avaient marché

l'autochtonie (cf. Th. II, 36 ; Lys., *Or. fun.*, 47 ; Plat., *Ménéx.*, 237 b ; Isocr., *Panég.*, 24-25 ; Dém., *Or. fun.*, 4-5), Hypéride ne veut cependant pas l'omettre complètement.

1. C'est la façon même dont Platon introduit son éloge de l'éducation dans le *Ménéxène*, 237 A-B : τροφή τε καὶ παιδεία.

2. Restitution incertaine ; sur les raisons qui me font préférer celle de Jensen, cf. *Rev. des Ét. gr.*, 1938, p. 266.

3. Hypéride, comme Démosthène, traite volontiers de vendus et de traîtres tous les Grecs disposés à s'appuyer sur la Macédoine plutôt que sur Athènes ; cf. *C. Philip.*, tr. 15 a, et la *Notice* à ce discours, p. 95.

4. Près de Platées, selon Diod., XVIII, 11, 5.

5. Je traduis le texte d'Hypéride, qui est très bien conservé à cet

|τινες ποι]εῖν ; Ἀλλ' οἶμαι π[άντας] εἰδέναι ὅτι τούτο[υ ἕνεκα] τοὺ⟨ς⟩ παῖδας παιδεύο[μεν], ἵνα ἄνδρες ἀγαθοὶ γ[ίγνων]ται· τοὺς δὲ γεγενημ[ένους] ἐν τῷ πολέμῳ ἄνδρας ὑπερβάλλοντας τῇ ἀ[ρετῇ] πρόδηλόν ἐστιν ὅτι παῖδες ὄντες καλῶς ἐπαιδεύθησαν. 9 Ἁπλούστατον ο[ὖν ἡ]γοῦμαι εἶναι τὴν ἐν τῷ πολέμῳ διεξελθεῖν ἀρετήν, καὶ ὡς πολλῶν ἀγαθῶν αἴτιοι γεγένη⟨ν⟩ται τῇ πατρίδι καὶ τοῖς ἄλλοις Ἕλλησιν. Ἄρξομαι δὲ πρῶτον ἀπὸ τοῦ στρατηγοῦ· καὶ γὰρ δίκαιον.

10 Λεωσθένης γάρ, ὁρῶν τὴν Ἑλλάδα πᾶσαν τεταπει-
νωμένην καὶ [ὥσπερ] ἐπτη[[χυ]ῖαν, κατεφθαρμένην ὑπὸ V
τῶν δωροδοκούντων παρὰ Φιλίππου καὶ Ἀλεξάνδρου κατὰ τῶν πατρίδων τῶν αὐτῶν, καὶ τὴν μὲν πόλιν ἡμῶν [δεομέ]νην ἀνδρός, τὴν δ' Ἑλλάδα πᾶσαν πόλεως, ἥτις προστῆ[ναι δυν]ήσεται τῆς ἡγεμονίας, [ἐπέδ]ωκεν ἑαυτὸν μὲν τῇ [πατρί]δι, τὴν δὲ πόλιν τοῖς Ἕλλησιν εἰς τὴν ἐλευθερίαν. 11 Καί, ξενικὴν μὲν δύναμιν ⟨συ⟩στησάμενος, τῆς δὲ πολιτικῆς ἡγεμὼν καταστάς, τοὺς πρώτους ἀντιταξαμένους τῇ τῶν Ἑλλήνων ἐλευθερίᾳ, Βοιωτοὺς καὶ Μακεδόνας καὶ Εὐβοέας καὶ τοὺς ἄλλους συμμάχους αὐτῶν, ἐνίκησε μαχόμενος ἐν τῇ Βοιωτίᾳ. 12 Ἐντεῦθεν δ' ἐλθὼν εἰς Πύλας, καὶ καταλαβὼν τὰς [παρ]όδους δι' ὧν καὶ πρότερον ἐπὶ τοὺς Ἕλληνας οἱ βάρβαροι ἐπορεύθησαν, τῆς μὲν ἐπὶ τὴν Ἑλλάδα πορείας Ἀντίπατρον ἐκώλυσεν,

8 4 πάντας Bab. || 5 ἕνεκα Bab. || 6 γεγενημένους : γεγεννημ.... S || **9** 3 πατρίδι : πατριτι S || **10** 2 καὶ ὥσπερ ἐπτηχυῖαν Ken. : καὶ κατεπτηχυῖαν edd. plerique δειλὴν ἐπτηχυῖαν Fuhr καὶ δέει κατεπτηχυῖαν Hess || κατεφθαρμενην S : καὶ ἐφθαρμένην Hess || 5 δεομένην Bab. || 6 δυνήσεται Schaefer, Hess : βουλήσεται Picc. || ἐπέδωκεν μὲν ἑαυτὸν Kayser : ωκενμεναυτον S ἀπέδ- ἑαυτὸν μέν Bab. || **11** 1 συστησάμενος Bab. : στησαμενος S κτησάμενος Kayser || 4 Ευβοεας S : Εὐβοᾶς Cob. || 5 μαχόμενος Cob. : μαχομενους S, littera υ transfixa || **12** 2 καταλαβών : καταλαλαβων S || παρόδους Spengel, coll. Dem., *Phil.* III, 32, *de Pace*, 20 : εἰσόδους Babington διόδους Sandys (quod lacunam non complet); ceterum, litteræ P vestigium certum dispexisse se asserit Jensen.

contre les Grecs, il empêcha Antipater de pénétrer en Grèce ; puis, l'ayant surpris dans ces parages, il lui livra bataille, le vainquit, l'enferma dans Lamia, et l'y tint bloqué. **13** Thessaliens, Phocidiens, Étoliens, et tous les autres peuples de la région, devinrent ses auxiliaires ; Philippe et Alexandre leur imposaient de force leur commandement et s'en faisaient gloire ; Léosthène les prit sous le sien de leur plein gré. Il a eu le bonheur de triompher dans
VI tous les desseins qu'il avait conçus ; mais il n'était pas en son pouvoir d'être plus fort que la destinée[1]. **14** Au reste, il est juste que notre reconnaissance aille à Léosthène d'abord, non seulement pour ce qu'il a accompli [*de son vivant*], mais aussi pour la bataille [livrée] depuis, après sa mort[2], et pour [l'ensemble des] avantages obtenus par les Grecs au cours de cette [campagne] ; car c'est sur les fondements posés par Léosthène qu'aujourd'hui[3] on travaille à édifier l'œuvre de l'avenir.

15 Ici, que personne ne me soupçonne de ne tenir aucun compte des autres citoyens et de glorifier uniquement Léosthène ; car il se trouve que louer Léosthène pour les combats engagés par lui, c'est glorifier aussi les autres citoyens. En effet, la sagesse dans les décisions est le fait du général ; mais la victoire obtenue les armes à la main est l'œuvre de ceux qui acceptent d'affronter les dangers en payant de leur personne. Ainsi, dans toute louange que je donne à notre victoire, mon panégyrique va à la fois au commandement de Léosthène et à la vaillance de ses soldats.

endroit ; mais la façon dont il présente les choses ne semble pas parfaitement exacte ; cf. la *Notice*, p. 287.

1. Le grand rôle de la fortune dans les affaires humaines est une idée souvent évoquée aussi par Démosthène.

2. Léosthène était mort au cours de l'hiver 323/2. Il s'agit maintenant de la bataille, livrée dans le Sud de la Thessalie, où Léonnatos, qui amenait de Phrygie une première armée de secours, périt, au printemps de 322 (Diod., XVIII, 14 fin et 15), avant d'avoir pu faire sa jonction avec Antipater.

3. Le commandement de l'armée grecque était passé aux mains d'Antiphilos.

αὐτὸν δὲ καταλαβὼν ἐν τοῖς τόποις, τούτοις καὶ μάχῃ νικήσας, ἐπολιόρκει κατακλείσας εἰς Λαμίαν. **13** Θετταλοὺς δὲ καὶ Φωκέας καὶ Αἰτωλοὺς καὶ τοὺς ἄλλους ἅπαντας τοὺς ἐν τῷ τόπῳ συμμάχους ἐποιήσατο· καὶ ὧν Φίλιππος καὶ Ἀλέξανδρος ἀκόντων ἡγούμενοι ἐσεμνύνοντο, τούτων Λεωσθένης ἑκόντων τὴν ἡγεμονίαν ἔλαβεν. Συνέβη δ' αὐτῷ τῶν μὲν πραγμάτων ὧν προείλετο κρατῆσαι |, τῆς δὲ VI
εἱ[μαρ]μένης οὐκ ἦν περιγενέ[σθαι.] **14** Δίκαιον δ' ἐστὶν μὴ μ[όνον] ὧν ἔπραξεν Λεωσθέν[ης ζῶν] χάριν ἔχειν αὐτῷ πρ[ώτῳ, ἀ]λλὰ καὶ τῆς ὕστερον [γενομέν]ης μάχης μετὰ τ[ὸν ἐκείνο]υ θάνατον καὶ τῶν [πάντων ἀγ]αθῶν τῶν ἐν τῇ σ[τρατείᾳ τ]αύτῃ συμβάντων [τοῖς Ἕλ]λησιν· ἐπὶ γὰρ τοῖς ὑπὸ Λεωσθένους ⟨τε⟩θεῖσιν θεμελίοις οἰκοδομοῦσιν οἱ νῦν τὰς ὕστερον πράξεις.

15 Καὶ μηδεὶς ὑπολάβῃ με τῶν ἄλλων πολιτῶν μηδένα λόγον ποιεῖσθαι, [ἀλλὰ] Λεωσθένη μόν⟨ον⟩ ἐγκω[μιάζ]ειν· συμβαίνει γὰρ [τὸν Λε]ωσθένους ἔπαινον [ἐπὶ ταῖ]ς μάχαις ἐγκώμιον ⟨καὶ⟩ [τῶν ἄλ]λων πολιτῶν εἶναι. Το[ῦ μὲν] γὰρ βουλεύεσθαι καλ[ῶς ὁ στρα]τηγὸς αἴτιος, τοῦ δὲ νι[κᾶν μαχ]ομένους οἱ κινδυν[εύειν ἐθ]έλοντες τοῖς σώμα[σιν· ὥστ]ε, ὅταν ἐπαιν[ῶ τὴν γ]εγονυῖαν νίκην, ἅμα τ[ῇ Λε]ωσθένους ἡγεμονίᾳ καὶ [τὴν τ]ῶν ἄλλων ἀρετὴν ἐγκωμ[ιάζ]ω.

13 6 κρατησαι, correctum e κρατησης S || **14** 2 Λεωσθένης ζῶν Kayser, Kenyon, Hess (ζῶν pro spatio nimium videri æstimat Jensen, scribitque ἀεί; egregie tamen ζῶν verbis μετὰ τὸν ἐκείνου θάνατον respondet) : Λ- αὐτὸς Babington Λ- τὴν χάριν Blass || αὐτῷ πρώτῳ Blass : αὐτῷ πολλὴν Babington αὐτῷ πλείστην Classen || 3 γενομένης Babington : γεγενημένης Sauppe || 4 τὸν ἐκείνου θάνατον Müller : τὸν τούτου θ- Babington || τῶν πάντων Müller : τῶν ἄλλων Babington || 5 στρατείᾳ Babington || **15** 2 ἀλλὰ Λεωσθένη μόνον ἐγκωμιάζειν Sauppe : Λεωσθενημενεγκω S διὰ τὸ Λ. μόνον ἐγκ- Cobet ἐν τῷ Λεωσθένη μὲν ἐγκ- Babington φάσκων Λεωσθένη μ' ἕν' ἐγκ- Shilleto || 3 ἐπὶ ταῖς Babington || 4 καὶ τῶν ἄλλων Bab., quod spatium excedit; sed καὶ omissum esse in S crediderim || 7 ὥστε ὅταν Bab. (litteræ, hoc loco, in S mirum in modum distractæ sunt) || 8 ἐγκωμιάζω Sauppe : ἐγκωμιάσω Stahl, Hess || 7-8 ὥστ' ἐμέ, ὅταν..., ... ἐγκωμιάζειν Cæsar, Cobet.

16 Et comment n'aurait-on pas raison de louer, entre tous les citoyens, ceux qui sont morts dans cette guerre? car ils ont sacrifié leurs vies pour l'indépendance des Grecs, dans la pensée que, s'il était une preuve vraiment manifeste de leur
VII volonté d'assurer à la Grèce son atmosphère de liberté[1], c'était bien de mourir en combattant pour elle.

17 Une chose contribua beaucoup à exciter leur ardeur dans cette lutte pour la défense de la Grèce[2] : ce fut d'avoir livré en Béotie leur première bataille. Ils voyaient la cité des Thébains lamentablement effacée d'entre les nations, son acropole occupée par une garnison macédonienne, ses habitants réduits de leur personne en esclavage, pendant que des étrangers se partageaient son territoire[3] ; cet affreux spectacle, étalé sous leurs yeux, leur inspirait une audace enthousiaste pour faire face au danger avec empressement. **18** Ensuite, le combat engagé dans la région des Thermopyles et de Lamia n'a pas abouti pour eux à moins de gloire que celui de Béotie, non seulement à cause de la victoire remportée par leurs armes sur Antipater et ses alliés, mais encore à cause du lieu où justement la lutte s'est déroulée. En se rendant deux fois par an à la session amphictyonique des Thermopyles, la Grèce entière viendra en pèlerinage[4] devant l'œuvre de ces héros ; elle ne sera pas plus tôt assem-

1. L'idée qu'Athènes veut se faire, une fois de plus, le champion de la liberté hellénique a déjà été indiquée à la fin du § 5. Mais ici la pensée de l'orateur a quelque chose de recherché, de poétique (cf. Simonide, fr. 200 Bergk : Ἑλλάδι σπεύδοντες ἐλευθερίαν περιθεῖναι).

2. Hypéride revient sur les deux batailles dont il a déjà parlé aux §§ 11 et 12. Cette fois, il vise, non sans prendre encore quelque liberté avec les faits, à tirer un effet oratoire du lieu où elles ont été livrées ; cf. la *Notice*, p. 287 sq.

3. Les traces du traitement subi par Thèbes en 335 devaient rester fort visibles en 323. Toutefois, n'oublions pas que des descriptions analogues se retrouvent ailleurs (Dém., *Ambass.*, 65, à propos de la Phocide ; Esch., *C. Ctés.*, 133 et 157 ; Din., *C. Dém.*, 24, à propos de Thèbes) et l'image expressive πόλιν οἰκτρῶς ἠφανισμένην ἐξ ἀνθρώπων est déjà dans Isocr., *Panég.*, 95.

4. L'expression θεωροὶ γενήσονται pourrait sans doute signifier simplement que les Grecs, en se rendant aux Thermopyles, *verront*

16 Τίς γὰρ οὐκ ἂν δικαίως ἐπαινοίη τῶν πολιτῶν τοὺς ἐν τῷδε τῷ πολέμῳ τελευτήσαντας, οἳ τὰς ἑα[υτῶ]ν ψυχὰς ἔδωκαν ὑπὲρ τῆς τῶν Ἑλλήνων ἐλευθερίας, φανερωτάτην ἀπόδειξιν τ[αύτ]ην ἡγούμενοι εἶναι τοῦ [βούλ]εσθαι τῇ Ἑλλάδι τὴν ἐλε[υθερ]ίαν | περιθεῖναι, τὸ μαχομ[ένους] **VII**
τελευτῆσαι ὑπὲρ αὐτ[ῆς;

17 Μ]έγα δ' αὐτοῖς συνεβάλετο εἰς τὸ προθύμως ὑπὲρ τῆς [Ἑλλά]δος ἀγωνίσασθαι τὸ ἐν τῇ Βοιωτίᾳ τὴν μάχην τὴν π[ροτέραν] γενέσθαι. Ἑώρων γά[ρ τὴν μὲν π]όλιν τῶν Θηβαίων οἰκτ[ρῶς ἠφα]νισμένην ἐξ ἀνθρώπων, [τὴν δὲ ἀ]κρόπολιν αὐτῆς φρουρου[μένην] ὑπὸ τῶν Μακεδόνων, τὰ δὲ σώματα τῶν ἐνοικούντων ἐξηνδραποδισμένα, τὴν δὲ χώραν ἄλλους διανεμομένους, ὥστε πρὸ ὀφθαλμῶν δρώμενα αὐτοῖς τὰ δεινὰ ἄοκνον παρεῖχε τόλμα⟨ν⟩ εἰς τὸ κινδυνεύειν προχείρως. **18** Ἀλλὰ μὴν τήν γε π[ερὶ Π]ύλας καὶ Λαμίαν μάχην γεν[ομέν]ην οὐχ ἧττον αὐτοῖς ἔνδο[ξον γεν]έσθαι συμβέβηκεν ἧς [ἐν Βοιω]τοῖς ἠγωνίσαντο, οὐ μόνον [τῷ μαχο]μένους νικᾶν Ἀντίπατρον [καὶ τοὺς σ]υμμάχους, ἀλλὰ καὶ τῷ τόπῳ [τῷ ἐ]νταυθοῖ γεγενῆσθαι τὴν μ[άχην]. Ἀφικνούμενοι γὰρ οἱ Ἕλλη[νες ἅπαν]τες δὶς τοῦ ἐνιαυτοῦ εἰς [τὴν Πυλ]αίαν, θεωροὶ γενήσοντ[αι] τῶν ἔργων τῶν π[επρα]γμένων αὐτοῖς· ἅμα γὰρ εἰς τὸ[ν τό]πον

16 2 τὰς ἑαυτῶν ψυχὰς Kenyon, Jensen : τασενα...ν S τὰς ἐν αὐτοῖς ψυχὰς Maehly || 4 βούλεσθαι Bab. : προελέσθαι Hess || 5 μαχομένους Sauppe (velut in § 15 τοῦ νικᾶν μαχομένους et in § 18 τῷ μαχομένους νικᾶν) : μαχόμενοι Bab. || 6 ὑπὲρ αὐτῆς Bab. : υπερ αυτω... legit Jensen in S || **17** 2 Ἑλλάδος Sauppe : πατρίδος Bab. (sed litteræ α vestigium dispexit Jensen || 3 προτέραν Sauppe : πρότερον Bab. πρώτην Cobet, quod spatio non sufficit || τὴν μὲν πόλιν Bab. : τὴν πόλιν Sauppe || 4 ἠφανισμένην Bab. || 5 ἀκρόπολιν αὐτῆς Cobet, deleto ἐξ in S, quod habet ακροπολιν εξ αυτης : ἔτι αὐτῆς Müller || 5-6 τὰ δὲ σώματα Cobet : τα τε σ- S || 7 διανεμομενους S : διανενεμημένους Cobet, Blass || **18** 1 περὶ Πύλας Cobet, alii : πρὸς Πύλας Bab. || 3 συμβέβηκεν corr. Bab. : συνβεβηκει S || 5 τωτοπω S : τῶν τόπων Sauppe || 7 Post θεωροὶ γενήσονται, καιτηστου in S, quas litteras scriba per errorem e sequentibus versibus (§ 18 in fine) sumit.

blée en un tel endroit qu'elle se souviendra de leur valeur. **19** En effet, jamais hommes, avant eux, n'avaient encore combattu ni pour une cause plus belle, ni contre des adversaires plus puissants, ni avec des ressources plus faibles ; mais ils estimaient que dans le sentiment de l'honneur réside la vraie force, et dans le courage l'importance d'une armée, non dans le grand nombre des hommes. Ainsi à tous, en commun, ils ont apporté la liberté, et du nom illustre acquis par leurs exploits ils ont fait à leur patrie, en particulier, une couronne dont ils lui ont ceint le front [1].

VIII **20** Maintenant, réfléchissons (la chose en vaut la peine) à ce qui serait arrivé, croyons-nous, si ces hommes n'avaient pas combattu comme il convient. N'aurait-on pas vu le monde entier obéir à un maître unique, et la maxime « la loi, c'est le roi » devenir fatalement celle de la Grèce [2] ? en un mot, l'insolence des Macédoniens, non l'autorité du droit, prévaloir chez tous les peuples ? et, en conséquence, la règle s'établir qu'il n'y aurait ni femmes, ni jeunes filles, ni enfants qui ne fussent exposés à de perpétuels outrages, en tous lieux ? **21** Cela est assez clair d'après ce que nous étions déjà forcés de subir dès maintenant ; il nous fallait voir de nos yeux des sacrifices institués pour de simples mortels [3], des statues, des autels, des temples consacrés aux dieux

le lieu d'une des victoires de Léosthène. Mais θεωροί désigne aussi les délégués officiels des États aux grandes fêtes religieuses ; on arrive de la sorte à l'idée plus intéressante, je crois, d'une sorte de *pèlerinage*, comme nous disons, par exemple, « le pèlerinage de Verdun ».

1. Toute la fin de ce développement est bien recherchée et parfois même manque un peu de clarté. — Pour στέφανος, nous avons déjà relevé chez Hypéride une autre image, assez hardie aussi, tirée du même mot (*C. Dém.*, col. XXX : ὁ δῆμος, αὐτὸς ὑπὸ τῆς τύχης ἀφαιρεθεὶς τὸν στέφανον, ἡμῶν ὃν ἔδωκεν οὐκ ἀφείλετο). Cf. encore Lycurgue (*C. Léocr*, 50 : οὐκ ἂν αἰσχυνθείην εἰπὼν στέφανον τῆς πατρίδος εἶναι τὰς ἐκείνων ψυχάς).

2. La traduction exacte serait : « et, en guise de loi, la Grèce contrainte de se plier à son caprice ». Je m'en écarte pour tenir compte de l'assonance, que je crois voulue, νόμῳ... τρόπῳ.

3. Tout récemment, en 324, Alexandre avait envoyé l'ordre

ἀθροισθήσονται καὶ τῆ[ς το]ύτων ἀρετῆς μνησθήσονται.
19 Οὐδένες γὰρ πώποτε τῶν γεγονότων οὔτε περὶ καλλιόνων οὔτε πρὸς ἰσχυροτέρους οὔτε μετ' ἐλαττόνων ἠγωνίσαντο, τὴν ἀρετὴν ἰσχύν, καὶ τὴν ἀνδρείαν πλῆθος, ἀλλ' οὐ τὸν πολὺν ἀριθμὸν τῶν σωμάτων εἶναι κρίνοντες. Καὶ τὴν μὲν ἐλευθερίαν εἰς τὸ κοινὸν πᾶσιν κατέθεσαν, τὴν δ' εὐδοξίαν ⟨τὴν⟩ ἀπὸ τῶν πράξεων ἴδιον στέφανον τῇ πατρίδ[ι περι]έθηκαν.

20 Ἄξιον | τοίνυν συλλογίσασθαι καὶ τί ἂν συμβῆναι VIII
νομίζομεν, μὴ κατὰ τρόπον τούτων ἀγωνισαμένων. Ἆρ' οὐκ ἂν ἑνὸς μὲν δεσπότου τὴν οἰκουμένην ὑπήκοον ἅπασαν εἶναι, νόμῳ δὲ τῷ τούτου τρόπῳ ἐξ ἀνάγκης χρῆσθαι τὴν Ἑλλάδα; συνελόντα δ' εἰπεῖν, τὴν Μακεδόνων ὑπερηφανίαν καὶ μὴ τὴν τοῦ δικαίου δύναμιν ἰσχύειν παρ' ἑκάστοις, ὥστε μήτε γυνα⟨ι⟩κῶν μήτε παρθένων μή(τ)ε παίδων ὕβρεις ἀνεκλείπτους ἑκάστοις ⟨μὴ⟩ καθεστάναι; 21 Φανερὸν δ' ἐξ ὧν (ἠ)ναγκαζόμεθα καὶ νῦν [ἤδη]· θυσίας μὲν ἀνθρώ-

19 1 Οὐδένες corr. Bab. : ουδενος S || 2 ουτε μετ' ελαττονων S : Cobet delet οὔτε ; Schenkl scribit οὐδὲ || 3 πλῆθος delet Piccolomini, scilicet ut subobscurum ; sed Hyperides ideo præsertim πλῆθος scripsisse puto, ut verbis τὴν ἀρετὴν ἰσχύν vocabula paria responderent || 4 εἶναι delet Müller || κρίνοντες : κρεινοντες S || 6 τὴν post εὐδοξίαν add. Blass || ἴδιον Jensen, Kenyon : αιδιον S, retentum a Bab., Cobet (sed ἴδιον et εἰς τὸ κοινόν non fortuito opponi videntur) || 7 περιέθηκαν Sauppe : ἀνέθηκαν Babington || **20** 2 νομίζομεν Kayser, Cobet, Sauppe : νομιζοιμεν S, retentum apud Jensen, in *Add.*, Hess ; (re vera, ἄν ad συμβῆναι referendum est, et modus est irrealis non potentialis) || 4 τῷ τούτου corr. Bab. : τωιτουτωι S || 5 συνελοντα S, Sauppe, Blass : συνελόντι Bab. || 7 μήτε παίδων Fritzsche : μηδε S, quod nonnulli tuentur || 8 ἀνεκλείπτους plerique edd., quia verbum ἔκλειπτος nusquam alibi invenitur. Inde lacunam statuere necesse est, quam alii post μηδέ, alii post παίδων, alii post ὕβρεις sibi fingunt (ex. gr., μηδε⟨μίαν φειδὼ γίγνεσθαι, ἀλλὰ καὶ τούτων καὶ⟩ παίδων Cobet μηδὲ παίδων ⟨ἔλεον εἶναι μηδένα, ἀλλ'⟩ ὕβρεις Hess ὕβρεις ⟨ἀνιέναι ποτέ, ἀλλ'⟩ ἀνεκλείπτους Kayser). Forsitan satis sit negationem simplicem ante καθεστάναι inducere, quod tento || **21** 2 ἐξ ὧν Cobet : εξ των S ἐξ αὐτῶν Kayser || ἠνάγκαζόμεθα Tell, Blass : αναγκαζομεθα S || νῦν ἤδη Sauppe, Blass : νῦν ἔχειν Babington, pro spatio nimium νῦν ἔστι Cobet νῦν ἔτι Kayser, Jensen in *Add.* νῦν ἐὰν Caffiaux, Kenyon.

sans empressement, aux hommes avec empressement, et les serviteurs de ces gens honorés comme des héros[1] : c'était pour nous une obligation. **22** Du moment où les lois divines ont été ainsi abolies par l'audace macédonienne, que devons-nous penser du sort réservé aux [*lois humaines ?*] n'aurait-ce pas été leur complet anéantissement[2] ? Plus donc nous jugeons qu'auraient été terribles les maux qui nous attendaient, plus sont grands les éloges dont nos morts doivent nous sembler dignes.

23 Jamais campagne n'a mieux mis en lumière la valeur des troupes que celle qui vient d'avoir lieu : là, se ranger en ordre de bataille était une nécessité quotidienne ; on a eu à
IX livrer plus de combats en une seule campagne que [*ce n'avait été le cas*] pour les autres armées [*en aucun lieu du monde*], dans les temps passés[3] ; et la rigueur extrême des intempéries, comme la privation des choses indispensables aux besoins de chaque jour, si prolongée, si cruelle qu'elle ait été, on l'a supportée avec une fermeté dont on a peine à donner l'idée par la parole. **24** Dès lors, le chef qui a décidé ses concitoyens à soutenir sans hésitation de tels efforts d'énergie, Léosthène, et les soldats qui avec enthousiasme se

aux cités grecques de lui rendre par décret les honneurs divins.

1. Il s'agit cette fois d'Héphestion, enseveli à Babylone, dans cette même année 324, avec un faste extraordinaire ; l'oracle d'Ammon avait prescrit de l'honorer comme un héros. — Hypéride lui applique dédaigneusement l'épithète d'οἰκέτης ; Démosthène traitait aussi bien de δοῦλοι (*Phil.*, III. 32) Antipater ou Parménion, chargés par Philippe, en 342, de présider à sa place les jeux pythiques. Quant à Philippe lui-même, il l'appelait un barbare, digne de tous les noms imaginables (*Ol.*, III, 17), un homme qui non seulement n'est pas un Grec et n'a rien de commun avec les Grecs, mais un misérable Macédonien, issu d'un pays d'où il n'était pas même possible jadis d'acheter un seul esclave convenable (*Phil.*, III, 31).

2. Hypéride s'indigne à bon droit des humiliations ainsi imposées à la Grèce. Mais le temps n'est pas loin où, d'eux-mêmes, les Athéniens vont prodiguer les flatteries les plus serviles à Antigone et à Démétrius Poliorcète.

3. Restitution incertaine. Quelque texte qu'on adopte, il paraît difficile d'échapper à une forte hyperbole oratoire.

ποις γ[ιγνο]μένας ἐφορᾶν, ἀγάλμ[ατα δὲ] καὶ βωμοὺς καὶ
ναοὺς τοῖ[ς μὲν] θεοῖς ἀμελῶς, τοῖς δὲ ἀνθρώ[ποις] ἐπι-
μελῶς συντελούμενα, καὶ τοὺς ⟨τού⟩των οἰκέτας ὥσπερ
ἥρωας τιμᾶν ἡμᾶς ἀναγκαζομένους. 22 Ὅπου δὲ τὰ
πρὸς ⟨τοὺς⟩ θεοὺς ὅσια διὰ τὴν Μακεδόνων τόλμαν
ἀνῄρηται, τί τὰ πρὸς τοὺς ἀνθρώπους ⟨δίκαια⟩ χρὴ
νομίζειν; ἆρ' οὐκ ἂν παντελῶς καταλελύσθαι; Ὥστε,
ὅσῳ δεινοτέρα τὰ προ⟨σ⟩δοκώμεν' ἂν γενέσθαι κρίνομεν,
τοσούτῳ μειζόνων ἐπαίνων τοὺς τετελευτηκότας ἀξίους
χρὴ νομίζειν.

23 Οὐδεμία γὰρ στρατεία τὴν ⟨τῶν⟩ στρατευομένων
ἀρετὴν ἐνεφάνισεν μᾶλλον τῆς νῦν γεγενημένης, ἐν ᾗ γε
παρατάττεσθαι μὲν ὁσημέραι ἀναγκαῖον ἦ⟨ν⟩, πλείους δὲ
μάχας ἠγωνίσθαι διὰ μιᾶς στρατ[είας] ἢ τοὺς | ἄλλους IX
παντα[χῇ γῆς συνέβαινεν] ἐν τῷ παρεληλυθότι χρόνῳ,
χειμώνων δ' ὑπερβολὰς καὶ τῶν καθ' ἡμέραν ἀναγκαίων
ἐνδείας τοσαύτας καὶ τηλικαύτας οὕτως ἐγκρατῶς ὑπο-
μεμ⟨ε⟩νηκένα[ι, ὥσ]τε καὶ τῷ λόγῳ χαλεπὸν εἶναι φράσαι.
24 Τὸν δὴ τοιαύτας καρτερίας ἀόκνως ὑπομεῖναι τού⟨ς⟩
πολίτας προτρεψάμενον, Λεωσθένη, καὶ τοὺς τῷ τοιούτῳ
στρατηγῷ προθύμως συναγωνιστὰς σφᾶς αὐτοὺς παρασ-

21 3 γιγνομένας Cobet : γε[ινο]μενας S γεγενημένας Babington || 4 ναους S : νεὼς corr. Sauppe || 5 τοὺς τούτων corr. Cobet : τους των S || 6 ἡμᾶς ἀναγκαζομένους delere volunt Müller, Comparetti || **22** 2 τούς ante θεούς add. Cobet || 3 δίκαια post ἀνθρώπους add. Fritzsche, feliciter, ut opinor || 4 οὐκ ἂν edd. plerique : οὐ κἂν Kayser || 5 προσδοκώμενα edd. : προδοκωμενα S || κρίνομεν, velut νομίζομεν in § 20, initio : κρινοιμεν S || **23** 1 τῶν post τήν add. Babington || 2 ἐν ᾗ γε Bab. : εν η τε S || 4 -ς ἄλλους παντα(χῇ γῆς συνέβαινεν) non sine dubitatione tento : αλλους παντας πληγας λαμβανειν S, quæ lectio, quanquam a nonnullis defenditur, difficile retineri posse videtur (πληγάς del. Cobet, dittographiam antecedentis πάντας ratus ; πληγὰς in πολίτας mutat Mæhly ; ἄλλους πάντας ⟨συμβαίνει⟩ coni. Blass) || 5 ἐν τῷ : ἐν ⟨παντὶ⟩ τῷ Blass || 7-8 ὑπομεμενηκέναι corr. Bab. : υπερμεμνηκενα S || **24** 1 καρτερίας ὑπομεῖναι parum dilucide dicitur, sed ἐγκρατῶς ὑπομεμενηκέναι iterat || 2 Λεωσθένη del. Kayser.

sont offerts de leur personne à un tel général pour lutter à ses côtés, ne devons-nous pas les croire plus fortunés d'avoir ainsi fait montre de leur courage qu'infortunés d'avoir perdu la vie, puisque, en sacrifiant un corps mortel, ils ont acquis une gloire immortelle, et que, par leur valeur personnelle, ils ont assuré aux Grecs leur commune liberté ? **25** Non ; [*rien*] ne nous apporte nulle plaisance [1] sans l'indépendance. Ce n'est pas la menace d'un homme, mais la voix seule de la loi, qui doit prévaloir pour nous rendre heureux ; il ne faut pas redouter d'être accusé, mais d'être convaincu de culpabilité, chez un peuple libre ; et on ne saurait non plus abandonner aux flatteurs des puissants, aux calomniateurs de leurs concitoyens la sécurité des personnes : elle doit reposer sur la garantie des lois. **26** Voilà toutes les idées que défendaient ces héros quand, faisant pour eux-mêmes succéder les fatigues aux fatigues, et, au prix de leurs périls renouvelés chaque jour [2], délivrant à jamais de leurs craintes Athènes et la Grèce, ils ont sacrifié leur vie pour que les autres vivent avec honneur.

27 Ainsi, grâce à eux, leurs pères sont entrés dans la gloire ; leurs mères attirent les regards parmi les citoyens ; leurs sœurs ont trouvé ou trouveront des unions dignes d'elles dans le cadre de nos lois ; et leurs enfants auront comme viatique, pour se recommander à la bienveillance du peuple, la vertu de ces braves, dont nous ne dirons pas
X qu'ils sont morts (car c'est un sacrilège de donner un tel nom à ceux qui, pour atteindre un but si noble, ont renoncé à l'existence), mais qu'ils ont échangé leur vie contre le rang d'immortels [3]. **28** Si, en effet, la mort, pour les

1. Je recours à ce terme archaïque pour rendre l'assonance εὐδαιμονία, αὐτονομία.

2. L'expression τοῖς καθ' ἡμέραν κινδύνοις pourrait signifier : leurs périls *d'un jour* ou leurs périls *renouvelés chaque jour*. La seconde interprétation me paraît préférable ; cf. (§ 23) : τῶν καθ' ἡμέραν ἀναγκαίων.

3. Une pensée analogue se lit déjà chez Simonide (fr. 84, Hiller) et chez Euripide (*Érecht.*, fr. 351 Did.) ; de même dans Isocrate, (*Panégyr.*, 92), à propos des Lacédémoniens tombés aux Thermopyles, et dans Démosthène, (*Or. fun.* 32), à propos des morts de Chéronée.

χόντας, ἆρ᾿ οὐ διὰ τὴν τῆς ἀρετῆς ἀπόδειξιν εὐτυχεῖς
μᾶλλον ἢ διὰ τὴν τοῦ ζῆν ἀπόλειψιν ἀτυχεῖς νομιστέον,
οἵτινες θνητοῦ σώματος ἀθάνατον δόξαν ἐκτήσαντο, καὶ
διὰ τὴν ἰδίαν ἀρετὴν τὴν κοινὴν ἐλευθερίαν τοῖς Ἕλλησιν
ἐβεβαίωσαν ; 25 Φέρει γὰρ ⟨οὐδὲν⟩ πᾶσαν εὐδαιμονίαν
ἄνευ τῆς αὐτονομ(ία)ς. Ο⟨ὐ⟩ γὰρ ἀνδρὸς ἀπειλήν, ἀλλὰ
νόμου φωνὴν κυριεύειν δεῖ τῶν εὐδαιμόνων, οὐδ᾿ αἰτίαν
φοβερὰν εἶναι τοῖς ἐλευθέροις, ἀλλ᾿ ἔλεγχον, οὐδ᾿ ἐπὶ τοῖς
κολακεύουσιν τοὺς δυνάστας καὶ διαβάλλουσιν τού⟨ς⟩
πολίτας τὸ τῶν πολιτῶν ἀσφαλές, ἀλλ᾿ ἐπὶ τῇ τῶν νόμων
πίστει γενέσθαι. 26 Ὑπὲρ ὧν ἁπάντων οὗτοι, πόνους
πόνων διαδόχους ποιούμενοι, καὶ τοῖς καθ᾿ ἡμέραν κιν-
δύνοις τού⟨ς⟩ εἰς τὸν ἅπαντα χρόνον φόβους τῶν πολιτῶν
καὶ τῶν Ἑλλήνων παραιρούμενοι, τὸ ζῆν ἀνήλωσαν εἰς τὸ
τοὺς ἄλλους καλῶς ζῆν.

27 Διά το(ι) τούτους πατέρες ἔνδοξοι, μητέρες περί-
βλε⟨π⟩τοι τοῖς πολίταις γεγόνασι, ἀδελφαὶ γάμων τῶν
προσηκόντων ἐννόμως τετυχήκασι καὶ τεύξονται, παῖδες
ἐφόδιον εἰς τὴν πρὸς τὸν δῆμον ε[ὔνοι]αν τὴν τῶν οὐκ
ἀπολωλότων | ἀρετήν, — οὐ γὰρ θεμιτὸν τούτου τοῦ ὀνό- X
ματος τυχεῖν τοὺς οὕτως ὑπὲρ καλῶν τὸ⟨ν⟩ βίον ἐκλι-
πόντας, — ἀλλὰ τῶν τὸ ζῆν ⟨ε⟩ἰς αἰώ[ν]ιον τάξιν μετηλ-
λα[χό]των ἕξουσιν. 28 Εἰ γὰρ [ὁ τοῖ]ς ἄλλοις ὢν

24 6 ⟨ἀντὶ⟩ θνητοῦ Cæsar, Fritzsche, inutiliter || **25** 1-2 Sententia mutila aut corrupta (cf. *R. E. G.* 1938, p. 388) || φέρει γὰρ ⟨οὐδὲν⟩ Fritzsche : φερει γαρ S ἔρρει γὰρ Piccolomini φέρε γὰρ τίς Schenkl || πασαν ευδαιμονιαν S : πᾶσα εὐδαιμονία Piccol. Schenkl || ανευ S : del. Jens. || τῆς αὐτονομίας Sauppe : της αυτονομεινας S ἡ αὐτονομία Jens. || 6 πολιτων S : πολλῶν Cobet || **27** 1 διά τοι τούτους Cob. : διατουτουτους S διὰ τούτους Bab. || 4 προς τον δημον S : πρὸς τοῦ δήμου corr. Cæsar || εὔνοιαν Cob. εὐμένειαν Bab. εὐδοξίαν Sauppe || 7 εἰς αἰώνιον Sauppe : ισαιω- ιον S ἐ- αἰωνίων Shilleto ἐ- δαιμόνων Fritzsche ἐ- ἀμείνω Cob. || **28** 1 ὁ τοῖς Cob.

autres source de tant de chagrins, est devenue pour eux le principe de grands avantages, comment ne pas estimer à bon droit qu'ils ont été favorisés de la fortune ? Comment croire qu'ils ont cessé de vivre, et non pas qu'il leur a été donné de renaître, d'une naissance toute nouvelle et plus belle que la première ? **29** Jadis, dans leur enfance, ils n'étaient que des êtres dépourvus de raison; aujourd'hui les voilà, en naissant, déjà des hommes accomplis. Auparavant, il leur a fallu beaucoup de temps et ils ont traversé bien des périls pour révéler leur valeur ; maintenant, à la suite de leur seconde naissance[1], [*ils peuvent sur le champ*] être illustres aux yeux de tous et vivre dans toutes les mémoires, grâce à leur courage[2].

30 En effet, dans quelle circonstance cesserons-nous de nous rappeler leur valeur ? dans quelle occasion[3] ne les verrons-nous plus être l'objet de notre émulation et des louanges les plus honorables ? Sera-ce dans la prospérité publique ? mais cette prospérité, qui aura été leur œuvre, à qui, si ce n'est à eux, vaudra-t-elle nos éloges et notre souvenir ? Alors, dans le bonheur de la vie privée ? mais c'est leur valeur qui nous en procurera la jouissance assurée[4]. **31** De même, entre
XI tous les âges, s'en trouvera-t-il un pour ne pas croire à leur félicité[5] ? Sera-ce leurs [*aînés ? mais, si*] leur vie a pu [*s'achever sans*] connaître la crainte et [*sans éprouver de malheurs, ils conviennent d'une seule voix*] qu'ils le leur doivent. [*Sera-ce leurs*] contemporains ? mais la fin [*de nos héros les a*

1. Il me semble que ἀπὸ ταύτης doit être rapporté, non au substantif le plus rapproché (ἀρετή), mais, de préférence, à γένεσις, dont l'idée domine le paragraphe.

2. Cette conception d'une seconde naissance, privilège conféré par la gloire aux héros du patriotisme, ne laisse pas de nous paraître assez subtile.

3. Ici encore j'hésite sur le sens précis qu'Hypéride a voulu donner à τίς τόπος ; cf. *Rev. des Ét. gr.*, 1938, p. 390. Peut-être est-ce un simple doublet de τίς καιρός ?

4. Le même mouvement de phrase se retrouve, mais avec plus d'émotion sincère, dans l'*Or. fun.* de Lysias, 74.

5. A partir de cet endroit jusque vers la fin du § 34, la col. XI,

ἀν[ιαρότα]τος θάνατος τούτοις ἀρχηγὸς μεγάλων ἀγαθῶν γέγονε, πῶς τούτους ο⟨ὐ⟩κ εὐτυχεῖς κρίνειν δίκαιον, ἢ πῶς ἐκλελοιπέναι τὸν βίον, ἀλλ' οὐκ ἐξ ἀρχῆς γεγονέναι καλλίω γένεσιν τῆς πρώτης ὑπαρξάσης; 29 Τότε μὲν γάρ, παῖδες ὄντες, ἄφρονες ἦσαν· νῦν δ' ἄνδρες ἀγαθοὶ γεγόνασι. Καὶ τότε μὲν ⟨ἐν⟩ πολλῷ χρόνῳ καὶ διὰ πολλῶν κινδύνων τὴν ἀρετὴν ἀπεδείξαν⟨το⟩· νῦν δ' ἀπὸ ταύτης [ἔξεστ' εὐθὺς] γνωρίμους πᾶσι καὶ μνημονευτοὺς διὰ ἀνδραγαθίαν γεγονέναι.

30 Τίς ⟨γὰρ⟩ κα⟨ι⟩ρὸς ἐν ᾧ τῆς τούτων ἀρετῆς οὐ μνημονεύσομεν; τίς τόπος ἐν ᾧ ζήλου καὶ τῶν ἐντιμοτάτων ἐπαίνων τυγχάνοντας οὐκ ὀψόμεθα; Πότερον οὐκ ἐν τοῖς τῆς πόλεως ἀγαθοῖς; ἀλλὰ τὰ διὰ τούτους γεγονότα τ[ίνας] ἄλλους ἢ τούτους ἐπαινεῖσθαι καὶ μνήμης τυγχάνειν ποιήσει; Ἀλλ' οὐκ ἐν ταῖς ἰδίαις εὐπραξίαις; ἀλλ' ἐν τῇ τούτων ἀρετῇ βεβαίως αὐτῶν ἀπολαύσομεν.
31 Παρὰ ποίᾳ δὲ τῶν ἡλικιῶν οὐ μακαριστοὶ | γενή- XI
σο[νται; Πότερον οὐ πα]ρὰ τοῖς π[ρεσβυτέροις; ἀλλ' ἄ]φοβον α[ὐτοῖς τὸν λοιπὸν] βίον κα[ὶ κακῶν ἀπαθῆ] γεγενῆσ[θαι ὁμολογοῦσι] διὰ τού[τους. Ἀλλ' οὐ παρὰ τοῖς]

28 2 ἀνιαρότατος Bab. : ανειρ..οτος S ἀλγεινότατος Cob. || 5 πρωτης S : προτέρας corr. Tell || **29** 3 μὲν ἐν πολλῷ corr. Bab. : μεν πολλων S || 4 ἀπεδείξαντο Cob., Bl. : απεδειξαν S || 5 ἔξεστ' εὐθὺς tento : ταυτησαξαθαι S, quod intellectu caret; (unde conjecturæ plurimæ : ἄρξασθαι vel ἀξιωθῆναι Bab. ὑπάρχει εὐθὺς Cob. ἐξῆν Ἀθηναίοις Comparetti ἀρξαμένους ὑπάρχει Ken. ᾄξαντας ἦν Jens. in *add.*; alii alia) || **30** 1 γὰρ add. Cob. || 5 επαινεισθαι S : ἐπαινέσεων Tell || 7 εν τη S : εν del. Cob. || απολαυσομεν S (cf. ἀκουσόντων, § 34 sub fine) : ἀπολαυσόμεθα Sauppe ἀπολαύομεν Volkmar || **31-34** Universæ columnæ undecimæ initia tantum versuum exstant. Contextus sermonis, ut Blassius ait, satis perspicuus occurrit; singula vero certe restitui non possunt. Attamen supplementa continua, exempli gratia, inserere operæ credidi pretium esse; pleraque a prioribus editoribus sumo; nonnulla et ipse tentavi || **31** Suppl. fere omnia Jens. in *add.* vel Radermacher, ab Jens. laudatus || 2 πρεσβυτέροις Cob. : γεραιτέροις Sauppe || 3 κακῶν ἀπαθῆ Cob. : ἐν τῷ ἀσφαλεῖ Bl. εὐδαίμονα Jens. || 4 ὁμολογοῦσι ego : νομίζουσι Jens.

remplis de jalousie,] d'une noble [*jalousie,*] à l'idée que [*ces hommes ont atteint l'illustration la plus éclatante*] de beaucoup [*par leur bravoure.* **32** *Sera-ce donc leurs*] cadets [*et leurs enfants ?*] Ainsi, [*ils n'admireront pas leur grand cœur !*] ils ne s'efforceront pas, [*pour leur compte, de les imiter ! mais alors, si ce n'est pas*] un modèle [*de vie pour nous tous qu'ils nous*] ont laissé [*dans l'exemple de leur*] vertu, [*nous devons renoncer à*] croire [*à l'éternité de leur souvenir* [1]]. **33** Ou encore quels [*poètes, quels prosateurs seront jamais*] à court, [*parmi les*] Grecs, [*des éloges les plus variés sur*] leurs [*hauts faits ?*] En sera-t-il [*pour ne pas*] célébrer [*de tels exploits de préférence à*] l'expédition [*qui a triomphé*] des Phrygiens ? [*En quel lieu*] de la Grèce [*cesseront-ils de les*] vanter à toute [*la suite de nos descendants, en prose comme*] en vers ? **34** Car [*ils auront*] deux raisons à la fois [*pour glorifier*] l'œuvre de Léosthène et des [*morts*] de cette guerre. [*Si c'est dans*] le désir de plaire [*qu'ils rappellent de tels actes*] d'énergie, que peut-il y avoir, [*pour des*] Grecs, de plus agréable [*que l'éloge des hommes qui sont parvenus à sauver*] la liberté [*des entreprises de la Macédoine ?*] Et si c'est [*l'utilité*] que vise
XII une telle [*évocation,*] quel langage pourra être plus profitable

tout entière, n'a conservé, sur le papyrus, que les premières lettres (soit le tiers ou le quart) de ses lignes. Le sens, malgré tout, — grâce aux efforts de divers savants, Blass, Cobet, Radermacher, Kenyon, Jensen, pour ne citer que les principaux, — apparaît assez bien pour qu'on y saisisse la marche du développement, et qu'il vaille la peine, je crois, d'en proposer au moins une restitution approximative. Comme on le verra, j'ai utilisé dans une large mesure les conjectures de mes devanciers. Pour les raisons qui m'ont fait choisir entre elles, ou qui m'ont décidé à en proposer de nouvelles, je me suis expliqué dans mon article de la *Rev. des Ét. gr.*, 1938, p. 389-392.

1. Lycurgue, dans un mouvement analogue, se demandait déjà qui voudrait avoir pitié de Léocrate (*C. Léocr.*, 144). Sera-ce les vieillards ? mais autant qu'il était en lui, il les a privés des soins sur lesquels leur âge pouvait compter et d'une sépulture en terre libre. Sera-ce les jeunes gens ? mais au souvenir de leurs frères d'armes tombés à Chéronée, voudront-ils, en sauvant un lâche, un déserteur, faire taxer de folie ceux qui sont morts pour la liberté ? — D'une façon générale, les orateurs aiment assez ce genre d'inter-

ἡλικιώτ[αις; οἷς ἡ τούτων] τελευτὴ φ[θόνον ἐμβέβληκε] καλῶς, ὡ[ς ἐπιφανεστάτων] παρὰ πο[λὺ τῇ αὑτῶν ἀνδρεί]ᾳ γεγον[ότων. **32** Ἀλλ' οὐ παρὰ τοῖς] νεωτέρο[ις καὶ παισίν; Ἔπει]τα οὐ τὸν [θυμὸν θαυμάσου]σιν αὐτ[ῶν, οὐδ' αὐτοὶ σπου]δάσουσιν [μιμεῖσθαι; ἀλλ', εἰ πα]ράδειγμ[α πᾶσιν ἡμῖν τοῦ βί]ου τὴν ἀ[ρετὴν μὴ καταλελοί]πασι, οὐκ [ἀθανάτῳ δεῖ νομί]ζειν αὐ[τοὺς χρήσεσθαι τῇ μνή]μῃ. **33** Ἢ τίνε[ς ποιηταὶ καὶ λογογρά]φοι λεί[ψονταί ποτε κατὰ τοὺς] Ἕλλην[ας πασῶν εὐλογιῶν περὶ] τῶν πε[πραγμένων ἐκεί-νοις;] Παρὰ τίσ[ι δ' οὐ μᾶλλον αὐτὰ τῆς] Φρυγῶν κ[ρατησάσης στρα]τείας ἐγ[κωμιασθήσεται; Ποῦ] δὲ τῆς Ἑλ[λάδος παύσονται ταῦ]τα τοῖς ἐ[πιγιγνομένοις ἀεὶ] ἅπασιν κ[αὶ λόγοις καὶ ᾠ]δαῖς ἐπα[ινοῦντες; **34** Δι' ἀμφό]τερα γὰρ ἐ[ξέσται αὐτοῖς τὰ] περὶ Λεωσ[θένους ὑμνεῖν] καὶ τῶν τ[ελευτησάντων] ἐν τῷ πο[λέμῳ. Εἰ μὲν γὰρ] ἡδονῆς ἕν[εκεν μνημονεύ]ουσιν τὰς τ[οιαύτας καρ]-τερίας, τί γέ[νοιτ' ἂν τοῖς Ἕλ]λησιν ἥδι[ον ἢ ἔπαινος τῶν] τὴν ἐλευθερί[αν διαποσω]σάντων ἀ[πὸ τῶν Μακεδό]νων; Εἰ δὲ [ὠφελείας ἕνε]κεν ἡ τοιά[δ' ἀνάμνησις] | γίγνεται, **XII**

31 5 φθόνον ἐμβέβληκε καλῶς Rad., satis callide || **32** Hic quoque a scriptura Jensenii proficiscor, non tamen sine quibusdam mutationibus || 1-2 καὶ παισίν; Ἔπειτα Jens. lectio prior : καὶ πᾶσι τοῖς ἔπειτα; lect. posterior || 2 τὸν θυμὸν θαυμάσουσι Kayser : τὸν θάνατον ζηλώσουσι Jens. || οὐδ' αὐτοὶ ego : καὶ αὐτοὶ Jens. || 3-5 Iisdem fere verbis, sed alia conformatione sententiæ Jens. in *Add.* : εἰ γὰρ παράδειγμα ἐκείνοις τοῦ βίου τὴν ἀρετὴν καταλελοίπασι, οὐκ ἀθανάτῳ δεῖ νομίζειν αὐτοὺς χρήσεσθαι τῇ μνήμῃ; || **33** Incertissima pars totius columnæ. 1-4 Ἢ τίνες ποιηταὶ καὶ φιλόσοφοι λόγων καὶ ᾠδῶν εἰς τοὺς Ἕλληνας ἀπορήσουσι περὶ τῶν πεπραγμένων αὐτοῖς; Παρὰ τίσι δ' οὐ μᾶλλον αὕτη τῆς τῶν Φρυγῶν κρατησάσης στρατείας ἐγκωμιασθήσεται; Bl. || 5-6 Πανταχοῦ δὲ τῆς Ἑλλάδος ἐξέσται ταῦτα τοῖς ἐπιγιγνομένοις ἅπασιν καὶ λόγοις καὶ ᾠδαῖς ἐπαινεῖσθαι Kenyon || **34** 1-2 Δι' ἀμφότερα Bl. : διὰ σεμνότερα Bab. || 2-3 ἐξέσται αὐτοῖς τ-π-Λ- ὑμνεῖν tento : ἔστιν ὑμνῆσαι τὰ περὶ Λεωσθένους τ' αὐτοῦ Ken. || 3 τελευτησάντων Cob. : τελευτησάντων ἅμα Ken. τετελευτηκότων Bab. || 2-6 rest. Cob., Bl., præter διαποσωσάντων pro παρασκευασάντων positum || 7 ἡ τοιάδ' ἀνάμνησις Cob. : ἡ τοιαύτη μνήμη Bl. ἡ τοιαύτη σπουδή Sauppe.

aux âmes de leurs auditeurs que celui du panégyriste de la vaillance et des hommes de cœur[1] ?

35 Ce n'est pas tout. Que, chez nous comme chez tous les autres peuples, une haute estime soit nécessairement due à ces braves, la chose est assez claire d'après ce que nous venons de dire ; mais, dans le séjour d'Hadès aussi, il vaut la peine de considérer par qui va être accueilli leur général[2]. Ne nous représentons-nous pas, comme capables [*d'arriver en foule,*] tendant la main à Léosthène avec admiration, parmi ceux qu'on qualifie [*de demi-dieux,*] les héros [*de la guerre de Troie ?*] Il s'était engagé dans une entreprise sœur de la leur ; mais il les a si bien surpassés qu'à eux il a fallu le concours de la Grèce entière pour s'emparer d'une unique ville, tandis que lui, avec les seules forces de sa propre patrie, il a humilié toute la puissance qui commandait à l'Europe et à l'Asie[3]. 36 Eux, ont combattu pour venger l'injure faite à une seule femme ; lui, a évité à toutes les Grecques les outrages qu'on prétendait leur infliger ; et cela grâce au concours des soldats que nous ensevelissons aujourd'hui avec lui, héros venus après ceux de l'épopée, mais dont les exploits ont

rogations répétées suivies de leurs réponses, souvent même avec des séries de ἀλλά signifiant alternativement *mais* et *alors* (p. ex., Lysias, *Pour l'invalide*, 24 ; *C. Nicomaque*, 26 ; Andocide, *Myst.*, 148 ; Hypéride, *C. Philip.*, 10). C'est un genre d'effet que recherche aussi la comédie (p. ex., Aristoph, *Acharn.*, 402). Mais ici on peut trouver qu'Hypéride, du § 30 au § 33, abuse un peu du procédé.

1. Peut-être, dans cette distinction entre le plaisir ou le profit qu'il y aurait pour les Grecs à écouter l'éloge de Léosthène, y a-t-il un souvenir de la préface de Thucydide (I, 21-22) ou de l'exorde de son oraison funèbre (II, 36 vers la fin).

2. Dans l'*Apologie* de Platon (40 E), Socrate cherche déjà à se représenter, au moment de mourir, quel accueil l'attend dans les Enfers. Hypéride reprend cette idée ; mais, non sans quelque artifice, il tient à en tirer un développement en trois parties, bien symétrique à celui où il a montré le souvenir qu'on doit garder de Léosthène sur la terre.

3. Cette comparaison avec les vainqueurs de Troie rappelle de très près Isocrate, *Panég.*, 83-84. — Emporté par le souci de ses antithèses, Hypéride ne craint ni de dépasser la réalité des faits, ni de se contredire lui-même ; cf. la *Notice*, p. 289.

τίς ἂν λόγος ὠφελήσειεν μᾶλλον τὰς τῶν ἀκουσόντων ψυχὰς τοῦ τὴν ἀρετὴν ἐγκωμιάσοντος καὶ τοὺς ἀγαθοὺς ἄνδρας;

35 Ἀλλὰ μὴν ὅτι παρ' ἡμῖν καὶ τοῖς λο(ιπ)οῖς πᾶσιν εὐδοκιμεῖν αὐτοὺς ἀναγκαῖον, ἐκ τούτων φανερόν ἐστιν· ἐν Ἅιδου δὲ λογίσασθαι ἄξιον τίνες οἱ τὸν ἡγεμόνα δεξιωσόμενοι τὸν τούτων. Ἆρ' οὐκ ἂν (οἰ)όμεθα (φ)ο(ι)τᾶν Λεωσθένη δεξιουμένους καὶ θαυμάζοντας τῶν (ἡμιθέ)ων καλουμέν(ων) τοὺς ἐπὶ (Τρο)ίαν στρα(τεύ)σαντας; ὧν οὗτος, ἀδελφὰς πράξεις ἐνστησάμενος, τοσοῦτον διήνεγκε, ὥστε οἱ μὲν μετὰ πάσης τῆς Ἑλλάδος μίαν πόλιν εἷλον, ὁ δὲ μετὰ τῆς ἑαυτοῦ πατρίδος μόνης πᾶσαν τὴν τῆς Εὐρώπης καὶ τῆς Ἀσίας ἄρχουσαν δύναμιν ἐταπείνωσεν. **36** Κἀκεῖνοι μὲν ἕνεκα μιᾶς γυναικὸς ὑβρισθείσης ἤμυναν, ὁ δὲ πασῶν τῶν Ἑλληνίδων τὰς ἐπιφερομένας ὕβρεις ἐκώλυσεν μετὰ τῶν συνθαπτομένων νῦν αὐτῷ ἀνδρῶν, τῶν μετ' ἐκείνους μὲν γεγενημένων, ἄξια δὲ τῆς ἐκείνων

34 8 ἀκουσόντων S : ἀκουόντων Saup., alii (formam ἀκουσόντων, etsi parum attica est, retinendam esse puto, velut ἀπολαύσομεν in § 30) || 9 εγκωμιασοντος S : ἐγκωμιάζοντος corr. Sauppe || **35** 1 λοιποῖς corr. Bab. : λογοις S || 4 οἰόμεθα Shilleto, cui assentior, coll. simili conformatione sententiæ, §§ 20 et 22 : ωομεθα S οἰοίμεθα Levi || φοιτᾶν Cob. : οταν S ὁρᾶν Bab. || 5-6 τῶν ἡμιθέων καλουμένων Cob. : τωνδεηγορμενωνχαλουμενους S, quod omnino intellectu caret τῶν διηγημένων καὶ ὑμνουμένων Kenyon (dubitans an fortasse διηγεῖσθαι passive usurparetur) τῶν ἡρώων καλουμένων Fritzsche τῶν διογενῶν κ- Schenkl; (sæpius, ut Jensen exemplis nonnullis ostendit, semideorum vel heroum nomine dicuntur qui Trojam obsederunt) || 6 τοὺς ἐπὶ Τροίαν στρατεύσαντας emendavit Bab. : τουςεπιστρατειανστρασαντ.ς S τοὺς ἐπὶ ⟨Τροίαν τὴν⟩ στρατείαν στρα⟨τεύ⟩σαντας Tell || **36** Ambigitur utrum post ἀνδρῶν (v. 3 : Sauppe, Cæsar, Kayser, Fritzsche, Jensen) an post διαπεπραγμένων (v. 5 : Cobet, Comparetti Blass, Kenyon) plane interpungendum sit. Posteriores sequor, ideoque non desiderari puto δὲ in τῶν ⟨δὲ⟩ μετ' ἐκείνους (v. 4). Quomodo mihi divisionem effingam partis omnis orationis, in qua Hyperides de Leosthene apud inferos recipiendo verba facit, exposui in *Rev. des Ét. gr.*, 1938, p. 393.

égalé la valeur de leurs devanciers. **37** Je puis nommer de
XIII même, à la tête de leurs troupes, Miltiade, Thémistocle, et
les autres qui, pour avoir sauvé la liberté de la Grèce, ont assuré l'honneur de leur patrie et fait la gloire de leur propre vie ; **38** à eux aussi Léosthène s'est montré supérieur, par son courage comme par sa sagesse[1], en ce sens qu'eux, ont attendu l'attaque de l'armée barbare pour la repousser, lui, n'a même pas laissé l'invasion se produire ; eux, ont vu l'ennemi porter la lutte dans leur pays, lui, est allé en territoire ennemi vaincre ses adversaires. **39** Et encore, j'imagine, ceux dont la mutuelle affection s'est révélée de la façon la plus certaine au service du peuple[2], — j'entends Harmodios et Aristogiton, — estiment [*qu'il ne saurait absolument y avoir personne pour être autant de leur famille*] que Léosthène et ses compagnons d'armes ; et, de fait, il n'est pas d'hommes dont ils puissent de préférence rechercher le voisinage chez Hadès. Cela se comprend ; car les exploits de ces braves n'ont pas été au-dessous des leurs ; au contraire, s'il faut le dire, ils ont même été plus grands : les uns ont renversé les tyrans de leur patrie, les autres ceux de la Grèce entière[3].

40 Oh ! Quelle belle, quelle incroyable audace dans les actes de nos soldats ! quelle glorieuse, quelle magnifique résolution ils ont prise ! quelle valeur, quelle bravoure suprême

1. Sans doute, par les mots ἀνδρείᾳ καὶ φρονήσει Hypéride peut vouloir rappeler les mérites caractéristiques de Léosthène. Mais peut-être aussi ne fait-il que reproduire là une formule traditionnelle et assez banale ; cf. chez Gorgias (*Or. fun.*, dans les *Or. att.*, Did., II, p. 218), γνώμη καὶ ῥώμη ; et, chez Démosthène (*Or. fun.*, 27), σύνεσις καὶ ἀνδρεία.

2. L'expression manque de netteté. Sa traduction naturelle serait : « ceux qui ont prouvé au peuple de la façon la plus sûre leur mutuelle affection ». Or, l'idée importante ici n'est pas l'affection plus ou moins grande que les deux amis éprouvaient l'un pour l'autre, mais leur volonté commune de se sacrifier pour la cause de la démocratie.

3. Hypéride suit, au sujet d'Harmodios et d'Aristogiton, la tradition populaire, tout en la sachant très probablement inexacte (cf. la *Notice*, p. 288). Quant au trait final, Démosthène (*C. Lept.*, 70) avait déjà dit, à propos de Conon, qu'il avait mérité une statue comme les tyrannoctones, en mettant fin, lui aussi, à une tyrannie fort lourde, celle de Sparte.

ἀρετῆς διαπεπραγμένων. 37 Λέγω δ(ὲ) τοὺς περὶ Μιλτιάδην καὶ Θεμιστοκλέα καὶ τοὺς ἄλ|λους, οἵ, τὴν XIII
Ἑλλάδα ἐλευθερώσαντες, ἔντιμον μὲν τὴν πατρίδα κατέστησαν, ἔνδοξον ⟨δὲ⟩ τὸν αὑτῶν βίον ἐποίησαν· 38 ὧν οὗτος τοσοῦτον ὑπερέσχεν ἀνδρείᾳ καὶ φρονήσει, ὅσον οἱ μὲν ἐπελθοῦσαν τὴ⟨ν⟩ τῶν βαρβάρων δύναμιν ἠμύναντο, ὁ δὲ μηδ' ἐπελθεῖν ἐποίησεν· κἀκεῖνοι μὲν ἐν τῇ οἰκ⟨ε⟩ίᾳ τοὺς ἐχθ⟨ρ⟩οὺς ἐπεῖδον ἀγωνιζομένους, οὗτος δὲ ἐν τῇ τῶν ἐχθρῶν περιεγένετο τῶν ἀντιπάλων. 39 Οἶμαι δὲ καὶ ⟨τοὺς⟩ τὴν πρὸς ἀλλήλους φιλίαν τῷ δήμῳ βεβαιότατα ἐνδειξαμένους, — λέγω δ(ὴ) Ἁρμόδιον καὶ Ἀριστογείτονα, — οὐθέν(α)ς οὕτως αὐτοῖς οἰκείους οὐδαμῶς· ἂν εἶναι νομίζειν ὡς Λεωσθέ⟨ν⟩η καὶ τοὺς ἐκείνῳ συναγωνισαμένους, οὐδ' ἔστιν οἷς ἂν μᾶλλον ἢ τούτοις πλησιάσειαν ἐν Ἅιδου. Εἰκότως· οὐκ ἐλάττω γὰρ ἐκείνων ἔργα διεπράξαντο, ἀλλ', εἰ δέον εἰπεῖν, καὶ μείζω. Οἱ μὲν γὰρ τοὺς τῆς πατρίδος τυράννους κατέλυσαν, οὗτοι δὲ τοὺς τῆς Ἑλλάδος ἁπάσης.

40 Ὦ καλῆς μὲν καὶ παραδόξου τόλμης τῆς πραχθείσης ὑπὸ τῶνδε τῶν ἀνδρῶν, ἐνδόξου δὲ καὶ μεγαλοπρεποῦς προαιρέσεως ἧς προείλοντο, ὑπερβαλλούσης δὲ ἀρετῆς καὶ

37 1 Λέγω δὲ ego (inde incipere credo locum de viris qui bella persica pugnaverunt) : λεγω δη S λέγω δὴ καὶ Blass. || 4 post ἔνδοξον, δὲ videtur necessarium esse (Blass) || 39 2 τοὺς add. Bab. || 3 forsitan δὴ pro δὲ post λέγω legendum sit || 4 οὐθένας οὕτως αὐτοῖς οἰκείους οὐδαμῶς ἂν εἶναι tento : ουθενους ουτως αυτοις οικειοτερους υμειν ειναι S. Sententiam manifesto corruptam alii aliis modis emendaverunt, ex. gr. : οὐθένας οὕτως αὐτοῖς οἰκείους εἶναι Blass ; ἂν ante εἶναι add. Sauppe ; οὕτως οἰκείους ὑμῖν εἶναι, deleto αὐτοῖς, Jensen οὐδαμῶς αὐτοὺς οἰκειοτέρους ὑμῖν εἶναι Kenyon οἰκείους καὶ ἑταίρους ὑμῖν Fritsche. (In iis quæ proponebam, οὐθένας pro οὐθένους præsto est ; οὕτως cum comparativo οἰκειοτέρους coire nequit ; ἄν juxta εἶναι accipio, qui optativus ἂν εἶναι alteri optativo ἂν πλησιάσειαν feliciter respondere videtur ; ὑμῖν, ut obscurum, deleo ; οὐδαμῶς dubitanter scribo, ut vacantem locum expleam) || 5 ως S : ἤ Kenyon || 40 3 προείλοντο edd. : προσειλοντο S.

dans les périls ils ont déployée pour l'indépendance commune des Grecs [1], [*au prix de leur propre vie !...*

obée, *Flor.*, 124, 36

. . . . . . **41** Il est difficile peut-être de consoler ceux qui passent par de telles épreuves ; car il n'y a ni voix ni loi [2] capable d'endormir leurs chagrins ; le tempérament de chacun et son affection pour celui qui n'est plus fixent les bornes de son deuil. Pourtant il faut avoir du courage, prendre sur sa douleur dans la mesure du possible, et se souvenir non seulement de la mort de ceux qui sont disparus, mais aussi de la valeur dont ils nous ont légué l'exemple. **42** Si le sort qu'ils ont subi mérite nos lamentations, du moins les exploits qu'ils ont accomplis sont-ils dignes d'éloges magnifiques. S'ils n'ont pas goûté d'une vieillesse vouée à la mort, du moins ont-ils acquis une belle gloire qui ne connaîtra pas la vieillesse, et sont-ils arrivés à être heureux de tout point. Parmi eux, les uns ont péri sans postérité : ils auront, dans les louanges de la Grèce des filles immortelles [3]. Les autres ont laissé des enfants : la bienveillance de la patrie s'instituera pour eux la tutrice de ces orphelins [4]. **43** J'ajoute que si, une fois morts, il en est pour nous comme si nous

1. La phrase, apparemment périodique, est incomplète, et notre papyrus s'arrête avec la col. XIII. — Le morceau final, qui renferme l'essentiel de la *consolation*, a été conservé par Stobée. — Pour ce que pouvait contenir la lacune ainsi laissée, cf. la *Notice*, p. 278.

2. Le mot *voix*, j'en conviens, n'est pas la traduction la plus naturelle de λόγος. Mais, outre que λόγος n'est pas très net (raisonnement ? discours ? parole éloquente ?), je soupçonne Hypéride de rechercher avant tout une assonance, et je crois répondre à son intention, même si ma formule reste vague, en rendant οὔτε λόγῳ οὔτε νόμῳ par *ni voix ni loi*.

3. On reconnaît le mot d'Épaminondas disant, à ses derniers moments : « Non, je ne meurs pas sans enfants; mais je laisse deux filles immortelles, mes victoires de Leuctres et de Mantinée » (Diod., XV, 87, 6).

4. La loi athénienne imposait en effet à l'État le devoir d'assurer

ἀνδραγαθίας τῆς ἐν τοῖς κινδύνοις, ἣν οὗτοι παρασχόμενοι εἰς τὴν κοινὴν ἐλευθερίαν τῶν Ἑλλήνων, [. . .

. . . 41 Χαλεπὸν μὲν ἴσως ἐστὶ τοὺς ἐν τοῖς τοιούτοις ὄντας πάθεσι παραμυθεῖσθαι· τὰ γὰρ πένθη οὔτε λόγῳ οὔτε νόμῳ κοιμίζεται, ἀλλ' ἡ φύσις ἑκάστου καὶ φιλία πρὸς τὸν τελευτήσαντα ⟨τὸν⟩ ὁρισμὸν ἔχει τοῦ λυπεῖσθαι. Ὅμως δὲ χρὴ θαρρεῖν καὶ τῆς λύπης παραιρεῖν εἰς τὸ ἐνδεχόμενον, καὶ μεμνῆσθαι μὴ μόνον τοῦ θανάτου τῶν τετελευτηκότων, ἀλλὰ καὶ τῆς ἀρετῆς ἧς καταλελοίπασιν. 42 Εἰ γὰρ θρήνων ἄξια πεπόνθασιν, ἀλλ' ἐπαίνων μεγάλων πεποιήκασιν. Εἰ δὲ γήρως θνητοῦ μὴ μετέσχον, ἀλλ' εὐδοξίαν ἀγήρατον εἰλήφασιν, εὐδαίμονές τε γεγόνασι κατὰ πάντα. Ὅσοι μὲν γὰρ αὐτῶν ἄπαιδες τετελευτήκασιν, οἱ παρὰ τῶν Ἑλλήνων ἔπαινοι παῖδες αὐτῶν ἀθάνατοι ἔσονται· ὅσοι δὲ παῖδας καταλελοίπασιν, ἡ τῆς πατρίδος εὔνοια ἐπίτροπος αὐτοῖς τῶν παίδων καταστήσεται. 43 Πρὸς δὲ τούτοις, εἰ μέν ἐστι τὸ ἀποθανεῖν ὅμοιον τῷ μὴ γενέσ-

Stob., *Floril* 124, 36

40 5 Post ἐλευθερίαν, Babington add. τὴν || Post τῶν Ἑλλήνων, rotulus desinit, sed interrupta pendet sententia; Bab. suspicatur ⟨τὰς ἑαυτῶν ψυχὰς ἀνήλωσαν⟩.

Accedit epilogi pars, a Stobæo (*Floril.*, 124, 36) servata. — 41 2 πάθεσι codd. : πένθεσι Maehly || 4 τὸν ante ὁρισμόν add. Sauppe || 5 παραιρεῖν Gesner : παραινεῖν codd. || 7 ἀλλὰ καὶ τῆς ἀρετῆς ⟨ἧς ἀποδεδείχασι καὶ τῆς δόξης⟩ ἧς καταλελοίπασι Maehly (inutiliter; nam verba τὴν ἀρετὴν καταλείπειν inveniuntur quoque, ut videtur, in § 32, et eadem vi : *virtutis exemplum relinquere*) || 42 1 Εἰ γὰρ Leopardi, Blass : οὐ γὰρ codd.

n'étions pas nés, ils se trouvent désormais affranchis des maladies, de la douleur, et des autres misères qui s'abattent sur la vie humaine[1]. Mais, si le sentiment nous reste dans le séjour d'Hadès, et si la divinité s'y préoccupe de nous, comme nous le présumons, il est naturel que ceux qui ont pris la défense des dieux pour empêcher la ruine de leurs honneurs[2] obtiennent de la divinité la plus large sollicitude[3]....

le sort des orphelins de guerre, et les oraisons funèbres y font souvent allusion, p. ex., Thuc., II, 46 ; Plat., *Ménéx.*, 249 A (cf. aussi Esch., *C. Ctés.*, 154 ; Hypéride lui-même a déjà touché à cette idée au § 27).

1. C'est ainsi que, chez Euripide, Andromaque essaie de consoler Hécube de la perte de Polyxène (*Troy.*, 631) : « N'être pas né ou être mort, c'est tout un, à mon avis, et mieux vaut mourir que de vivre misérablement ; car alors on n'éprouve plus nulle douleur au sentiment de ses maux ».

2. Hypéride songe sans doute à la résistance opposée par les Grecs aux prétentions sacrilèges des Macédoniens ; cf. §§ 21-22.

3. L'oraison funèbre ne devait plus ensuite comporter que quelques phrases ; cf. la *Notice*, p. 279.

θαι, ἀπηλλαγμένοι εἰσὶ νόσων καὶ λύπης καὶ τῶν ἄλλων τῶν προσπιπτόντων εἰς τὸν ἀνθρώπινον βίον· εἰ δ' ἔστιν αἴσθησις ἐν Ἅιδου καὶ ἐπιμέλεια παρὰ τοῦ δαιμονίου, ὥσπερ ὑπολαμβάνομεν, εἰκὸς τοὺς ταῖς τιμαῖς τῶν θεῶν καταλυομέναις βοηθήσαντας πλείστης κηδεμονίας ὑπὸ τοῦ δαιμονίου τυγχάνειν. . . .

43 6 εἰκός Toup, Cob. : εἶναι vel εἴη codd. || 7 κηδεμονίας Ruhnken : ἐπιμελείας vel εὐδαιμονίας codd. (unus addit καὶ post ἐπιμελείας) ἐπιμελείας καὶ κηδεμονίας Fuhr, Jens. || 8 δαιμονίου vel δαίμονος codd. || Post τυγχάνειν aliquot tantum sententias ad dimittendam coronam audientium, ut mos erat, desiderari puto.

INDEX.

Abréviations : I C. Philippide ; II P. Lycophron (II *App.* Plaidoyer additionnel de Théophile P. Lycophron) ; III P. Euxénippe ; IV C. Athénogène ; V C. Démosthène ; VI Oraison funèbre ; *Not.* I, II, etc. = Notice au Disc. I, II, etc. ; *Bio.* = Biographie.

Les chiffres arabes qui suivent les chiffres romains répondent aux numéros des paragraphes, sauf pour le Disc. V, où ils renvoient aux colonnes[1]. Après *Not.* ou *Bio.*, ils indiquent les pages du volume. Les références entre crochets se rapportent à des restitutions.

I. NOMS PROPRES DONT IL EST QUESTION DANS NOS SIX DISCOURS.

1. Quand, à propos de tel personnage cité dans un paragraphe, les renvois aux *Notices* ou à la *Biographie* sont déjà faits en note, ce qui est le cas le plus fréquent, je ne les répète pas ici.

II. QUELQUES TERMES INTÉRESSANT L'HISTOIRE OU LES INSTITUTIONS.

TABLE DES MATIÈRES.

Ce volume,
de la Collection des Universités de France,
publié aux Éditions Les Belles Lettres,
a été achevé d'imprimer
en janvier 2003
sur presse rotative numérique
de Jouve
11, bd de Sébastopol, 75001 Paris

N° d'édition : 4587
Dépôt légal : janvier 2003

Imprimé en France